Gaetano Benedetti

Botschaft der Träume

Unter Mitarbeit von Elfriede Neubuhr, Maurizio Peciccia und J. Philip Zindel

Mit 11 Abbildungen

Vandenhoeck & Ruprecht in Göttingen

Die Umschlagabbildung zeigt die Zeichnung einer Träumerin. Sie sagt dazu: »Das Traumgesicht schläft, hat aber vier Augen. Dies bedeutet die Überwachheit, die im Traum sein kann. Die anatomischen Augen sind geschlossen, die inneren offen.« Aber dieser Einfall der Träumerin, dem Gesicht vier statt nur zwei Augen zu geben, kann auch als ein unbewußter Hinweis auf den Doppelsinn vieler Träume (G. Benedetti) ausgelegt werden.

Die Deutsche Bibliothek – CIP-Einheitsaufnahme

Benedetti, Gaetano:
Botschaft der Träume / Gaetano Benedetti.
Unter Mitarb. von Elfriede Neubuhr … –
Göttingen: Vandenhoeck & Ruprecht, 1998
ISBN 3-525-45803-7

Saz: KCS GmbH, Buchholz/Hamburg
Druck und Bindearbeiten: Hubert & Co., Göttingen

Inhalt

Elfriede Neubuhr

Begegnungen mit den eigenen Träumen

Maurizio Peciccia

Der Traum in der Psychotherapie der Schizophrenie

J. PHILIP ZINDEL

Träume und Hypnose

Vorwort

Dieses Buch umfaßt vier Beiträge zur psychodynamischen Traumforschung.

Der Bericht einer Analysandin schildert, wie sie ihre Träume in der Psychotherapie im Spiegel der Antworten ihrer Analytiker erlebt hat. Das ist sehr wichtig, denn alles, was wir Psychiater und Psychologen über die Träume unserer Patienten und die anschließenden Gespräche schreiben, ist nur die Hälfte der Wahrheit, wenn die andere Hälfte, die Stimme der Träumer selbst, nicht genügend berücksichtigt wird.

Außerdem findet sich in diesem Buch ein Bericht meines Mitarbeiters MAURIZIO PECICCIA, in dem er die Bedeutung von Träumen des Therapeuten (therapeutische Träume) während der Behandlung von psychotischen Patienten analysiert. Es handelt sich also um den Bericht eines Psychiaters und Psychotherapeuten, der sich öffnet, der von sich und nicht nur von seinen Patienten schreibt. Wir erfahren eindrucksvoll, welch eine wichtige Rolle die eigene »Tiefenperson« bei der Arbeit mit leidenden Menschen spielt.

Das Überraschende in diesem Zusammenhang ist die Erkenntnis, daß es Träume beim Therapeuten gibt, die allein aus dem therapeutischen Anliegen heraus zu entstehen scheinen, die gleichsam als mitzuteilende Botschaften an den Patienten geträumt werden und in denen daher allfällige persönliche Probleme oder Konflikte des Therapeuten angesichts dessen, was in der Kommunikation mit dem Kranken not tut, im manifesten Traumgedanken zurücktreten.

Ein weiterer Beitrag stammt aus der Feder von J. PHILIP ZINDEL. Dieser ist ein in hypnotischen Verfahren sehr erfahrener Psychotherapeut. Er geht hier den Fragen nach, ob Träume in hypnotischen Zuständen auftreten, wie sie sich dann von gewöhnlichen Schlafträumen unterscheiden und wie sie auf den Therapeuten wirken, der sie schon in ihrem Entstehen während der hypnotischen Sitzung erfährt.

Gewöhnlich hören wir von unseren Patienten – und überhaupt von allen anderen Träumern auch – die Traumberichte erst dann, wenn die entsprechenden Träume schon vorüber sind. Eine Zeitspanne von wenigen Minuten bis zu vielen Stunden, wie auch die Zäsur des Erwachens, liegen zwischen Traum und Traumbericht. Wir können nie – wie schon FREUD festgestellt hatte – mit letzter Sicherheit wissen, ob der Traumbericht in jeder Einzelheit dem ursprünglichen Traum entspricht oder ob er bereits dessen erste Verarbeitung ist. Die Lage ändert sich aber grundlegend, wenn der Therapeut während des hypnotisch induzierten »Schlafs« Zeuge des Verlaufs eines Traums ist. Fragen stellen sich ein: Soll er beispielsweise bei sich wiederholenden Angstträumen mit seinen Imaginationen eingreifen und das Erleben des Patienten beeinflussen? Und wie erlebt er überhaupt Traumsituationen, in die er schon durch die zeitliche Unmittelbarkeit mehr verwickelt ist als der psychoanalytische Zuhörer? Wie ergänzen oder beeinflussen hypnotische Träume die Schlafträume des Patienten? Dies sind nur einige Fragen aus der Fülle der Probleme und Befunde zu diesem Thema.

Zuletzt nenne ich meinen eigenen Beitrag. Er untersucht Antinomie und Polarität der Träume. Das gilt für den funktionellen Bereich ebenso wie für den inhaltlich-symbolischen. Ich sehe in vielen Träumen gleichsam ein Janusgesicht, einen Kopf, der in zwei Richtungen schaut, die einander normalerweise ausschließen oder entgegengesetzt sind, die sich aber im Traum ergänzen. Erst beide »Richtungen« betrachtet, geben die ganze Botschaft des Traums, erst beide Seiten des Symbols, des Traumgeschehens beleuchtet, ergeben die vollständige Aussage des Traums.

Ein Gegensatz, den ich schöpferisch nennen möchte, geht durch dieses Buch. Einerseits liegt sein Reiz darin, daß meine Mitarbeiter und ich ihre Traumkonzeption ohne gegenseitige Absprache entwickelt haben. Unter dem Aspekt »Botschaft der Träume«, die eben eine sehr unterschiedliche sein kann, steht jeder Beitrag für sich. Andererseits wird auch eine Einheitlichkeit sichtbar, die heute, angesichts der Zersplitterung der Tiefenpsychologie, wohltuend ist. Die Theorie von der Doppelgesichtigkeit der Träume möchte zeigen, daß aus den polaren Gegensätzen nicht notwendig widersprüchliche Deutungen resultieren müssen, sondern mit ebenso großem Recht dialektische Wahrheiten abgelesen werden können. Durch den Beitrag von J. Philip Zindel erkennen wir, daß die Psychodynamik der Träume auch im Bereich der Hypnoseerfahrungen ihre Gültigkeit hat und daß sie aus diesen Erfahrungen eine wesentliche Bereicherung erfahren kann. Ein neuer Umgang mit dem Traum in der Therapie psychotischer Patienten, der aus dem Beitrag von Maurizio Peciccia spricht, fügt sich in unser traditionelles psychoanalytisches Wissen, erweitert dieses aber durch neue Erfahrungen mit bestimmten Patienten. In diesem »Konzert« ist die Stimme meiner Mitarbeiterin Elfriede Neubuhr, die als Analysandin ihre Erlebnisse mit der Traumdeutung darlegt, eine ebenfalls wichtige Stimme, die Botschaft der unmittelbar Betroffenen.

In diesem Sinne möchte unser Buch auf dem Boden größtmöglicher individueller Autonomie des Denkens ein Schritt auf dem Weg zu einer integrativen Traumtheorie sein.

Gaetano Benedetti

Vom Sinn und Doppelsinn der Träume

Einleitung

Seit der frühesten Antike befragt der Mensch seine Träume, seit Jahrtausenden bekommt er zweideutige Antworten. Am Anfang dieses Jahrhunderts hat es einen Forscher gegeben, der die Wissenschaft des Traums wie kein anderer vorangetrieben hat und der in seinem naturwissenschaftlichen Glauben meinte, die symbolischen Aussagen menschlicher Träume eindeutig festlegen, ja, katalogisieren zu können.

Wie er berichtet, hatte die Royal Asiatic Society im Jahr 1857 vier der angesehensten Erforscher der babylonisch-assyrischen Keilschriften aufgefordert, von einer neu aufgefundenen Inschrift unabhängige Übersetzungen in einem versiegelten Umschlag einzusenden. Nach dem Vergleichen der vier Lesungen konnte die Royal Asiatic Society verkünden, daß die Übereinstimmung derselben weit genug gehe, um das Vertrauen in das bisher Erreichte und die Zuversicht auf weitere Fortschritte in der Forschung zu rechtfertigen. Das Vergleichen der Resultate von Traumdeutungen, die von korrekt geschulten Analytikern stammten, berechtigte nach Ansicht von Freud (1900) zu ganz ähnlichen Hoffnungen auf dem Gebiet dieses Wissenschaftszweigs.

Von einem kulturgeschichtlichen Gesichtspunkt aus scheint es mir interessant, daß die Gleichsetzung der Traumsprache mit einer »Hieroglyphensprache« von einem Romantiker, nämlich von G. H. Schubert, bereits fast hundert Jahre früher vorausgenommen wurde, aber in einem umgekehrten Sinn. Während Freud die Leistung Champollions würdigte, die ägyptischen Hieroglyphen in Worte umgesetzt und damit rational verständlich gemacht zu haben, und sich eine entsprechende Leistung in der Traumforschung wünschte, meinte Schubert umgekehrt, daß die »Traumwelt eine prophetische Sprache in lebendigen Hieroglyphengestalten« sei, eine göttliche Bildersprache, die »einen viel rapideren, geisterhaften und kürzeren Gang oder Flug nimmt« als die erlernte Wortsprache. Schubert erkannte bereits im Grunde, wie später nach ihm Jung, daß Symbole sich wesensmäßig nicht ganz auf rationale Begriffe reduzieren lassen und daß die »Traumhieroglyphen« die Urgedanken unserer Kindheit sind, die wir eben in Bildern denken, nicht in Begriffen (SCHUBERT 1814, S. 1 u. S. 24).[1]

Heute sieht es allerdings nicht mehr so aus, als ob sich diese vor bald hundert Jahren geäußerten Hoffnungen FREUDS erfüllen könnten. Die Modelle unseres psychoanalytischen Menschenverständnisses haben sich mehr als verzehnfacht. ZANE, eine heutiger Psychiater, meinte, das psychoanalytische Traumverständnis müsse »fundamental falsch« sein, da er mit einigen Psychoanalytikerkollegen nicht einmal nach fünfjährigen gemeinsamen Erfahrungen bei der Deutung bestimmter Traumbilder zu einer »nennenswerten Übereinstimmung« gekommen sei. ZANE muß sich allerdings manche Gegenfrage stellen lassen: Gilt das naturwissenschaftliche Erkenntnisideal auch auf seelisch-geistigem Gebiet? Werden nicht auch psychiatrische Leidenssymptome immer wieder anders verstanden? Können wir menschliche Phänomene ohne subjektive Anteilnahme und somit ohne eine gewisse Projektion unseres Selbst tief erfahren? Gehört zum Erkennen seelisch-geistiger Phänomene nicht auch eine gewisse Identifikation, die einerseits eine subjektive Dimension hat, die andrerseits aber gerade dadurch die Subjektivität des anderen überhaupt erst erreicht?

Könnte man *ohne* Sich-Einfühlen, *ohne* Intuition, ja, auch *ohne* Erschütterung bis zum Grund des anderen vordringen, dann würde man ihm vielleicht auch seine Freiheit nehmen.

Warum träumen wir?

Nach der ersten Fragestellung könnte man nun die gegenteilige Frage aufwerfen: Hat die Erkenntniswissenschaft der Trauminhalte einen Sinn, und wenn ja, welchen?

Es gibt heute Neurophysiologen, die diese Frage verneinen und die die Träume als zufällige Ergebnisse von elektrischen Impulsen durch bestimmte Neuronen erklären. Die subjektive Erhellung, die ein Mensch manchmal nach einem wichtigen Traum erfährt, wird bei dieser Erklärung überhaupt nicht berücksichtigt.

HOBSON und MCCARLEY nahmen vor rund zwanzig Jahren an, daß der Traumschlaf von einem »Traumzustandsgenerator« (oder »Traumzentrum«) aus begonnen wird, der im Stammhirn lokalisiert ist und periodisch tätig

1 Dem Vortrag von Frau A. ASSMANN »Traumhieroglyphen« in Ascona 1995, der in dem Symposiumsband »Die Wahrheit der Träume« (München 1997) erschienen ist, habe ich auch die genaue, im Literaturverzeichnis aufgeführte Literaturangabe entnommen; s. dort.

wird. Die Perioden solcher neuroelektrischen Aktivität, die aus den Riesenzellen des Locus Caeruleus im verlängerten Mark stammt, stimmen mit den REM-Phasen des kortikalen Schlafs überein. Das war die wesentliche Entdeckung, die die Autoren zu der Hypothese veranlaßte, daß Träume in der Hirnrinde als Folgen des wahllosen subkortikalen Bombardements entstehen würden. Die bekannt gewordenen Worte HOBSONS lauteten: »Ich glaube, daß das Träumen Zeichen eines genetisch bestimmten, funktional-dynamischen Abbildes des Gehirns ist, das dazu da ist, die Schaltkreise des Gehirns, die unser Verhalten unterstreichen, aufzubauen und zu testen – Erkenntnis und Bedeutungszuweisung eingeschlossen. Ich glaube auch, daß dieses Testprogramm für die normale Gehirn-Geist-Funktion notwendig ist, daß man sich aber nicht an seine Produkte erinnern muß, um seine positiven Auswirkungen zu spüren« (zitiert in GOLDWIN 1995, S. 69).

Der Gedanke HOBSONS, daß trauminduzierte Schaltkreise unser Verhalten aufbauen und testen, wird durch die Hypothese WINSONS einen Schritt weitergeführt, wenn er sagt, daß wichtige Gedächtnisspuren durch den Traum aufgespeichert und im Hinblick auf künftige Handlungen reserviert werden. Der Traum erscheint in dieser Sicht als ein »Erinnerungsmechanismus« oder auch als »das nächtliche Protokoll eines grundlegenden Erinnerungsprozesses«, das die während des Tages erlernte, für das Überleben wichtige, durch den »Theta-Rhythmus« vermittelte Information in stabile Gedächtnisspuren verwandelt und so verbesserte Verhaltensstrategien ermöglicht (Zitate ebenfalls bei GOLDWIN, S. 70).

Diese Theorie beruht auf dem elektrophysiologischen Nachweis, daß während des REM-Schlafs der im wachen Leben beim Vollzug des Lernens – und nie beim bloß instinktiven Verhalten des Tieres – auftretende Theta-Rhythmus in einem für die Entstehung des Gedächtnisses besonders wichtigen Hirngebiet, der Hippocampusregion, wieder in Erscheinung tritt.

Freilich sind solche Ergebnisse der neurophysiologischen Forschung auch für den Traumphänomenologen wichtig, weil sie die sicher vorhandene, materielle, neurale Basis ein wenig begreifen lassen oder doch plausibel machen.

Leider liegt eine Nachtseite dieser Forschung in der Versuchung, geistig komplexe Aspekte der Traumfunktion völlig zu verkennen. Dazu gebe ich zwei Beispiele:

Wir Psychoanalytiker wissen, wie viele paradoxe Schlußfolgerungen, Widersprüche, Verschiebungen und so weiter im Traum stattfinden und wie das alles bei tiefenpsychologischer Prüfung sinnvoll wird. Der Neurophysiologe meint dagegen, daß man im Traum unlogische Ereignisse in Kauf nimmt, ohne Widersprüche wahrzunehmen, weil unsere aminergischen Neuronen, die im Gegensatz zu allen anderen Nervenzellen zeitweilige Ruhe brauchen und deshalb auch im Traum ausgeschaltet sind, das kritische Bewußtsein verhindern.

Ein weiteres Beispiel: Man hat versucht, den Traum in Einklang zu bringen mit der neuesten Theorie von EDELMAN, nach der sich das Gehirn durch eine »neurale Auslese« an seine sich mit jedem Tag ändernde Umgebung anpassen läßt. Da geht es freilich bei diesem Begriff der »Auslese« nicht um ein Überleben der Tierarten, wie bei DARWIN, sondern um das Überleben der nützlichsten neuralen Verbindungen, die eben während des REM-Schlafs getestet werden. Die wachen Geschehnisse werden im Traum noch einmal nachgespielt; neue Verbindungen werden versucht, die dann in den folgenden Tagen getestet werden, um schließlich entweder integriert oder ausgelöscht zu werden. Die Natur habe den Schlaf für solche neurale Auslese bestimmt, weil das Gehirn nur im Schlaf auf Erinnerungen bauen könne, diesen während des Fehlens neuer, sensorischer Informationen Realcharakter zuschreibe und, wie in einem Labor, die Realität simulieren könne.

Mögen solche Hypothesen und Spekulationen auch geistreich erscheinen, ich kann mir nicht vorstellen, daß deren Autoren eine echte Begegnung mit manchen erschütternden Träumen unserer Patienten überhaupt kennen und eine Ahnung von der Aussagekraft der Träume haben.

Die Neurophysiologie hat die Sinnfrage, die die gläubige Antike nicht kannte, durch den Nachweis erschüttert, daß auch Tiere, denen wir nicht, wie dem Menschen, ein symbolisches Innenleben zusprechen können, träumen können.

Stimmt es, daß der Nicht-REM-Schlaf, welcher durch die langsamen Schlafwellen charakterisiert ist, vor etwa 200 Millionen Jahren entstand, als warmblütige Säugetiere in der Evolutionsskala neben kaltblütigen Reptilien entstanden, und daß der REM-Schlaf, und mit ihm das Träumen, erst vor 50 Millionen Jahren entstand, als diese »Übergangstiere« keine Eier mehr legten, sondern lebendige Nachkommen gebaren? (vgl. ebenfalls GOLDWIN 1995, S. 70) Wenn das Traumphänomen philogenetisch so uralt ist, dann erscheint eine solche naturgeschichtliche Tiefe in der Tat als eine Grenze psychoanalytischer oder hermeneutischer Anschauung psychologischer Phänomene, die wir nur im humanen Bereich befragen können. Theorien lösen sich in rascher Folge in der heutigen Naturwissenschaft ab, schneller als philosophische Systeme in der Geistesgeschichte. Wir tun gut, abzuwarten und vor allem beim Traumverständnis unseren existentiellen Erfahrungen zu vertrauen.

Natürlich hat uns kein Tier je gesagt, daß es träumt! 1953 hat man aber entdeckt (ASERINSKI, KLEITMANN), daß menschliche Träume von charakteristischen Veränderungen der hirnelektrischen Aktivität begleitet werden, die sich mit einer Abnahme des Muskeltonus verbindet. Das Gehirn ist während des Traums neuroelektrisch aktiver – indem die üblichen, langsamen Schlafwellen durch solche ersetzt werden, die denjenigen des Wachzustands ähnlich sind –, während dabei die muskuläre Schlafruhe zunimmt. Also ein paradoxes Verhalten, das dieser Phase des Schlafs den Terminus »paradoxer Schlaf«

(JOUVET 1994) gegeben hat. Wenn Träume nun von objektiven Hirnveränderungen und solchen des Muskeltonus begleitet werden, kann man erforschen, ob solche Veränderungen auch den Schlaf von Tieren kennzeichnen. Das hat man verifiziert. Die menschliche Liebe zum Tier ist leider nicht so groß, daß man das Experiment nicht doch gewagt hätte, jene Hirnsysteme beim Tier neurochirurgisch zu entfernen, welche den Muskeltonus während des paradoxen Schlafs senken und also dafür sorgen, daß das träumende Subjekt, trotz erhöhter hirnelektrischer Aktivität, ruhig bleibt. Nach solchen Eingriffen hat man beobachtet, daß die Schlafruhe während des paradoxen Schlafs aufgehoben wird, obwohl die Tiere weiterhin schlafen, sich also nicht in Kontakt mit der Außenwelt setzen. Sie führen jedoch viele Handlungen im Schlaf aus, die sie höchstwahrscheinlich »erträumen«! Die Katze flieht, oder sie greift nach einer in ihrer Umgebung nicht vorhandenen Maus, oder sie faucht und geht in Kampfstellung.

Diese Erkenntnis stellt die Traumpsychologie vor neue Probleme. Die Mitteilung jeglicher subjektiver Erfahrung ist hier ausgeschlossen. Wir müssen uns also bei der Erklärung des Phänomens mit Hypothesen zufriedengeben, die zwar interessante Konstrukte sind, aber vielleicht, da nicht verifizierbar, als ein Abenteuer des Geistes betrachtet werden dürfen.

Hier setzt nun meine Argumentation ein: Da der Traum des Tieres nicht durch Erfahrungen der menschlichen Psychologie erklärt werden kann – etwa durch die FREUDsche These, daß verbotene Triebwünsche im Traum symbolisch erfüllt werden; das Tier kennt ja weder verbotene Triebwünsche noch Symbole im menschlichen Sinn –, müssen wir bei der unmittelbaren Aussage des Phänomens bleiben: Der Traum ist jener »psychische Ort«, wo das Tier auf der einen Seite schläft und also von der Welt getrennt ist, auf der anderen Seite durch intrapsychische Erlebnisse in der Welt ist, Bilder sieht, Feinde angreift, vor ihnen flieht und so weiter. Im Traum schafft sich das Tier eine innere Welt, die einerseits derjenigen entspricht, die es wachend wahrgenommen hat, die aber andrerseits im Augenblick aus seinem Innern stammt. Das heißt: *An die Stelle der Wahrnehmung ist die Imagination getreten.* Diese intrapsychische Imagination im Schlaf, also das Phänomen des Traums, kommt nicht bei allen Tieren vor, sondern nur bei vielen Vertebraten und vor allem bei den Säugern. Amphibien, Mollusken, Insekten träumen nicht. Schon vor Jahrzehnten hatte der Psychologe HEBB angenommen, daß eine gewisse evolutive Differenzierung des Körpers die Voraussetzung eines Innenlebens sei. Die Imagination als die Entstehung einer inneren Bilderwelt erscheint mir in der Evolution des Lebens wie eine Vorbereitung des menschlichen Erlebens; denn sie ist eine Voraussetzung der Symbolisation, die schließlich nur beim Menschen auftritt und kraft derer sich die Welt um unzählige symbolische Gestalten vermehrt, die einen Sinn ergeben und Existenz ermöglichen.

Ich möchte nun annehmen, daß die Traum-Imagination, die beim Tier keine eigentlichen Symbole – das heißt: Zeichen, die auf eine übergreifende Bedeutung hinweisen – kennt, einem *Wiederholungstrieb* entspricht, der dem Lebewesen gestattet, sich in der Schlafruhe – gesenkter Muskeltonus – die Konflikte des wachen Lebens eben in einem *entspannten* intrapsychischen Raum zu *vergegenwärtigen* und zu *bewältigen*, die fehlerhaften Verhaltensweisen ohne die Gefahr der Auseinandersetzung mit der Realität zu wiederholen und eventuell zu korrigieren, die besseren Varianten einzuüben und so das wache Leben nicht nur zu kopieren, sondern auch »vorauszunehmen«. *Wiederholung wäre in dieser Sicht auch »Überholung«* – ein »Gegensatzpaar«, wie ich diese Erscheinung später in meinen Ausführungen über die Struktur des Traumdenkens nennen werde.

Natürlich kann es auch ein »Versagen« im Traum geben, wo etwa »Katastrophen« ungestraft vorkommen dürfen. Freilich stellt sich hier die Frage, ob eine solche Organisation psychischen Verhaltens im Traum ihre archaische Geburtsstätte hat – die Traum-Imagination des Tieres ist in der Tat die älteste, die wir kennen – oder ob sie sich im Traum lediglich widerspiegelt. *Wiederholung* und *Überholung* erscheinen mir jedenfalls als die zwei Pole, zwischen denen sich auch das kindliche Spiel – beim Menschen und beim Tier – gestaltet: gefährliche Situationen – wie Kampf, Niederlage und ähnliches – werden auch dort wiederholt und dann verwandelt; sie werden, wo sie gefährlich sind, im Spiel harmlos, weil sie nicht ganz real auftreten; sie lassen sich rückgängig machen, und sie werden vom spielenden Kind schließlich durch reifere Entwürfe »überholt«. Ist auch der Traum ein Urspiel des Lebens, das Spiel des Schlafs?

Aber der Traum ist noch älter als das Spiel und hat eine Bedeutungsdimension, die dem Spiel vorausgeht und die eben in der Förderung der intrapsychischen Imagination besteht. Während die wache Imagination von der unmittelbaren Wahrnehmung des anwesenden Objektes abhängig ist, reproduziert die intrapsychische Imagination das Objekt in einer Innenwelt, die damit zugleich auch geschaffen wird. Damit konstituiert sich das Subjekt, das Selbst-Erlebnis ist, als ein Dasein in der Welt – wie HEIDEGGER vom Menschen sagt. Beim niederen Tier gibt es höchstwahrscheinlich lediglich eine Zuordnung von Subjekt (Impuls, Bedürfnis) und Objekt (Wahrnehmung) in der Triebhandlung, die daher auch lediglich ein Nervenreflex sein kann. Beim höheren Tier wird die Triebhandlung im Traum reproduziert, nicht allein, damit der Schlaf, wie FREUD meinte, nicht gestört werde – Triebbedürfnisse treten immer rhythmisch auf und sie könnten für die Zeit des Schlafs auch aufhören, wenn das Erholungsbedürfnis zu stark ist –, sondern auch darum, weil das Subjekt durch die intrapsychische Imagination eine Vorstellung des Objekts entwickelt, die mit ihm selbst dauernd verbunden ist und in der es sich voll als Subjekt konstituiert. Die Auffassung FREUDS ist aber insofern kein Irrtum, als eine solch tiefe Integration von Außenwelt und Innenwelt beim Tier und zum Teil auch beim Menschen primär doch entlang der Triebspannung stattfindet.

Und auch die Auffassung WINSONS, daß die Hauptfunktion des Traums *Memorisierung* sei – indem nämlich die erträumten Handlungen das Gedächtnis festigen –, ist insofern nicht irrtümlich, als die Selbsterfahrung im Selbstgedächtnis den wesentlichen Niederschlag findet.

Ich aber möchte den übergreifenden Gedanken dahingehend formulieren, daß alle diese Theorien jene Verdichtung von Innenwelt und Außenwelt meinen, die der eigentliche Anfang des Psychischen ist. Wo es nur biologische Spannungen und Entspannungen gibt, kann ein primitives Nervensystem genügen, um die Interaktion zu gewährleisten. Das Bewußtsein davon ist aber das Psychische, und das »Unbewußte« läßt sich aus dem Traum-Bewußtsein erschließen.

Über die Psychologie menschlicher Träume

Wir kehren nun zum Menschen zurück, von dem wir ausgegangen sind. Wir können dies um so getroster tun, da wir durch unseren Beruf als Psychiater und Psychotherapeuten dazu verpflichtet sind; wir dürfen uns dem Traum-*Sinn* nie verschließen, der uns eine tiefere Begegnung mit unseren Patienten ermöglicht. Unsere psychotherapeutischen Erfahrungen lassen uns die Bedeutung der archaischen Urfunktion des Bildes, die wir beim Tier vermuteten, erst recht in der Beziehung zum Menschen voll realisieren.

Beim Menschen beginnt das, was beim Tier unmöglich ist: die reflektierende Anschauung des Bildes, die Deutung des Bildes. Und da entdecken wir, daß Bilder mannigfach deutbar sind. Ist diese Mehrdeutigkeit verwirrend? Ich habe sie »schöpferische Zweideutigkeit« der Träume genannt.[2]

Die zwei Gesichter der Träume und ihrer Symbole

Die Traumsymbole stellen uns schweigend Aufgaben, die aus Bilderfolgen abzulesen sind, die aber niemals verbal und eindeutig formuliert werden. So darf die Lektüre dieser Bildersprache gleichermaßen – um mich metaphorisch auszudrücken – von rechts nach links wie auch von links nach rechts

2 Mein Beitrag in diesem Buch ist die Ausarbeitung eines Vortrags, den ich 1995 in Ascona über die »schöpferische Zweideutigkeit der Träume« gehalten habe.

erfolgen; denn beide Leserichtungen werden von der Struktur der Sprache unseres Unbewußten zugelassen.

Möglicherweise liegt in dieser Eigentümlichkeit des menschlichen Unbewußten und seiner Bildbotschaften der Ursprung des Glaubens in der Antike, daß das göttliche Orakel eine doppelte Deutung erlaube.

Als ich vor einigen Jahren einen Vortrag über die »Funktion der Träume« ausarbeitete (BENEDETTI 1992), wich ich von den traditionellen Mustern ab, den Traum einschichtig als »Wunscherfüllung«, als »Memorisierung«, als »Konfrontation« und so weiter zu betrachten und zu deuten, sondern rückte einen neuen Aspekt in den Vordergrund, nämlich die Möglichkeit, bei vielen Träumen von gewissen Gegensatzpaaren auszugehen, wie etwa Triebwunscherfüllung versus Selbstentfaltung, Kausalität versus Finalität, subjektstufige Deutung versus objektstufige Deutung, Memorisierung versus Aktualisierung, Verhüllung versus Offenbarung.

Das Wort »versus« meint dabei, daß man *eine* Funktion beziehungsweise Bedeutung sowohl alternativ als auch synergetisch zu der *zweiten* verstehen muß. Es geht um jeweils zwei Aspekte, die sich zwar unterscheiden lassen, die aber auch übereinstimmen, zusammenwirken und einander ergänzen. Ich bin fast versucht, von einer gewissen Janusköpfigkeit vieler Träume zu sprechen, womit eben die Doppeldeutbarkeit und die Doppelfunktionalität der Traumsymbole und des Traumgeschehens gemeint ist. Diese sogenannte Doppelgesichtigkeit des Traums erinnert auf der einen Seite an die Dialektik der gesamten menschlichen Existenz, ist aber andrerseits meines Erachtens im Traum besonders ausgeprägt, weil das Traumdenken dadurch dem wachen, einschichtigen Denken gegenüber eine ergänzende Funktion übernimmt. Grundsätzlich unterscheidet sich nämlich das Traum-Denken vom wachen Denken durch ein negatives und durch ein positives Merkmal – wobei »negativ« und »positiv« keine wertenden Attribute sind, sondern helfen, das Verhältnis der Komplementarität zu sehen und zu verstehen.[3]

Das »negative« Merkmal liegt – vom wachen Geist aus gesehen – in einer gewissen Unschärfe und Unklarheit der Denkvollzüge, wenn beispielsweise Probleme im Traum nicht voneinander abgegrenzt, nicht einmal eindeutig formuliert werden, wenn das Ziel des Gedankengangs manchmal rätselhaft bleibt oder gelegentlich sogar im Schleier des Unsinns gefangen erscheint –, so daß ein Philosoph von der Größe eines JASPERS der Psychoanalyse einen Vorwurf daraus gemacht hat, den Menschen aus seinen Träumen verstehen zu

3 Der Vergleich des Traumdenkens mit dem wachen Denken veranlaßte R. BODEI (1995) in seinem Beitrag zum Traum-Symposium zu folgender, der meinigen nicht unähnlichen Formulierung: »Verglichen mit anderen Kommunikationsformen mag der Traum dürftig erscheinen; er ist aber, ganz im Gegenteil, mit Informationen förmlich überfrachtet. Gerade deswegen wird es nie möglich sein, bis zu seinem innersten ›Kern‹ vorzudringen. Vieles scheint verschleiert und – gleichzeitig – offengelegt zu sein« (S. 229).

wollen. Die ständige Umdeutbarkeit der Träume grenzte für ihn an eine Willkür der Erkenntnis. Aber umgekehrt liegt die Stärke des Traumdenkens, also sein »positives« Merkmal, gerade in seiner Schwäche: Weit auseinanderliegende Dinge, ja gegensätzliche Gedanken können im Traum zusammenhängen und *durch dasselbe Bild* ausgedrückt werden. Hierfür prägte FREUD 1900 den Begriff der »Verdichtung«. Der grundsätzliche Konfliktcharakter der Existenz wird so durch den Hinweis auf zwei oder mehrere mögliche Richtungen tiefer erfahren. Die Traumstruktur ist oft polar aufgebaut, sie spannt sich zwischen Bild und Gegenbild, zwischen Subjekt und Objekt, zwischen Regression und Progression, zwischen Verhüllung und Offenbarung, zwischen Vergangenheit und Gegenwart, zwischen Kausalität und Finalität und vielem anderen mehr. Ich müßte konsequenterweise also nicht von Gegensatzpaaren sprechen, sondern von »Versus«-Paaren, um auch immer das Ineinander-verschränkt-Sein der beiden Pole mit zu umgreifen; aber ich möchte nicht unbedingt einen neuen Terminus einführen, und ich denke, nach den eben gegebenen Ausführungen ist deutlich, was ich meine, wenn ich von »Gegensatzpaaren« spreche.

Neben seinem viel beachteten, privilegierten Zugang zum Unbewußten möchte ich dieses formale Merkmal des Traums besonders hervorheben. Die italienische Sprache kennt ein treffendes Wort dafür: Ambiguità. Diese Ambiguität ist sowohl die Schwäche als auch die Stärke des Traums. Sie ist eine Schwäche, weil sie im Vergleich zu der Schärfe des eindeutigen, folgerichtigen Denkens vieldeutig bis widersprüchlich erscheinen kann; nicht nur die Eindeutigkeit, sondern auch die Lokalisation in Raum und Zeit können vollständig fehlen.

Doch schauen wir uns auch die Stärke an, die gerade in der Schwäche liegt! Verschiedene, voneinander weit entfernte Gedanken können auf einmal, durch ein einziges Bild, ausgedrückt werden; hier erreicht die Funktion der Verdichtung, die FREUD entdeckte, einen Höhepunkt. Ein und dasselbe Bild gilt, wie JUNG später erkannte, sowohl auf der Subjektstufe wie auf der Objektstufe. Ein und dasselbe Bild kann ferner sowohl ein Symbol sein, sobald man es im Wachzustand betrachtet, als auch ein konkretes, präsymbolisches Ereignis mitten in der Traumhandlung. Und weiter: Sowohl eine Erinnerung aus fernster Zeit als auch ein Tagesrest von gestern können im gleichen Bild ausgedrückt werden. Die positive Ambiguität des Traums zeigt sich auch darin, daß in ihm die Vergangenheit Gegenwart und die Gegenwart auch Vergangenheit ist.

Was mir für das Wesen vieler Träume charakteristisch erscheint, ist freilich ein Grundzug des gesamten menschlichen Lebens. Man kann auf diesen Grundzug auch vom Pol des wachen Bewußtseins aus stoßen. Der griechische Philosoph HERAKLIT hat vor mehr als zwei Jahrtausenden erkannt, daß seelisches Leben sich in einem unaufhörlichen Wechsel in gegensätzlichen

Gestalten und Energien aufspaltet; er nannte diese Dynamik »enantiodromia«, also ein »wechselseitiges Sichentgegenlaufen«.

Ich glaube, die Beobachtungen des Psychiaters C. G. JUNG fortzusetzen, wenn ich dieses Phänomen der Polarität besonders in der Gestaltung des Traums erblicke, und zwar nicht nur, wie er, in Traumsequenzen, sondern auch in der Struktur und Symbolik ein und desselben Traums.

Die »Zweigesichtigkeit« der Träume möchte ich an zwölf *formal-funktionalen* und an zwölf *inhaltlich-symbolischen* Gegensatzpaaren veranschaulichen. Die Zahl der Beispiele beansprucht keine Objektivität, ist selber ein Symbol und könnte durch weitere Beobachtungen ergänzt werden.

Begriffe wie »schöpferische Zweideutigkeit«, »Zwei- oder Doppelgesichtigkeit« und »Polarität« werden hier als Synonyme gebraucht. Je nach dem Kontext, in dem ich davon spreche, entspricht die eine oder die andere Formulierung meiner Intention am besten. Der Begriff »schöpferische Zweideutigkeit« ist die Erwiderung auf den nicht selten gegen die Psychoanalyse erhobenen Vorwurf, daß Träume zweideutig und immer umdeutbar und auf keinen *ein*deutigen Sinn festlegbar seien. Dagegen betone ich die *schöpferische* Dimension des Unklaren. Der Begriff »Doppelgesichtigkeit« ist dann am Platz, wenn das Gegensatzpaar in seiner manifesten Zweigesichtigkeit zutage tritt. »Polarität« ist der umgreifende Begriff; er meint die Tiefenstruktur des Traums, in der das Gegensatzpaar oft verborgen ist, weil der eine Pol dem FREUDschen »latenten« Gedanken entspricht.

Gerade dieser letzte Satz über die Latenz des Doppelsinns stellt ein wesentliches Anliegen dieses Beitrags dar. Der »latente Traumgedanke« ist ein seit FREUD klassisch gewordener Begriff. Er umfaßt das Verdrängte, das Zensierte, das Triebmäßige, das Verbotene, welches eben zum Bewußtsein nicht zugelassen und doch durch das Traumbild befriedigt wird. Mein Anliegen ist es nun – unter anderem – zu zeigen, daß zwar solch ausschließliche Triebtheorie des Traums überholt ist, daß jedoch damit nicht die geniale Intuition FREUDS und JUNGS widerlegt ist, daß die tiefenpsychologische Wahrheit polar aufgebaut ist und daß oft die eine oder die andere Seite der Aussage verborgen – »latent« – bleibt, wenn sie nicht, wie in der Psychose, abgespalten und überzeichnet ist. Ich füge hinzu, daß solche Latenz nicht *nur* durch die Verdrängung bedingt ist, sondern auch deshalb, weil eine Leistung des Traums darin liegt, Wahrheiten nicht bloß anzubieten, sondern sie auch herauszufordern; die Chiffre, das Symbol, die Zweideutigkeit lassen dem träumenden Ich die Freiheit, sich in der Aneignung der Botschaft so oder so zu entscheiden. Die Gegensatzpaare, die ich »funktional« nenne, unterscheiden sich nicht grundsätzlich von den später aufgeführten »inhaltlich-symbolischen« Gegensatzpaaren. Aber sie sind fundamentaler, weil sie den Rahmen, die Struktur des Traums bestimmen und sich zu deren Ausfüllung beliebiger symbolischer Inhalte bedienen, die zur Lebensthematik des Träumers gehören.

Die inhaltlich-symbolischen Gegensatzpaare lassen diesen grundlegenden formalen Charakter vermissen; sie beziehen sich, wie wir sehen werden, auf bestimmte Grundsymbole. Ich gebe freilich zu, daß der Unterschied nur in groben Zügen gilt. Man wird sicherlich Fälle finden, wo die Einteilung willkürlich anmutet. Alles Kategorisieren hat eine technische Dimension, die der Urwüchsigkeit und unendlichen Differenziertheit der psychischen Phänomene nicht gerecht wird, ihnen Gewalt antut. Andrerseits brauchen wir Schemata, wenn wir einordnen und überblicken wollen. Freilich brauchen wir diese – besonders in der Psychotherapie – nur *vorübergehend,* um dann, nach Grenzziehung und Planung, zu den immer neu zu uns sprechenden Phänomenen als zu einer ursprünglichen Quelle der weiteren Befragung zurückzukehren. Das bedeutet, daß die Analyse des Menschen nie zu einem verfügbaren Wissen führt; sie ordnet, damit neue Gedanken über jene Ordnung hinausgreifen.

Die funktionalen Gegensatzpaare

Eine grundsätzliche Gegensatzspannung ist erstmals von FREUD 1900 entdeckt worden: Abwehr versus Triebelfüllung. Im Traumbild zeigt sich sowohl die Zensur des Triebwunsches, also die Abwehr, als auch die latente Triebregung, das zensierte Triebziel. FREUD hat mit dieser Entdeckung den Weg zur heutigen psychodynamischen Traumforschung eröffnet. Seine psychotherapeutische Leistung in einer Zeit der tiefenpsychologischen Ahnungslosigkeit war so bahnbrechend, daß ich durch meine kritischen Ansätze die fundamentale Bedeutung des ersten psychoanalytischen Schrittes nicht in Frage stellen, sondern ihn eher ergänzen möchte.

Immerhin sprach FREUD vom Traum als von einem Kompromiß zwischen Abwehr und ursprünglicher Triebregung, sichtbar im manifesten Traumgedanken. Erst die psychoanalytische Rekonstruktion des von der Zensur verstellten latenten Traumgedankens lasse uns den wahren Sinn des Traums erfahren. Gewiß liegt in dieser Aufdeckung ein wesentliches Anliegen der Psychoanalyse, welche ja ihre ersten Schritte eben durch die Traumanalyse unternahm.

Ich bin, wie gesagt, weit davon entfernt, die Angemessenheit des psychoanalytischen Gedankenganges bei besonderen, zahlenmäßig nicht wenigen Traumfällen zu bezweifeln. Aber ich möchte die sich aus meiner Erfahrung eindeutig ergebende These entwickeln, daß bei ebenso vielen Träumen *kein Kompromiß* vorhanden ist, daß es vielmehr einen Doppelsinn gibt, der im doppeldeutig erscheinenden, manifesten Traumbild liegt; also nicht einmal immer in einem »latenten« Gedanken, sondern in der physiognomischen Gestaltung, die es hermeneutisch zu erschließen gilt und die nicht als Verfälschung des eigentlichen, grundlegenden Traumgedankens mißverstanden werden darf.

Die zwölf Gegensatzpaare, die ich darstellen werde, sind folgende:

1. Wunscherfüllung versus Selbstentfaltung
2. Objektstufe versus Subjektstufe
3. Memorisierung versus Aktualisierung
4. Verhüllung versus Offenbarung
5. Imagination versus Symbolisation
6. Verdichtung versus Aufspaltung
7. Kausalität versus Finalität
8. Wiederholungszwang versus Bewältigungsversuch
9. Archetypische versus biographische Traumbotschaft
10. Immanenz versus Transzendenz
11. Realtraum versus Symboltraum
12. Individualtraum versus Kulturtraum.

1. Wunscherfüllung versus Selbstentfaltung

Eine seit den Anfängen der Psychoanalyse bekannte Funktion des Traums ist diejenige der *Wunscherfüllung.* Deren Entdeckung war für FREUD so wichtig, daß er die Teilerfüllung des von der sozialen Realität beziehungsweise vom Über-Ich verbotenen Triebwunsches als die *zentrale* Funktion des Traums betrachtete und den manifesten Traumgedanken in seinem unmittelbaren Wahrheitsanspruch, in seiner phänomenologischen Aussage nicht ernst nehmen konnte, sondern ihn nur als einen Kompromiß zwischen Über-Ich-Zensur und latentem – also triebmäßigem – Traumgedanken ansah. FREUD war bekanntlich der Ansicht, daß die symbolische Trieberfüllung im Traum dem Träumer gestattet, weiter zu schlafen, ohne sich von der im Schlaf zunehmenden Triebspannung wecken zu lassen; der Traum war also für ihn der »Hüter des Schlafes«.

Solche Träume beobachten wir heute noch ebenso wie zur Zeit FREUDS; wenn wir dennoch die FREUDsche Deutung beanstanden, so deswegen, weil sie eine Generalisierung von Einzelbeobachtungen war. Diese Generalisierung ist heute nicht mehr möglich, weil sich unsere Sicht der psychischen Phänomene erweitert hat und weil die immer noch grundlegende Triebpsychologie durch die heutige Selbstpsychologie ergänzt worden ist.

Im Traum wird nach dieser neueren Sicht nicht nur eine verbotene Triebregung quasi erfüllt, sondern eine bis dahin in der Neurose oder gar in der Psychose verkümmerte Seinsmöglichkeit vom Träumer aktualisiert oder vorausgenommen.

Wenn beispielsweise eine in ihrer Weiblichkeit gehemmte und verkümmerte Patientin im Laufe ihrer Psychotherapie davon träumt, ein Kind zu gebären, dessen Vater unbekannt ist, so besteht hier auf der einen Seite – natürlich – die Möglichkeit, die Traumerfüllung eines verbotenen Wunsches anzunehmen: Der eigentliche, heterosexuelle Trieb ist zensiert, nur das Mutterglück wird zugelassen; wobei der unbekannte Traumvater freilich auf die Möglichkeit hinweist, daß er eine Deckfigur für einen verbotenen Partner, unter Umständen für den Analytiker selbst, sein könnte – worauf gelegentlich die Assoziationen der Patientin hinweisen.

Wie aber, wenn wir die latente Vaterschaft des Analytikers in *dem* Sinne ernst nehmen, daß wir sagen, es geht hier im Grunde *auch* und *wesentlich* um die Geburt eines neuen Selbst? Dieses Ereignis geht weit über die Problematik des sexuellen Verbots hinaus. Im Traum erlebt die Frau endlich das eigene, neu werdende Selbst konkret als das neugeborene Kind. Sie ergreift in einem ungemein prägnanten Bild eine beginnende Selbstentfaltung, wobei nicht bloß Vergangenheit verarbeitet, sondern auch Zukunft vorausgenommen wird.

Man kann solche Beispiele beliebig mehren. Wenn ein Patient, der überall im Leben auf dem Rückzug vor ihn verfolgenden Ängsten ist, nun im Traum den Verfolger packt und erwürgt, so bedeutet dies nicht nur eine symbolische Befriedigung des sonst im wachen Leben verbotenen Aggressionstriebs, sondern auch eine neue Selbstentfaltung des Patienten in der Auseinandersetzung mit seiner Welt. Man kann ebensogut sagen, daß die neue Selbstentfaltung durch die Befriedigung des Aggressionstriebs ermöglicht wird, wie man – umgekehrt – sagen kann, daß die in der Analyse fortschreitende Selbstentfaltung auch die Möglichkeit eines neuen Verhältnisses zur Aggressivität beinhaltet. Das Gegensatzpaar ist also dynamisch und umkehrbar.

Das FREUDsche Modell wird heute von den Neurobiologen (HOBSON, JOUVET) gänzlich abgelehnt. JOUVET schreibt beispielsweise: »Und was könnte die Verwirklichung eines Wunsches bei einem Küken, das soeben geschlüpft ist, denn bedeuten – außer daß es eine Henne oder ein Hahn werden will? So wird der Traum nach und nach aus der Domäne der Psychoanalyse, die sich allerdings zu einigen Rückzugsgefechten hat rüsten müssen, geholt und in die Laboratorien der Neurobiologie überführt … Die Wirkkraft im paradoxen Schlaf ist eine biologische Aktivierung der Zellen im Pons, nicht ein verdrängter Wunsch« (JOUVET 1994, S. 133 f.).

Mit solchen Argumenten könnte ebenso, wie die Verwirklichung eines Wunsches, auch das Streben nach Selbstentfaltung von JOUVET abgelehnt werden. Zu sagen ist aber, daß etwas ganz Ähnliches auch im Hinblick auf das Bewußtsein vertreten werden könnte, das von einem im Stammhirn gelegenen, neuronalen Aktivierungssystem abhängt. Beim heutigen beachtlichen Fortschreiten der Neurobiologie kann man fast die Zeit voraussehen, da man auch sehr differenzierte Bewußtseinsinhalte auf neuronale Vorgänge zurückführen wird. Der wesentliche Unterschied zwischen Neurobiologie und Geisteswissenschaft ist aber philosophischer Natur. Die Neurobiologie nimmt an, daß die Materie die Grundlage des Seins ist – eine These, zu deren Formulierung ihr Experimente immer das Recht geben werden, weil diese ja nur Materie befragen. Die Geisteswissenschaft dagegen glaubt daran, daß sie die Manifestation einer von unseren Instrumenten nicht faßbaren Wirklichkeit ist, die sich unter anderem in der mitmenschlichen Kommunikation offenbart.

Ich möchte zu diesem Komplex gleichsam noch ein Negativbeispiel geben, nämlich einen Traum, in dem es um überbesetzte Wünsche geht und die darum eben nicht erfüllt werden können, so daß Realität und Traumgeschehen scheinbar in unheilvoller Weise koinzidieren.

Immer wieder machen wir in unseren Therapien die Erfahrung, daß menschliche Ansprüche, die sich schon im wachen Leben anmelden, welche aber bei ihrem überbesetzten Charakter durch das wache Ich kontrolliert werden müssen, nicht selten durch den Traum offenbart werden.

Es ist auf der einen Seite schon wahr – wie FREUD wußte –, daß überbesetzte Ansprüche als verbotene Wunschregungen auch im Traum der Zensur unterliegen und darum im manifesten Traumbericht entstellt erscheinen. Aber auch das Umgekehrte kann wahr sein: Sie werden im Traum nicht durch eine moralische Zensur entstellt, sondern sie werden durch eine unerbittliche Realität, die die Traumfreiheit einengt und die Reichweite des Möglichen diktiert, versagt. Sie sind dann zwar deutlich erkennbar, werden aber auch im Traum durch die Mitmenschen abgelehnt. Es ist richtig, daß solche Ansprüche, die wesentliche Lebensbereiche des Patienten belasten, in solchen Traumsituationen versagt werden, in denen der Träumer die ganze Aussichtslosigkeit des Anspruchs, des unbewußten Lebensplans, realisiert; in denen also eine falsche Hoffnung den wachen Patienten wieder in eine letzten Endes traumatische Lebenssituation stürzen läßt, wenn keine Einsicht erfolgt. Anhand des Traums kann der Patient lernen, wirklich zu verzichten, statt nur zu verdrängen, wenn auch der Traum die Wunscherfüllung nicht bringt.

Aber die Kehrseite der Medaille ist doch die, daß der überbesetzte Anspruch oft nicht bloß eine Ausgeburt des blinden Triebes, der eigensüchtigen Natur ist, sondern vielmehr der verzweifelte, unbewußte Versuch, ein legitimes, unerfüllt gebliebenes Urbedürfnis der Person, die sich erst in jenem Urbedürfnis als Selbst erkannte, auch noch in der Widersprochenheit des Lebens, also selbst in seiner Irrealität zu verteidigen. Der Traum und vor allem das Traumverständnis können solche Bivalenz der seelischen Phänomene erahnen und spürbar werden lassen.

Ich denke dabei an eine mir nur aus einer Supervision bekannte Patientin, deren Ansprüchlichkeit – im normalen Leben und freilich auch in der Übertragung – durch einen Traum offen ausgesprochen wurde:

Sie befand sich vor dem Tor des Paradieses. Ein uralter Greis stand dort als Wächter, nicht streng abweisend, aber prüfend und kritisch. Nichts sprach zunächst dagegen, daß er ihr das Tor öffnen würde. Aber in eben diesem Augenblick spazierten einige Frauen, die bereits im Garten Eden waren, an ihnen vorbei. Er nickte ihnen lächelnd zu. Ein akuter Schmerz traf die Patientin. Sie hatte erwartet, daß er *nur ihr* zulächeln würde. Und sie wurde dann wegen ihrer Eifersucht nicht eingelassen.

Der allzu große Anspruch steht hier also der Patientin im Wege; infolge allzu großer Liebeserwartung bekommt sie keine Liebe; so, wie sie andere ausschließen möchte, wird sie selbst ausgeschlossen.

Die aussichtslose Dimension der »Ausschließlichkeit«, das heißt eines übersteigerten Wunsches, der sich letztlich wie in einem Teufelskreis gegen den Wünschenden selber wendet, kann durch einen derartigen Traum überzeugend offenbar werden, oft überzeugender als durch irgendein Lebensereignis. Denn im realen Leben kann man sich doch immer noch einreden, daß der eigene Anspruch gar nicht so überbesetzt war, daß der andere uns etwas schuldig geblieben ist und so weiter. Wie aber, wenn man nun von Gottvater – mit dem man den uralten Greis vergleichen könnte – verlangt, einziges Objekt seiner Liebe zu sein, als ob nicht außer einem selbst die ganze Menschheit auf Liebe warten würde?

Solche Träume sind so überzeugend, daß sie fast eine innere Revolution im Verhältnis des Träumers zu sich selbst und der Welt auslösen können. Wenn dies dennoch oft nicht geschieht, wenn der Traum sogar gelegentlich verdrängt oder vergessen wird, so meiner Erfahrung nach deshalb, weil der Träumer seinen Traum nicht genügend versteht und nicht wirklich erfaßt, daß er in seinem Traum nicht nur Versagung erlebt, sondern auch Angenommensein. Schauen wir uns darum den psychodynamischen Hintergrund dieses Traumes an!

Unsere Patientin war die Tochter eines Vaters, der durch seine ungeheure Strenge die Erfahrung der Liebe bei seinem Kind schwer überschattet hatte. Dieser Vater war aber zugleich ein in seiner Art wertvoller Mensch, der nach der »Familiensage« in beispielhafter Weise starb, indem er sich in die Lektüre der Heiligen Schrift versenkte und eines Tages beim Lesen sanft entschlief.

War der uralte Greis des Traums, den wir freilich auf einer eher oberflächlichen Ebene mit dem »therapeutischen Archetypus« gleichsetzen könnten, letztlich auch der Vater, – nicht nur Gottvater, mit dem er sterbend sprach? War der Anspruch des jungen Mädchens, das Annahme und Ablehnung von ihm erfahren hatte, – war dieser Anspruch, absolut von ihm geliebt zu werden, nicht auch Ausdruck eines ödipalen Verhältnisses, das selbst im Symbol unerfüllt blieb? Auch der unerfüllte Anspruch, auf den man verzichten muß, hat eine existentielle Legitimität, weil er die Stimme einer Sehnsucht ist, die uns sagt, daß wir Menschen nicht nur Geschöpfe dieser Erde und ihrer unzähligen Schranken sind, sondern auch Kinder der Ewigkeit, wo die Liebe unendlich ist. In diese Liebe eingeschlossen zu sein, darin liegt das Bestreben der Religion und des Glaubens; und das ist die einzige Möglichkeit, den schweren, versagenden Anspruch der menschlichen Existenz zuversichtlichen Mutes zu akzeptieren.

Hier kommen wir auf unsere These zurück, daß eine Wunschversagung, die zwar aus sozialer Sicht als notwendige Versagung eines unrealistischen Wunsches schließlich akzeptiert werden muß und wird, die aber das Gefühl des Träumers nicht erschüttert, in ihrer unstillbaren Sehnsucht des Menschen Zugehörigkeit zum Unendlichen und seine Abstammung von einem transzendenten Sein unter Beweis stellt und eine philosophische Seinsverwirklichung ist.

Wir haben von der Polarität »Wunscherfüllung versus Selbstverwirklichung« gesprochen. Wie aber, wenn im Traum eben keine Wunscherfüllung, sondern, wie in dem eben gegebenen Beispiel, eine Wunschversagung stattfindet? Diese Frage beschäftigte schon FREUD, der in solchen Fällen, in der Gestalt des »negativen« Traums also, das Walten des Todestriebes sah.

Psychische Phänomene sind vielseitig zu verstehen. Bei gewissen Träumen möchte ich FREUD zustimmen. Im Rahmen dieses Kapitels möchte ich jedoch die besprochene Polarität »Wunscherfüllung versus Selbstverwirklichung« ändern beziehungsweise ergänzen durch das Gegensatzpaar »Wunschversagung versus Seinsverwirklichung«. Allerdings wird dieser Gedanke erst anschaulich, wenn er durch einen Traum belegt wird, aus dem er hervorgegangen ist.

2. Objektstufe versus Subjektstufe

Die Alternative von Deutung auf der Objektstufe und Deutung auf der Subjektstufe ist allgemein bekannt in der klassischen Traumlehre, seit C. G. JUNG sie 1921 erstmals formuliert hat. Sie gilt für die Mehrzahl der Träume. Wir möchten sie zunächst vom ontogenetischen Gesichtspunkt aus dahingehend verstehen, daß Selbstobjekt-Phänomene am Anfang des menschlichen Lebens die Regel zu sein scheinen. Das neugeborene Kind identifiziert sich nach tiefenpsychologischer Annahme (MAHLER 1952) mit dem es ernährenden »Objekt« und erlebt sich in einem Zustand der psychischen Symbiose mit ihm, auch wenn es sich ihm gleichzeitig als separates Selbst (»emergent self«, STERN 1985) gegenüberstellt.

Diese Identifizierung mitten in der ersten Individuationsphase, die wir auch als eine Dialektik von »symbiotischem« und »separatem Selbst« (PECICCIA 1995) auffassen können und die uns besonders durch die psychotische Regression vor Augen geführt wird, hat einen grundlegenden anthropologischen Sinn. Sie ist die Grundlage dafür, daß der Mensch sich psychisch in einer Welt konstituiert, die einerseits die Welt seiner Objekte ist, die aber andrerseits immer auch sein Innenleben widerspiegelt und, entsprechend den inneren Stimmungen, immer wieder anders begriffen wird.

Introjektion und Projektion sind Urformen der Erkenntnis, welche ohne sie nicht möglich wäre; sie erfolgen meistens unbewußt und bestimmen als emotionale Vorgänge die kognitive Funktion der Wahrnehmung.

Der erwachsene Mensch kennt die kindliche Symbiose nicht mehr. Sie ist im Laufe der Ontogenese unbewußt geworden, wiewohl sie auch die intuitiven Phänomene der Psychologie gestaltet. Ich habe in anderen Schriften zusammen mit M. Peciccia (1995) ausgeführt, daß der Vorgang der menschlichen Symbolisation auf die Wechselbeziehung und Spiegelung von Subjekt und Objekt zurückgeführt werden kann.

Unter dem Begriff »Selbstobjekt« verstehen wir seit Kohut (1971) Vorstellungen, in denen der Mensch sowohl sich selber als auch wichtige Mitmenschen erlebt. Selbstobjekte sind in ihrer Doppelgesichtigkeit meistens unbewußt. Sie sind im wachen Zustand überall dort angedeutet, wo der Mensch sich mit einem Mitmenschen tief identifiziert.

Deutlicher jedoch treten sie für den Beobachter in der Psychose einerseits und im Traum andrerseits hervor. In der Psychose kann der Psychiater beispielsweise einem Patienten begegnen, der ihm sagt: »Ich bin du.« Er »bekommt« dessen Gesichtszüge. Er meint, daß seine Gedanken vom anderen gelesen werden – ein Phänomen, das schon Eugen Bleuler (1911) unter dem Terminus »Transitivismus« schilderte. Der Patient kann aber auch meinen, daß er die Gedanken anderer lese und sich aneigne (»Appersonierung«).

Eine solche Psychopathologie findet im Traum ihre *physiologische* Vorstufe. Dort erscheinen sehr häufig konkrete Gestalten, die vom Träumer zwar als seine Mitmenschen erlebt werden und die doch nur Spiegelbilder seiner Person sind. Der Patient begegnet beispielsweise im Traum einem Bettler; zum Traum assoziiert er dann, daß er sich in der Tiefe wie ein Bettler vorkomme. Manchmal ist die Spiegelbeziehung einleuchtend, andere Male sträubt sich der Patient dagegen. Das Selbstobjekt hat in jedem Fall den tiefen Sinn aufzuzeigen, wie der Träumer sich in der Traumprojektion zu sich selber verhält: helfend, liebend, ablehnend, hassend beispielsweise. Die Selbstobjekt-Erscheinung im Traum ist eine Form der Selbsterfahrung. Sie ist lange vor Kohut schon 1921 von Jung beobachtet worden.

Dieses Traumphänomen ist in solchem Maß polar aufgebaut, daß der Therapeut es auf verschiedene Weise deuten kann: einmal auf der Objektstufe, ein anderes Mal auf der Subjektstufe. Beide Sinngebungen sind aber auch *gleichzeitig* möglich; und es kommt bei der Analyse eines Traumes darauf an, ob es für den Träumer besser ist, sich mit dem Traumbild auf der Objektstufe auseinanderzusetzen oder sich in ihm als Subjekt im Prozeß der eigenen Individuation zu verstehen.

Wenn beispielsweise ein Patient, der unter einem Verfolgungswahn leidet, endlich – leider nicht allzu häufig! – davon träumt, daß er seinen Verfolger packt und erledigt, ist es in der Therapie besser, auf der Objektstufe bei ihm zu bleiben; der Therapeut freut sich darüber, daß ihm eine Bewältigung des Gespenstes gelingt.

Aber vielleicht wird derselbe Patient in einem anderen Traum, in einem anderen Abschnitt seiner Therapie mit seinem »Schatten« (JUNG) wie Jakob mit dem Engel kämpfen, ohne Vernichtungswillen und Haß. Plötzlich kann dann der Therapeut spüren, daß der Augenblick gekommen ist, da der Patient eine Erscheinung, die seine innere, unverstandene Seite ist, annehmen kann und daß er dem äußeren Verfolger einen inneren Platz zuordnen soll, damit die Verfolgung aufhört. Während in Krankheitsfällen das Doppelselbst in die eine oder die andere Hälfte auseinanderfällt, indem der Patient sich mit der einen Ich-Seite identifiziert und die andere abspaltet, kann vom reiferen Menschen die Ganzheit erlebt werden, das heißt, das Verstehen erfolgt sowohl auf der Objekt- wie auf der Subjektstufe. An sich ist die Ganzheit im unbewußten Traumsymbol immer enthalten; sie wird aber in der Helligkeit des Selbstbewußtseins noch transparenter.

Die Doppelgesichtigkeit des Traums stellt uns hier vor besondere Probleme. Woher kommt es, daß ein Träumer sich in einem Traumbild selbst erkennt, während ein anderer eine latente Seite auf ein Objekt projiziert, das ihm fremd erscheint? Es liegt nahe, hierin das Walten der Abwehr zu vermuten; und daß es tatsächlich oft so ist, besagt die analytische Erfahrung: »Fast immer sieht der Träumer diejenige Stufe, die ihm guttäte, weniger gerne« (FIERZ 1987).

Mit diesem Satz meint FIERZ, daß diejenige Selbstseite, die zu sehen dem Patienten guttäte, um eine tiefere Integration und Individuation zu erreichen, auch eine solche ist, deren Erscheinung im Bewußtsein Abwehr weckt. JUNG erzählte mir zum Beispiel einmal von einer Patientin, die das Gehabe einer Aristokration hatte und die doch immer wieder von einer Putzfrau träumte. Die Putzfrau verkörperte *die* Seite der Patientin, die ihr negativ erschien, weil sie in ihrer Eitelkeit die Aristokratin überschätzte.

Es gibt aber auch andere Situationen. Besonders psychotische Menschen haben Mühe, die eigene *positive* Seite zu realisieren; ihr Selbstverständnis ist – ungleich dem der eben erwähnten Patientin – meistens negativ. Auch in diesem Fall würde es dem Patienten guttun, die verborgene andere Seite, die verschlüsselt im Traum erscheint, zu sehen und sich anzueignen – »gut« also in einem ganz anderen Sinn. Im ersten Fall würde es dem Patienten guttun, den »Schatten« zu integrieren; im zweiten Fall würde es ihm guttun, die positive Seite seines Selbst zu realisieren.

So träumte ein Patient, der an einem Verfolgungswahn litt, häufig davon, von einem Stier verfolgt zu werden. Auf der Objektstufe war der Stier das Symbol aller ihn verfolgenden Männer, vor denen er sich schwach und unmännlich fühlte. Bei einer Wiederholung des Traums fiel ihm die »Schönheit des Stieres« auf; er fühlte sich »in einer eigentümlichen Weise mit ihm verbunden«. Dann erinnerte er sich an die fernliegende Zeit, als er sich, noch ein Knabe, »über die wachsende Kraft seines Körpers freuen konnte«. Er realisierte ganz allmählich, wie sehr die späteren, demütigenden Erlebnisse seines Lebens den »Stier« in seiner Selbstidentität »getötet hatten«. In seiner Angst hatte er »den Stier in sich« verdrängt, um dem allzu schwer gewordenen Lebenskampf auszuweichen. Der Stier lebte dann »nur in den anderen«. Auf einmal assoziierte der Patient zu seinem Traum, daß der Traum-Stier – ich nenne ihn den »positiven Schatten« – zu ihm zurückkehren wollte und daß er deswegen so schön aussah. Er gab sich der Phantasie hin, auf dem Stier zu reiten, statt von ihm vernichtet zu werden. Mit dem Begriff des »positiven Schattens« meine ich jene abgespaltene, eigene Wesensseite, ohne welche das psychotische Selbst sich als entleert, ja, nur noch als ein Schatten erlebt!

3. Memorisierung versus Aktualisierung

Alles ist im Traum Spiegelung der Vergangenheit; nirgendwo sonst sind wir von der Vergangenheit so determiniert wie im Traum. Schwierigkeiten, die im wachen Leben längst überwunden waren, wie unsere Ängste vor einer Schulprüfung, kommen beispielsweise im Traum wieder zurück, als ob wir nochmals erst zehn Jahre alt wären.

Warum diese Wiederholung? Warum Träume, die bis zum Überdruß bei manchen Patienten die Niederlagen ihres Lebens in immer neuen Bildern schildern, die teilweise sogar schwärzer sind, als die einstige Realität es war? Vielleicht, weil der Traum doch eine Projektion ist, so, wie das Erleben des Alltags eine Introjektion der Welt? In der entlastenden Traumprojektion findet eine Art Verdoppelung des Subjekts statt, das auf der einen Seite draußen im Traumgeschehen agiert und auf der anderen Seite schlafend ruht und sich selbst beobachtet, also sich »von außen« sieht, ohne dieses »außen« zu bemerken. In welch hohem Maß solche »Selbst-Veräußerung«, solche Traumprojektion entlastend ist, beweisen mir jene Patienten, die fast nur unglückliche Träume haben, die aber erst recht unglücklich sind, wenn sie *nicht* träumen. Im Traum findet eben oft eine unbewußte Distanzierung vom nur Geträumten und somit schon eine Katharsis statt. Oft zeigt sich aber auch ein zaghafter Neuanfang, wie beispielsweise in jenen Träumen, in denen nicht nur Altes wiederholt wird, sondern in denen sich auch Neues ankündigt.

Ich gebe ein Beispiel:

Ein Patient, der in einem existentiellen Gefängnis lebt, ohne es recht zu wissen, sieht sich im Traum als Gefangenen. Er spürt, wie eng der Raum, wie düster die Wände, wie karg das Licht ist. Er erkennt das eigene Elend, sieht aber ein kleines Fenster hoch oben, ohne Gitter; eine Schrift an der Wand, mit Blut gezeichnet, noch nicht wirklich lesbar, weil aus fremdartigen Buchstaben zusammengesetzt; sie will ihn jedoch lehren, wie er sich zum kleinen Fenster oben hinausschwingen soll.

Der Traum deckt also ein Programm auf.

Das alles bedeutet, daß das menschliche Subjekt bei solchem bildhaften Traumdenken in einem einzigen Augenblick weite Bereiche der Existenz erfaßt und verarbeitet. Das Bewußtsein braucht oft eine ganze Stunde, um den Traum völlig zu verstehen, der nur eine Minute dauerte.

Man kann darum das Gegensatzpaar »Vergangenheit versus Gegenwart« auch verstehen als das Gegensatzpaar »Memorisierung versus Aktualisierung«. Memorisierung meint, daß eine wichtige Funktion des Traums in der Aufspeicherung von Gedächtnisspuren liegt. Diese Beobachtung ist sowohl von neurophysiologischer wie von psychoanalytischer Seite gemacht worden.

Der Neurophysiologe J. Winson hat im Traum der Primaten (höhere Säuger) eine bestimmte hirnelektrische Tätigkeit beobachtet, Theta-Rhythmus genannt, die im Wachzustand durch Verhaltensweisen ausgelöst wird, mit denen das Tier nicht etwa angeborene Bedürfnisse wie Hunger oder Durst erlebt und stillt, sondern sich lernend auf seine Umwelt bezieht. Diese spezifische hirnelektrische Aktivität wird im Traum reproduziert, und zwar besonders innerhalb jenes Hirngebiets (Hippocampus), das vor allem mit der Speicherung von Gedächtnisspuren zu tun hat. Für Winson liegt deshalb *eine* Funktion des Traums in der Festlegung von Gedächtnisspuren, die das Neue zum Vertrauten machen sollen.[4]

Die Psychoanalyse hat ihrerseits beobachtet, und zwar etwa 100 Jahre früher, daß längst vergessene und verdrängte Ereignisse aus früher Kindheit im Traum zurückkommen können. Sie werden im Traum wahrscheinlich deshalb reproduziert, um weiterhin im Zusammenhang mit der Dynamik der Gegenwart verarbeitet zu werden.

Um diesen Gedanken zu veranschaulichen, möchte ich den Traum einer Patientin wiedergeben, den ich in der Supervision einer Psychotherapie erfahren habe und welcher in einer äußerst eindrucksvollen, wenn auch seltenen Weise die unbewußte Gedächtnisfunktion sichtbar macht. Es handelte

4 Es ist zu beachten, daß die Theta-Welle beim Menschen nicht vorkommt; sie ist im Laufe der Philogenese durch die Delta-Welle ersetzt worden. Interessanterweise fehlt diese »slow wave« mit einer statistischen Signifikanz im Schlaf-Elektroencephalogramm von schizophrenen Kranken. Peciccia vermutet, daß dieser Befund im Zusammenhang mit der bei Schizophrenen mangelhaften Integration von Selbst- und Weltbeziehung, von separatem und symbiotischem Selbst stehen könnte (Peciccia, M.: Sensorial Multimedial Integration in the Psychotherapy and Rehabilitation of Schizophrenic Patients; noch unveröffentlicht).

sich um eine Frau, die infolge verschiedener psychosomatischer Störungen in Psychotherapie war.

Einmal träumte sie, als kleines Mädchen zusammen mit ihrer älteren Schwester in einem ihr unbekannten Lokal zu sein. Plötzlich erschienen drei junge Männer, welche sowohl die Schwester als auch sie selber sexuell mißbrauchten. Das Erleben der Vergewaltigung war erschütternd.

Die Patientin war nach diesem Traum völlig verwirrt. Sie erinnerte sich nicht im geringsten an etwas, das mit dem Inhalt des Traums in irgendeinem Zusammenhang stehen könnte. Sie entschloß sich darum, den Traum ihrer um zehn Jahre älteren Schwester zu erzählen, die ebenso wie sie selber im Traum Opfer der Vergewaltigung gewesen war. Die ältere Frau gestand ihr, daß sie dem Kind aus Rücksichtnahme nichts erzählt habe, hoffend, daß die damals erst drei Jahre alte Patientin das Ereignis vergessen würde. Das war tatsächlich geschehen! Nun konnte die Patientin im Gespräch mit der Schwester rekonstruieren, daß nicht nur die Anzahl der Jungen (drei), welche den Mädchen Gewalt angetan hatten, stimmte, sondern daß auch Einzelheiten des »unbekannten Lokals«, in dem sich der Traum abspielte, den Erinnerungen der viel älteren, gedächtnisfähigen Schwester entsprachen.

Das komplexbedingte Vergessen nennen wir in der Psychoanalyse Abwehr. Ereignisse, die unangenehme Emotionen auslösten, können manchmal aus dem Gedächtnis verschwinden, ohne daß damit aber auch die besetzenden Emotionen durch die Verdrängung erledigt wären. In diesem Fall spielten sie zum Beispiel bei den psychosomatischen Beschwerden der Patientin eine Rolle. Nur selten aber kann der Traum wie in diesem Fall, gleichsam wie ein Scheinwerfer, ein zusammenhängendes Ereignis der Vergangenheit auf einmal und vollständig erhellen, obwohl, wie oft in der Psychotherapie, die therapeutische Regression in die Nähe jener Vergangenheit führt. Meistens erscheinen in den Träumen nur Bruchstücke der Vergangenheit. Losgelöst von den mit ihnen zusammenhängenden Einzelheiten, sind sie deshalb bewußtseinsfähiger, weil sie die Barriere der Verdrängung überspringen. Erst die analytische Rekonstruktion der entsprechenden Vergangenheit kann aber schließlich auch die damit verbundene Emotion auslösen.

Warum kann nicht alles einfach vergessen werden, so, wie es die besorgte Schwester unserer Patientin gehofft hatte? Das kommt gelegentlich auch vor. Es gibt erfolgreiche Verdrängungen, die somit den Grad einer gelungenen Bewältigung erreichen. Sehr oft ist dies aber nicht der Fall! Die frühe Psychoanalyse vermutete, daß das Verdrängte sich wieder aufdrängt, weil Lustempfindungen den Patienten des öfteren daran hindern, sich gänzlich aus der traumatischen Vergangenheit zu lösen. Schon FREUD erkannte aber, daß das Trauma an sich eine prägende Wirkung hat. Heute wissen wir darüber hinaus, daß das unbewußte Selbst des Menschen nicht nur zeitloser Trieb, sondern auch geschichtliches Dasein ist und daß sich dieses Selbst als Identität auch innerhalb negativer Objektbezüge realisiert.

Die epochemachende Leistung der FREUDschen Psychoanalyse besteht jedenfalls in der Entdeckung, daß die duale[5] Beschäftigung mit der Lebensgeschichte zu einer therapeutischen Erhellung der verdrängten Vergangenheit führen kann. Vom philosophischen Standpunkt aus scheint es mir wichtig zu wissen, daß dem Menschen seine Vergangenheit noch tiefer zugehört, als unser bewußtes Gedächtnis weiß. Gerade das Studium der Träume hat uns überdeutlich gezeigt, wie stark geschichtlich geprägt unser Wesen ist.

Wir haben somit dargelegt, wie wichtig die Funktion der Memorisierung im Traum ist, sei es, daß wesentliche Bruchstücke vergangener Ereignisse in den Traumbildern unbewußt aufbewahrt werden; sei es auch, daß zusammenhängende Bilder der Vergangenheit dem Traumbewußtsein zugänglich werden. Wenn der Traum auch das gezielte Gedächtnis des wachen Bewußtseins nicht kennt, so können doch seine Symbole Schichten und Spuren der Vergangenheit aufnehmen und verarbeiten, die tief unter dem Erinnerungsvermögen des wachen Menschen liegen.

Wir wollen nun unser Augenmerk der Gegenseite dieser Funktion, also der Aktualisierung, zuwenden.

Es sei vorab festgestellt: Wie sehr der Traum auch der Vergangenheit, weit mehr als das wache Bewußtsein, zugewandt ist, so erlebt der Mensch im Traum diese Vergangenheit, auch die allerfernste, die Situationen der eigenen Kindheit, fast immer als Gegenwart. Es kommt zwar vor, aber selten, daß der Träumer sich im Traum an etwas Vergangenes »erinnert«. Auch wenn dies gelegentlich geschieht, so doch immer in einer Traumsituation, wo Vergangenheit wiederum aktualisiert wird. Es kann nämlich vorkommen, daß man träumend etwas erlebt und dabei weiß: »Das habe ich schon einmal, in einer früheren Zeit, vielleicht im Traum, erlebt.« Aber die Wiederholung des einst Erlebten ist immer die Hauptsache, die Erinnerung an Früheres will nur seine Bedeutung unterstreichen. Wir befinden uns träumend in einer fast zeitlosen Gegenwart. Zwar ist unsere Traumwelt zeitlich so strukturiert wie der Alltag; wir unternehmen etwas; wir erleben die Sequenz unserer Taten; aber eine ferne Zukunft, die eine ständige Perspektive unseres wachen Erlebens bildet, ist höchstens angedeutet; und vor allem: wir bewegen uns in der fernsten Vergangenheit, als ob wir sie gerade erlebten, oft ohne zu merken und zu unterscheiden, ob wir uns dort als Erwachsene befinden oder wiederum als Kin-

5 Hier sei angemerkt, daß der Begriff »Dualität« (und seine Ableitungen) die dyadische Beziehung in der individuellen Psychotherapie bezeichnet, allerdings angereichert durch die Komponenten der Gemeinsamkeit, der Symmetrie und der unbewußten Verbundenheit und Kommunikation der beiden Therapiepartner, so daß das Paarverhältnis, die Dyade, eine neue Qualität bekommt. Dies eben bezeichne ich als »Dualität«.

der. Man kann sich vieles zurechtdenken, um sich dieses Phänomen zu erklären. Man kann es als einen Mangel an zeitlicher Orientierung verstehen, der daraus resultiert, daß der Vergleich mit dem sonst kontinuierlichen Informationsfluß aus der unmittelbaren Umgebung fehlt. Man kann auch sagen, daß eine Regression im Traum stattfindet. Man kann feststellen, daß auch die Raumkoordinaten fehlen, die für eine zeitliche Lokalisierung wesentlich sind. Wir möchten aber nicht bloß die dynamischen Mechanismen bedenken und untersuchen, die für ein solches »Defizit« verantwortlich sind, sondern die funktionelle Bedeutung dessen, was dem wachen Bewußtsein als ein Defizit erscheinen könnte, klärend darlegen. Was bedeutet die Funktion der Vergegenwärtigung? Warum wird auf der einen Seite die Beschäftigung mit der Vergangenheit so wichtig und diese auf der anderen Seite als Gegenwart erlebt?

Bei dem Versuch, diese Frage zu beantworten, möchte ich vorausschicken, daß mein Traumverstehen immer eben ein Verstehen und nicht ein Erklären ist. Es ist ein Wissen, das sich nicht etwa aus zwingenden, gar wiederholbaren Experimenten ergibt, sondern selber Evidenzerlebnis ist. Es spiegelt mehr die philosophische als die naturwissenschaftliche Seite der Psychologie wider.

Die oben gestellte Frage möchte ich auf drei verschiedenen Ebenen des Verstehens beantworten:

1. Gegenwart ist Bewältigung des Lebens; Vergangenheit ist bereits determiniertes, festgelegtes Dasein. Wir können uns zu etwas Vergangenem neu einstellen, können es aber nicht um ein Jota verändern. Wie groß diese Macht des einmal so und endgültig Abgeschlossenen ist, erleben wir tagtäglich in der Psychotherapie, wo einstige Traumata, Verletzungen, Schmerzen, Erfahrungslücken und Entbehrungen jahrelang den Menschen weiterhin überschatten und quälen, auch wenn seine Einsicht in die Dynamik des vergangenen Geschehens, in die Irrationalität eigener und fremder Verhaltensweisen, in die Absurdität mancher sich aus Fehlverarbeitungen ergebender Schuldgefühle so überaus klar ist und immer wieder kritisch geübt wird.

Sehen wir uns nun umgekehrt in unserer wachen Gegenwart um. Mögen wir uns auch in einer aussichtslosen Situation befinden, wo weiteres Planen den Lauf der Ereignisse sehr wahrscheinlich nicht beeinflussen wird, so fühlen wir uns trotzdem frei: Sei es, weil nichts absolut determiniert ist, weil auf jeden Stoß der aktuellen Umwelt ein Gegenstoß aus unserem Inneren folgt; sei es auch, weil die Art, wie wir diese Gegenwart erleben, noch nicht so endgültig abgeschlossen ist, wie die Art, wie wir Vergangenes in der Erinnerung wiedererleben. Dem Erleben der Gegenwart liegt immer ein Erleben der möglichen inneren Bewältigung zugrunde.

Ich meine also, daß selbst trostlose Träume, die unglücklich enden und wo nichts für eine Bewältigung des Unglücks spricht, ja, wo das Traum-Unglück sogar noch größer als das einst reale Unglück ist, – daß diese Träume selber immer eine Art Bewältigung sind. Diese zeigt sich dann auch gelegentlich in einer Änderung der Traumsequenz. Das führt uns zu der zweiten Betrachtungsebene.

2. Ich erinnere mich an einen Patienten, der als Junge unter der Despotie und Grausamkeit seines Vaters unsäglich gelitten hatte. Im Traum erlebte er immer wieder, wie sein Vater ihn bei den unterschiedlichsten Gelegenheiten, beispielsweise wenn er im Kreis seiner Freunde saß und eine fröhliche Stunde genoß, nach Hause holte und dort einsperrte. Auffallend war die Ohnmacht des Patienten, sein absoluter Gehorsam, mit dem er in solchen Träumen dem Vater folgte.

Aber die Sache änderte sich allmählich. Träume kamen, in denen er Widerstand leistete, in denen der Ausgang unbestimmt blieb. Bis schließlich die große Wende im Traum kam:

> Einmal erblickte er in seinem Schlafzimmer die Statue des Vaters, die neben seinem Bett stand und deren Anwesenheit er zum ersten Mal wahrnahm. Voller Wut packte er sie und zertrümmerte sie auf dem Boden.

Damit war der Bann für immer gebrochen.

Man könnte hier einwenden, daß nicht die Wiederholung des Traums, nicht die ständige Aktualisierung durch den Traum, sondern die Psychotherapie diesen Patienten befreit hatte. Doch tatsächlich kann eine wiederholte Aktualisierung auch außerhalb jeglicher Psychotherapie zu einer Wende führen, wie der berühmte Traum des Dichters PETER ROSEGGER zeigt:

> »Ich erfreue mich sonst eines gesunden Schlummers, aber ich habe die Ruhe von so mancher Nacht eingebüßt, ich habe neben meinem bescheidenen Studenten- und Literatendasein den Schatten eines veritablen Schneiderlebens durch die langen Jahre geschleppt, wie ein Gespenst, ohne seiner loswerden zu können.
>
> Es ist nicht wahr, daß ich mich tagsüber in Gedanken so häufig und lebhaft mit meiner Vergangenheit beschäftigt hätte. Ein der Haut eines Philisters entsprungener Welt- und Himmelsstürmer hat Anderes zu thun. Aber auch an seine nächtlichen Träume wird der flottgewordene Bursche kaum gedacht haben; erst später, als ich gewohnt worden war, über Alles nachzudenken, oder auch, als sich der Philister in mir wieder ein wenig zu regen begann, fiel es mir auf, wieso ich denn – wenn ich überhaupt träumte – allemal der Schneidergesell' war, und daß ich solchergestalt schon so lange Zeit bei meinem Lehrmeister unentgeltlich in der Werkstatt arbeitete. Ich war mir, wenn ich so neben ihm saß und nähte, und bügelte, recht wohl bewußt, daß ich eigentlich nicht mehr dorthin gehöre, daß ich mich als Städter mit anderen Dingen zu befassen habe; doch hatte ich stets Ferien, war stets auf der Sommerfrische und so saß ich zur Aushilfe beim Lehrmeister. Es war mir oft gar unbehaglich, ich bedauerte den Verlust der Zeit, in welcher ich mich besser und nützlicher zu beschäftigen gewußt hätte. Vom Lehrmeister mußte ich mir mitunter, wenn etwas nicht ganz nach Maß und Schnitt ausfallen wollte, eine Rüge gefallen lassen; von einem Wochenlohn war gar niemals die Rede; oft, wenn ich mit gekrümmtem Rücken in der dunkeln Werkstatt so dasaß, nahm ich mir vor, die Arbeit zu kündigen und mich fremd zu machen. Einmal that ich's sogar, jedoch, der Meister nahm keine Notiz davon, und nächstens saß ich doch wieder bei ihm und nähte. Wie mich nach solch langweiligen Stunden das Erwachen beglückte! Und da nahm ich mir vor, wenn dieser zudringliche Traum sich

wieder einmal einstellen sollte, ihn mit Energie von mir zu werfen und laut auszurufen: es ist nur Gaukelspiel, ich liege im Bette und will schlafen! Und in der nächsten Nacht saß ich doch wieder in der Schneiderwerkstatt.

So ging es Jahre in unheimlicher Regelmäßigkeit fort. Da war es einmal, als wir, der Meister und ich, beim Alpelhofer arbeiteten, bei jenem Bauern, wo ich in die Lehre eingetreten war, daß sich mein Meister besonders unzufrieden mit meinen Arbeiten zeigte. ›Möcht' nur wissen, wo Du Deine Gedanken hast!‹ sagte er und sah mich etwas finster an. Ich dachte, das Vernünftigste wäre, wenn ich jetzt aufstünde, dem Meister bedeutete, daß ich nur aus Gefälligkeit bei ihm sei, und wenn ich dann davon ginge. Aber ich that es nicht. Ich ließ es mir gefallen, als der Meister einen Lehrling aufnahm und mir befahl, demselben auf der Bank Platz zu machen. Ich rückte in den Winkel und nähte. An demselben Tage wurde auch noch ein Geselle aufgenommen – bigott, es war der Böhm, der vor neunzehn Jahren bei uns gearbeitet hatte und damals auf dem Wege vom Wirthshaus in den Bach gefallen war. Als er sich setzen wollte, war kein Platz da. Ich blickte den Meister fragend an, und dieser sagte zu mir: ›Du hast ja doch keinen Schick zur Schneiderei, *Du kannst gehen, Du bist fremd gemacht.*‹ – So übermächtig war hierüber mein Schreck, daß ich erwachte. ... Und wie merkwürdig ist mir das: seit jener Nacht, da mich der Meister ›fremd gemacht‹ hatte, genieße ich Ruhe, träume nicht mehr von meiner in ferner Vergangenheit liegenden Schneiderzeit, die in ihrer Anspruchslosigkeit ja so heiter war und die doch einen so langen Schatten in meine späteren Lebensjahre hereingeworfen hat.« (Waldheimat II, S. 303–305)

Im Traum ROSEGGERS scheint die Bewältigung projiziert vom Opfer auf seinen »Verfolger«: Nicht der Lehrling macht sich vom Meister frei, sondern dieser stößt ihn endgültig fort. Gut; aber woher kam es, daß der Meister sein Opfer nicht weiterhin quälte? Der unbewußte Gedanke des Traums: »Jetzt habe ich wirklich genug vom Meister« stimmte diesen zu seiner befreienden Tat.

Zusammenfassend können wir sagen, daß es Träume gibt – bei weitem nicht alle! Vielleicht nur eine Minderzahl – wo die Aktualisierung uns in die Vergangenheit verpflanzt und uns diese als Gegenwart erleben läßt, um uns damit eine neue Chance zu geben: die Chance, uns anders zu verhalten als damals. Und das scheint mir das eigentlich Wunderbare, die Wunderleistung des Traums zu sein. Niemals können wir, uns lediglich erinnernd, die Vergangenheit umgestalten. Der Traum ist der einzige Ort, wo uns diese Freiheit zufällt. Der Traum ist eine Stätte der menschlichen Freiheit. *

3. Eine letzte Ebene des Verstehens sei schließlich erwähnt. Wie oft machen wir Psychiater und Psychotherapeuten die Erfahrung, daß schwerkranke Patienten, denen kein therapeutisches Wort helfen kann, sich erleichtert fühlen, wenn sie ihre quälenden Gespenster zu Papier bringen können, zeichnend oder malend. Manches Mal kann sich aus dieser Beobachtung eine ganze Therapie-Sequenz ergeben: Immer und immer wieder zeichnet der Patient seinen Verfolger, die Fratze des halluzinierten Ungeheuers, wie dieses beispielsweise einen Käfer zermalmt, der natürlich der Patient selber ist. Die Bilder folgen einander, eine Weile lang vielleicht immer düsterer und drohender werdend, bis allmählich der Stift das Ungeheuer immer klarer gestaltet. Was bedeutet das? Ich vermute eine Projizierung des inneren Gespenstes auf das Bild, das

vom Patienten einfach mehrere Zentimeter entfernt ist. Sobald er seinen Verfolger darstellt, ist er der Darsteller und damit der Überlegene.

Wie wichtig die Möglichkeit einer solchen Projektion ist, zeigt eine andere psychiatrische Beobachtung: Schwer Schizophrene, die ihre Projektionen zu einem zusammenhängenden System ausgebaut haben, können mit dem Verfolger irgendwie zusammenleben. Sie beschäftigen sich zwar den ganzen Tag mit ihm; aber sie wirken oft in dieser Selbstbeschäftigung eigentümlich ruhig. Die Schulpsychiatrie, die die Phänomene oft nur von außen betrachtet hat, spricht hier von einer »Parathymie«: Die Affekte des Patienten entsprechen nicht seinen düsteren Erzählungen. Sie entsprechen diesen aber nicht, weil der Patient denselben Verfolger, von dem er dauernd erzählt, dadurch, projizierend, zum Teil bewältigt hat. Wo dagegen, beispielsweise im akuten Stadium, der Patient noch keine Ausdrucksmittel besitzt, um den inneren Verfolger zu projizieren, ist die Angst – im Erregungszustand oder in der Katatonie – am größten.

Nun, was hat das alles mit dem Traum zu tun?

Ich nehme an, daß der Traum die »physiologische« Urprojizierung des Menschen ist. Damit meine ich, daß die Projektion nicht nur Psychopathologie ist, sondern daß es auch eine *Funktion* der Projektion gibt. In den tausend Bildern des Traums erscheint das, was der Patient niemals erschöpfend mit Worten sagen könnte, in seiner Umgebung und ist nicht mehr in ihm, sondern »draußen«. Solches »Draußen« ist aber nicht mehr, wie das »Innen«, die ganze Lebensgeschichte; es ist die jetzige Entscheidung.

Memorisierung und Aktualisierung finden sich beide in *einem* Traumbild integriert bei jenen Träumen, welche besonders in der psychotherapeutischen Begegnung vorkommen, wo irgendein »Gespenst« aus vergessener Vergangenheit aufsteigt, um soeben in der Traumgegenwart bewältigt zu werden. So war im Traum eines Schizophrenen der einst böse Vater erschienen, um den Sohn in die Hölle zu zerren. Als der Patient ihm aber »nein!« entgegenschreien konnte, sprang aus dem Boden ein Ritter in voller Waffenrüstung, welcher den Teufel zum Rückzug zwang. Dieser Ritter repräsentierte aber – wie die Assoziationen nach dem Erwachen zeigten – nicht nur das neue Ich des Patienten, sondern auch seine bisher von der Angst verschüttete Erinnerung an die guten Seiten des Vaters.

Zum Abschluß noch eine ganz andere Frage: Wenn Träume Aktualisierung der Vergangenheit sind, kann man sie dann in ihrer Aktualität therapeutisch beeinflussen? Kann der Therapeut sie beim Patienten, wenn sie sich wiederholen, steuern, um den positiven Ausgang zu fördern? Man hat das bei Kindern und bei psychotischen Menschen versucht. Ein eindrucksvoller Bericht findet sich bei H. STREICH:

»Ein kleines ... Mädchen (sechsjährig) träumte zu wiederholten Malen, ein böser Wolf komme und wolle es fressen. Jedesmal nach einem solchen Traum erwachte das Kind, lief mitten in der Nacht schreiend und völlig außer sich vor Angst durch die Wohnung und flüchtete in das Zimmer der Eltern. Nach wochenlangen vergeblichen Beruhigungs- und Klärungsversuchen mit eingehendster Prüfung aller möglichen Angstquellen, denen das Kind tagsüber ausgesetzt gewesen sein könnte, kam dem Vater in seiner Verzweiflung der Gedanke, daß die Musik hier vielleicht helfen könnte. Und er riet seinem Kinde folgendes: Wenn der Wolf wiederkomme, solle es ihm etwas vorsingen. Das würde ihn friedlich stimmen und ihn zähmen ... Tags darauf erzählte das Mädchen: diese Nacht sei der böse Wolf wieder gekommen. Er habe sein großes Maul aufgesperrt und sie fressen wollen. Da habe sie angefangen, zu singen, und auf einmal habe der Wolf mitgesungen und sich ihr zu Füßen gelegt. Sie habe jetzt keine Angst mehr. Der Wolf sei nun ihr Freund und schütze sie« (1987, S. 99).

In der Psychotherapie psychotischer Patienten versuchen mein Mitarbeiter Peciccia und ich, wiederkehrende negative Träume und Halluzinationen durch Gegenträume und Tagträume zu kompensieren, indem der Therapeut auf derselben Traumbühne des Patienten die Gegenmacht ausübt, die beim Patienten – noch – fehlt.

Dazu möchte ich ein eigenes Beispiel geben. Wir begegnen in der Psychotherapie nicht selten hoffnungslosen Patienten, welche unter schrecklichen Krankheitssymptomen leiden. Wir Analytiker bilden uns ein, daß wir diesen Patienten helfen, wenn wir ihnen diese scheußlichen Leiden so deuten, daß sie sie *verstehen* können; wenn wir die sinnlosen Zwänge, die absurden Phobien, die angstvollen Halluzinationen auf kindliche Erlebnisse zurückführen, sie im Strom der Lebensgeschichte eingebettet sehen. Gewiß, das hilft auch: Unsere Deutungen werden nicht aus dem Ärmel geschüttelt, sie sind die Früchte geduldigen, wohlwollenden Zuhörens. Im Spiegel unserer Identifikation lernt der Patient, sich besser anzunehmen; er erlebt, wie sehr wir uns um ihn bemühen; ihm wird also in der Therapie jene Achtung und Fürsorge zuteil, die er in seinem leidvollen Schicksal so oft vermißt hat.

Aber nicht selten, bei sehr schwer Kranken, hat der Psychiater, hat der Therapeut den Eindruck, daß das alles nicht genügt. *Das Gewicht des pathologischen Augenblicks ist zu groß*, als daß der Kranke dieses Gewicht im Vertrauen auf eine positive Entwicklung hin aushalten könnte; er spürt das Mittragen im Spiegel des wohlwollenden Zuhörens allzuwenig.

Hier haben wir jene Situationen, wo der Therapeut sich aufgerufen fühlt, *etwas zu tun*; er baut mit seinem Patienten zusammen eine Art Psychodrama auf; er begibt sich mit ihm in eine gemeinsam phantasierte Landschaft (katathymes Erleben), er zeichnet im »progressiven Spiegelbild« mit und so weiter. Besonders bei der von M. Peciccia und mir entworfenen Methode des »progressiven therapeutischen Spiegelbildes«, die ich in meinem Buch »Psychotherapie als existentielle Herausforderung« (1992) eingehend dargestellt habe, geschieht solche Umgestaltung des negativen Patientenbildes durch ein positives Bild des Therapeuten. In seinem Gegenbild versucht dieser beispielsweise, zerrissene Fragmente im Patientenbild zu rekomponieren, vereinsamte Ich-Teile in eine Begegnung zu integrieren, sich selber zugleich als eine Kopie des Patienten und als seinen Helfer darzustellen. Im Zusammenhang mit solcher »vorausspringenden Hilfe«, solcher aktiven Therapie, solcher aktiven Imagination, die vornehmlich in der Therapie psychotischer Patienten indiziert scheint, habe ich den Begriff des »therapeutischen, gesteuerten« Traums entwickelt. Ich sage nicht: den »therapeutisch gesteuerten« Traum, sondern den »therapeutischen« Traum. Ich meine also, die Botschaft ist der Heiltraum des *Therapeuten*.

An verschiedenen anderen Stellen habe ich die Schlafträume des Therapeuten geschildert, die für eine Therapie relevant waren: solche, wo er sich bildlich in die psychotische Landschaft seines Patienten begibt, in dessen Grab der Psychose hinabsteigt oder die Kleider des Kranken anzieht und dessen Angst des Leidens wahrnimmt. Es gibt, nicht so ganz selten, in der Psychotherapie von sehr leidenden Patienten – sie müssen nicht unbedingt psychotisch sein – therapeutische Schlafträume, in denen der Therapeut Erfahrungen macht, die sich an diejenigen seines Patienten anschließen. Es sieht auf der einen Seite so aus, als ob die intensive Beschäftigung mit den negativen Patientenbildern zu einer gewissen gemeinsamen Gefährdung geführt hätte. Ich kann aber auf der anderen Seite feststellen, daß der Therapeut nach dem Erwachen solche »Symmetrien« immer als einen Gewinn, als ein Geschenk seines Unbewußten erlebt, nicht etwa als das Zeichen einer »Ansteckung«, sondern als einen Beweis dafür, daß es ihm gelungen ist, sich in eine Beziehung zum Unbewußten seines Patienten zu setzen. Diesbezügliche Bilder können sehr einfach sein. Bei weitem nicht immer geht es um eine Positivierung der introjizierten Lage des anderen; viel eher entsteht eine Nähe, welche sich sensoriell, bildhaft ausdrückt, indem ich beispielsweise die Hände meines Patienten berühre oder unsere Hände sich berühren. (Ich möchte hierzu generell auf die Stellen in diesem Buch hinweisen, wo ich über therapeutische Träume berichte, wie z. B. S. 103; 141 ff.). Grundsätzlich ist zu sagen: Man muß in einer sehr tiefen Identifikation gleichsam an der Stelle des Patienten stehen, um dann aus dessen Perspektive heraus doch etwas Neues erblicken zu können.

Häufiger dürfte aber der gesteuerte Wachtraum sein. Er beginnt damit, daß der Therapeut zuerst voller Aufmerksamkeit dem zuhört, was der Patient sagt, es meditiert und es dann in einer Art psychischer Regression in sich selbst bildhaft wahrnimmt. Solche Regression kann unterschiedlich bezeichnet werden als Meditation, Selbsthypnose, völlige Entspannung oder ähnliches, bei denen Bilder aus dem gemeinsamen Unbewußten des therapeutischen Paares aufsteigen und bald dem Therapeuten, bald dem Patienten in den Sinn kommen. Ich denke, daß die Paradoxie eines solchen Vorgehens darin liegt, daß es spontan und *zugleich* eine Übung, eine Wiederholung ist. Die Übung bereitet den Boden für das spontane Auftauchen der relevanten Einfälle.

Bevor ich ein Beispiel gebe, möchte ich ein Wort über das sagen, was ich die »relevanten Einfälle« genannt habe. Wer sagt uns, daß sie relevant sind? Wie dürfen sie mitgeteilt werden, wenn sie als spontane Mitteilungen des Unbewußten jener reflektierenden Selbstkontrolle entzogen sind, die ja zur Rationalität und zur Technik der Analyse gehört?

Diese Frage kann aus meiner Sicht und Erfahrung nur dahingehend beantwortet werden, daß nicht nur die integre, aufrechte, von narzißtischen Bedürfnissen unabhängige Persönlichkeit des Therapeuten, sondern auch erst die langjährige Erfahrung eine solche Arbeit gestatten. Ich möchte junge, erst am Anfang ihrer therapeutischen Tätigkeit stehende Kollegen ausdrücklich davor warnen: Allerlei ungesiebte, egozentrische oder fragwürdige Phantasien könnten in das Gespräch eingeschleust werden, ohne daß man sich immer davon Rechenschaft geben könnte, was sie dann beim rezeptiven Patienten bewirken können. Entwickelt sich dagegen eine solche therapeutische Methode auf der Höhe einer Lebensarbeit, so kann sie die Antwort auf manche sonst aussichtslose und unbefriedigende Situation der Therapie sein, wo die Einsamkeit, der Autismus, die Verschlossenheit der Patienten undurchdringlich scheinen.

Und nun ein Beispiel:

Eine chronisch schizophrene Patientin überrascht ihren Therapeuten durch das Ansinnen, daß sie eine »sexuelle Therapie« brauche. Was sie unter einer solchen versteht, bleibt unklar; allerdings häufen sich ihre Andeutungen in den nächsten Sitzungen: Sie brauche einen Sexualpartner, sie nehme »Schüsse« in ihren Genitalien wahr, ein Bauchschmerz läßt sie vermuten, daß sie ein Kind in sich trage und so weiter. Die Deutungen des Therapeuten werden mit Ungeduld quittiert, als würde man von einem anderen Planeten aus zu ihr sprechen.

Zur Anamnese ist hier anzumerken, daß diese Patientin als junges Mädchen äußerst scheu war. Es genügte, daß sich einmal ein junger Mann sehr dezent für sie interessierte, um jeden brieflichen und gesellschaftlichen Kontakt mit ihm abzubrechen. Ihre Psychose hatte schleichend durch akustische Halluzinationen begonnen, wo Männer ihr unanständige sexuelle Wörter zuriefen. Und nun wollte ausgerechnet diese Patientin eine »sexuelle Therapie« haben!

Die therapeutische Antwort war hier die Folge eines spontanen Einfalls: Er schlug ihr eine »sexuelle Therapie« in der Phantasie vor. Er regte zunächst Übungen des autogenen Trainings an, bei denen er die Patientin lehrte, insbesondere ihren Körper wahrzunehmen. Bei diesen Übungen versetzte er sich in eine Art Selbsthypnose, in der ihm einfiel, daß die Patientin einmal geträumt hatte, in ein fernes Land zu reisen, in dem die Menschen fröhlich waren und tanzten und wo sie ein kleines »schwarzes Mädchen« gestreichelt hatte. Der Therapeut befand sich in seinem gesteuerten Traum bei diesem

»schwarzen Mädchen«, von dem die Kranke geträumt hatte. Frei phantasierend legte er das schwarze Mädchen als die Patientin selber aus, als ihre eigene Kreatürlichkeit, die Schwärze ihres Lebens. Er regte die Patientin an, sich nochmals vorzustellen, dieses schwarze Mädchen zu streicheln. Dabei identifizierte er seine Hand mit der streichelnden Hand der Patientin, indem er – wie auf der Oberstufe des autogenen Trainings – sich vorstellte, die Arme und die Beine der Patientin, die »warm« und »schwer« wurden, mit zu streicheln. Der Therapeut teilte seine Phantasien mit, so daß die Patientin nicht einmal unterscheiden konnte, wer wen streichelte: sie das schwarze Mädchen, der Therapeut sie? Die Übung war um so überzeugender, als der Therapeut »träumte« und in seiner Versenkung das tat, wovon er sprach. Nach der Sitzung stand die Patientin sichtlich erleichtert auf, ein Lächeln im ganzen, früher angespannten und düsteren Gesicht.

Keine erotische Übertragung entwickelte sich hier in der Beziehung zu ihrem viel älteren und fast mütterlich eingestellten Therapeuten. Die Psychotherapie entwickelte sich positiv.

4. Verhüllung versus Offenbarung

Die klassische psychoanalytische Traumtheorie basiert auf der Annahme, daß moralisch zweifelhafte, vom Über-Ich des Träumers oder von der Gesellschaft angefochtene Triebwünsche symbolisch erfüllt werden, wenn ihre erkennbaren Merkmale durch die »Traumarbeit« dahingehend zensiert werden, daß sie dann in einer verkleideten Gestalt, in einem rätselhaften oder sogar bizarren manifesten Traumbild auftreten, welches den unbewußten Trieb doch noch befriedigt (Freud 1900). Ohne die »detektivische« Arbeit des Psychoanalytikers, wie man sie nennen könnte, wäre das tiefere Anliegen des Traums kaum zu erkennen. Gegen solche psychoanalytische Aufdeckung leistet deshalb das Ich des Patienten Widerstand, solange es noch an der Abwehr festhält.

In diesem konzeptuellen Rahmen – der meines Erachtens nur für einige Träume gilt – erscheint die Traumverkleidung einerseits wie ein Ausweg in der Auseinandersetzung zwischen Ich und Über-Ich, andrerseits aber auch wie eine Selbsttäuschung.

Zu der ursprünglichen Traumtheorie der frühen Psychoanalyse sind inzwischen viele Alternativen erdacht worden, die mir weder falsch noch richtig erscheinen. Ich denke, daß alle Modelle vom Menschen, die wir in der Psychotherapie entwerfen, Symbole einer letztlich nie ganz auszuschöpfenden Wahrheit sind, deren Erkenntnisgehalt in dem Ausmaß liegt, wie wir damit den Patienten helfen, ihre eigene »Wahrheit« zu erkennen, der also »operational« ist. Die vielleicht bedeutendste und wichtigste Alternative zu Freuds

Traumtheorie versteht den Traum eher als Offenbarung denn als ein strategisches Versteckspiel. Ob wir mit JUNG, der als erster darauf hingewiesen hat, diese Funktion der Offenbarung in der Notwendigkeit einer *Kompensation* sehen, daß nämlich gewisse, im wachen Leben zu kurz gekommene Seiten des Träumers durch das Traumbild zum Ausdruck gelangen, oder ob wir im Sinne des *Existentialismus* (BOSS) beobachten, wie der Traum dem Menschen gestattet, in Bildern zu erfassen, was zum Ursprung seiner Existenz gehört – immer haben wir hier die Offenbarung des *Eigentlichen*, das uns sonst in den zerstreuenden und verdrängenden Einzelheiten des wachen Lebens verlorengeht. In diesem Punkt erscheint inzwischen die FREUDsche Theorie des Traums revisionsbedürftig. Heute mißt man auch dem manifesten Traumgedanken eine größere Bedeutung bei als zur Zeit FREUDS. Man erblickt im manifesten Traumbild nicht nur die Maske des eigentlichen, des latenten Traumgehalts, sondern das *Eigentliche* an sich.

Das folgende Beispiel aus einer Supervision möge dies veranschaulichen.

Es handelt sich um den Traum einer Patientin, in dem ihr »depressives« Selbst und die brutale Vernichtung, der sie unterworfen ist, in tragischer Unmittelbarkeit zum Vorschein kommen.

»Dina träumt von einem Kirchen-Theater, in dem auf einer Art Altar-Bühne etwa zehn dicke schwarze Mönche im düsteren Halbschatten sitzen. Plötzlich erscheint auf der Bühne ein Harlekin in seinem lebhaft-bunten Kleid und springt in einem geschickten Satz auf das darunter liegende Parterre, wo er einige fröhliche Kapriolen vollführt. In dem Moment beginnen die Fratres in ihren Trauerkutten mit großen Kapuzen, die die Gesichter verdecken, den leichtsinnigen Harlekin zu verfolgen, indem sie große Anstreichpinsel schwingen. Sie drücken ihn gegen eine gotische Säule und stoßen ihn mit ihren Pinseln in den Stein hinein, gleichzeitig überziehen sie ihn mit einem dunklen Firnis, bis er schließlich ganz verschwunden ist. Das letzte Bild im Traum sind nur noch die farbigen Rhomben seines Kleides, die im bleifarbenen Grau des Steins verschwinden. Die Patientin erwacht voller Entsetzen« (M. SAVIOTTI in: BENEDETTI 1983, S. 251).

In ihren Assoziationen ist der Harlekin gleich Freude, Spontaneität, Kreativität der Existenz, während die düsteren Mönche zur bedrückenden, einengenden Atmosphäre der Familie mit ihrer moralisierenden Weltanschauung gehören, die jede Form von Vergnügen und Freiheit verächtlich als Zügellosigkeit anprangerte und die der Kreativität keinen Raum ließ.

Dieser Traum kann als eigentlicher analytischer Eröffnungstraum für eine depressive Problematik angesehen werden. Denn in Wirklichkeit führt die Patientin, ohne sich dessen bewußt zu sein, gegen sich selbst das aus, was sie den mörderischen Mönchen zuschreibt. Man könnte diesen Traum freilich auch zum Teil im Sinne der verhüllenden Abwehr verstehen – vor allem, wenn die Träumerin in diesem Sinne assoziieren würde – und dann als Analytiker denken, daß die Patientin den latenten Traumgedanken – Unterdrückung durch die Familie – sowohl aus Rücksicht auf ihre einstigen Erzieher als auch in selbstaggressiver Weise abwehren müßte und sich gegen die Deutung auflehnen würde. Sie würde in diesem Fall die eigen-fremden

Aggressionen der Familie nur in der verkennenden Projektion der Mönche wahrnehmen. Damit meine ich, daß hier die Projektion zu einer Wahrnehmung führt, die den Ursprung des Wahrgenommenen verkennt.

Ich meine aber darüber hinaus, daß derselbe Traum, der in dieser Sicht einer abwehrenden Verhüllung entsprechen würde, umgekehrt auch als Offenbarung einer innerseelischen Realität gesehen werden kann, die nicht einen latenten Gedanken, sondern sich selber ausdrücken will.

Nur das *Bild* ist hier eindrucksvoll, vermittelt eine *Evidenz*, denn das Bild ist die Ursprache unserer Kindheit. Die Träumerin wäre von dem *Gedanken*, daß sie ihr Gefühlsleben ablehnt, längst nicht so beeindruckt; dieser Gedanke wird für sie erst durch das Traumbild eindrucksvoll, weil sie durch das Symbol erschreckt und aufgewühlt wird. Man kann das Bild als den »Schleier des Gedankens« verstehen, wie der Spruch des Talmud meint, nach welchem die Wahrheit nicht »nackt auf diese Erde gekommen ist, sondern im Schleier des Symbols«. Jene Verhüllung aber, die FREUD meinte, ist kein solcher Schleier, sondern Abwehr.

Bevor wir nun auf den »Schleier des Symbols« begrifflich eingehen, wollen wir uns die verhüllende Abwehr an einem deutlichen Beispiel ansehen. Eine Frau, die in den Ehemann ihrer Schwester verliebt ist, träumt, daß ihre Schwester todkrank sei und stirbt. Sie kann den Traum nicht verstehen. Erst in der psychoanalytischen Stunde assoziiert sie zum Traum, daß sie den Wunsch gespürt habe, diesen Mann zu heiraten. Die Patientin wehrt den Gedanken ab, daß die eigene Schwester deshalb in ihrem Traum gestorben sei, damit sie deren Mann heiraten könne. Sie wehrt ab, weil sie ein Idealbild von sich selbst hat, welches ihr verbietet, die Wahrheit einzusehen, daß wir Menschen – in unserem Unbewußten, wie FREUD mit Recht sagt – gar nicht so verschieden sind von den Menschen, die wir verurteilen: Eine tiefe Wahrheit, die schon die Bibel kennt, gegen die sich aber sowohl unser Narzißmus auflehnt als auch die Objektliebe zu denjenigen Partnern, die wir gelegentlich im Traum sterben lassen. Die psychoanalytische Einsicht ist weder eine moralische Verurteilung noch die Bejahung des Verdrängten, sondern sie ist die Erkenntnis, daß menschliches Dasein in der Schuld wurzelt und daß wir Menschen oft im tragischen Konflikt zwischen Bewußtem und Unbewußtem leben müssen. Die Fähigkeit, diese Einsicht auszuhalten, läßt den reifen Menschen seine tragische Kreatürlichkeit tiefer annehmen als es dem sich verkennenden, neurotischen Menschen möglich ist. Die Psychoanalyse hat den Menschen mit all seinen Impulsen, Konflikten und Widerständen tiefer erkannt und angenommen als jede Philosophie vor ihr.

Damit war von der Abwehr die Rede. Der »Schleier des Symbols« dient dagegen der Offenbarung und nicht der Abwehr. Er ist aber insofern auch eine Verhüllung, als der Träumende, der im Traumbild eine Wahrheit seiner Existenz konkret erblickt, diese nicht, wie im wachen Denken, als Gedanken, als

Einsicht *erkennen* kann, sondern sie tiefer durch das »unbewußte Symbol« – wie ich es nennen möchte – *erlebt*. Nebenbei bemerkt: Ich nehme an, daß das träumende Tier, die Katze etwa, die im Traum eine Maus fängt, lediglich die Vorstellung, nicht aber, wie der Mensch, das unbewußte Symbol erlebt. Diese Vorstellung der Psyche, die unabhängig von der unmittelbaren Wahrnehmung sich eine innere Welt schafft, ist schon der wunderbare Anfang der Imagination, aber noch nicht der der Symbolisation.

Der Traum Dinas gestaltet sich im Sinne des Gegensatzpaares »Verhüllung versus Offenbarung«. In der Verhüllung könnte man, wenn man danach suchte, eine Dimension der Abwehr finden, ein Verschweigen des eigentlichen Ursprungs der Verdrängung. So, wie es aber Träume gibt, die in erster Linie den Vorgang der Abwehr erkennen lassen – wie in dem oben erwähnten Traum der »Ehebrecherin« –, so gibt es auch solche, die umgekehrt im Grunde nur offenbarend sind. In der Folge erwähne ich als Beispiel den Traum eines Patienten von mir.

»Ich sah Sie, Professor Benedetti, auf der Treppe meines Hauses zwischen dem ersten und zweiten Stock. Wir waren drei Personen: Sie, ich und ein junger Mann, der mir teils glich, teils sich von mir unterschied, da ein großer Altersunterschied bestand. [Der Patient selbst ist in Wirklichkeit über fünfzig Jahre alt.] Wir begannen mit einer schweren Arbeit, die darin bestand, aus der kleinen Öffnung eines Schachtes, in den Abfall geworfen wurde, diesen wieder herauszunehmen, da der Schacht völlig verstopft war. Als diese mühsame Arbeit endlich gelungen war, gab ich Ihnen, da Sie neben mir standen, einen kleinen Plastiksack, der im Gegensatz zu dem dreckigen Abfall sauber war und eine klare Flüssigkeit enthielt, die wie Wasser aussah. Als ich jedoch näher hinsah, merkte ich, daß das Gefäß kein Wasser, sondern Tränen enthielt!«

Mit welcher Kraft entsteht hier durch das Symbol die Einsicht, daß man in der Psychotherapie aus der Tiefe nicht nur »Dreck« herausholt, sondern auch jene Trauer schöpft, die bewußt und transparent wird in dem Augenblick, da sie dem Analytiker mitgeteilt wird! Die Macht des Gedankens wird erst durch das Bild evident, das jetzt Sinn ergibt, weil es ein Sinnbild ist; und der Traum ist der große »Transformator«, welcher die Erlebnisse der vielen, vielen Tage in ein einziges Bild übersetzt.

Freilich war auch in diesem Traum etwas verhüllt. Der Träumer mußte sich erst besinnen, um klar zu erkennen, daß die konkrete Tränenflüssigkeit das Leiden seines Lebens war, das er mir offenbarte. Aber das war keine Abwehr, sondern nur der Schleier des Symbols, der auch darauf hinwies, daß erst meine therapeutische Anteilnahme die Erscheinung der Tränen möglich machte. Ohne den Schleier des Symbols gäbe es keine Kunst, und Freud selber nannte den Traum einmal den »stummen Poeten«.

Kurz zusammengefaßt: Die Symbolisation kann also eine Form des Versteckens, der Verdrängung, des Verbergens sein; der latente Traumgedanke ist zensiert, er erscheint nur maskiert in einem Traumbild, das ihn sowohl verrät als auch fast unkenntlich macht.

Aber dies alles ist nur die *eine* Seite der Traumsymbolisation; die *andere* Seite, die oft in einem anderen Traum, manchmal aber in *demselben* Traum sichtbar wird, ist vielmehr eine Form der symbolischen Realisierung, der *Offenbarung*, die den rationalen Gedanken in einer unvergeßlichen Bildgestalt ausdrückt, die den Träumer erschüttert, aufwühlt und existentiell anregt.

Die Symbolisation ist nicht nur Verbergung, sondern auch Aussage, deren Kraft darin liegt, daß sie den Erfahrungen die Sprache der Bilder zur Verfügung stellt, wohl die Sprache unserer Kindheit; denn unser Denken ist aus dem Sehen entstanden.

Der Begriff der Verhüllung, der Abwehr ist in der Traumlehre sehr wichtig und reicht von der Psychoanalyse FREUDs bis etwa zur Individualpsychologie ADLERs, um nur zwei verschiedene Schulrichtungen zu erwähnen. LOUIS, der die Individualpsychologie vertritt, schreibt beispielsweise: »Der Unterschied [zur Psychoanalyse] ist jedoch, daß es in der ADLERschen Traumdeutung nicht um infantile Wünsche geht, sondern um alle jene Regungen, die, wollte man sie unmaskiert gewähren lassen, dem common sense Gewalt antun und den Träumer direkt zu seinem Minderwertigkeitsgefühl führen würden« (LOUIS 1987, S. 21).

Die einseitige Auffassung der Abwehr hier führt aber ins Nichts. Vielleicht hat mir erst die Arbeit mit depressiven Menschen und Borderline-Patienten die Augen dafür geöffnet, daß sich im Traum gerade *unangenehme Emotionen,* häufiger als die verbotenen Wünsche und die Minderwertigkeitsgefühle, *unmaskiert* anmelden. Wieviel Tod und aussichtsloses Sterben ist da in den Bildern enthalten, wieviel Dunkel, Enge und Angst! Man könnte dann die These der Abwehr geradezu umkehren und sagen: In solchen Träumen erscheint das Elend des Lebens, das der Lärm und die Abwehr des wachen Alltags verbergen, *unmaskiert.* Im Traum will das Auge des Horus, das ein Auge des Todes ist, die Dinge so sehen, wie sie sind, um sie ganz zu erfassen; denn, wie PORTMANN einmal sagte, »das Bedürfnis nach Gestalt ist in unserer Erbstruktur vorgegeben« (mündliche Äußerung).

Wenn einerseits die Psychoanalyse (FREUD), die Individualpsychologie (ADLER) und die Tiefenpsychologie (JUNG) alle mehr oder weniger den Vorgang der Abwehr im Traum entweder betonen oder jedenfalls gelten lassen, so weicht andrerseits die Daseinsanalyse (BOSS) davon ab. Hier ist der Traum in erster Linie Mitteilung und soll in seinem manifesten Kontext absolut ernst genommen werden.

»Wir versuchen, den berichteten Traum gerade dadurch lebendig zu machen, daß wir ihn ›tel-quel‹ ernst nehmen, ja gleichsam ›beim Wort‹ nehmen … Die Inhalte der Traummitteilungen sind bekanntlich dem Träumer selbst meist unverständlich; sie erscheinen ihm rätselhaft. Wenn er aber das Geträumte zur Sprache bringt, geschieht es oft ›wie von selbst‹, daß dem Erzähler Bedeutungszusammenhänge aufgehen, sei es durch zusätzlich einfallende Ergänzungen, durch dazugehörige Erinnerungen oder auch durch naheliegende Verknüpfungen mit gegenwärtigen Erlebnissen.« Überdeutlich heißt es weiter: »Die Phänomenologie der Daseinsanalyse wird nach meinem persönlichen Urteil … dem konkreten Traumgeschehen theoretisch am meisten gerecht« (TRENKEL 1987, S. 130).

BOSS akzeptierte den Begriff der symbolischen Verhüllung überhaupt nicht. In einem Kommentar zum Traum eines Patienten, wo diesem ein geisteskranker Mann erschienen war, welcher von seinem im Sinne der SZONDI-Schicksalslehre denkenden und arbeitenden Analytiker als ein im Familienunbewußten weilender Verwandter gedeutet worden war, schreibt er zum Beispiel:

»Doch die SZONDIsche Psychologie bleibt den Nachweis schuldig, mit welchem Recht sie behauptet, der begegnende Traum-Mann sei ›im Grunde‹ gar nicht der Mann, als welcher er sich in der Traumverfassung des Kranken zeige, sondern ›bedeute‹ oder ›meine‹ eigentlich einen ganz anderen Mann, nämlich einen bestimmten verstorbenen, geisteskrank gewesenen Ahnen des Träumenden« (BOSS 1987, S. 74 f.).

Der Aspekt der Offenbarung wird von BOSS in folgender Weise formuliert: »Wenn nun einerseits gesagt werden darf, daß die Existenzweise des Träumens verschlossener als die des Wachens zu sein pflegt, geschieht es dafür oft genug in der Traum-Verfassung eines Menschen *zum ersten Mal*, daß sich in ihr bisher noch unbekannte Bedeutsamkeiten kundgeben … Doch winken sie … vom Geträumten her nicht nur oft erstmals; sie tun dies obendrein in ihrer sinnenhaften Wahrnehmbarkeit noch gleichsam mit dem Holzpfahl. Dank dieses Sachverhaltes gewinnt die Existenzweise des Träumens ungeachtet der stärkeren Verschlossenheit eine entscheidende therapeutische Bedeutung« (BOSS 1987, S. 77).

Ist aber die »stärkere Verschlossenheit«, die auch BOSS anerkennt, nicht gerade die symbolisierende Verhüllung? Und ist der Gegensatz zwischen jenen Autoren, die im Traum immer nur die Abwehr sehen und denjenigen, welche allein die Offenbarung betonen, nicht ein Zeichen dafür, daß sie das Gegensatzpaar, die Polarität in vielen Träumen nicht genügend sehen? Daß dieses Gegensatzpaar nicht nur ein Scheidepunkt ist, welcher die abwehrend-verhüllenden von den offenbarenden Träumen trennt, sondern zugleich auch in ein und demselben Traumbild enthalten sein kann, soll folgender Traum einer Analysandin von mir zeigen:

»Eine junge Frau wird auf die Polizeiwache gebracht. Sie wird angeklagt, bei einem Autounfall acht Menschen getötet zu haben. Man sagt, sie sei von der Autobahn abgekommen und in eine Waldschneise hineingefahren. Es ist Winter und alles ist tief verschneit. Die acht Toten liegen unter dem Schnee begraben. Die Unfallstelle liegt an einem kleinen Fluß. Ich weiß, daß die junge Frau unschuldig ist, obwohl sie nichts zu ihrer Verteidigung sagt oder tut. Ich gehe zum Kommissar, um ihn zu überzeugen, und bitte ihn, mit mir an die Unfallstelle zu kommen. Es ist nicht der gleiche Ort wie oben, liegt jedoch ganz in der Nähe. Als wir ankommen, sehen wir vier Tote über den Ästen eines Baumes hängen, vier weitere Menschen liegen erfroren unter dem Schnee. Folgendes ist geschehen: Die junge Frau fuhr in ihrem Auto und hatte auf dem Beifahrersitz eine Straßenkarte liegen. Als sie nach dem Weg schauen wollte, sah sie auf einmal ein Bild auf der Karte. Es zeigte einen Baum, an welchem vier Tote hingen. Erschrocken schaute sie auf und stellte fest, daß sie sich an genau dieser Stelle befand. Ihre vier Mitfahrer packte das Entsetzen und sie flohen aus dem Wagen. So erfroren sie im Schnee. Auch dieser Ort befand sich an einem kleinen Fluß im Wald.« (Wörtlicher Bericht der Träumerin)

Die Träumerin ist eine Lehranalysandin. Als eine junge deutsche Frau, die erst nach dem Ende des letzten Weltkrieges geboren worden war, fühlte sie sich dennoch für das Schicksal des deutschen Volkes irgendwie mitverantwortlich.

Man hat des öfteren behauptet, die Deutschen verdrängten die Schuldfrage; aber das Empfinden meiner Analysandin zeigte das Gegenteil einer solchen These. Sie litt unter einem Phänomen, das ich »die Stellvertretung der Schuld« nennen möchte. Nicht nur fühlte sie sich für ihre Mitbürger schuldig, es kam auch vor, daß sie sich beispielsweise für den Unsinn eines Kindes, das in ihrem Garten ein anderes Kind mit der Schaufel angriff, selber schuldig fühlte.

Der Traum war der Frau zunächst rätselhaft; aber er beschäftigte sie sehr. Sie kam tagelang nicht von ihm los. In der psychoanalytischen Stunde assoziierte sie zu den vier Männern, die tot über den Ästen des Baumes hingen, die »Opfer einer Explosion« und schließlich die »Toten des letzten Weltkrieges«.

Was bedeutet es nun, daß dieses Bild genau dem Bild entsprach, das die junge Fahrerin, also sie selbst, auf der Straßenkarte erblickte? Die Träumerin erkannte mit meiner Hilfe die Symmetrie zwischen der Vergangenheitswahrnehmung ihres Unbewußten und der Ich-Wahrnehmung der Gegenwart auf ihrem Lebensweg. Diese Entsprechung war so erschreckend, daß sie selber dann eine Seite von sich – gemeint sind die vier Mitfahrer, die flohen und unter dem Schnee lagen – sterben ließ (Selbstzerstörung). Die wesentlichste Mitteilung dieses Traums lag aber darin, daß eine Seite ihres Selbst nun gerade umgekehrt handelte als die bewußt schuldige: Sie ging zum Kommissar und enträtselte das Geheimnis. Und diese Seite hieß: »Ich bin nicht schuldig!« Der Traum war also eine gewaltige Offenbarung, nahm entschieden Stellung gegen die chronischen Schuldgefühle. Aber er hätte dies nicht so überzeugend aussprechen können ohne den verhüllenden Schleier des amplifizierenden Symbols.

Das Versus-Paar »Verhüllung versus Offenbarung« bietet mir Gelegenheit, eine These zu entwickeln, die grundsätzlich auch für die anderen Gegensatzpaare gilt, hier aber anhand eines Traumbeispiels exemplifiziert werden kann. Nach meiner Erfahrung gibt es sowohl Träume, bei denen man kein Gegensatzpaar wahrnehmen kann, als auch solche, die sich aus der Sicht verschiedener Gegensätzlichkeiten verstehen lassen. Ich möchte nachstehend einen Traum anführen, der zunächst unter dem Gesichtspunkt des Gegensatzes »Verhüllung versus Offenbarung« betrachtet werden kann:

»Ein Onkel, der schon vor vielen Jahren verstorben ist, steht plötzlich vor mir und lacht mich an. Er sieht jedoch ganz anders aus, als ich ihn in Erinnerung habe. Ich denke im Traum, daß es etwas bedeuten muß, daß er erscheint und daß ich die Gelegenheit unbedingt ergreifen muß, um ihn etwas zu fragen. Wir stehen in einer weiten Landschaft, und am Horizont sind Berge zu sehen. Vor uns liegt ein heller Sandweg. Ich frage meinen Onkel, was das Ziel sei. Er sieht mich an, lächelt und sagt, das wisse ich doch ganz genau. Ich frage ihn weiter, was auf den Bergen sei, und er meint wieder, daß ich es doch wisse und daß dies selten sei. Ich schaue auf den Weg und sehe, wie sich eine Gestalt durch den aufgeweichten Boden windet wie eine Schlange. Die Gestalt verschmilzt quasi mit dem Weg und pflügt sich durch den Schlamm.« (Wörtlicher Bericht der Träumerin)

Der »Onkel« als Traumpartner, der teils aus der lebensgeschichtlichen Vergangenheit der Patientin auftauchte, teils aber auch ein Symbol meiner Person war (er verwies die Fragende auf sich selbst und verhielt sich so, wie sich in solchen Situationen der Analytiker oft verhält), erscheint mir wie ein »Übergangssubjekt« zwischen ihr und mir. Er verweigert ihr die direkte Antwort; aber diese liegt im verhüllend-offenbarenden Symbol des Schlußbildes, im Sinnbild der Schlange, welche eins wird mit ihrem Weg zum Ziel hin und ins Blickfeld der Träumerin gerät, als diese weiterfragt. An diesem Punkt der Deutung, als ich glaubte, die wesentliche Doppelgesichtigkeit des Traums – Verhüllung versus Offenbarung – erfaßt zu haben, fiel meiner Analysandin spontan ein, daß sich darüber hinaus eine weitere Gegensätzlichkeit des Traums von Kreatürlichkeit zum Ich-Ideal spannte. Auf der einen Seite – so erklärte sie – die fernen Berge, die Helligkeit des Horizonts, die weit ausgreifende Bewegung des Blicks und die Frage nach deren Sinn und Bedeutung, auf der anderen Seite die Schlange, die sich mühsam ihren Weg durch den »Schlamm pflügt«, also durch die vielen »menschlich-allzumenschlichen« Alltagsstunden (NIETZSCHE). Hier liegt eine Gegensatzspannung vor, die sich schöpferisch im Erleben des Traums auswirkt, so daß der »Onkel« den Seltenheitswert des Erlebens anerkennt (»daß dies selten sei«). Damit meint er, daß es selten sei, wenn man selber unbewußt das Ziel kennt. Der Onkel, der einerseits die Antwort verweigert, ermutigt andrerseits die Träumerin, sagt ihr, daß sie mündig ist und das Ziel selber finden kann.

5. Imagination versus Symbolisation

Nicht immer ist das Traumbild chiffriert oder schwer lesbar. Wenn man träumt, in einem Gefängnis zu sitzen, durch dunkle, leere Räume zu gehen, ja, in einem Loch der Erde zu wohnen, so erscheinen solche Bilder dem wachen Geist unschwer und oft sofort als eindeutige Symbole der Verlassenheit oder der Vermauertheit der menschlichen Existenz – entweder der eigenen oder der allgemein-menschlichen, die vielleicht ein jeder Mensch, auch der gesunde, in manchen Stunden in sich erleben muß.[6]

Wenn wir im Traum ein Gebirge ersteigen, ja, durch die Lüfte fliegen, oder die ungeheure, faszinierende Weite einer surrealistischen Landschaft erleben, befinden wir uns auf einem steigenden Ast der Existenz – gleichgültig, ob das bedeutet, daß wir im Traum eine sublime geistig-seelische Höhe erreichen oder ein grandioses, manisches Selbst entfalten. Da der gesunde Mensch die *ganze* Existenz in sich trägt, kann er gelegentlich von beiden Extremen träumen, ohne manisch oder depressiv zu sein.

Der Traum ist eine Selbstwahrnehmung, welche die Selbstwahrnehmung des Tages entweder verdeutlicht und unterstreicht oder durch gegensätzliche Metaphern ergänzt. Selbstwahrnehmung erfolgt also auf zwei Ebenen, auf derjenigen des Traums und auf der anderen des Wachseins. Die »archaische« Psyche des Träumenden, der sich als solcher in einer physiologischen Regression befindet – die des Kindes und des Primitiven – weiß nicht begrifflich, daß sich ihre Bilder auf etwas beziehen, das als Gedanke hinter den Bildern steht und erst durch die Bilder sichtbar wird. *Ein* Anliegen der Psychoanalyse ist die Übertragung des Bildes in einen Gedanken, eine Erkenntnis und somit die Schaffung des *bewußten Symbols*, auch dort, wo es nach dem Erwachen nicht evident ist. Am besten kann der Träumer selbst dies erreichen, wenn er seine Widerstände überwunden hat. Der Analytiker ist zwar mit seiner großen Erfahrung dem Träumer voraus; aber er muß aufpassen, daß er nicht das Bild seines Patienten vergewaltigt und es auf seine eigenen Gedanken projiziert.

Selbst in solchen Fällen, wo die Symbolisation uns nach dem Erwachen evident erscheint, haben wir im Traum selbst – außer im Klartraum, wo wir träumend wissen, *daß* wir träumen – doch nicht die Einsicht, daß wir uns in einer Situation befinden, welche unser ganzes Dasein widerspiegelt. Im Traum erleben wir lediglich die Imago, nicht das Symbol. Wir können die symbolisierende Imago, die nach dem Erwachen zum gedeuteten Symbol führt, von der »rohen« Imago der Katze, die im Traum eine Maus fängt, durch die Hypothese unterscheiden, daß die menschliche Traum-Imago ein unbewußtes Symbol ist.

---

6 Die in meiner lehranalytischen Erfahrung nicht so sehr seltenen unglücklichen, depressiven Träume klinisch gesunder Menschen können einerseits bedeuten, daß auch der klinisch Gesunde unter latenten Depressionen leiden kann, als auch andrerseits, daß ein jeder von uns, auch der Gesunde, im Traum die *ganze* menschliche Existenz und ihre Abgründe erleben kann, ja muß. In dieser Hinsicht unterscheidet sich der Traum nicht grundsätzlich vom Bewußtsein des Künstlers, der malend, musizierend, dichtend sich in das existentielle Elend anderer Menschen einfühlt oder dieses auf eine eigene latente Patientenseite überträgt. Der Unterschied ist nicht leicht faßbar, beide Möglichkeiten überschneiden sich; wir sind alle – wie die Lehranalysanden – auch Patienten.

Das Gegensatzpaar »Imago versus Symbol« hängt meines Erachtens mit dem Vorgang des Erwachens, des Übergangs vom primärprozeßhaften zum sekundärprozeßhaften Denken zusammen. Wenn beim Erwachen eine Traum-Imago dem Träumer zum Symbol, zum Sinnbild wird, dann ist immer das Wort, der Name, in den das Bild übersetzt wird, Träger des Sinns. Das Erlernen des Wortes hat dem Menschen die Bedeutungsspannung und die Bedeutungsambivalenz vermittelt, indem aus einem – postnatalen – ursprünglichen Zustand, wo Außenwelt und Innenwelt Spiegelbilder waren, die separate Gegenständlichkeit von Welt und Subjekt wurde.

Das »gewortete« Symbol läßt uns den Sinn erleben. Der wortlose Traum bewegt sich dagegen in einem Raum der Identität; hier haben NIETZSCHE und FREUD, möglicherweise unabhängig voneinander, spekuliert, daß der Traum aus einer Urzeit des Lebens stammt, wo das Symbol noch eine Identität widerspiegelte.

Wie ist es in der Entwicklung der menschlichen Psyche zur Entdeckung gekommen, daß verschiedene Bilder gemeinsame semantische Segmente haben und so füreinander stehen können? Meine Hypothese ist die, daß die Funktion der Symbolisations sich sehr früh in der postnatalen Kindheit aus der Erfahrungstatsache entwickelt, daß das kleine Kind gleichzeitig entdeckt, sowohl ein separates Selbst zu haben als auch ein Selbst zu werden durch den anderen, durch den pflegenden Mitmenschen, durch die Mutter. Bedenken wir, daß menschliches Leben sich einerseits in der intrauterinen Symbiose entwickelt, wo der Fötus Teil eines Ganzen ist, und sich zum andern in der postnatalen Symbiose weiterentwickelt, wo das Kind – anders als das kleine Tier, das bei der Geburt eine Miniaturkopie des elterlichen Tieres ist – sich wesentlich in den Affekten der Mutter und durch diese wahrnimmt. MELANIE KLEIN hat diesem Sachverhalt Rechnung getragen, indem sie postulierte, daß das »gute Objekt« – die ernährende Mutterbrust – im Erleben zum guten Selbst wird und daß dieses seinerseits auf die pflegende Person projiziert wird. Umgekehrt wird die uninteressierte, vernachlässigende, ungeduldige Pflegeperson dem Kleinkind das Gefühl vermitteln, daß es so sei, wie es erlebt wird: mühsam, wenig liebenswert, sogar feindselig. Das sich entwickelnde schlechte Teilselbst wird ebenfalls auf die Pflegeperson projiziert, die ungenügend, unzuverlässig, ambivalent erlebt wird. Gutes Selbst und gutes Objekt sind symmetrisch wie böses Selbst und böses Objekt. Gleichzeitig mit solcher Ursymmetrie des Lebens entwickelt sich aber die Funktion der Wahrnehmung, die Entdeckung des objektiven Selbst (»emergent self«, STERN 1985), der Gegenüberstellung und des Unterschieds zur Mutter. Beide Grunderfahrungen sind wahr, sind die zwei Hälften unserer Existenz.

Wir erleben sie auch in der Beziehung zu Gott; auch hier auf der einen Seite das Bewußtsein des abgründigen Unterschieds, sogar der Unmöglichkeit, wie die Mystiker uns sagen, Gott in seiner Essenz zu erkennen; auf der anderen Seite erlebt der Mensch Gott in seiner tiefsten religiösen Erfahrung symbiotisch. Wir lesen ebenfalls in den überlieferten Schriften der Mystiker, bei Augustin, bei Johannes vom Kreuz, bei Theresa von Avila, daß das Subjekt sich in Gott auflöst und sich als ein Funke von ihm neu entdeckt, daß Gott seinerseits im Subjekt wohnt und es sich gleichmacht. In diesem Sinne ist der so vergöttlichte einzelne ein Symbol des Leibes Christi.

Die Tatsache, daß Symbolisation sich in *der* Weise entwickelt, daß seelische und geistige Bilder gleichzeitig oder abwechselnd das Selbst und auch den diesem Selbst Begegnenden meinen, läßt uns auch verstehen, weshalb in den Träumen, wo so gut wie alles Symbol ist, ein und dasselbe Bild sowohl etwas Eigenes als auch etwas dem Eigenen Zustoßendes, es Aufnehmendes oder es Betreffendes bedeuten kann. Außen und Innen sind im gleichen Bild enthalten, separates und symbiotisches Selbst überschneiden sich, so daß jede Deutung des Traums sowohl auf der einen als auch auf der anderen Ebene erfolgen kann.

Alles, was das wache psychische Leben des Menschen ausmacht – Befürchtungen, Ängste, Wünsche, Hoffnungen, Sehnsüchte – werden durch den Traum in Bilder übersetzt. Die Angst vor dem Tod läßt den Tod leibhaftig erscheinen; die Sehnsucht nach Gott kann den Träumer erleben lassen, wie er eins mit ihm wird im Feuer einer Kerze. Die eigene kreatürliche Seite wird als Kind dargestellt; die Weisheit wird durch den weisen Greis verkörpert. Die Komplexität der Seele, die zwischen gegensätzlichen Regungen hin- und hergerissen wird, mag im Spiegel eines Kampfes zwischen zwei Gegnern oder beispielsweise zwischen Pferden und Schweinen (edlen und niederen Trieben – psychoanalytisch reduktiv gesehen) dargestellt sein. Die depressive Stimmung verdunkelt den Raum, in dem sich die Traumhandlung abspielt; eine neue Hoffnung steigt dagegen als Sonne am Horizont auf. Alles ist also Bild, nicht selten auch farbiges Bild. Die Fähigkeit des Traums, die verschiedensten Regungen der Seele in Bilder zu übersetzen, ist beinahe unendlich. Die Konkretisierung, die Verbildlichung, kann sich beispielsweise wie im folgenden Traum darstellen:

Ein Student versteht einen Gedanken des Philosophen Hegel nicht, den dieser in seiner »Phänomenologie des Geistes« darlegt. Im Traum begegnet er nun Hegel *persönlich* und fragt ihn, was er habe sagen wollen. Er bekommt eine Antwort, die er nach dem Erwachen nicht mehr weiß. Er vergißt dann den Traum. Als er aber am folgenden Tage das Buch wieder öffnet, erinnert er sich wieder daran –, zwar nicht an die Antwort, die er von Hegel bekommen hat, aber an seine Person, wie sie ihm im Traumbild erschienen war. Und nun versteht er plötzlich den fraglichen Passus des Buches.

Es scheint mir, gerade bei einem solchen Beispiel, daß die Regression der Psyche auf eine ursprüngliche Stufe, wo die Welt uns bildhaft begegnet, einen neuen Anfang ermöglicht. Aber auch dann, wenn der Traum uns keine Lösung bringt, ist diese Regression auf die Imago wohl die Art und Weise, wie der Schlaf mit den Informationen des Alltags umgeht. Er reduziert sie auf Imagines, die in unendlichen Variationen kombiniert und verarbeitet werden können. Darin den Versuch der schlafenden Psyche zu sehen, das Leben zu bewältigen, ist eine Denkmöglichkeit, die wir nicht von der Hand weisen dürfen. Haben wir doch alle in Bildern zu denken begonnen, in Bildern die Welt erfaßt, lange bevor Begriffe möglich waren. Können wir nicht den Traum grundsätzlich als eine physiologische Regression verstehen, welche dann die Progression im Wachzustand ermöglicht oder erleichtert?

Ich meine: ja – mit dem Vorbehalt freilich, daß eine Progression auch im Traum bereits geschieht, weil der Traum als solcher – unabhängig davon, welche Ausformung er erfährt – schon ein einziges Symbol ist, und das heißt, ein semantische Beziehungen stiftendes, konstruierendes, Sinn begründendes Bild.

Das Wesen des Symbols besteht darin, daß in seinem Rahmen ein Bild (oder Ding) für etwas anderes, auch für einen Gedanken (eine Idee) steht, so nämlich, daß sich die beiden Vorstellungsbereiche und Bedeutungsbereiche für einen wesentlichen Sektor überschneiden, so daß das eine (das Bild) für das andere (Ding oder Gedanken) stellvertretend gebraucht werden kann. Ich führe das unten weiter aus.

Ich persönlich habe mich darin geübt, einen intensiven Gedanken vor dem Einschlafen manchmal zu meditieren, um dessen Symbolisation im Traum zu beobachten. Soweit das Experiment gelang – und es gelang nicht immer! – merkte ich beim Erwachen, daß gerade die oneiroide Konkretisierung die Wiege des Symbols war. Ich dachte beispielsweise an eine zu überwindende Schwierigkeit: Ich sah einen Fluß, über den sich eine Brücke schwang. War die Schwierigkeit leicht zu bewältigen, führte eine solide Brücke zum anderen Ufer; war aber die Schwierigkeit groß, so mußte ich auf einer schmalen, wankenden Brücke das andere Ufer erreichen – wenn es überhaupt gelang.

Was ist nun die natürliche, psychohygienische, funktionelle Bedeutung einer solchen Umsetzung des Gedankens in ein Bild? Die Antwort scheint mir auf der Hand zu liegen: Es gibt Anthropologen, die das Wesen des Menschen (des Homo sapiens) im Vergleich mit den Primaten auf der Stufe der Evolutionsskala als »Homo symbolicus« definiert haben – mit Recht, meine ich, weil das Symboldenken die unabdingbare Voraussetzung für die Erweiterung des geistigen Raumes ist. Ohne Symbole gäbe es keine Schrift – die ja als Bilderschrift begonnen hat –, keine Religion – die überall in der Welt durch Symbole lebt – und auch keine – nicht einmal die primitivste – Kunst.

Verweilen wir darum noch einen Augenblick bei dem Begriff des Symbols: Symbolisch ist ein Bild, dessen Aussage nicht in sich selber erschöpft ist, wie eine Wahrnehmung oder eine Vorstellung, sondern über sich selbst hinausweist und an ein anderes, wesensverschiedenes Ding oder Bild oder eine Idee erinnert und darauf hinweist.

Das griechische Wort *symbolon* steht für das deutsche Wort »Sinnbild«. Und Sinn-Bild ist eben ein Bild, das nicht nur sich selber meint, sondern Träger eines Sinns, einer Bedeutung ist, die auf ein anderes, auf ein von ihm Unterschiedenes, inhaltlich Selbständiges, wegen einer assoziativen Nähe zu ihm, sinngemäß hinweist.

So kann das Symbol das Symbolisierte sinngemäß vertreten, und dies ist möglich, weil beides, Symbol und Symbolisiertes, ein gemeinsames semantisches Segment haben. Das Wasser ist beispielsweise in der Taufe Symbol des Heiligen Geistes, weil es, wie dieser, eine reinigende und lebensschöpfende Wirkung hat. Diese Qualität des Wassers ist das semantische Segment, das es mit dem schöpferischen Geist verbindet. Das Wasser als Quelle des Lebens kann aber auch Symbol der Mutter sein: Alles Leben hat im Schoß der Meere begonnen wie beim Menschen im Schoß der Mutter. Durch solche semantischen Stellvertretungen finden auf der einen Seite assoziative Abkürzungen statt – wie beispielsweise die Evolution der Bilderschrift zu einer Zeichenschrift zeigt – zum anderen werden durch Bilder rationale Gedanken in ihrer emotionalen Intensität gesteigert – wie die Entwicklung der Kunst zeigt –, und schließlich können metaphysische Grunderfahrungen des Menschen, die sich in Gedankengängen nie genügend ausschöpfen lassen, weil das menschliche – kollektive – Unbewußte in ihnen mitklingt, durch großartige Bilder vollständig ausgedrückt werden, indem das Bild verdichtet und neu schafft.

Was ich hier bisher angedeutet habe, geschieht vornehmlich in der wachen Psyche. Verglichen mit den Symbolen der wachen Psyche, sind die Traumsymbole oft, aber nicht immer, bizarr, abstrus, ausufernd, zuweilen prima vista unverständlich. Ausgehend von dem oben erläuterten Begriff der »imaginativen Regression«, der auf der Annahme beruht, daß wir in der postnatalen Zeit in Bildern zu denken beginnen, noch bevor wir begrifflich zu denken vermögen, kann man diese Symbole und damit den Traum als ein »Rudiment« des Geistes im Zustand des Schlafs bezeichnen.

Andrerseits müssen wir die umgekehrte Tatsache auch beachten: Alles, aber auch wirklich alles, ist im Traum Symbol, und zwar deshalb, weil nichts in ihm – wie beim Wachzustand – Wahrnehmung ist. Wenn im Traum zufällig eine Wahrnehmung stattfindet, die uns nicht sofort weckt, wird sie sogleich in ein Symbol umgewandelt, wie bei Don Rodrigo in den »Verlobten« von MANZONI: Der Pestkranke, der im Schlaf noch nichts von seiner beginnenden Krankheit wußte, spürte die ersten stechenden Schmerzen in der Brust wie Messerstiche durch die Verfolger, die sich für seine Missetaten rächten: Verdichtung des Schmerzes mit dem schlechten Gewissen.

Wenn alles im Traum Symbol ist, dann können wir den Traum als einen privilegierten Ort der Symbolbildung betrachten, nicht mehr nur als ein »Rudiment«, sondern auch als ein »Oriment« (PORTMANN, mündliche Äußerung) des Geistes. Derselbe Traum, der von einem bestimmten Gesichtspunkt aus eine Regression ist, erscheint uns von einem anderen aus als eine Progression.

Die Frage, was im Traum Imago und was Symbol ist, stammt auch aus der Auseinandersetzung zwischen Daseinsanalyse und Psychoanalyse. Die alte klassische Auffassung des *symbolischen* Gehalts von Traumbildern wurde von der Psychoanalyse in ihrem Kern – wonach jedes Bild sinngemäß für etwas anderes steht – nicht erschüttert, sondern wissenschaftlich neu formuliert, von der Daseinsanalyse aber als eine Vergewaltigung der Traumaussage verstanden. So schreibt beispielsweise Boss: »Es wurde immer deutlicher sichtbar, daß und wie alle bisherigen tiefenpsychologischen Traumtheorien unser Träumen und das von uns Geträumte im vorhinein schon durch Vorurteile und abstrakte Begrifflichkeiten vergewaltigen« (Boss 1987, S. 60).

Damit man die Denkweise und Argumentationsweise von Boss als ein zumindest teilweise berechtigtes Anliegen verstehen kann, verweise ich auf seine Kommentierung der Freudschen Traumdeutung in dessen Arbeit »Das Kleine ist das Genitale« in seiner jüngsten Veröffentlichung (Boss 1987). Darin lehnt er die spezielle, rein genitale Deutung Freuds entschieden ab, die er mit Recht für allzu spekulativ hält. Doch bleibt er dabei nicht stehen, sondern er fährt weiter fort, schlechthin sämtliche tiefenpsychologischen Traumdeutungen in Frage zu stellen. Er meint zum Beispiel, daß es nicht zulässig sei, von »unbewußten Traumwünschen« zu sprechen. »Sagt man, nicht das wache oder das ›Schlaf-Bewußtsein‹ des Träumers selbst wisse darum, sondern dessen ›Unbewußtes‹, ist schon gar nichts für das Verständnis der vorliegenden Phänomene gewonnen. Da nämlich das supponierte ›Unbewußte‹ per definitionem nie als solches erkennbar ist, erklärt man durch dessen Einführung nur das angeblich hintergründige Unbekannte des Traumgeschehens durch etwas noch Unbekannteres, von dem nicht einmal das nachzuweisen ist, daß es überhaupt existiert« (S. 64). Für Boss ist weiterhin »der Rückgriff Jungs auf Mythologisches … nur unnötiger Ballast« (S. 73). Die archetypische Deutung einer »unbekannten«, weisen, männlichen Gestalt durch den Tiefenpsychologen Fierz lehnt er folgendermaßen ab: »Der Grund für die *Unbekanntheit* dieses gütigen Traum-Mannes dürfte darin liegen, daß dem Träumenden diese reifste Art von Menschsein noch sehr unvertraut war« (S. 74). Traumbilder künden für Boss ausschließlich »Befindlichkeiten« des Träumers an, für welche der Mensch »offen genug werden soll, um ihnen Einlaß in seinen Weltbereich ans Vernehmen gewähren zu können« (S. 61).

Die Argumentation von Boss ist aus meiner Sicht widersprüchlich. Es geht nicht an, einerseits zu sagen, daß »keine … daseinsanalytische Traumlehre je das Licht der Welt hätte erblicken können, wären ihr nicht die entscheidenden konkreten Beobachtungen Freuds, Adlers und Jungs vorausgegangen« (S. 60), dann aber andrerseits deren sämtlichen Deutungen zu widersprechen, und es geht ebenfalls nicht an, alles Unbewußte zu leugnen und gleichzeitig das Bewußtwerden der Traumbedeutung in der Therapie zu erstreben. Aber einseitige, im ganzen inakzeptable Kritiken können uns helfen, Mißverständnisse klarer zu sehen, die uns sonst leicht bei unserer Arbeit unbewußt bleiben. Wir sollten bedenken, daß alle symbolischen Deutungen von Traumbildern, die nicht vom Evidenzerleben des Träumers selbst – nach Überwindung allfälliger Widerstände – bestätigt werden, riskieren, lediglich unsere Gedankenprojektionen auf die Bilder unserer Patienten zu sein.

Diese Bilder sind im unmittelbaren Erleben der Träumer noch Imagines, die aber eine »Symbolpotenz« in sich haben. Solche Symbolpotenz ist ersichtlich sowohl am Beispiel jener Träume, bei denen der erwachte Träumer von sich aus, unabhängig von aller fremden »Projektion«, den Symbolcharakter des eigenen Traumes als Evidenz erlebt, als auch am Beispiel jenes seltenen Phänomens, das man heute »Klartraum« nennt und bei dem der Träumer schon *im* Traum erkennt, *daß* er träumt und den Sinn seines Traums erfaßt.

Zum Erfassen dieses Sinns, des Zusammenhangs, welcher durch das Wesen des Symbols gestiftet wird, bedarf es also des *wachen menschlichen Geistes*, des eigenen oder des Deutenden. Je nach dem Fall kann solcher Zusammenhang mehr oder weniger ersichtlich sein; in manchem Fall scheint er nie ganz ersichtlich zu werden. So berichtet C. G. Jung in seiner Autobiographie von einem eigenen, ihn bewegenden, seltsamen Traumbild, das er, im Gegensatz zu den anderen, nicht einmal archetypisch deutete. Wenn ich also einerseits Boss das Verdienst zuspreche, die Bedeutung der Traum-Imagines außerhalb des Ballasts von spekulativen Symboldeutungen gespürt zu haben, und dann andrerseits Symboldeutungen als Grundlage meines Traumverstehens beibehalte – befinde ich mich dann nicht in einem Widerspruch?

Ich meine: nein; denn hier geht es um jene Doppelheit des Traumdenkens, die ich mit dem Wort »versus« am Anfang meiner Betrachtungen ausgedrückt habe: »Imago versus Symbol.« In diesem oder jenem Fall können *beide* Gesichter des Traumes unmittelbar ersichtlich werden, so im Traum eines Patienten, der sich dort weinend sieht und seine Trauer voll realisiert. Als er erwacht, merkt er, daß er in der Traum-Imago seine latente Traurigkeit überwältigend gespürt hat. Gleichzeitig »weiß« er, daß jene Tränen auch aus einer fernen Vergangenheit stammen. War er im Traum nur der heutige Mensch oder *auch* das einsame Kind, von dem er bisher viel zu wenig gewußt hatte? Das Traumbild, das als Imago die volle Realität war, warf auch einen symbolisierenden Lichtstrahl auf die dunkle Vergangenheit. Imago und Symbol überschneiden sich hier, die Imago erscheint als eine *Symbolpotenz.*

Das Verstehen des Traumsymbols, also die gedankliche Symbolisation, wird heute in der Psychoanalyse, unabhängig von der besonderen Schulrichtung, weniger als eine Entzifferung, wie zu Anfang des Jahrhunderts, sondern vielmehr als ein freies Assoziieren des Therapeuten zum Traumbericht seines Patienten aufgefaßt. Beide assoziieren, beide deuten, keiner ist dem anderen überlegen. Der Therapeut hat dem Patienten die größere Erfahrung und die Freiheit von Widerständen voraus; dieser ist aber dafür durch die besondere psychische Nähe zum eigenen Traum überlegen.

6. Verdichtung versus Aufspaltung

Bekannt, und schon von FREUD hervorgehoben, ist das Phänomen der *Verdichtung* im Traum: Eine und dieselbe Gestalt kann sowohl das Subjekt des Träumers als auch sein Objekt symbolisch darstellen. Welt und Person, Ich und Nicht-Ich, aber auch verschiedene, ja *gegensätzliche* Aspekte des Ich können in einem einzigen Bild zusammengefaßt werden. Das Traumdenken vermag das zusammenzubringen, was das analytische Denken trennt. Sinn der Verdichtung ist die Möglichkeit, durch Zusammenraffung von Zeit und Raum, von Ich und Welt, von scheinbar Gegensätzlichem die Wahrheit zu finden, die der Mannigfaltigkeit des Lebens zugrunde liegt, den Ort zu schaffen, wo eine Entscheidung stattfinden kann, oder auch die Spannung hervorzurufen, die man durch Ausweichen in gegenteilige Bewußtseinszustände sonst meidet. Die Verdichtung ermöglicht auch Kompromisse, sie bringt Wunscherfüllung und Verbot in einem einzigen Bild zusammen und vertritt die Weisheit des Lebens gegenüber allen Zugriffen, die die Ganzheit aufheben wollen.

Etwas für viele Träume Typisches steht nun im Gegensatz zu solcher Verdichtung und läßt die Ganzheit wieder zerfallen: die *Aufspaltung*. Ich meine nicht einfach die Spaltung der Welt, etwa zwischen Gutem und Bösem oder zwischen Selbst und Objekt, die das Bewußtsein auch ohne Traum kennt. Typisch für manche Träume ist die Aufspaltung des Selbstbildes durch die Projektion von Ich-Teilen auf andere Personen, die im Traum ganz selbständig erscheinen oder handeln. Verschiedene Seiten der Psyche, die im Wachzustand normalerweise im Selbstbewußtsein zentriert und an das Gesetz der Ich-Kohärenz gebunden sind, werden als Akteure eines Dramas erlebt, in dem der Träumer entweder nur *eine* Rolle unter verschiedenen anderen spielt oder auch gar keine: Er *betrachtet* alle Akteure. Irgendeine psychische Instanz – wie das Über-Ich, das Es, ein Gebot, eine Triebregung –, die im Selbstbewußtsein über das Ich verfügt, löst sich bildhaft vom vertrauten Ich ab, nicht in der für den wachen Zustand üblichen Form der kritischen Selbstprüfung, sondern mittels der dissoziierenden Traumdarstellung.

In solcher Aufspaltung wird Wesen und Wirken, Macht und Ohnmacht des Dissoziierten bei richtiger Deutung besser erkannt als in der forcierten Einheitlichkeit des Ich. Tritt das Aufgespaltene auf der Bühne des Traums außerhalb des Zwanges, Person zu sein, auf, kann das Ich entweder eine Sonderrolle spielen – falls der Träumer selbst auch im Traum handelt – oder im Schlaf die Einheit eines ruhenden, den Traum erschaffenden »Deus ex machina« erleben. Der Sinn der Traum-Aufspaltung ist also ein mehrfacher. Es kann sein, daß es darum geht, die intrapsychische Dynamik als Kampf, Gespräch, Auseinandersetzung in der Innenschau tiefer zu erfahren, als es bei gedanklicher Selbstprüfung möglich wäre. Es kann ebenso sein, daß das schlafende Ich, frei vom täglichen Gesetz der Selbstkohärenz, gegensätzliche Motivationen erkennt und Widersprüche in der Gelassenheit der Traumlogik akzeptiert. Es kann weiterhin sein, daß das Ich ein eigenes, bisher unbekanntes Handlungspotential wahrnimmt, wenn das ihm sonst auf dem Buckel lastende Über-Ich auf eine ichfremde Gestalt projiziert wird.

Die Lebensgeschichte ist der große Schmelztiegel, in dem die Selbstidentität sich durch Inkorporation, Integration, Synthese von verschiedenartigen Strebungen und Rollen gestaltet. Die daraus resultierende Komplexität kann zu einer schweren Bürde werden. Da läßt der Traum das Dasein zu einer Bühne werden, auf der man regredieren darf. Nur der Traum kann wirklich diese Funktion erfüllen. Symbolisation ist dem Bewußtsein und dem Unbewußten gemeinsam; Verdichtung und Aufspaltung verlangen eine spezifische »Traum-Kompetenz«.

Dazu möchte ich zwei Beispiele bringen.

Beim ersten handelt es sich um den Traum eines männlichen Patienten, dem eine weibliche Person im Schlaf erschien, welche eine Art Verdichtung der zahlreichen Geliebten war, die er bereits gehabt hatte, und deren »beste« Aspekte sie nun zusammenfaßte. Diese phantasmatische, sublime Frau erfüllte ihn ganz und gar. Aber er selber war nicht eins! So wie er im wachen Leben wechselnden Frauenprojektionen erlegen war, so splitterte er sich umgekehrt in jener Traumsituation auf, in der ihm die Frau schlechthin erschien.

Der Traum war doppelgesichtig. Während *eine* Frau die verschiedenen Frauenbilder der Realität zusammenfaßte, war das eigene, im wachen Zustand zusammengesetzte Selbstbild in zahlreiche Männer aufgespalten. Während die weiblichen Bilder harmonisch zusammenhingen und fusionierten, stand das Selbstspiegelbild im Gegensatz dazu. Die mangelnde Integration des Männlichen gipfelte in der Frage, die dem Träumer sofort nach dem Erwachen einfiel: Wer bin ich? Die ideale Frau erschien ihm im Traum unter der Bedingung, daß er die mangelnde eigene Individuation erkannte. Die durch die Einsicht zu gewinnende Erfüllung dieser Bedingung, die introspektive Aufgabe an sich selbst sollte sein Suchen nach der idealen Frau draußen ablösen.

Als zweites Beispiel gebe ich den Traum eines von Schuldgefühlen allzu geplagten Analysanden wieder. Vorherrschend war dabei das Schuldgefühl, das er von Kindheit an gegenüber seiner Mutter hatte, die ihn mittels ständiger Anschuldigungen zur Unterwerfung erzog, und das ihm im wachen Leben als Grundlage seines Seins erschien. Im Traum fand nun die Aufspaltung von Ich und Über-Ich statt. Ich und Über-Ich erschienen dem Träumer als zwei separate Menschen, von denen der eine – die Personifizierung des Ich – ihn selber darstellte, der andere aber – die Verkörperung des Über-Ich – ein Verfolger war, welcher den ersten einfach umbringen wollte. War das neurotische Schuldgefühl nicht eine solche Selbstaggression? Der Träumer selbst stand im Hintergrund und beobachtete das alles. Daß dieser Verfolger tatsächlich das Über-Ich des Träumers war, zeigte eine interessante Einzelheit des Traums, wo der Verfolger seinem Opfer nicht einfach auf der Straße auflauerte, sondern ihn in seiner eigenen Wohnstube ruhig erwartete, auf seinem Lehnstuhl saß, nachdem er durch die geschlossene Tür der Wohnung gehen konnte. Das Über-Ich war also der Herr im Haus. Das Opfer, also das Ich des Patienten, konnte seinem Verfolger jedoch entfliehen, nicht bloß dadurch, daß er ganz konkret floh, sich im Hause nicht erwischen ließ, sondern vor allem dadurch, daß er *angstfrei* war. Interessanterweise hatte nur der Träumer selbst, der im Traum die Szene beobachtete, Angst, nicht aber das personifizierte Ich des Träumers, das sich eben außerhalb der Symbiose mit seinem – nun nach außen projizierten, abgespaltenen – Über-Ich erlebte. Bei der dritten, ungenannten und nicht visualisierten Person dieses Traums, also beim schlafenden Träumer, waren Ich und Über-Ich noch fusioniert. Die Aufspaltung war nur im Traum, nur im Projektionsfeld geschehen. Aber gerade solche räumlich begrenzte Aufspaltung war ungeheuer erleichternd, weil der Träumer dort erleben konnte, was ein angstfreies Ich ist. Was geschah nun mit dem ichlos gewordenen Über-Ich des Patienten? »Es wurde in ein Irrenhaus eingewiesen.« Die Macht des Über-Ich wurzelt nicht in sich selber, sondern nur in seinem Verhältnis zum Ich, beispielsweise in der Angst, die es dem Ich einflößt. Wie nun, wenn dieses Ich unabhängig von ihm wird?

Im Gegensatz zur psychopathologischen Spaltung ist die *Aufspaltung* ein Phänomen, das nur im Traum vorkommt und das dem schlafenden Menschen die Bürde der Ich-Kohärenz abnimmt. Gerade dadurch kann das Ich sich im Spiegel der Welt besser anschauen. Aufspaltung und Verdichtung, selber Gegensätze, gehen doch oft Hand in Hand.

7. Kausalität versus Finalität

Die alte Frage, inwieweit biologische Phänomene nur kausal bedingt oder auch final angeordnet sind, ist im Laufe dieses Jahrhunderts im Sinne der ersten Hypothese entschieden worden. Es gibt Autoren, die selbst das Werden des Universums mit seiner ungeheuren Komplexität dem Zufall im Sinne einer »blinden Kausalität« zuschreiben. Biologische Mutationen verfolgen nicht ein fernes Ziel; sondern die für das Weiterleben der Organismen günstigsten Anpassungsziele werden durch Kausalfaktoren ausgelesen. Im psychischen Bereich allerdings ändert sich die Perspektive, sobald die *Sinnfrage* gestellt wird. Bleiben wir dabei im Rahmen eines einzigen psychischen Phänomens, des Traums.

Ich habe mich als Psychotherapeut immer wieder gefragt, ob die erstaunliche Hartnäckigkeit, mit der gewisse traumatische Erlebnisse aus einer früheren Zeit in den Träumen mancher Erwachsener wiederkehren, nicht nur an der besonderen Intensität der einstigen traumatisierenden Faktoren liegt, sondern auch an einer *finalen* Intention des Traums, nämlich an dem Versuch einer endgültigen Überwindung des Schadens durch Wiederholung, Bewußtwerdung und – was in der Therapie wichtig ist – der *Dualisierung* der Probleme. Die Richtigkeit dieser Hypothese ist durch nichts zu beweisen, ist keine objektive Erkenntnis – soweit objektive Erkenntnisse im psychischen Bereich überhaupt möglich sind; sie ist im Grunde eine *existentielle Stellungnahme* des Therapeuten, der dadurch objektive Entwicklungsmöglichkeiten erst eigentlich schafft.

Beispielsweise kann angesichts eines Traums, in dem sich eine ursprüngliche Katastrophe wiederholt, die verborgene Finalität dieser Wiederholung durch ein psychotherapeutisches Wort an den Patienten ausgedrückt werden, wie etwa: »Sie müssen bis zum Urgrund dieses Geschehens hinuntersteigen, ehe sich ein Ausweg zeigt.«

Diese Ansicht ergibt sich nicht nur aus irgendeiner Einzelheit des Traums, die der Träumer etwa übersehen hat und die der Therapeut als eine verborgene Entwicklungsmöglichkeit entdeckt. Sie ergibt sich vielmehr aus einer einfühlenden Bezugnahme des Therapeuten – und des Träumers – auf den Traum, welche seinen Sinn stiftet. Das gilt freilich nicht nur im Bereich der Träume. Aufgrund meiner Arbeit mit psychotischen Menschen sehe ich eine latente Finalität der psychopathologischen Phänomene in ihrem Angelegt-Sein auf ein Ziel hin, das sie dadurch transzendiert – was mich bewog, den Begriff der »progressiven Psychopathologie« zu schaffen (Benedetti 1992, S. 215 ff.). Finalität in diesem Sinne verstanden meint freilich etwas anderes als Finalität im Denken derjenigen Autoren, die diesen Terminus in die dynamische Psychologie eingeführt haben.

Ich denke hier vor allem an Adler. Die »Zielgerichtetheit der Ganzheit ›Mensch‹ ist das eigentliche Kernstück der Adlerschen Lehre, die geniale Neuerung innerhalb der Tiefenpsychologien«, meint V. Louis (1987, S. 19). Aber diese Lehre neigt bekanntlich zum klassisch gewordenen Begriff des »Finalitätsirrtums«, also zu der Auffassung – um das für den Bereich des Traums zu formulieren –, daß sich in vielen Träumen die »privatlogische

Zielsetzung verrate«, die dadurch, daß sie der Zielsetzung der Gesellschaft, dem common sense, widerspreche, zum neurotischen Leiden führe.

Freilich gibt es tatsächlich, wie der zitierte Autor meint, eine »neurotische Überbewertung der menschlichen Möglichkeiten, ein Ziel zu erreichen«, und K. Horney sprach in diesem Sinn von einem »neurotischen Ich-Ideal«, das eben ein *falsches* Ziel ist. Ich meine hier aber, daß es nicht nur einen solchen »Finalitätsirrtum« in der Neurose gibt, also ein vermeintlich positives, aber im Grunde falsches Streben, das entlarvt werden sollte. Es gibt auch, vor allem beim schweren psychischen Leiden, »Selbstdestruktionstendenzen«, die »den Gang der Evolution zum Streben nach Vollkommenheit als einem weitgefaßten Idealziel« (Louis S. 20) überhaupt nicht kennen. Das Lebensanliegen muß dann durch die Krusten, die es verkennend negieren, vom Therapeuten mühsam herausgehört werden. Es wird manchmal, wenn sich keine konkreten Anhaltspunkte dafür finden, lediglich vom therapeutischen Unbewußten vernommen.

Das Vernehmen und Heraushören darf jedoch keine Beschönigung der unerbittlichen Kausalkette sein, die das psychopathologische Phänomen, und damit auch die »Traum-Katastrophe«, begründet. Die kausale Grundlage und die finale Öffnung bilden vielmehr zusammen ein Gegensatzpaar.

Streng genommen entsteht Psychotherapie überhaupt erst angesichts dieses Gegensatzpaares: Sie gründet einerseits im detaillierten Suchen nach den unzähligen Kausalfaktoren, die das Leiden hervorgerufen haben, um andrerseits gerade durch dieses Suchen die Determination selber zu überwinden.

Der zentrale Tatbestand einer Lebensgeschichte kann manches Mal in einem einzigen Traumbild entworfen werden. Der Traum faßt viele Episoden und Zusammenhänge der Vergangenheit in ihrem Kern zusammen, meint sie alle sinngemäß. Nach dem Erwachen oder – wenn der Schleier nicht sofort durchsichtig ist – nach der Deutung erkennt der Träumer: »Ja, das war es, was meine Kindheit, meine Jugendzeit prägte, ohne daß ich es je genügend wußte!«

Ich möchte diese einfache Einsicht durch ein Beispiel veranschaulichen, um zu zeigen, wie Kausales und Finales ineinander verschmolzen sein können.

Im Traum einer Patientin erscheint mitten in ihrem Elternhaus das Grab des Vaters. Mit diesem Bild verbinden sich für die Patientin viele Kindheitserinnerungen, die alle um die Figur der Mutter kreisen: die Dominanz der Mutter in der Familie; ihre Neigung, aller Menschen Aufmerksamkeit auf die eigene Person zu ziehen; die Unfähigkeit, ihren Mann als Vater des Kindes affektiv zu akzeptieren; ihre Eifersucht auf die gelegentlich liebevolle Beziehung des kleinen Mädchens zu seinem Vater; daneben dann aber auch die große Liebe dieser Mutter zu der Tochter, welche im Gegensatz zum meistens befremdenden Verhalten des Vaters steht. Dieser war ein gewaltsamer Mensch, der vorwiegend durch Zornesausbrüche und Prügel in eine Objektbeziehung zu seiner Tochter trat und der daher in der Familie oft wie ein »Fremder« behandelt wurde. Inwieweit war diese Behandlung nun eine Ursache oder eine Folge seiner Brutalität? Es ist auch für die Patientin heute noch schwer, eine solche Frage zu beantworten. Wahrscheinlich stimmten beide Momente überein. Daß die tief mit der Tochter libidinös verbundene Mutter die Möglichkeit einer ödipalen Beziehung zwischen Vater und Tochter zerrissen hatte, wird durch das Traumsymbol ausgesprochen: Das Grab des Vaters liegt im Haus der Mutter. Zugleich liegt das Grab der Unfähigkeit der Patientin zugrunde, positive Beziehungen zu Männern aufzubauen. Eine lesbische Orientierung ihrer Sexualität ist die Folge. Dennoch wird diese Patientin durch ihre lesbischen Liebeserfahrungen nie wirklich erfüllt. Ihre Beziehung zur Mutter, die eine allzu zentrale, absolute Stellung in ihrer Seele eingenommen hat, ist äußerst ambivalent. Im tiefsten Grund läßt sich, auch anhand anderer Träume, eine Seite von ihr wahrnehmen, die auf der Suche nach dem Mann ist. Solch eine Begegnung mit dem Mann ist in der Realität aber nicht möglich, bevor sie den sie schlagenden und gewalttätig behandelnden Vater in ihrer Seele nicht wirklich *sterben läßt* – ansonsten wird dieser Vater in jedem neuen männlichen Partner wieder auferstehen.

Das Grab des Vaters bedeutet also nicht nur, daß ihr Vater für sie eigentlich immer tot war, sondern auch, daß das negative Introjekt des Vaters sterben muß, damit der Weg zu einem anderen Mann frei wird.

Das sagt der Traum freilich nicht deutlich. Das ist lediglich die Aufgabe für das weitere Leben, die sich aus der rechten »Lektüre« des Traums ergibt. Es gibt Fälle, wo sich eine solche »Lektüre«, eine erschütternde Einsicht aus der schweigenden Introspektion außerhalb eines psychotherapeutischen Dialogs wie von selbst ergibt. In anderen Fällen ist die zukunftsweisende Schlußfolgerung erst in einem deutenden Gespräch möglich. Ist nun diese Schlußfolgerung etwas, das sich, unabhängig von den Intentionen des Traums, beim ihn meditierenden Menschen entwickelt? Wollte der Traum lediglich einen Tatbestand aufdecken, um es uns Betrachtenden dann zu überlassen, was wir damit machen? Freilich besteht die Möglichkeit, so zu denken. Dann würde *nur* die *Kausalität* des Traums berücksichtigt werden. Die andere Möglichkeit ist aber die, daß wir die *Finalität* ins Auge fassen, daß wir die sich aus dem Traum ergebende *Lebensaufgabe* neben dem Traum-Tatbestand als den verborgenen Motor des Träumens ansehen. Diese zweite Sicht wird uns dann besonders nahegelegt, wenn ein bestimmter Traum sich mehrere Male in verschiedenen, aber gleichsinnigen Bildern wiederholt, bis der Träumer auf einmal lernt, daraus den richtigen, vielleicht schmerzlichen, aber weisen Schluß im Hinblick auf sein weiteres Verhalten zu ziehen. Danach hört der Traum auf.

Unter dem Aspekt der Finalität muß schließlich auch das Problem der unbewußten Beziehung zwischen Patient und Therapeut behandelt werden. Es gibt nicht nur therapeutische Träume, in denen der Therapeut seelische Zustände seines Patienten wahrnimmt, die ihm *so* vorher nicht bewußt waren, sondern es gibt auch Träume, die Ziele der Therapie offenbaren. Und es gibt – umgekehrt – Patiententräume, in denen der Patient dem Therapeuten sagt, was dieser zu tun hat.

Diese verschiedenen Möglichkeiten möchte ich durch Beispiele veranschaulichen:

Therapeuten-Traum: Eine Psychotherapeutin, deren Arbeit ich supervidierte, vereinbarte eine Konsultation mit einem ihr unbekannten Mann, der zunächst Ratschläge von ihr haben wollte. In der Nacht vor der Konsultation träumte die Therapeutin von dem ihr noch unbekannten Patienten:

Sie empfing ihn – was sie nach dem Erwachen sehr überraschte – im Eßzimmer ihrer Eltern. Er war ein älterer Mann, der beim Gehen schwankte und von seinem jungen Sohn gestützt wurde.

Am folgenden Tag empfing sie in ihrer Sprechstunde tatsächlich einen älteren Mann, der unter einem schweren Zerwürfnis mit seinem Sohn litt. Dieser hatte dem Vater gedroht, ihn umzubringen.

Meine Traumdeutung, die die Therapeutin völlig akzeptierte, war die, daß sich eine tiefe, aber unbewußte Beziehung zwischen ihr und dem unbekannten Patienten von Anfang an hergestellt hatte. Diese Beziehung wurde sichtbar im Traumbild des Empfangs im elterlichen Eßzimmer. Doch damit begnügte der Traum sich nicht; er wies der Träumerin auch noch eine Aufgabe zu, nämlich darauf hinzuarbeiten, daß der Sohn, der jetzt noch den Vater bedrohte, diesen eines Tages »unterstützen« möge.

Nach dieser Deutung gestand mir die Therapeutin ein »merkwürdiges« Erleben, das sie *nach* der ersten Konsultation gehabt hatte: Sie spürte das Bedürfnis, für eine Weile allein zu sein und die »Ernsten Lieder« von BRAHMS zu hören. Später erfuhr sie von ihrem Patienten, einem Orchesterdirektor, daß er sich geweigert hatte, diese Lieder in sein Programm aufzunehmen, da sie für ihn »allzu ernst« und in seiner Lebenssituation bedrückend wären!

Patienten-Traum: Eine Therapeutin wurde in der Gruppensupervision mit der Gruppendeutung konfrontiert, daß sie eine allzu symbiotische Beziehung zu ihrer Patientin habe und deswegen nicht imstande sei, eine bestimmte Problematik derselben klar zu sehen. Die Therapeutin war völlig verwirrt und verstand die Deutung nicht genügend. »Guarda fuori!« – »blicke hinaus!« – war das letzte Wort, das ihr in der Supervisionsstunde gesagt wurde. In der nächsten Supervisionsstunde berichtete die Therapeutin folgenden Traum ihrer Patientin:

Diese – eine Borderline-Kranke – war im Traum schwanger. »Schwanger von meiner Therapeutin« – war ihr Einfall nach dem Erwachen gewesen. In ihrem Bauch öffnete sich ein riesiges Auge, dem die Patientin sagte: »Guarda fuori!«

Wie anders können wir den Traum dieser Patientin verstehen, denn als eine Introjektion der therapeutischen Gruppe, die am Tage vorher eben dasselbe Wort, »guarda fuori« – »blicke hinaus« –, in der Supervisionsstunde ausgesprochen hatte? Durch den Traum vom Auge, das genau entsprechend dem Rat der Supervision hinausschauen soll, hat die Patientin ihrer Therapeutin unbewußt mitgeteilt, was sie in der Therapie zu tun hatte. Viele Erfahrungen dieser Art belehrten mich, daß psychotische Patienten beim »Verlust ihrer Ich-Grenzen« (FEDERN) besonders empfänglich sind für unbewußte Einflüsse anderer Menschen und daß sie Einsichten, die in einer Supervision in Abwesenheit der Patienten verarbeitet werden, als sie fördernde Botschaften bekommen können.

Zum Schluß möchte ich den »*Zwillingstraum*« einer Therapeutin und ihrer Patientin berichten, die sich beide gegenseitig in ihrer finalen Intention ergänzen:

Eine Analysandin von mir behandelte eine manisch-depressive Patientin. Während der manischen Phase war die Patientin in Gefahr, jeglichen Kontakt mit der Realität zu verlieren; sie gab beispielsweise unsinnig Geld aus; sie verwickelte sich in allerlei abenteuerliche Beziehungen; sie dichtete in der Stunde pseudologische Geschichten, an deren Realität sie glaubte. Die Therapeutin war nicht imstande, diese »Pseudologica phantastica« *so* in Frage zu stellen, daß daraus Einsichten für die Patientin resultierten. Die Therapeutin träumte in dieser Situation folgendes:

Sie besuchte ihre Patientin in ihrem Heimatland. Dort, in deren Garten, sah sie eine Schaukel und sie spürte das unwiderstehliche Verlangen, sich darauf zu setzen. Sofort begann die Schaukel hin und her zu schwingen; die immer größer werdenden Schwingungen dehnten sich bis zum weiten Ozean hin aus, so daß es unserer Therapeutin ängstlich und schwindlig wurde. In diesem Moment rief ihr die Patientin zu, sie solle aufpassen, im Ozean schwämmen gefährliche Haifische!

So weit der Traum. Dieser zeigt die tiefe Identifikation der Therapeutin mit ihrer Kranken, deren Rolle sie im Traum übernimmt, indem sie sich selber an die Stelle der Patientin setzt und deren manisch-depressives Auf und Ab mitmacht. Die Haifische sind ein offensichtliches Symbol der psychotischen Gefahr, welche in Wirklichkeit die Patientin bedroht. Es ist nun bezeichnend für den Traum, daß die Kranke mit ihren Warnrufen die therapeutische Rolle ihrerseits übernimmt, so, wie die Therapeutin sich vorher zur Patientin gemacht hat.

Fast gleichzeitig hatte die Patientin einen ähnlichen Traum mit demselben Haifisch-Symbol: Sie badete im weiten Meer und wurde dort vor gefährlichen Haifischen gewarnt. Die Traumwarnung war nicht ohne Wirkung auf ihre Einsichten in die Gefahr, der sie sich durch ihre manischen Höhenflüge in der Alltagsrealität aussetzte. In beiden Träumen sind die Haifische Symbol der psychotischen Gefährdung der Patientin, vor denen gewarnt wird. Einmal erhält sie die Warnung direkt und selbst in ihrem eigenen Traum, das andere Mal indirekt durch den Traum der Therapeutin, in dem sie selbst sogar die Rolle der Warnerin übernimmt, also unbewußt wissen läßt, daß sie eine Ahnung, ein Gespür für die eigene Gefährdung hat, die im wachen Leben noch nicht ins Bewußtsein getreten ist. Die Kausalität des Therapeutentraums lag in einer gewissen Ich-Gefährdung der Träumerin, die bei mir in Analyse stand und die zur selben Zeit eben Gegenstand der Analyse war. Sie konnte aber diese Ich-Gefährdung ganz in den Dienst ihrer Patientin stellen, indem sie sich teilweise ihr gleichmachte, so daß der finale Aspekt des Traums der gewichtigere war. Die Patientin selber kenne ich nicht so gründlich, als daß ich ihren Traum vom gleichen Versus-Paar aus untersuchen könnte; hier scheint mir eher die unbewußte Kommunikation, der Traum als Zwillingspaar, wesentlich.

Besonders bei psychotischen Krankheitsbildern, wo wir mit Patienten umgehen, deren Ich-Grenzen brüchig sind und welche deswegen nicht nur auf der Bewußtseinsebene autistisch zurückgezogen sind, sondern gelegentlich auch außerordentlich hellsichtig und hellhörig auf der unbewußten Ebene reagieren, zeigt die Traum-Finalität oft eindrucksvolle Bilder, die durch ihre Evidenz den Therapeuten tiefer als irgendwelche Gedankengänge beeindrucken. Rationale Einsicht beispielsweise sagt, daß eine wesentliche, bisher unentfaltete Seite des psychotischen Patienten in der therapeutischen Beziehung wachsen soll. Weil der Patient durch den Zusammenbruch aller Beziehungen erkrankt ist, muß er durch die Beziehung heilen. Der Traum einer psychotischen Patientin gestaltete sich – in diesem Sinne – wie folgt:

> Sie ging mit einem Zwillingspaar schwanger, doch nur *ein* Zwilling lag in ihrer Gebärmutter, der andere Zwilling lag in der Gebärmutter der Therapeutin, obwohl es ihr, der Patientin Kind war. Die Aufgabe der Therapeutin war also diejenige einer Leihmutter.

Dieser kurze, eindrucksvolle Traum, in dem eine Hälfte des werdenden neuen Selbst im Bauch der Patientin und die andere Hälfte im Bauch der Therapeutin lag, weist darauf hin, daß das psychotische Selbst sich während einer erfolgreichen Psychotherapie erst in einem intersubjektiven Raum rekonstituiert, also zunächst ein »Übergangssubjekt« ist (BENEDETTI 1992). Diese Erklärung beleuchtet die kausale Grundlage des Traums, sozusagen den psychodynamischen Mechanismus, aus dem das Traumbild entsteht. Wir können den Traum aber auch final ausgerichtet erleben, als eine Mitteilung der Patientin an die Therapeutin, sich dementsprechend zu verhalten, sich verantwortlich für die »gemeinsame Schwangerschaft« zu fühlen, gewissermaßen das symbiotische Erleben der Träumerin zu akzeptieren, zu teilen, zu »appersonieren«. Beide Gesichter dieses Traums sind situativ bedingt; der kausale Mechanismus gilt in der objektivierenden Reflexion, der finale Ausdruck im Übertragungs-Gegenübertragungs-Verhältnis der Therapie.

8. Wiederholungszwang versus Bewältigungsversuch

Die Wiederholung traumatischer Lebensszenen in den Träumen, die teils aus der Vergangenheit des Träumers stammen, teils symbolische Aussagen seines Daseins sind, gehört zu den Rätseln der Traumdynamik. Die Literatur über Träume kennt zur Genüge dieses Phänomen: Der im Krieg Verwundete beispielsweise wird sein traumatisches Erleben nicht los; der Krieg, die Granatexplosion, die schwere Verwundung verfolgen ihn immer wieder im Traum.

Der italienische Schriftsteller PRIMO LEVI beispielsweise hatte wiederholt denselben Traum:

> Er, der aus dem Konzentrationslager Heimgekehrte, befand sich in seinem Haus im Kreis seiner Freunde. Es wird dunkel; die Gestalten der Gegenwart verblassen. Und auf einmal sitzt er wieder im trostlosen Lager, wo er in nationalsozialistischer Gefangenschaft knapp dem Tode entkommen war.

Doch nicht nur die großen traumatischen Ereignisse wiederholen sich im Traum, sondern auch die angstbesetzten Prüfungen der Kindheit oder die Situationen der Verlassenheit, an denen unser Dasein leider so reich ist.

FREUD führte diesen »Wiederholungszwang« auf den Todestrieb zurück. Gewiß paßt seine Deutung exakt auf viele Fälle: PRIMO LEVI hat sich schließlich das Leben genommen; dasselbe Todesbild, das immer wieder den Traum erzeugte, löschte schließlich in einer depressiven Stimmung auch sein Leben aus.

Doch auch wenn man nicht stirbt, dokumentiert der sich wiederholende Angsttraum die Unentrinnbarkeit des Leidens. Diese Angst auszuhalten kann in manchen Fällen die einzige Möglichkeit ihrer Bewältigung sein. So träumte ein chronisch Schizophrener jahraus, jahrein, daß er sich in einem unendlichen Tunnel befand, wo er mit Rädern, Spitzen, Drahtzäunen, Dornenkronen, elektrischen Schlägen, Höllengeräten, Kreuzigungen und anderem mehr gefoltert wurde. Es war erstaunlich und faszinierend mitzuerleben, wie er allmählich aus dem Tunnel herauskam. Er sagte zu seinem Psychotherapeuten, daß die Mitternachtsreise der Sonne notwendigerweise zu ihrem Aufgang am nächsten Morgen gehöre. Ebenso hätte er es nötig gehabt, die schrecklichen, unsagbaren, depressiven Stimmungen, die Depersonalisationen und inneren Weltuntergänge, in denen er sich tagsüber selber verlor, in den quälenden, aber präzisen und faßbaren Bildern der Träume zu wiederholen, um sie zu bewältigen. Ohne diese Bilder wäre er verloren gewesen! Und da sein waches Ich nicht vermochte, Bilder zu entwerfen, kam ihm nachts der

Traum zu Hilfe: Skelette, scheußliche Tiere, Leichen, Folterinstrumente, Kot und Schlamm waren für ihn »Dinge«, »Gestalten«, »Gegenstände«, mit denen er sich – obwohl ohnmächtig – »messen« konnte. Hörte er im Tunnel eine grausame Stimme zu ihm sagen: »Das bist du, du kannst dir nicht entfliehen«, so konnte er denken – sich im Traum plötzlich an die vielen ähnlichen Träume erinnernd –, daß ihm ein großes Unrecht geschah. Er entdeckte in der Tiefe sein im Wachzustand abwesendes Selbstbild durch die Konfrontation mit der Stimme.

Diese progressive Bewältigungskomponente läßt sich an der Gestalt eines einzelnen Traums durch irgendwelche Kriterien schwer erfassen; es gehört aber zum Geist der Psychotherapie, daß wir den Wiederholungszwang als einen Drang verstehen, der immer wieder einen Anlauf nehmen muß, um den schweren Stein des Leidens über den Berg zu stoßen. Der gefesselte Prometheus muß zunächst die Situation der Unausweichlichkeit durchleiden, um später befreit zu werden.

Wiederholung und Bewältigung können in einem einzigen Traum ausgedrückt werden, vor allem, wenn man zum Traum auch alle Assoziationen des Träumers dazu zählt und so die Aussage des Traums im psychotherapeutischen Gespräch erst voll ausschöpft. Ein Beispiel davon gibt folgender Traum, von dem ich nur die für unser Thema relevanten Partien wiedergebe:

»Ich sehe eine Stadt zu meinen Füßen liegen. Es ist Nürnberg. Am Horizont steigt dichter, schwarzer Rauch gegen den Himmel auf; dann sehe ich eine Feuerwand lodern. – Ich sehe jedoch keine Häuser, die zerstört werden, oder Dinge, die verbrennen – nur dieses Feuer am Horizont. – Die Häuser sind nur als schwarze Silhouetten erkennbar, wie in der Nacht. – Jetzt ist es jedoch auf einmal sehr hell, und ich sehe eine sehr große Kirche oder einen Dom aus hellem Sandstein. Vor diesem Dom liegt ein großer Platz. Viele Menschen laufen dort zusammen. Sie tragen alle Anzüge – bis auf einen. Dieser Mensch zieht einen Leiterwagen hinter sich her und trägt ein Fell, das er sich wie eine Toga um den Körper geschlungen hat. – Im Sandstein des Domes erscheint ein riesiges, steinernes Gesicht. Es blickt auf die Menschen hinunter. Als es den einzelnen Menschen sieht, wird es lebendig und lächelt. Der nächste Tag bricht an. In der Stadt gibt es keine Spuren von Zerstörung.«

Aus den Assoziationen der Träumerin geht hervor, daß der Mensch, der nur ein Fell trägt und einen Leiterwagen zieht, ein Symbol des inneren Menschen ist, der durch die geschichtliche Not der Nachkriegsjahre gegangen ist, mit ihnen verwoben, sein persönliches Schicksal erlebt hat und nun im Traum »von Anfang an«, alles wiederholend wie vom Urbeginn der Geschichte an, sich in die Mitte der Gegenwart stellt. Und auf einmal ist diese Gegenwart verändert. Am Horizont ist noch der dichte, schwarze Rauch, der zum Himmel aufsteigt, sichtbar; die Feuerwand lodert noch; – aber die Häuser bleiben unversehrt. Die Wiederholung des Brandes und die Notwendigkeit, den inneren Weg von Anfang an neu zu beginnen, verbinden sich mit dem großartigen Bild der Bewältigung: Das steinerne Gesicht der Geschichte lächelt dem auf sich selber zurückgeworfenen Menschen zu.

9. Archetypische versus biographische Botschaft

In seinen breit angelegten tiefenpsychologischen Arbeiten hat C. G. JUNG nachgewiesen, daß es in der menschlichen Psyche allgemeine Reaktionsmuster auf die Konflikte der Existenz gibt, die er als »Archetypen« bezeichnete. JUNG weist wiederholt auf seine Erfahrung hin, daß archetypische Bilder im Traum besonders dann kompensatorisch auftreten, wenn das Tagesbewußtsein des Träumers sie in seiner Einstellung zum Dasein ignoriert. Diesen Befund kann ich aufgrund meiner Erfahrungen nicht ganz bestätigen. Die archetypischen Reaktionsmuster lassen sich nämlich auch dann beobachten, wenn der Mensch sich in Ausnahmesituationen befindet, die durch von ihm unabhängige Verhältnisse bedingt sind und in denen das von ihm biographisch Erlernte nicht zu genügen scheint. Da wird dann eine archaische, überindividuelle Schicht der Emotionalität im Traum transparent. Zu solchen Ausnahmesituationen gehören beispielsweise jene Augenblicke, wo Gefahr droht, wo individuelles Dasein, ja, der Lebenssinn vom Schicksal zutiefst in Frage gestellt werden. Ein Beispiel finde ich in der Schilderung, die J. THOMAS von den Träumen der christlichen Märtyrer in Rom in seinem Vortrag in Ascona gibt: »Es ist bemerkenswert, daß diese Märtyrer, deren Glaube den Gipfel des Erhabenen erreicht, im Elan ihres Traumes die großen Wege der Initiation wiederfinden, besonders den steilen und schroffen Weg, die Straße, die in Form einer Spirale ansteigt, von der wir bei der Initiations-Symbolik der Reise des Aeneas schon gesprochen haben, …« (S. 183).

Eine dieser Grenzsituationen ist die Geisteskrankheit. Es ist auffallend und für mich in meiner psychotherapeutischen Arbeit von großem Interesse, wie viele Schizophrene, die einerseits ihr Dasein Tag für Tag als einen einzigen Schiffbruch erleben müssen, andrerseits die Vorstellung entwickeln können, daß sie als »Gottessöhne«, als »Verkörperungen von Christus« für das Leben anderer leiden, die Schuld anderer sühnen und die Welt dadurch erlösen. Ohne Zweifel kann man hier von einer archetypischen Kompensation sprechen. Die archetypische Vorstellung tritt hier nicht bloß im Traum, sondern auch im Wachen auf; ihre Intensität zeigt sich als Wahn oder Halluzination. Sie kompensiert nicht nur eine Bewußtseinslücke, die sich aus einer Ich-*Abwehr* ergibt – Haß gegen die Welt –, sondern eine Bewußtseinslücke, die durch einen Ich-*Zerfall* entsteht; man möchte als »Gottessohn« beispielsweise wieder eine innere Mitte finden. Und vielleicht ist im schizophrenen Wahn, der wie ein unendlicher Traum im Wachzustand aussieht, nicht nur eine Kompensation, sondern auch eine symbolische Wahrheit enthalten. Könnte es nicht wirklich so sein, daß der Schizophrene, wie SIIRALA (1962) sagt, ein Stellvertreter für menschliche Schuld und deren Sühne ist oder daß die Geisteskrankheit den Menschen auf jene radikalste

Situation des Selbst-Opfers zurückwirft und hinweist, die an die Liebe Gottes grenzt?

Archetypische Vorstellungen lassen sich in den Träumen aller Menschen, auch der gesunden, wahrnehmen. Und sie nehmen oft eine sehr eindrückliche bildliche Gestalt an. Eindrucksvoll sind beispielsweise jene Todeserfahrungen, die ihre archetypische Tiefe dadurch beweisen, daß sie im gleichen Traum zu Vorstellungen einer mystischen Wiedergeburt führen. Ich erinnere mich an einen Menschen, der keineswegs ein »Patient« im klinischen Sinne war und der einmal im Verlauf einer therapeutisch gesteuerten Regression davon träumte, durch einen Tunnel zu gehen, an dessen Ende vier riesige Männer alle Vorbeigehenden packten und in eine große Schale voll flüssigen Bleis warfen. Unser Träumer erlebte dieses Urbild als eine unausweichliche »Feuerprobe«. In dem Augenblick aber, als er dann selber, inzwischen an die Reihe gekommen, in der Glut »starb«, eröffnete sich ihm mit einem unsäglichen Glücksgefühl eine zweite Existenz. – Ein anderes Beispiel:

Eine geistesgesunde Patientin von mir hat sich im Traum entschlossen, zusammen mit der Dichterin Else Lasker-Schüler nach Israel zu gehen. Dort angekommen standen die beiden Frauen vor der Aufgabe, Gräber zu besuchen. Es gab in der Wüste nur immer wieder Todesbilder, bis sie auf ein einmaliges Grab stießen: das Grab Christi. Danach hatte die Träumerin die Ahnung einer unmittelbar bevorstehenden Auferstehung.

Wenn ich solche archetypischen Traumerlebnisse feststelle, kann ich dennoch oft nicht umhin, in ihnen zugleich wesentliche *biographische* Zusammenhänge wahrzunehmen und intuitiv zu erfassen, die im Traumbericht freilich nicht ausdrücklich erwähnt werden. Ich kann mir vorstellen, daß ein Analytiker aus der Freudschen Schule *nur* solche biographischen Momente mit seinem Patienten durcharbeitet und daß – umgekehrt – ein Analytiker aus der Jungschen Schule *nur* den Archetypus berücksichtigt. Ich selbst nehme oft das Gegensatzpaar wahr: archetypische versus biographische Botschaft in *einem* Traum. Manchmal sind beide »Gesichter« überaus klar und deutlich; andere Male bleibt das eine oder das andere Gesicht – wie ein latenter Gedanke – verborgen – zunächst jedenfalls. Die Analyse soll dieses Gesicht aufdecken.

Ich möchte im folgenden ein Beispiel dafür geben, wie ich im Traum einer Analysandin sowohl das Archetypische als auch das Biographische wahrgenommen habe:

»Ich bin mit einem kleinen, roten Auto unterwegs zu einer Einladung. Ich weiß, ich werde erwartet, und freue mich sehr, bin aber auch aufgeregt. Eingeladen wurde ich von einem Arzt (Psychiater – ich träume ganz ausdrücklich dieses Wort). Er wohnt auf einem Berg, in einem Schloß oder einer Burg, die von Mauern umgeben ist. Mit meinem Auto fahre ich durch eine wunderschöne Landschaft. Sie ist sanft, hügelig und alles ist zartgrün, sonnig und klar wie im Frühling. Der Anblick ist so schön, daß ich anhalte, auf einen kleinen Hügel mit Aussichtspunkt steige, um den Blick auf die Burg und die Landschaft zu genießen. Auf einmal fange ich an zu singen. Es ist eine traumhafte Melodie, fast unwirklich schön, ohne Text. Sie bleibt über dem

Land schweben. Im Traum wundere ich mich, wie ich es schaffe, so zu singen – bin dabei auch von einem absoluten Glücksgefühl durchdrungen. Ich steige wieder in mein Auto und fahre bis nahe an den Berg heran. Dort befindet sich ein großes Tor. Ich muß warten. Das Tor öffnet sich, und viele Menschen strömen heraus. Sie sind fröhlich und reden miteinander. Am Tor steht eine Frau (ca. Mitte Vierzig). Sie scheint alles zu organisieren und zu regeln. Ich gehe durch das Tor. Dahinter liegt eine Art riesige Höhle, mit einem großen Floß, auf das man aufsteigen muß. Ich habe auf einmal einen kleinen Hund an der Leine und betrete das Floß. Der Boden besteht zum Teil aus Felsbrocken, auf denen man sitzen kann, aber auch aus Baumstämmen. Die Höhle ist nach drei Seiten hin geschlossen (durch Felswände, in der einen ist allerdings das große Tor). Nach der linken Längsseite des Floßes hin ist die Höhle jedoch offen. Dort liegt ein ziemlich bewegtes, dunkles Meer. Schwarze Klippen ragen heraus. Ich sitze ganz vorn links auf dem Floß und schaue ins Wasser. Dort sehe ich Pferde unter dem Wasser tauchen. Plötzlich entsteigt dem Wasser ein Pferd mit einem Jungen (ca. sieben Jahre alt) auf dem Rücken. Der Junge hält sich an der Mähne des Pferdes fest, und Wasser rinnt an ihnen herab. Ich denke, wie vollkommen schön das aussieht. Sie reiten an mir vorüber. Von einem anderen Pferd sehe ich nur Luftblasen an die Wasseroberfläche steigen. Auf einmal entsteigt dem Meer ein Bär und läuft auf mich zu. Ich gerate in Panik und laufe weg, dem Ausgang der Höhle zu. Da kommt jedoch die Frau vom Tor auf mich zu und beruhigt mich. Sie erklärt mir, der Bär sei gezähmt und tue einem nichts, ich sollte keine Angst haben. Der Bär kommt auf mich zu und beugt sich zu mir herab. Ich schaue ihm in die Augen – er hat auf einmal einen Pullover an! Mein kleiner Hund hat immer noch große Angst. Ich will wieder auf das Floß zurück. In der Felswand auf der rechten Seite sehe ich plötzlich viele Menschen stehen. Sie schauen alle in einen Durchbruch in der Felswand und drängen sich. Ich sehe mehrere sehr alt eingerichtete Zimmer. Die Frau vom Tor erklärt, daß hier eine Frau lebt, eigentlich ein Geist, denn sie sei schon vor langer Zeit gestorben. Man könne sie auch nicht sehen, hänge aber immer ein Paar frische Strümpfe über eine Stuhllehne, die dann auch gebraucht werden. Auf einmal sehe ich die Frau sitzen. Sie hat lange, graublonde Haare. Sie trägt sie zu einem Zopf geflochten, der ihr bis auf den Rücken fällt, und hat ein langes Gewand an. Sie ist ungefähr sechzig Jahre alt. Es sieht aus, als würde in dem Zimmer die Sonne scheinen. Sie hat ganz hellbraune Augen, doch sieht es so aus, als hätte sie keine Pupillen. Ich trete zu ihr und sehe plötzlich noch eine andere Frau. Ich erschrecke zuerst. Da sagt die erste Frau zu mir, daß sie nicht wirklich zwei Frauen seien, sondern eigentlich nur eine. Die andere wäre ihr schlechtes Ich. Das schlechte Ich sieht ganz anders aus als die erste Frau, es verändert auch immer wieder seine Größe. Manchmal ist es nur noch einen halben Meter groß. Das schlechte Ich ist ganz freundlich und fragt mich, ob ich Angst hätte. Ich sage nein. Das schlechte Ich liest mit mir zusammen aus einem großen Buch Gedichte. Sie sind sehr schön, sehr melodiös, aber ich verstehe die Worte nicht. Auf einmal habe ich das Gefühl, als seien schon Jahre vergangen und ich gehöre zu diesen beiden Frauen dazu, draußen stünden jetzt ganz andere Menschen und schauten ins Zimmer hinein, könnten uns aber nicht sehen. Ich habe das Gefühl, gehen zu können, wenn ich will. Ich weiß auch, daß ich nichts verpaßt habe und die Einladung noch immer gilt. – Ich erwache mit einem sehr starken Glücksgefühl.« (Wörtlicher Bericht der Träumerin)

In diesem Traum, der einen Monat vor Analysebeginn stattfand, hat die Analysandin die Begegnung mit ihrem eigenen Selbst vorausgenommen; sie hat selber ihrem Traum den Titel »Begegnung« gegeben.

Wollen wir nun zunächst einige archetypische Merkmale des Traums beachten. Alles Geschehen ist märchenhaft und entwickelt sich in einer märchenhaften Landschaft, wo Berg und Burg, dunkles Meer und Floß, Höhle und Felsbrocken die phantastischen, lebendigen Gestalten des Traums umrahmen. Eine eigentümliche Polarität geht durch diese, beginnend mit der Scheidung zwischen freundlichen und schönen Erscheinungen – das Pferd mit dem Jungen auf dem Rücken – und bedrohlichen – der Bär –, die aus dem Wasser auftauchen. Archaisch wirkt die Gestalt der Frau, die auf der einen Seite uralt, schon gestorben, außerhalb von Zeit und Raum – also unsichtbar – ist, die aber auf der anderen Seite gleichzeitig sechzigjährig und wie gemalt mit ihrem Zopf, dem graublonden Haar, dem langen Gewand erscheint. Sie ist doppelt auch in ihrer Erscheinung, die zur Hälfte wie die Sonne leuchtet und zur anderen Hälfte »ihr schlechtes Ich« ist. Und selbst dieses »schlechte Ich« ist wiederum doppelt; denn es liest »schöne, melodiöse Gedichte«.

Die Analysandin lebt dabei zugleich im Augenblick der Gegenwart und auch in einer zeitlosen Vergangenheit, eben »als seien Jahre vergangen«. Wer sich die Mühe machen will, solche formalen Urelemente von Bildkompositionen in den Mythen des Altertums zu finden, kann unschwer Parallelen aufzeigen. Götter und Helden haben nicht selten dunkle Zwillinge; Bellerophonts Zwilling beispielsweise ist ein wildes, geflügeltes Pferd, das er mit Hilfe eines ihm von der Göttin Athene geschenkten Zaumzeugs zähmen kann (vgl. unten, S. 79 f.). Wer die psychologische Wurzel dieser »Doppelheit« in einer psychischen Konstitution des Menschen sehen will, wird entweder an die in allen Weltreligionen vorhandene Auseinandersetzung von Geist und Leib oder etwa an die Spaltung von guter und böser Mutter denken, die Psychologen wie MELANIE KLEIN und HARRY S. SULLIVAN im postnatalen Erleben des Menschen zu entdecken glaubten. Was anderes will das Urbild, das Märchenhafte, das Archaische sagen, als daß die Träumerin sich in der Mitte ihres Lebens befindet und sich den Wurzeln ihres Daseins zuwendet. Zugleich ist das Biographische ins Urbild verwoben: Es geht da nicht nur um die positive Einstellung dieser Patientin zu ihrer Analyse, um die Selbstbegegnung, die im wiederholten Glücksgefühl im Traum ihren Ausdruck findet, sondern es geht auch um die besondere Schuldproblematik der jungen Frau, um ihre Angst, schlecht zu sein; und es geht um das Aushalten und die Verwandlung des »schlechten Selbst«. Diese Problematik ist subjektiv und individuell. Diese kurzen Hinweise dürften genügen, um das Gegensatzpaar von archetypischen und biographischen Traumelementen zu veranschaulichen.

Es gibt also Träume, die aus einer seelischen Tiefenschicht aufzutauchen scheinen, die allen Menschen gemeinsam ist. Ihre Symbole entbehren nicht der Einzelheiten, die zum persönlichen Leben des Träumers gehören, scheinen aber auch den großen Mythenbildungen ähnlich, in denen der einzelne wie ein Vertreter der ganzen Epoche, der gesamten Kultur, in der er lebt, erscheint.

Solche Träume haben immer etwas Feierliches. In der Vergangenheit wurden sie möglicherweise erdichtet, um dadurch manche religiös-soziale Anschauung numinos zu bekräftigen. Heute werden in der Psychotherapie die echten Schlafträume berücksichtigt. Der Träumer selbst ist dann nach dem Erwachen meistens über seinen »großen Traum« erstaunt. Hat sich ihm im Traum eine – neue, andere – Welt eröffnet, von der er sonst zu wenig wußte? Oder hat der »große Traum« ihm eine unerbittliche Lebenswahrheit mitgeteilt?

Mit dem nun folgenden Traumbeispiel möchte ich meine Überlegungen abschließen. Der zweite Traum, den ich erwähne, unterscheidet sich von dem eben berichteten vor allem dadurch, daß Archetypus und Biographie zwar im selben Traum, aber in zwei aufeinanderfolgenden Szenen offenbar werden.

Die Träumerin befindet sich auf einer Wiese, wo »viele Teile von ihr« auf dem Boden liegen. Daneben steht eine Zisterne, in der das dunkle Wasser ruht, das das Leben speist. Aber sie kann dieses heilige Wasser nicht schöpfen, weil sie »zerteilt« ist, die Ganzheit verloren hat. Nun kommt aus weiter Ferne ein weißer Mann, der hinter sich ein weißes Tuch herzieht. Seine Farbe ist weiß, als ob sie den Frost anmelden möchte. Langsam kommt der Mann immer näher, wie ein Gespenst, und mit jedem seiner Schritte wird es kälter um die Patientin. Er legt sein weißes Tuch »wie eine Frostdecke« über die Landschaft, die erfriert, aber auch über die »Teile« der Patientin, die verstreut am Boden liegen. Jetzt merkt sie erst, daß sie einzelne Teile von sich bis dahin übersehen hatte, sie überhaupt nicht kannte. Leider erkennt sie sie erst dann, wenn sie bereits unter der Frostdecke liegen. Und der Mann liest ihre Gedanken, grinst höhnisch, wirft diese Gedanken, als ob er über sie wie über jene Körperteile verfügen könnte, in den runden Brunnen. Vergiftet ist das Wasser von den entfremdeten Gedanken; und der Mann wirft die Frostdecke auch über den Brunnen. Da beginnt die Patientin schrecklich zu frieren, ja vor Kälte zu schlottern. Der Mann reicht ihr grinsend einen Becher, in dem eine kalte Flüssigkeit ist. Sie muß daraus trinken, und die Flüssigkeit geht nicht einmal in den Körper hinein, weil dieser sich auflöst. Die Träumerin erwacht mit dem schrecklichen Gefühl, nur ein Skelett zu sein.

Verwirrt fragt sie sich, wie das alles zusammenhängt, wie der Traum für sie einen Sinn bekommen könnte; sie findet keinen.

Mir, dem Zuhörer in der Supervision, kamen die unterschiedlichsten Assoziationen in den Sinn, welche die Handlung und die Atmosphäre dieses Traums mit Träumen anderer Patienten und auch mit literarischen Texten in Zusammenhang brachten. So näherte sich in einer Erzählung von PIRANDELLO, »Cirincio«, die gespensterhafte Personifizierung des Feindselig-Anderen dem halluzinierenden, wachträumenden Hauptdarsteller: Aus weiter Ferne, mitten in einem Festessen, als der Mann nach der Rückkehr aus der Politik in seinem Heimatdorf gefeiert wurde, tritt sein angeschwärztes Selbstbild aus der Tiefe seiner Vergangenheit an ihn heran und stellt ihm die hämische Frage, *wer* er denn sei? Fast wortlos nähert es sich mit erhobenem Finger, höhnisch grinsend wie der »Frostkönig« im Traum unserer Patientin: eine Personifizierung des Schattens (JUNG), der sowohl aus biographischer wie aus archetypischer Tiefe aufsteigt und das bewußte Individuum vernichtet.

Wir machen in solchen Träumen die bittere Entdeckung, das Menschliche verpaßt zu haben, die eigene Vergangenheit nicht integrieren zu können, wesentliche Teile von uns nicht rechtzeitig zu uns genommen zu haben, die nun frieren, sterben, zu Gift werden.

Aber welche Teile? Der archetypische Traum weist immer, direkt oder chiffriert, auch auf die persönliche Biographie hin. Die zweite Szene des Traums unserer Patientin nimmt darauf Bezug:

Die Patientin befindet sich in einem Gerichtssaal und wartet ungeduldig auf ihren Mann, der sich von ihr scheiden lassen will. Sie versucht, ihn mit ihrem Blick zurückzuhalten. Aber ihre Augen erblinden! Der Schmerz läßt sie stumm werden. Der Ehemann erscheint nun in einer Richterrobe; er ist also gleichzeitig auch der Richter. Sie versucht, nach seinem Gewand zu greifen, ihn zurückzuhalten; aber ihre Hände werden gelähmt.

Durch diese zweite Traumszene sind wir auf einmal in die Biographie der Patientin hineingenommen, in die Geschichte einer Ehe, deren Problematik darin besteht, daß sie an einen Mann ausgeliefert ist, der sich mit ihrem Über-Ich gegen sie verbündet, der »zu Gericht über sie sitzt« und ein Richter ist, der sie verurteilen wird, den *sie* aber mit Blick und Geste zurückzuhalten versucht. Dadurch verrät sie sich selbst, verkennt ihr eigenes Rechtsanliegen und die Würde ihrer eigenen Existenz, so daß ihr Teile von sich selbst verlorengehen. Kein Wunder, wenn der Richter, dem sie hörig ist – und nun gehen wir zurück zu der archetypisch anmutenden Gestalt der ersten Traumszene – eine Frostdecke über sie breitet, die sie allen Lebens beraubt und sie schließlich in ein Skelett verwandelt.

Die zweite Traumszene hat die Patientin schmerzlich, ja bitter und unerbittlich mit einem Grundfehler ihres Lebens konfrontiert; die erste Traumszene hat aber diese Konfrontation in einer Art kosmischen Dramas abgehandelt, in dem die biographischen Züge vorübergehend zurücktreten, damit die Träumerin das Ereignis, in dem sie steht, als Urereignis, als mythische Tiefe, erleben kann. Die archetypische Gestaltung, die Verlagerung der Biographie auf eine Weltbühne, gibt dem Geschehen ein Gewicht, eine Eindringlichkeit, ja fast eine düstere Sakralität, die unentrinnbar erscheint. Diese Patientin, die sich selber verlorengeht, ohne es zu bemerken, ist durch einen Traum wieder zu sich gekommen, der den Selbstverlust unerbittlich darstellt.

Archetyp und Alltag sind eins; das erste gibt dem zweiten das große Relief, das zweite dem ersten die präzise persönliche Sinngebung. Ja, wir neigen dazu, solche Träume »archetypisch« zu nennen, weil wir wissen, daß sie aus einer allgemein-menschlichen Urtiefe stammen. Aber wir dürfen dabei nicht vergessen, daß es immer die individuelle Biographie ist, welche diese Urtiefe berührt und die sich in der zweiten Szene des Traums ganz persönlich und alltäglich ausgesprochen hat. Nicht selten ist gerade dieser »Anhang«, der uns den »großen Traum« erst recht eigentlich verstehen hilft, wichtiger als die Kenntnis von Mythen und übergreifenden Symbolen. Anders als durch die

Gestaltung des Allgemeinmenschlichen in unserer eigenen Person haben wir keinen Zugang zum Urgrund der Menschheit.

10. Immanenz versus Transzendenz

Der heutige Mensch denkt – im Vergleich zu früheren Generationen – nur immanent. Während in alten Kulturen oft die Träume als Botschaften Gottes oder der Götter aufgefaßt wurden, betrachtet der moderne Mensch sie lediglich als Botschaften seiner Tiefenperson, – falls er ihnen überhaupt eine Bedeutung zumißt. Alles wird als Ausdruck psychischer Zusammenhänge und unbewußter Vorgänge aufgefaßt, ja, konstruiert, und das nicht nur im Bereich des Traums. C. G. JUNG, der unter den Psychologen dem »Numinosen« am aufgeschlossensten gegenüberstand, begreift den Archetypus des Selbst als den Bereich der religiösen Erfahrung und überschreitet damit die rein immanente Betrachtensweise psychischer Vorgänge.

Nur hundert Jahre vorher bestimmte die Dialektik von Immanenz und Transzendenz noch die existentielle Philosophie eines KIERKEGAARD. In seinem Werk »Die Krankheit zum Tode« (1849) legte er dar, daß das menschliche Selbst eine Synthese von Immanentem und Transzendentem, von Leib und Seele ist. Dieses menschliche Selbst ist jedoch nicht durch sich gesetzt, sondern durch ein anderes, ein transzendentes Selbst: durch Gott. Das Verhältnis des individuellen zum transzendenten Selbst ist nach KIERKEGAARD bestimmend für die seelische Gesundheit oder Krankheit des Menschen. Er selbst war aber, trotz aller Bemühungen um die Erhellung dieses Verhältnisses, ein schwer depressiver Mensch. Oder bemühte er sich um die Klärung dieser Dinge, *weil* er depressiv war?

Das Problem vereinfacht sich für den Psychotherapeuten: unabhängig davon, wie die Sache an sich ist, darf er als Therapeut dem Patienten, dem Träumer gegenüber, der möglicherweise anders empfindet und glaubt, keinen metaphysischen Wahrheitsanspruch vertreten. Dieser Patient selbst ist allerdings nicht selten in seinem Glauben oder Nichtglauben ambivalent. Da kann es dann geschehen, daß sein Traum ihn mit einer Wahrheit konfrontiert, die zwei Seiten hat, mit Bildern, die zwei Gesichter haben, mit einem Ursprung, der sowohl in der Tiefe des Selbst als auch im Grunde des Universums gesucht werden kann. Ein indischer Philosoph würde sagen, daß Atman die Innenseite, die menschliche Seite von Brahman ist und daß nur die »Maya« genannte Illusion der Sinne uns daran hindert, die Einheit zu erleben. In der Psychotherapie dürfen wir freilich keine philosophischen Konzepte entwickeln, sondern müssen ausschließlich beim Erleben des Patienten bleiben.

Ich erinnere mich in diesem Zusammenhang an eine chronische Klinikpatientin, die an einer schizoaffektiven Psychose gelitten hatte. Nach Jahren des

Leidens heilte sie. Sie hat mich immer durch die Einfachheit ihres fast kindlichen Glaubens beeindruckt. Nebenbei bemerkt: Es gibt keine Korrelation zwischen der Intelligenz eines Menschen und der Tiefe seiner Träume. Großartige Träume können bei sehr »einfachen« Menschen vorkommen. In der Psychose erschien ihr Glaube freilich in verzerrter, wahnhafter Form. Sie fürchtete, wie der junge LUTHER, verdammt zu sein. Die Beständigkeit ihres religiösen Ringens ist ihr sicher von großer Hilfe gewesen, in ihrer schweren Melancholie doch noch einen Sinn zu finden.

Nach dem Abklingen ihrer langjährigen Psychose pflegte sie mich noch in großen Zeitabständen aufzusuchen. Bei einem dieser Besuche überraschte sie mich mit einem Traum von ihrer verstorbenen Mutter. Ihre Beziehung zur Mutter war meistens positiv gewesen, war jedoch während der Psychose bedeutungsloser geworden, weil sie zeitweise in diesen Jahren die strengen erzieherischen Aspekte der Mutter wiedererlebte, wodurch schreckliche Gefühle der Einsamkeit über sie gekommen waren. Im Traum erlebte sie nun, wie die Mutter »ihr aus dem Himmel die Arme entgegenstreckte und sie umarmte«. Ich interpretierte den Traum als Symbol der nun erfolgten Heilung, als Zeichen dessen, daß das in ihrem Unbewußten lebende Introjekt der Mutter aufgehört hatte, sie zu plagen, und statt dessen nun das leidende Ich metaphorisch in die Arme genommen hatte. Sie hörte mir aufmerksam zu und sie nickte zunächst. Plötzlich aber richtete sie einen so tiefen Blick auf mich, wie ich ihn vorher nie im Gespräch mit ihr erlebt hatte, und sie fragte streng: »Warum können Sie nicht erwägen, daß der Geist meiner Mutter, den ich heute bei mir spüre, zu mir durch den Traum gesprochen hat? Der Traum selber ist mir bedeutungsvoller als die psychologische Deutung.«

Das Mutterbild im Inneren der Träumerin oder der transzendente Geist der Mutter? Oder beides zusammen? Ein jeder wird sich hier so entscheiden, wie es seinem Denken und Glauben entspricht. Die letzte Wahrheit aber liegt beim Patienten selber.

Zum Thema »Immanenz versus Transzendenz« möchte ich auch noch einen eigenen Traum erwähnen. Vor wenigen Jahren träumte ich:

»Ich befinde mich in S. Gregorio, einem kleinen Dorf unweit meiner sizilianischen Heimatstadt, in einem Haus meiner Vorfahren, in dem ich als Kind stets die Sommerferien verbrachte und das ich als die eigentliche Wiege meiner Lebensgeschichte betrachte. Es ist früh am Tag, die schöne Morgensonne dringt durch die Fenster und strahlt in die Räume mit einer solchen Brillanz und Heiterkeit, als ob in ihren Strahlen und in den Farben der Umgebung ein Hauch meines weiteren Lebens enthalten sei. Wie alt bin ich? Alterslos; vielleicht ein Kind, vielleicht ein Junge oder doch schon ein alter Mann? Die ganze Lebensgeschichte ist in diesem *einen* Augenblick enthalten. Plötzlich beginne ich, eine Art Bach-Musik zu hören; sie ist aber nur *wie* eine Bach-Musik, ist irgendwie noch unvergleichlich tiefer und ›überirdischer‹. Dann merke ich, daß die Musik aus meinem eigenen Geist kommt. Nicht ohne Schrecken, vielmehr mit jenem Schrecken, von dem man sagt, daß man ihn vor einer Gotteserscheinung haben müsse, erkenne ich, daß ich die Musik nicht nur höre, sondern gleichzeitig auch *denke*: Sie wird mir hörbar im gleichen Augenblick, da ich sie denke. (Was mit solchem Denken gemeint war, kann ich nicht sagen, da ich mich mit Musiktheorie nicht auskenne und kein Instrument spiele.) Die Evidenz, daß dies alles ein Wunder ist, erlebe ich doppelt: durch mein eigenes innerseelisches Gefühl und im Spiegel des ehrfürchtig erschrockenen Gesichts meines Bruders Calogero, der bei diesem Wunder anwesend ist. Er spürt auch, daß ich die Musik denke, die wir beide hören.«

Wenn ich nun diesen Traum unter dem Gesichtspunkt der Immanenz deuten darf, kann ich sagen, daß er am Anfang einer sehr bedeutsamen Phase meiner Lebensgeschichte stand, in der mir viele neue Erkenntnisse zuteil werden sollten, die andrerseits – rückblickend – bereits in der »Musik« meiner Kindheitstage als Keim enthalten waren. Ich konnte den schlummernden Geist meiner Kindheit »hören«, weil ich ihn als Erwachsener »dachte«. Wie aber, wenn wir diesen Traum als einen Besuch der mich »umgreifenden« – wie JASPERS sagen würde – Transzendenz verstehen würden, als einen Augenblick, da sich einem Gott offenbart? Gewiß fühle ich mich als Wissenschaftler verpflichtet, alles Geschehen zunächst vom Gesichtspunkt der Immanenz aus zu erklären. Aber ein Spruch der alten vedischen Weisheitslehre läßt Außen- und Innenwelt als Einheit erleben: »Offenbare DICH in mir!« – Ich erinnere mich an einen noch früheren Traum von mir, den ich in meiner psychoanalytischen Autobiographie (BENEDETTI 1994, S. 23) bereits erwähnt habe und der psychodynamisch ebenfalls sowohl von einem immanenten als auch von einem transzendenten Pol aus verstanden werden kann. Der Text lautet:

»Ich stand auf dem untersten Tritt einer riesigen Leiter, die wie die Jakobsleiter bis zum Himmel reichte. Auf jedem Tritt stand eine Person – nicht ein Engel wie im Jakobstraum, sondern einfach ein Mensch wie ich. Und jeder Mensch über mir vernahm von einem noch höher stehenden Menschen eine Botschaft, die also von oben nach unten allmählich bis zuunterst, zu mir, weitergeleitet wurde. Und die Botschaft lautete: ›Es gibt einen absoluten Geist, das unerforschbare Ziel unserer menschlichen Sehnsucht.‹ Mehrere Tage nach diesem Traum habe ich in mir eine besondere innere Helligkeit wahrgenommen.«

11. Realtraum versus Symboltraum

Anläßlich der Eranos-Tagung in Ascona im August 1995, auf der Referenten aus den verschiedensten geisteswissenschaftlichen Bereichen über Träume in der jüdischen, islamischen, chinesischen, japanischen Tradition und in der griechisch-römischen Antike berichteten, ist mir aufgefallen, welch große Rolle einst der »Realtraum« gegenüber dem »Symboltraum«, der für den heutigen Menschen so außerordentlich wichtig und charakteristisch ist, spielte. Der Traum galt vielfach als eine Botschaft der Götter, war Lehre, Anweisung, Warnung, Befehl, je nach der Situation. Der Traum bewog die Menschen – nicht nur den Träumer – vor allem zu bestimmten *Handlungen* und nicht primär zu bestimmten *Einsichten*. Die moderne Frage: »Was fällt Ihnen zu diesem Traumbild ein?« existierte nicht.[7]

Wenn ich mich frage, warum in früheren Epochen der Realtraum eine derart große Rolle spielte, daß der gegensätzliche Pol, der symbolische Aspekt, in den Hintergrund trat, denke ich zunächst, daß dies mit der damaligen Soziologie des Glaubens zusammenhing. Darauf will ich jedoch in meinem psychologischen Kontext nicht eingehen. Die psychologische Frage dürfte dagegen so lauten: Warum spielte die heute so gängige Erfahrung, daß Träume, sowohl kleine wie große, vor allem das Innenleben des Menschen widerspiegeln, keine zentrale Rolle im Denken des antiken Menschen? Mit anderen Worten: Warum war ihm der *Symbol*gehalt des Traums zum großen Teil verhüllt durch die Annahme, daß der Traum ihm einen Schlüssel gebe zum Verstehen einer kommenden, gottgewollten Realität? Warum ließ sich der antike Mensch von der späteren Erfahrung dieser Realität in seiner gläubigen Annahme nicht erschüttern?

Meine psychologische Antwort, die freilich eine Vermutung bleiben muß, ist die, daß wir die Realität gestalten auch unter dem bewußten und unbewußten Eindruck und der Wirkung unserer Träume. Diesen einfachen Gedanken möchte ich an einem historischen Ereignis veranschaulichen: In der Bibel lesen wir, daß der israelitische Anführer Gideon vor dem bevorstehenden Kampf gegen die Medianiter und die Amalekiter sich mit seinem Gefährten Pure nachts an das feindliche Lager heranschleicht. In ihrem Buch »Die schönsten Geschichten der Bibel« faßt PEARL S. BUCK die Geschichte so zusammen:

»Sie hörten eine Stimme in einem Zelt sagen: ›Ich habe geträumt, daß ein Laib Gerstenbrot in unser Lager rollte. Er traf ein Zelt und traf es so hart, daß es umfiel und flach auf der Erde lag.‹ ›O weh‹, sagte eine andere Stimme, ›das kann nur bedeuten, daß Gideon und die Scharen Israels uns im Kampf besie-

7 Das Thema des Realtraums und des Kulturtraums in der Antike ist auch in dem von TH. WAGNER-SIMON und mir herausgegebenen Buch »Traum und Träumen« ausführlich behandelt worden. –
Für die Neigung der Antike, Träume als Realträume zu verstehen, spricht die Antwort von PYTHAGORAS an einen jungen Mann paradigmatisch, der seinen verstorbenen Vater im Traum gesehen hatte und ihn fragte, was dies bedeuten würde: »Nichts anderes, als daß du wirklich mit deinem Vater gesprochen hast.« (JAMBLICH, De Pyth. vita, XXVIII, 1, 39)
Die äußere (und nicht bloß psychische) Realität der Träume spiegelt sich in der alten Tradition der griechischen Inkubation. In den »Heilträumen« heilte der Gott gewissermaßen von außen her den Patienten, ja, er konnte, wie AELIUS ARISTIDES uns berichtet (Orat. 40, 31) chirurgische Operationen am eingeschlafenen Patienten vornehmen (zitiert nach J. THOMAS).
Schließlich möchte ich erwähnen, daß der einzige von HOMER symbolisch interpretierte Traum der »Odyssee« (XIX, 535–553) nach dem Psychoanalytiker GEORGE DEVEREUX (1957) derjenige der Penelope ist.

gen werden. Sicherlich hat uns der Herr in ihre Hände gegeben.‹ – Nun erkannte Gideon den Sinn von Gottes Worten: ›Wenn du sie reden hörst, wirst du stark genug sein, dem Feind in der Schlacht standzuhalten‹« (S. 179).

Die prophetische Auslegung des Traums führte zur Realisierung der Prophetie. Heute, in unserer gottlosen Zeit, gilt so etwas nur im Hinblick auf die Meinungsumfrage vor einer politischen Wahl!

Man braucht nur durch die mittelalterlichen Kirchen Italiens zu gehen – ohne die Berichte der Menschen nachzuprüfen –, um dies bewahrheitet zu finden. In der aretinischen Kirche S. Francesco bewundern wir den Traum des Kaisers Konstantin, der im Schutz seiner Leibwache schläft und im lichtvollen Traum die Botschaft empfängt: »In hoc signo vinces.« Er wählte das christliche Kreuz zu seinem Wappen und gewann die Schlacht gegen seinen heidnischen Widersacher am Ponte Milvio in Rom. In der benediktinischen Abtei von Monte Oliveto Maggiore bei Siena sehen wir auf einem Bild des Malers SODOMA, wie der heilige Benedictus zwei Mönchen im Traum erscheint und ihnen Anweisungen zum Bau eines Klosters gibt. Zu seiner Traumbotschaft gehören offenbar auch technische Ratschläge; denn man kann im Bild ganz genau sehen, *wie* der Maurer ans Werk geht. Der heilige Gregor, der in einer Chronik diesen Traum erzählt, stellt sich auch der Frage eines ungläubigen Mönchs, wie es denn möglich sei, daß der heilige Benedictus leiblich aus großer Entfernung zu den zwei schlafenden Brüdern gekommen sei? Gregor ist keineswegs verlegen; er verweist auf die Wunder der Bibel. Wo ein fester Glaube ist, kann das Symbol schwer erkannt und begriffen werden; da ist alles »real«. Symbole aber weisen den Menschen auf etwas hin, das mehr ist als das betreffende Symbol und dessen realer Bereich und das lediglich angedeutet werden kann. Wenn aber eine »heilige« Existenz von vornherein feststeht, dann ist ihr Symbol lediglich ihr Spiegelbild oder ihre Identität. Der Traum ist dann folgerichtig eine Manifestation Gottes, der in der Unmöglichkeit, direkt zum Menschen zu sprechen, wie Jahwe zu Moses, sich des Traums bedient, um ihm seinen Willen kundzutun.[8]

Daß aber auch der Symboltraum in früheren Epochen nicht fehlt, daß es vielmehr darauf ankommt, *wie* man einen Traum liest, zeigen uns ebenfalls viele Fresken in Kirchen des mittelalterlichen Italien. Im Dom zu S. Gimignano findet sich der berühmte Traum des alttestamentlichen Joseph, gemalt von BARTOLI DI FREDI: Joseph sieht im Traum, wie die Garben seiner Brüder sich vor seiner eigenen Garbe verneigen. Die Garben als Symbole des

8 Eine bekannte symbolische Auslegung der Träume ist das »Onirokritikon« des ARTEMIDOR, der aus dem 2. Jahrhundert n. Chr. stammt und der die Träume in drei Kategorien einteilt: die symbolischen Träume; die prophetischen Träume; die Orakelträume. ARTEMIDOR meinte, daß nur besondere Personen, Könige, Philosophen, Priester die Erfahrung der zwei letzten Traumtypen machen. Die gewöhnlichen Menschen kennen nur die symbolischen Träume, welche ja auch die einzigen sind, die im »Onirokritikon« berichtet werden.

tätigen Menschen! Auch der antike Mensch wußte um den Symboltraum und war oft in einem Dilemma bei der Auslegung. Das 4. GIOTTO-Bild in der Oberkirche zu Assisi gibt das »Gebet in San Damiano« wieder. Als Franziskus in dem zerfallenen Kirchlein von San Damiano vor dem Kruzifix betete, »hörte er mit seinen leiblichen Ohren [Wachtraum!] vom Kreuz her dreimal eine Stimme, die also zu ihm sprach: ›Franziskus, gehe hin und stelle mein Haus wieder her, das ganz zerfällt, wie du siehst‹« (Leg. mai. II, 1). Später ereignete sich ein Schlaftraum des Papstes Innozenz III. Der Papst sah im Traum einen »armen, bescheidenen Mann«, den er dann im Wachzustand als Franziskus *deutete*. Im 6. GIOTTO-Bild in der Oberkirche zu Assisi ist aber von vornherein Franziskus dargestellt, ebenso konkret anwesend wie der schlafende Papst. Im Traum sah der Papst, »wie die Lateranskirche in Rom [ein offensichtliches *Symbol* der gesamten römischen Kirche] dem Einsturz nahe war; doch Franziskus stützte sie mit seiner Schulter und hielt sie, damit sie nicht zusammenfalle. ›Wahrlich‹, sagte er, ›das ist jener Mann, der durch sein Werk und seine Lehre die Kirche Christi erhalten soll‹« (Leg. mai. III, 10).

Dieses Bild, das den schlafenden Papst wie ein anderes den schlafenden Konstantin darstellt, heißt aber »Die Vision Innozenz' III«. Der mittelalterliche Mensch unterscheidet nicht zwischen Vision und Traum, ebensowenig wie zwischen Realtraum und Symboltraum. In seinem Erleben finden wir sowohl den Glauben an eine absolute Realität – wo die Fresken freilich mehr leisten als eine Beschreibung durch das Wort, weil sie auch die Wortsymbole in eine konkrete, monumentale Bildwelt transponieren – als auch die Deutung, welche den armen Mann des Traums zu Franziskus und die Damianskirche zu der symbolischen Lateranskirche werden läßt.

Ich sagte oben, daß das Symbol im religiösen Traum als Realität behandelt und verstanden wird. Das kommt daher, weil es nicht auf die letztlich nur andeutbare Wahrheit hin durchsichtig ist, sondern die Wahrheit selbst vollgültig vertritt.

Die pathologische Entsprechung zu solchen »Symbollücken« ist der Mangel der Symbolisation in einer schweren psychischen Krankheit. Hier liegen die Dinge allerdings ganz anders: Der Patient kann zwischen Traum und Wachsein oft nicht – mehr – unterscheiden. Der Schizophrene sagt uns beispielsweise nicht, daß er letzte Nacht geträumt habe, einem schweren Attentat entgangen zu sein; er sagt uns vielmehr, man habe ihn während der Nacht ermorden wollen.

Warum war der Realtraum einst häufiger als der Symboltraum? Ich möchte hier versuchen, zwei Antworten zu geben:

Einmal denke ich, daß die menschliche Seele ursprünglich welthaft orientiert zu sein scheint, was sie in der Sicht der heutigen introspektiven Psychologie als eine »stets projizierende« Seele erscheinen läßt. Die innere Realität wurde – im Traum sowie im Mythos – immer auch als äußere Realität gesehen, gehört und erfaßt. Heute ist es anders geworden; auch der Glaube wird vielfach als eine Projektion gedeutet.

Ich erinnere mich an ein Gespräch mit C. G. JUNG, bei dem wir vom »Tibetanischen Totenbuch« sprachen; er ließ die Bemerkung fallen, die gesamte Götterwelt sei doch nur eine Projektion des kollektiven Unbewußten. »Wie«, wandte ich ein, »wenn das kollektive Unbewußte eine Introjektion der Götterwelt wäre?« Er schwieg eine Weile und meinte dann: »Das ist die andere Seite der Wahrheit.«

Die Geschichte ist besonders im letzten Jahrtausend immer stärker in die Richtung der Reflexion über den Menschen gegangen. Schon im Spätmittelalter hieß es, daß die »Ideen« keine Wahrnehmungen der platonischen Ideenwelt seien, wie die »Realisten« noch meinten, sondern nur »Namen«, wie die Nominalisten behaupteten, also, wie man heute sagen würde, Projektionen des symbolisierenden Denkens.

Neben einer geschichtsbedingten Wandlung des Traumes als objektivem Phänomen möchte ich auch eine Wandlung unseres Deutens vermuten. Nicht nur die Träume der Menschen haben sich verändert, auch unsere Art, sie auszulegen, ist anders geworden. Zu meinem Begriff des Gegensatzpaares gehört auch das Postulat, daß das Gegensatzpaar in einer transkulturellen Struktur menschlicher Träume schlechthin begründet ist. In welch unterschiedlichem Ausmaß wir aber dazu neigen können, den realen oder den symbolischen Pol in der Deutung zu betonen, ja, möglicherweise ausschließlich zu sehen, mögen zwei Beispiele veranschaulichen – das eine aus dem Mittelalter, das andere aus unserer Gegenwart:

»König Rudolf – so erzählt die von ELAGIUS KIBURGER verfaßte Chronik – habe eines Nachts einen Traum gehabt, eine große Stadt mit zwölf Toren erblickt, die je von einem Engel bewacht waren. Als er einen Priester nach der Bedeutung des sonderbaren Traums befragte, bekam er zur Antwort, er solle zwölf Kirchen als Tochterkirchen des Gotteshauses im Paradies, wie die Ortschaft Einigen im Berner Oberland damals hieß, erbauen lassen.« (Zitiert aus einer Zusammenfassung der Chronik)

Wir sehen: Das Traumbild wird hier in das Äußere fortgesetzt und so als sinnvoll betrachtet. Ein heutiger Psychotherapeut würde dagegen, vom Träumer um Rat befragt, das Traumbild möglicherweise auf eine innere Urschau des Individuationsgedankens zurückführen. Der Anblick der zwölf Tore, bewacht von zwölf Engeln, wäre das Symbol des Gottesreiches, das der König *in sich* verwirklichen solle. Die Seele früherer Menschen suchte ihren Weg der Individuation dagegen in einer Verlagerung *nach außen*, in einer tätigen Verstärkung und Verwirklichung des Innenbildes, was uns heute fast als ein »acting out« erscheinen mag.

Wenn der einstige »Fehler« die einseitige reale Betrachtung und Auslegung des Traums war, so kann die moderne Einseitigkeit im Übersehen des möglichen Realitätsaspekts des Traums liegen; wobei ich mit »Realität« lediglich die außerpsychische Welt und Wirklichkeit meine, die Realität des Symbols aber nicht in Frage stelle. Eine persönliche Erinnerung hat mich in diesem Zusammenhang immer wieder stark bewegt: Meine Mutter war an einer geringfügigen Lähmung des Daumens der rechten Hand erkrankt, von der sie zunächst nichts sagte. Sie wurde zu dieser Zeit aber durch Angstträume beunruhigt, in welchen ein schwarzer Todesmann sie verfolgte, die vergeblich Fliehende schließlich erreichte und ihr ein Todespulver auf die Hand streute. Als ich davon hörte, versuchte ich – in Unkenntnis des neurologischen Symptoms –, den mir erzählten Traum auf ein psychisches Problem von ihr zurückzuführen. Wenige Wochen später jedoch entstand das manifeste Bild einer unaufhörlich zum Tode fortschreitenden amyotrophischen Lateralsklerose, die von der rechten Hand aus alle Glieder und schließlich auch die Atemmuskulatur lähmte.

Oliver Sacks berichtet neben vielen anderen folgenden Traum:

»Einer meiner Patienten, ein Mann mit einer sehr präzisen Gabe der Selbstbeobachtung, hatte das Gefühl, der Parkinsonismus habe sich *zuerst* [von mir hervorgehoben] in einer Veränderung des Stils seiner Träume geäußert. Er träumte gewöhnlich, er könne sich nur langsam bewegen oder er sei ›eingefroren‹ oder er renne und könne nicht mehr anhalten. Er träumte, Raum und Zeit selbst hätten sich verändert, hätten ihre Maßstäbe geändert und seien chaotisch und problematisch geworden. In den folgenden Monaten wurden diese Spiegelträume allmählich wahr, und die verlangsamten Bewegungsabläufe und der Trippelgang des Patienten wurden auch für andere sichtbar. Aber zuerst hatten sich die Symptome sogar in Träumen vorbereitet« (S. 64).

Die symbolisch psychologische Seite ist uns hier unbekannt. Aber Realträume kommen heute vielleicht nicht weniger selten vor als in früheren Zeiten, wenn auch in einem anderen kulturellen Rahmen, das heißt, sie sind nicht mehr Botschaften der Götter.

Ich möchte abschließend versuchen, die Polarität von Realtraum und Symboltraum anhand des antiken Mythos darzustellen. Die griechische Überlieferung berichtet, daß der Held Bellerophont im Traum von der Göttin Athene ein goldenes Zaumzeug erhielt, mit dem er das wilde, geflügelte Pferd Pegasus, das er von seinem Vater Poseidon geschenkt bekommen hatte, aufzäumen und zugleich zähmen konnte. Nach dem Erwachen war das goldene Zaumzeug keineswegs verschwunden, sondern lag in Wirklichkeit da (vgl. Kerényi 1994, Bd. II, S. 71).

Der Erzähler dieses Mythos hat uns einen *Realtraum* vorgelegt, welcher eine traumhafte Wunscherfüllung zur Realität werden läßt – entsprechend der in der Antike geläufigen Auffassung, daß Träume nicht bloß das Selbst, sondern das reale Geschehen der Welt widerspiegeln.

Die symbolische Selbstaussage ist aber meistens auch vorhanden, jedoch dem Träumer nicht bewußt. Sie ist der »latente Gedanke«, der dem mythischen Realtraum zugrunde liegt und ihn in unseren, das Unbewußte durchschauenden Augen zu einem *Symboltraum* werden läßt.

Nach meiner Deutung liegt das Symbolische dieses Traums in folgendem: Pegasus war nach dem Mythos nicht nur ein Pferd, sondern auch der Zwillingsbruder von Bellerophont; denn seine Mutter war mit beiden Zwillingen schwanger gewesen und hatte den künftigen Helden zusammen mit dem *seine Triebseite symbolisierenden Pferd* geboren. Wenn wir so deuten – und Symbole werden erst in der Deutung sichtbar – , dann bedeutete das goldene Zaumzeug göttlicher Herkunft die Selbstkontrolle, welche dem Bewußtsein (Bellerophont) ermöglicht, das Unbewußte, den wilden Trieb, zu kontrollieren. Ich vermute, daß eine moderne Deutung – wie diejenige, die ich hier eben vorgeschlagen habe – keine bloße gelehrte Zutat zu dem naiven Erleben des antiken Menschen ist, denn das unbewußte Symbol war gerade die eigentliche Wahrheit, die verschlüsselte Botschaft des Mythos. Deshalb war damals das, was wir heute, im Gegensatz zur historischen Realität, Mythos nennen, »der wahre Tatbestand«. Frau Professor KERÉNYI hat mir bestätigt, daß das Wort der alten Amme, die in der »Odyssee« beim Waschen der Füße des heimgekehrten Odysseus die Narbe des einstigen Kindes wiederentdeckt, – daß dieses ihr Wort: »Ich allein kenne den Mythos« meint: Ich allein kenne hier den wahren *Tatbestand*. Die Realität war symbolisch, und das Symbol konkretisierte sich in der Realität.

Ein weiteres Beispiel möchte ich noch anführen: In seinem Buch »Tragik, Trauer und Trost« schildert der Kunsthistoriker GIULIANI (1995) die Sage von »Rhesos zwischen Traum und Tod« auf einem griechischen Volutenkrater.

»Einen Augenblick bevor er erschlagen wird, erblickt Rhesos im Schlaf den Oineus-Enkel Diomedes. Er träumt also nichts anderes als seinen eigenen, unmittelbar bevorstehenden Tod und sieht im Schlaf dabei genau das, was auch dem Betrachter des Vasenbildes vor Augen steht. Die Perspektive des Betrachters fällt mit der des Träumenden zusammen, und der Traum erweist sich – über die anekdotische Bedeutung des Motivs in der ›Ilias‹ hinaus – als hermeneutischer Brennpunkt des Bildes. Der Dichter kann den Inhalt des Traums kurz und bündig beim Namen nennen: Die Traumerscheinung des Oineus-Enkels ist nichts anderes als ein Spiegelbild des leibhaftigen Diomedes, und im Traum spiegelt sich nichts anderes als die äußere Handlung wider. Eine solche Spiegelung geht wohl grundsätzlich über das hinaus, was der Maler darstellen kann, doch gerät dieser dadurch kaum in Verlegenheit; er braucht die Traumvision vom mörderischen Oineus-Enkel um so weniger ins Bild zu setzen, als das ganze Bild ja bereits dem Inhalt des Traums entspricht« (S. 101).

Kein Zweifel, daß dem träumenden und nicht dem wach erlebenden Rhesos das Unglück erscheint; denn »auf dem Vasenbild liegt er weich und ganz bequem gebettet« (S. 101). Vielleicht nirgendwo habe ich ein deutlicheres Beispiel für einen Realtraum in der Antike gefunden, wo der Traum die unmittelbar bevorstehende Realität so deutlich und genau widerspiegelt. Auch scheint die Erschütterung des Todes in den Traum hinüberzugehen: In der »Ilias« ist von Rhesos' keuchendem Atem die Rede; dem setzt der Maler eine gerunzelte Stirn und die verrutschte Tiara entgegen. Die akustische Charakterisierung wird in ein optisches Kennzeichen übersetzt.

Natürlich erhebt sich nun die Frage: Wo bleibt die symbolische Dimension, wenn alles nur Realität ist? Ist aber alles nur Realität, worin liegt dann die Funktion eines solchen – sicher erdichteten, aber dem Geist der Antike entsprechenden – Traums? Daß dieser Traum fiktiv ist, liegt auf der Hand. Rhesos hätte ihn im Tode nicht erzählen können. Meinte der Dichter einfach, daß die Funktion eines solchen Realtraums im Glauben wurzelt, daß der schlafende Mensch mehr als der wachende um seine Zukunft weiß? Was GIULIANI »hermeneutischer Brennpunkt des Bildes« nennt, möchte ich hermeneutisch auslegen: Das unbewußte Symbol, das erst dem modernen, psychologisch denkenden Menschen bewußt faßbar ist, also in den *Begriff* übersetzbar wird, ist das, daß die unabwendbare Realität des Todes als »Ankündigung des Todes« nach innen genommen wird. Der Schlag, der das Bewußtsein zerstören würde, der im Augenblick verwirren würde, wird vom umfassenderen Traumbewußtsein empfangen, weil das Unbewußte, aus dem der Traum kommt, über dem Tod steht.

Das Symbol bedeutet auch Bewältigung des Symbolisierten, das wie in einem Gleichnis erfaßt wird; und die Bewältigung ist in einem solchen Fall die Imagination des Menschen, der im Tod vom Tod *weiß* und nicht blindlings zerstört wird. Dieses Wissen vom psychischen Tod bei manchen Geisteskranken, die sich wachend davon keine Rechenschaft geben können, ist in der psychiatrischen Erfahrung von gewissen Träumen erschütternd. Man denkt fast an eine tragische Würde der unbewußten Einsicht. Darüber werde ich ausführlicher in dem Kapitel über die Todesträume und -symbole der schwer psychisch leidenden Menschen berichten. Hier möchte ich mit dem Hinweis schließen, daß die Polarität von »real« und »symbolisch« sich nicht immer objektiv zeigt, sondern von unserer Anteilnahme erschlossen werden muß.

12. Individualtraum versus Kulturtraum

In unserer Kultur scheint der Traum ein Bereich der Individualität geworden zu sein. Er widerspricht dem Bewußtsein, so dieses sich an soziale Regeln anpaßt, die dem tieferen Anliegen des einzelnen Menschen nicht immer entsprechen. Wo das »falsche Selbst« (H. WINNICOTT) das Bewußtsein beherrscht, kann das »wahre Selbst« sein letztes Reduit lediglich im Traum verteidigen. Es ist ein ergreifendes menschliches Phänomen, wenn man beobachtet, wie Menschen, in einem bestimmten sozialen Milieu aufgewachsen und sich in mancher Hinsicht dementsprechend gewissenlos benehmend, ihre tiefste moralische Identität gelegentlich im Traum wahrnehmen. Dort meldet sich ein Ursprüngliches an.

Ganz allgemein kann man sagen, daß der Individualtraum, sowie überhaupt alles individuelle Denken und Handeln, in unserer Kultur erst in den letzten Jahrhunderten die Oberhand gewonnen hat. Wie es auch bei uns sein könnte, wenn wir nicht im Abendland leben würden, erkennen wir, wenn wir Traumtraditionen vergangener Kulturen betrachten. Nicht nur hatte jegliches Traumbild und jeder Traumgegenstand eine bestimmte, ihm von der jeweiligen Kultur zugeordnete Bedeutung, sondern es gab gewisse rituelle Träume, die im Hinblick auf die Begründung und Festigung von sozialen Verhaltensweisen mehrfach geträumt wurden. Auf der Eranos-Tagung (1995) in Ascona über »Die Wahrheit der Träume« berichtete Annemarie Schimmel von Träumen, die in der altislamischen Kultur von 400 Menschen gleichzeitig geträumt wurden! Auf meine Frage, ob der Individualtraum in jenem Kulturbereich nicht vorkomme, antwortete sie mir: Doch, ja, in etwa zehn Prozent der berichteten Träume, und zwar dort, wo der Traum innerhalb einer persönlichen Beziehung, etwa im Gespräch zwischen Lehrer und Schüler im Vollzug einer gemeinsamen mystischen Erfahrung geträumt wurde.

Es erhebt sich hier die Frage, ob solche Individualträume damals seltener als die Kulturträume vorkamen – was für eine Beeinflussung des Unbewußten durch die Kultur sprechen würde – oder ob sie von den Menschen dieser kulturellen Epoche weniger beachtet wurden; was mir wahrscheinlicher erscheint.

Die kulturelle Umgebung eines Menschen hat sicher einen gewissen Einfluß auf die wache *Verarbeitung* und Registrierung der Träume, also auf ihre Interpretation, die dann anstelle des gesamten Traumkontextes festgelegt und tradiert wird. Das ist übrigens nicht nur in der Antike und nicht nur innerhalb der Weltreligionen so gewesen. Noch im letzten Jahrhundert hat der Traum in jener Geisteshaltung und kulturellen Strömung, die wir »Romantik« nennen, eine »Renaissance« erlebt, die sich freilich einerseits zu den tiefenpsychologischen Inspirationsquellen des Individuums bekannte, die andrerseits aber von einer kulturellen Tradition getragen wurde. Träume waren damals nicht, wie etwa in der psychoanalytischen Ära, entlarvende Spiegelbilder eines sich von sozialen Anstandsregeln freisprechenden Unbewußten, sondern sakrale Bereiche des Geistes, der von dort aus das Bewußtsein inspirierte. Die »Romantiker berufen sich auf den Traum; aber bald meinen sie den Nachttraum, dem eine besondere ästhetische oder metaphysische Tragweite zukommt, bald taucht der Zuflucht suchende Geist, der scharfen Begrifflichkeit müde, in den auch im Wachen unablässig fließenden Bilderstrom ein. Dann wieder lebt im Traum die Erinnerung der Vorzeit auf, aus welcher dichterische wie mythische Einbildungskraft gleichermaßen schöpfen. Manchmal ist der Traum der verwunschene Ort von Geistererscheinungen, manchmal der herrliche Vorhof zum Paradies. Bald empfangen wir im Traum die erhabene Botschaft der Gottheit selbst, bald dringen unsere irdischen Wurzeln in den mütterlichen Schoß der Natur hinab. Immer inspiriert sich der Rhythmus des künstlerischen Schaffens am Rhythmus des Traumlebens, und dieser mag seinen Gang nach dem ewigen Wandel der Gestirne oder nach den reinen Schwingungen unserer Seele vor dem Sündenfall richten. Allerorten bezieht die Poesie ihre Substanz aus dem Traum« (BEGUIN 1973, S. 15). GOTTHILF HEINRICH SCHUBERT bezeichnete 1814 in seiner Schrift »Symbolik des Traums« diesen als einen Wegweiser zur verlorenen Sprache der Natur. Er sah die Traumbilder als »imagines viventes«, Bilder einer göttlichen Offenbarung, die eine verborgene »Logik des Unbewußten« ausdrücken. Die »Traumhieroglyphen« liegen nach seiner Sicht nicht in einer historischen Ferne, sondern sind uns infolge eines anthropologischen »Kompetenzverlustes« verlorengegangen. Ich beziehe mich mit diesen Hinweisen auf den schönen Vortrag von A. ASSMANN (auf der Eranos-Tagung 1995 in Ascona). Sie erwähnte auch, daß NIETZSCHE in einem Aphorismus über den Traum schrieb: »Im Traum glaubt der Mensch … eine zweite reale Welt kennenzulernen; hier ist der Ursprung aller Metaphysik« (Aphorismus 58, S. 450).

Ganz anders war es in der von der Vernunftphilosophie geprägten Epoche der Aufklärung. Da konnte es vorkommen, daß ein so großer Geist wie LEIBNIZ – immerhin mit Bedauern – bekannte, nie geträumt zu haben, nicht zu wissen, was ein Traum sei.

Nachdem ich bisher die bedeutende Rolle dargestellt habe, die die Kultur bei der Gestaltung des Traums – wie bei allen anderen menschlichen Phänomenen – spielt, möchte ich auf die dynamische Polarität »Individualtraum versus Kulturtraum« eingehen. Diese Polarität beinhaltet, daß viele Kulturträume eine verborgene individuelle Komponente haben und daß viele Individualträume auch kulturelle Dimensionen enthalten. Hier geht es oft eher um Überschneidung als um Gegensatz.

Von W. BAUER, der uns auf der bereits mehrfach erwähnten Eranos-Tagung über den Traum im alten China berichtete, erfuhr ich, daß zum Tode verurteilte Chinesen häufig vor der Exekution von ihren *toten* Angehörigen träumten. Sicher spielte die traditionelle, kulturell festgelegte Ahnenverehrung der Chinesen dabei eine große Rolle; und doch, welche tiefe individuelle Beziehung des einzelnen Menschen in einer Situation äußerster Einsamkeit vor dem Tode können wir darin sehen!

Nachdem ich auf das Individuelle im Kulturtraum hingewiesen habe, möchte ich, umgekehrt, auch auf kulturelle Züge im Individualbereich hinweisen und fragen: Sind die Träume des heutigen Menschen, sind die Träume unserer Patienten, die in der Individualpsychologie, in der Psychoanalyse oder in der Tiefenpsychologie, also in einem individuellen Geistesraum analysiert und meditiert werden, wirklich frei von kulturellen Zeichen? Wahrscheinlich wird man erst später, in einem anderen Jahrhundert, unter anderen Kulturbezügen diese Frage wissenschaftlich beantworten können. Ich beschränke mich an dieser Stelle auf den Hinweis, daß ich in vielen Traumseminaren die Bemerkung gehört habe, daß die Ideologie und die Schule des Analytikers die Trauminhalte des Analysanden beeinflussen: Sexualträume beispielsweise kämen häufiger in orthodoxen FREUDschen Analysen vor; religiöse Träume wären häufiger in der JUNGschen Analyse. Man könnte natürlich auch fragen, ob nicht die *Deutung* des Traummaterials von der Schule abhängig ist: Man sieht und findet nur, was man sucht. Die Kerze ist dem einen ein Phallussymbol und dem anderen ein Symbol des Lichts, der Hoffnung, des Lebens.

Der Kulturtraum, den wir in den Erzählungen, Sagen und Mythen der Vergangenheit finden, ist heute in seiner charakteristischen Allgemeinheit nicht mehr zu finden, weil vor allem unsere westliche Gesellschaft so individualistisch geworden ist, wie keine andere jemals in der Geschichte. Heute hat jeder Mensch *seine* Träume; es ist schwer vorstellbar, daß man aus einem »kollektiven« Traum Beschlüsse und Richtlinien für ein gemeinsames – religiöses oder politisches – Handeln ziehen würde. Dementsprechend hat der Traum viel von seiner sozialen Bedeutung eingebüßt; er dient nur noch zur Selbsterkenntnis und Selbstverwirklichung des Individuums, vorausgesetzt, daß dieses ihn beachtet und versteht. Daß freilich auch dem vergessenen, nicht erinnerten Traum eine physiologische und psychologische Funktion eignet, habe ich in meiner Einleitung ausgeführt. Sofern ich aber das Gegensatzpaar »Kulturtraum versus Individualtraum« zu den funktionalen Paaren rechne, muß ich daran festhalten, daß dieses nicht nur historisch zu betrachten ist, sondern daß die Kultur auch heute noch grundsätzlich das Träumen der Menschen prägt.

Für diese meine Ansicht spricht schon die Bedeutung, die FREUD den »Tagesresten« zusprach. Tagesreste sind nicht nur zufällige Ereignisse der dem Traum vorausgegangenen Tage, die der Träumer in der Psychoanalyse assoziiert; sie sind auch der kulturelle Hintergrund, aus dem jene Erinnerungen stammen. Die Stellung des Menschen in der heutigen Gesellschaft bestimmt auch seine Träume nachhaltig.

Aber selbst die kulturelle *Vergangenheit* übt eine mächtige Wirkung auf die Gestaltung des Traums aus. Dafür möchte ich beispielhaft auf folgendes hinweisen: Es ist mir in meiner psychotherapeutischen Arbeit immer wieder aufgefallen, wie viele kirchlich uninteressierte Menschen von Kirchenräumen träumen. Sie befinden sich träumend etwa in einer großen Kirche, in einem Dom, in irgendeinem sakralen Raum, und zwar meistens dann, wenn es im Traum um das Selbst des Träumers geht. Die Zentrierung des Traums auf ein Problem des Selbst spiegelt sich in dem Handlungsraum wider, in dem die menschliche Person sich einst im Zentrum ihres religiösen Schicksals wußte. Man steht also im »Angesicht Gottes«, was auch heißt: Man erfährt eine Botschaft aus der eigenen Tiefe – gleichgültig, ob der Traum positiv oder negativ ist, gleichgültig, ob der Raum lichterfüllt ist oder sich ein Abgrund vor dem Altar öffnet.

Menschen, die aus einer anderen Kultur stammen, wo im Tempel nur die Cella der Götter stand, nicht aber eine Gemeinde betete, träumen wahrscheinlich anders. Die Polarität des Traums spannt sich dort anders, fehlt aber vermutlich nie.

Weitere beliebige Beispiele könnten angeführt werden. Ich erinnere mich an einen jungen Patienten, der in seiner ödipalen Auseinandersetzung mit dem Vater die päpstliche Autorität und die katholische Kirche scharf ablehnte. Die Ambivalenz zum Vater zeigte sich dann aber in einem – ihn erstaunenden und ärgernden! – Traum, in dem er sich vom Papst wie Jakob von Isaak segnen ließ.

Die Sakramente, Taufe und Abendmahl, die Rollen von Pfarrern und Priestern kommen in Träumen von religiösen Menschen meiner Erfahrung nach häufiger vor als in den Träumen nicht religiös gesinnter Menschen; sicher ein Zeichen, daß nicht nur das Unbewußte, sondern auch das kulturell geprägte Bewußtsein an der Gestaltung des Traums Anteil hat. Freilich ist bei der kulturellen Deutung von religiösen Träumen und Traumsymbolen Vorsicht geboten. Es ist leichter, Träume unserer Ahnen im Spiegel der in der damaligen Kultur herrschenden Mythen auszulegen, als Stellung zu nehmen zu den Bildern, welche der Traum in unserer geschichtlichen Gegenwart entwirft; denn keine geschichtliche Gegenwart versteht sich als *mythisch*, sondern erhebt Anspruch auf die endgültige Aussage der Wahrheit. Wenn wir beispielsweise Christuserscheinungen im Traum als Symbole auslegen würden, das heißt also als Archetypen, die in christliche Bilder gekleidet werden, so könnte uns der christlich gläubige Leser mit Recht fragen, ob nicht auch der Archetypenbegriff zu den kulturellen Erscheinungen unserer Zeit gehört? Oder eignet den Archetypen eine naturwissenschaftliche Beweiskraft, Objektivität und Verifizierbarkeit?

Vielleicht liegt eine mögliche Brücke in dem Argument, daß die Transzendenz sowohl im Traum als auch in der Helligkeit des wachen Geistes zum Menschen in *der* Sprache spricht, in welcher er sie anruft, und in *den* Bildern erscheint, in denen dieser sie sucht.

Das gilt besonders für den Traum, der, frei von dogmatischen Überzeugungen, auch für den Gläubigen eine größere Variationsbreite hat als das wache Denken und der seine Wurzeln tiefer als die tägliche individuelle Verantwortung in die uns tragende Kultur gesenkt hat.

Der kulturelle Traum ist ein Traum, der einem großen, einer ganzen Menschengemeinschaft gegebenen Thema entsprechend von vielen Angehörigen dieser Gemeinschaft geträumt wird. Zwar gibt es trotzdem individuelle Unterschiede; denn schon der große HERAKLIT hat gewußt: »Im Wachen hat man eine einzige und allen gemeinsame Welt – im Schlafen aber wird jeder einzelne in seine Eigenwelt hinweggewendet« (zit. n. KRANZ 1951/52). Doch bis zu einem gewissen Grad schlägt das Pendel mehr in Richtung des kulturellen Pols dieses Gegensatzpaars aus und eher weg vom Individuum – wie Träume von Menschen zeigen, die gemeinsam in einer vom kulturellen oder geschichtlichen Leben bestimmten Extremsituation lebten und träumten.

In dieser Hinsicht interessant ist das von J. THOMAS angeführte Beispiel der christlichen Märtyrer im antiken Rom zur Zeit der Christenverfolgung. Wörtlich heißt es: »Jedoch würde ich im weiten sozio-kulturellen Gebiet der Spätantike ein Phänomen festhalten, das mir besonders bewegend erscheint und gleichzeitig verschieden von der umgebenden Kultur; es handelt sich um die Träume der christlichen Märtyrer, die uns durch die hagiographischen Erzähler überliefert worden sind, … Die christliche Gemeinde der ersten Jahrhunderte lebt in der Tat in extrem schwierigen Umständen, die ein psychologisches und geistiges Klima schaffen, das sich nicht mit lauwarmer Mittelmäßigkeit vereinbaren läßt … All diese Träume zeichnen sich durch ein Gefühl der Befreiung aus, ein ›Loslassen‹ im Verhältnis zur Tageswelt. Für diese Märtyrer, die an der Schelle zum Tode stehen, findet der Traum, ohne Ausnahme und mit einer Art von sublimer Hingabe, sein bevorzugtes Feld und seinen Ursprungsort wieder …, man schuldet dem Tag und seiner Ordnung keine Rechenschaft mehr … In diesen Träumen ist der einzige Meister, das einzige Band, an welches das Individuum sich bindet, der christliche Gott … Es ist gerade diese Gewißheit der Unsterblichkeit, welche die Träume der Märtyrer ausdrücken, mit Bildern, die uns über die Zeit hinweg bewegen …« (S. 180–183).

Seinem Vortrag »Der Traum. Wege der Erkenntnis im klassischen Altertum« läßt THOMAS das Motto vorausgehen: »Fiez-vous aux rêves, car en eux est cachée la porte de l'éternité« (KHALIL GIBRAN, Le Prophète).

Nachdem ich die These dargelegt habe, daß der »kulturelle« Traum eher von der gemeinsamen Kultur als von der individuellen Problematik bestimmt wird, möchte ich, in einer dialektischen Umkehrung dieser These, auch zeigen, daß der ausgesprochen »individuelle« Traum ebenfalls Platz in der kulturell bestimmten forma mentis hat, unter der Bedingung, daß auch die Ausnahme kulturell bestimmt ist. Der ausgesprochen individuelle Traum, der nichts weiter als – im FREUDschen Sinne – persönliche Wunscherfüllung ist, wird möglich durch die Auffassung, daß dieser *auch* von Gott geschickt wurde – aber um den Träumer zu verwirren!

Ein Beispiel dafür: Die »Ilias« erzählt den berühmten Traum des Agamemnon. Der »gottgesandte Traum« wird dort durch sein Kommen und Gehen personifiziert; er sagt dann dem träumenden Helden: »Nicht recht ist's, daß ein Mann schläft, der Entschlüsse fassen muß«, und er gibt den Rat: »Sich rüsten lassen sollst du die Achaier; denn jetzt kannst du vielleicht die große Stadt der Troer nehmen!« »So aber sprach der Traum und schritt davon. Den aber ließ er dort zurück, im Herzen daran denkend, was sich nicht vollenden sollte: wähnte nämlich zu nehmen die Priamos Stadt noch am nämlichen Tage – Tor, der er war – und wußte so gar nicht die Werke, die Zeus sich in Wahrheit ersonnen« (Ilias, 2, 16 ff.). Agamemnon verlor die Schlacht. Dazu schreibt LATACZ (1984): »Der Traum von Agamemnon ist der Traum vom triumphalen Blitzsieg, den jeder Erfolglose träumt – erfolglos, weil verblendet« (S. 27).

Wir haben hier zwei Sachverhalte: Auf der einen Seite kam der Traum von Zeus, entsprechend der kulturellen Tradition, daß die Träume Botschaften der Götter sind. Auf der anderen Seite spricht dieser Traum eine versteckte Wunschregung des Träumers aus, und er ist deshalb ein »individueller Traum«. LATACZ führt dazu aus: »Ist das nicht der Traum, der zu ihm paßt? Was würde er denn lieber hören als gerade dies! Freilich: *Zeus* hat den Traum geschickt. *Muß* also Agamemnon nicht an ihn glauben? Warum hat der Dichter den Zeus gerade dem Agamemnon gerade einen Traum, diesen Traum schicken lassen? Hat er nicht damit *seinen* Zeus seinen Agamemnon richtig einschätzen lassen?« (S. 27). Also kennt auch die antike Kultur die Charakterisierung eines Menschen durch die Art der Träume, die er hat, selbst wenn sie sakraler Art sind.

Wir können zum Schluß festhalten, daß die Kultur die Träume in doppelter Hinsicht beeinflussen kann: einmal durch die Auswahl der Trauminhalte, die in einem kulturellen und nicht nur transhistorischen Sinn archetypisch sein können; zum andern dann durch das Verstehen der Traumgenese.

In diesem Zusammenhang möchte ich auf einen Beitrag meiner Mitarbeiterin, Frau THERESE WAGNER-SIMON, die 1984 mit mir mein erstes Buch über Träume herausgegeben hat, verweisen: »Der Heiltraum«. Diese Traumform, die sie dort bearbeitet, war zugleich ein Real- und ein Kulturtraum. Das Verstehen der Traumgenese führt uns auch zu der Frage der individuellen Bezugnahme sowohl auf den Archetypus als auch auf die Person des Heilbringers, die man damals nicht »Übertragung« nannte und die uns doch solche Träume in diesem Sinne nacherleben läßt.

* * *

Nach der Darstellung der funktionalen Gegensatzpaare gehe ich nun im folgenden zu den inhaltlich-symbolischen Gegensatzpaaren über. Wie schon eingangs erwähnt, verstehe ich darunter solche Gegensatzpaare, die mit der jeweiligen spezifischen Symbolik des einzelnen Traums zu tun haben, die also nicht grundsätzlicher Natur sind, nicht zur Funktion des Traums gehören. Während der Traum im allgemeinen Sinne auf der Objekt- oder auf der

Subjektstufe verstanden werden kann und soll, mag es beispielsweise in bestimmten Träumen auffallen, wie das Ineinanderverflochtensein von regressiven und progressiven Wirkkräften inhaltlich und symbolisch gestaltet wird. Auf der einen Seite ist der Traum dann eine Regression auf eine Vergangenheitsstufe, auf der anderen Seite finden gerade auf dieser Ebene neue Lösungen für zukünftige Schritte, also für eine Progression statt. Die Grenzen zwischen der einen und der anderen Gruppe sind fließend; aber die unterschiedliche Akzentsetzung rechtfertigt sich aus der Einsicht, daß gewisse Muster der Traumverarbeitung archetypischer Natur sind, andere dagegen sind eher situativer und persönlich-individueller Natur.

Die inhaltlich-symbolischen Gegensatzpaare

Die inhaltlich-symbolischen Gegensatzpaare unterscheiden sich von den bisher beschriebenen mehr formalen und funktionalen durch ihre situative Erscheinung: Sie treten vornehmlich in der besonderen psychotherapeutischen Situation auf. Es ist, wie wir sehen werden, von Übertragung und Regression, von Progression und Übergangssubjekt und vielem anderen die Rede, also von Phänomenen, die strukturell die Beziehung des Träumers zum Therapeuten, die Dualität und die im Unbewußten vorausgenommene Reaktion des anderen einschließen.

Hier kommt nicht nur das einzelne Traumbild vor, das in sich, in der Bedeutungstiefe seiner Gestalt gegensätzliche, aber sich ergänzende Gedanken (Subjekt und Objekt, Memorisierung und Aktualisierung usw.) einschließt und so erst als Gegensatzpaar verstehend zu erschließen ist. Nein, bei den inhaltlich-symbolischen Gegensatzpaaren beobachten wir das Nebeneinander sogar häufiger als die Doppelgesichtigkeit des Bildes; es gibt nicht nur den latenten Gedanken hinter dem manifesten, nicht nur die Zweideutigkeit des Erscheinungsbildes; es gibt auch und besonders die Sequenz, wie beispielsweise »Dürre, Erstarrung *und* Lebendigkeit«, »Verfolgung, Tod *und* Rettung« – freilich im selben Traum. Wenn wir versuchen wollen, diese doppelte Kategorisierung auf frühere Beobachtungen in der Literatur zurückzuführen, könnten wir sagen, daß die Zweideutigkeit zuerst von FREUD am Modell der Polarität von manifestem und latentem Traumgedanken gesehen worden ist – wobei er den latenten Gedanken zu wenig formal und zu sehr inhaltlich, als wiederkehrenden, sexuellen Konflikt faßte. Wir können weiterhin sagen, daß die »dramatische Sequenz«, wie ich es formulieren könnte, bereits von JUNG am klassischen Beispiel der Träume gesehen worden ist, wo dem »Stirb« das »Werde« folgt. So ist meine Rückschau letzten Endes ein Versuch, die Kontinuität der Traumlehre in der sich oft so diskontinuierlich verstehenden Psychoanalyse zu vertreten.

Freilich kann man den Unterschied auch unterbetonen, herunterspielen; denn selbst die formalen Gegensatzpaare sind doch, wie fast alle Träume, die wir in diesem Buche besprechen und analysieren, auf der Folie der psychotherapeutischen Beziehung erhellt worden, genauso, wie die inhaltlich-symbolischen von uns in psychotherapeutischen Situationen untersucht worden sind. Es gibt allerdings auch die tiefenpsychologische Schule der MELANIE KLEIN, für die alle Objektdeutungen in der Psychotherapie den *Therapeuten* betreffen, immer das therapeutische Objekt – gegenüber dem Patientensubjekt – anvisieren. Aber das sind extreme Deutungsmöglichkeiten. Wesentlich bleibt in meiner Sicht der Unterschied, daß die formalen Gegensatzpaare grundsätzlich in *allen* Träumen sichtbar werden *können*. Daß dieses Sichtbarwerden und Sichtbarmachen die Zuwendung zum Traumphänomen und somit die Beziehung voraussetzt, ändert daran nichts. Dies ist nicht mit jenen besonderen, gelegentlichen Beziehungsformen zu verwechseln, die durch das Auftreten spezieller Inhaltssymbole bedingt sind.

Ich werde im folgenden auf zwölf inhaltlich-symbolische Gegensatzpaare eingehen. Vorausschicken muß ich auch hier wieder, daß diese Zahl nicht erschöpfend ist. Jeder, der die zwölf Paare überliest, wird feststellen, daß noch etliche weitere erwähnt zu werden verdienten; aber dem Buch ist auch vom Umfang her ein gewisser Rahmen gesetzt. Die zwölf Gegensatzpaare sind:

1. Tod versus Leben
2. Selbstentfremdung versus Selbstfindung
3. Das Übergangssubjekt und seine Antinomien
   a. Archetypus versus Übergangssubjekt
   b. Selbstobjekt versus Übergangssubjekt
   c. Der Zwillingstraum als Übergangssubjekt
4. Regression versus Progression
5. Negative versus positive Übertragung
6. Symbiose versus Separation
7. Ablehnung versus Annahme des Patienten
8. Hilflosigkeit versus (Aggressions-)Hilfe
9. Zwang versus Freiheit
10. Kreatürlichkeit versus Ich-Idealität
11. Erstarrung versus Gefühlswärme
12. Auflehnung versus Versöhnung

1. Tod versus Leben

Beginnen möchte ich mit der psychologischen Feststellung, daß die schmerzliche Einsicht, etwas Unwiederbringliches zu verlieren, sich oft im Traum als Todessymbol aufdrängt. Das Sterben einer psychischen Persönlichkeitsseite erscheint gelegentlich sogar in Träumen von Menschen, die glauben, sich durchaus wohl und gesund zu fühlen, die sich aber einseitig entwickelt haben, die beispielsweise die Tatsache verdrängen, daß ihre Gefühlsseite in einem nur auf Leistung, Wettbewerb und Erfolg orientierten Dasein zu kurz kommt und allmählich verkümmert. Darüber hinaus denke ich, daß menschliches Dasein grundsätzlich in der Situation der Auseinandersetzung mit dem Tod, in der Situation der existentiellen Gefährdung wurzelt, die sich gelegentlich auch im Traum spiegelt. »Im Lebendigen, soweit es Leib ist, mag alles lückenlos lebendig sein; anders in der Seele und im Geist. Hier können sich sehr wohl Inseln bilden von Unlebendigkeit und Totheit. Fast jeder Mensch schleppt derartige Erstorbenheiten in sich mit« (von Gebsattel 1964, S. 408).

Der Tod im Traum gehört zu den komplexen Erscheinungen in der Psychiatrie. Tod ist nicht nur das körperliche Ableben. Unsere unbewußte Seele hat eine umgreifendere Todesvorstellung. Unsere Tiefenseele drückt sich in Symbolen, in Bildern aus, die ständig wechseln, die jedoch einige Grundzüge erkennen lassen, so daß wir von einer *spezifischen Symbolik*, etwa des Todes, der Geburt und so weiter sprechen dürfen. Symbole für Tod und Sterben können also entsprechend variieren: Ein verdorrter Baum, ein schwarzer See, ein blutiges Wasser, eine geheimnisvolle, dunkle Blume, ein abgeschlossener Bezirk können alle den Tod symbolisieren. Die Bilder sind individuell verschieden geprägt. Sie haben jedoch bei allen Individuen gemeinsam wiederkehrende Züge, und sie prägen auch die wachen Phantasien, wie etwa das Bild »Toteninsel« von Böcklin den abgeschlossenen Bezirk darstellt. Je nachdem, ob der Tod mit dem Gesicht der stillen, weihevollen Abgeschiedenheit oder mit der Stimmung des Verfalls oder sonstwie erlebt wird, werden verschiedene Seiten des archetypischen Todesbildes angesprochen. Der wache Geist kann das Bild bewußt hervorrufen, um es zu gestalten. Tritt aber das Todesbild spontan aus seiner unbewußten Tiefe im Traum auf, so hat das meistens einen mit der persönlichen Lebensgeschichte des Träumers zusammenhängenden Sinn. Es mag sowohl eine präzise Vorahnung als auch eine flüchtige Angst sein. Das Todes*bild* meint eben weit mehr als der Todes*begriff*, mehr auch als das körperliche Ableben. Was für den wachen Geist »nur« eine seelische Verkümmerung, eine Verflachung des seelischen Lebens, ein Verlust der Interessen und zentralen Lebensanliegen, eine Entleerung, ein Verfallen an die chronische Resignation sein mag, erscheint nicht selten im Licht des Unbewußten als ein Sterben. Denn für unser Unbewußtes ist das leibliche Leben nicht einmal so wichtig wie für den Verstand; ein Verlust der Entfaltungs- und Ausdrucksmöglichkeiten, etwa infolge einer chronischen Neurose, oder gar eine fortschreitende geistige Umnachtung haben genau dieselbe Bedeutung. Eindrucksvoll ist die Todessymbolik insbesondere bei drohender Geisteskrankheit. Bilder wie eine häufig wiederkehrende Sonnenverfinsterung, ein unwiederbringliches Austrocknen der Erde, ein Versiegen aller Gewässer, ein Sichauflösen des Firmaments schrecken den Träumer auf, und sie werden später durch den fatalen Ausgang der fortschreitenden Geisteskrankheit bestätigt.

Mir geht es hier aber nicht um die Vielfalt der Todessymbolik – darüber gibt es bereits eine Fülle von Untersuchungen, vor allem aus der JUNGschen Schule –, sondern um die Inhalte und Deutungsmöglichkeiten der Symbole Tod, Sterben, Grab, Beerdigung in den verschiedensten Patiententräumen, in denen sich neben diesem negativen Symbol ein positiver Aspekt des Lebens, des Wandels, des Neubeginns, der Auferstehung – wenn auch oft nur latent – findet.

Es handelt sich hier um eine Polarität, die sich, unabhängig von der therapeutischen Situation, im Leben eines jeden Menschen ereignen kann, der auf einen lebenswichtigen Halt verzichten muß. Einem solchen Menschen kann es durchaus geschehen, daß er im Traum das Gefühl hat, sterben zu müssen. Nur so kann er den radikalen Verlust bis in die Tiefe seiner Existenz erfahren und daraus als neuer, reiferer und gewandelter Mensch hervorgehen und weiterleben. Obwohl wir – rückblickend – von Sterben und Tod als der Voraussetzung dieses neuen, gewandelten Lebens sprechen, können wir angesichts der Todeserfahrung im Traum doch nicht von vornherein wissen, ob sie wirklich ins Leben führen wird; denn wenn wir das wüßten, wäre diese Todeserfahrung – im gesunden Leben wie in der Depression – eben nicht radikal genug, um die Wende zum Leben hervorzurufen. Die Bedingung der Wandlung ist die unerbittliche Bedingungslosigkeit, eben die Todesseite des Traums. Erst dann kann sich – und das ist nicht selten der Fall – im selben Traum nach der größten Todesangst eine Wende zum Leben ankündigen.

Warum stellen wir dieses Gegensatzpaar in die Kategorie der inhaltlich-symbolischen Polaritäten? Weil es sich dabei um eine sehr spezielle Thematik handelt, die, wie alle sehr tiefen Dinge, von einer »ergreifenden Seltenheit« im gewöhnlichen menschlichen Leben ist, die aber darum gerade in der Psychopathologie, wo die innere Situation des Todes häufiger unausweichlich wird, einen besonderen Akzent bekommt.

Ich möchte nun sechs Gesichtspunkte herausgreifen:

- Das Problem des drohenden Identitätsverlustes
- Das Absterben einer – negativen – Persönlichkeitsseite
- Das Überholtsein einer bestimmten – negativen oder positiven – Phase in

der psychischen Entwicklung (zwei Traumbeispiele)
- Die drohende Erstarrung der gesamten Persönlichkeit (ebenfalls zwei Beispiele)
- Der Tod als Selbst-Begegnung
- Die Überwindung des Todes durch die psychotherapeutische Dualisierung –

wohl wissend, daß damit die Mannigfaltigkeit der Symbolik um Tod, Sterben, Grab und Beerdigung bei weitem nicht erschöpft ist.[9]

Das Problem des drohenden Identitätsverlustes
Alle Psychotherapeuten kennen jene Psychosen, deren Beginn durch den Ausbruch des Verdrängten, des »Not me« (SULLIVAN), des »Schattens« (JUNG), des »bösen Objekts« (M. KLEIN), des »symbiotischen Selbst« (PECICCIA) gekennzeichnet ist. Alpträume, aus denen der Kranke nicht erwachen kann, Halluzinationen und Panikzustände leiten die akute Psychose ein.

Das alles kann im Traum aller, auch nichtpsychotischer Menschen in einer weniger dramatischen Weise geschehen, weil der Träumer aus dem Angsttraum schließlich erwacht und die gewohnte Realität wiederfindet. Ein schwerer Angsttraum kann freilich bis an den Rand der Psychose führen, wie bei jenen Menschen, welche auch *nach* dem Erwachen nicht mehr wissen, wo sie sind, und die sich dann in einer fortdauernden Traumwelt wähnen.

Es gibt aber auch Träume, in denen eine solche tiefe Erschütterung zu einer erneuten Identitätsbildung führt. Ich denke in diesem Zusammenhang an eine Frau, die einst nach der Scheidung ihrer Eltern in einer Lebenssituation aufwuchs, die nicht gestattete, daß die süchtige und schließlich an einem Suizid gestorbene Mutter in der Erinnerung auftauchen durfte. Der Vater, bei dem das Mädchen aufwuchs, tolerierte es nicht, daß der Name der Mutter auch nur zufällig im Gespräch fiel. Sucht und Suizid hatten das Bild der Verstorbenen derart beschmutzt, daß selbst die Blutsverwandten der Toten einen Platz im Familiengrab verweigerten.

In der Adoleszenz dann wurde die Patientin auf einmal von einem Gespenst verfolgt – vom Schatten dessen, was von allen Familienangehörigen so gründlich und scheinbar erfolgreich verdrängt worden war. Seltsame Gedanken drängten sich ihr auf: Wollte sie, im Gedenken an die Mutter, diese aus dem Grab holen? Wer war aber ihre Mutter? Nein, nein, sie wollte dem Vater treu bleiben; sie wollte lieber das Gespenst in die Flucht schlagen oder gar töten. Und schließlich endete sie bei der schrecklich quälenden Frage: Bin ich die Anwältin oder die abermalige Mörderin meiner Mutter?

9 Ich möchte auf das Buch von HELMUT HARK verweisen, in dem sich auch weiterführende Literatur findet (s. Literaturverzeichnis).

Auf einer Reise überfiel sie dann folgende Wahnvorstellung: Sie selber sei die Mutter. Sie wehrte den scheußlichen Gedanken ab, indem sie zwei Gegenstände der Mutter, die sie zu Hause gefunden und heimlich an sich genommen hatte und nun immer bei sich trug – einen Ring und eine Uhr – in aller Eile begrub.

Sie konnte sich dadurch aber vom Abgespaltenen nicht befreien, sie geriet in einen Zustand der Verwirrung und wurde schließlich hospitalisiert. Sie heilte rasch unter der Medikamenteneinwirkung. Es war ihr danach aber alles gleich, als wäre nichts passiert; es blieb nur eine eigentümliche Verflachung ihrer Affekte zurück. Es war ihr so, als ob sie nicht *ganz* existieren würde. In einer leisen Wahnstimmung befürchtete sie manchmal, »eine Kopie der Mutter« zu sein. Deshalb entschloß sie sich zu einer Psychotherapie. Vor dieser hatte sie einen unvergeßlichen Traum, in dem sie »nahe daran war, wieder den Verstand zu verlieren« und sich dennoch fand:

Die Patientin befand sich auf einem unbekannten Planeten, zusammen mit vielen, ihr unbekannten Menschen. Wo war sie? Wer begegnete ihr hier? Eine diffuse, fast unerträgliche Angst überfiel sie. Diese Angst wuchs immer stärker an, bis der Tod selber in den Kreis der Anwesenden trat. Er trug in der Hand eine Maske aus Wachs: die Totenmaske der Mutter! Er drückte jedem der Anwesenden der Reihe nach die Maske auf das Gesicht, und jeder wurde sofort durch die Berührung ausgelöscht, oder er wurde zu einer Kopie der verstorbenen Mutter. Als der Tod schließlich zu ihr kam und als sie erwartete, ebenfalls ausgelöscht zu werden, blickte er sie nur scharf an und sagte: *»Du hast ja schon dein eigenes Gesicht.«*

Was war nun dieses »eigene Gesicht«, das der Tod erblickte? Nichts anderes als die Individuation, die nicht selten erst, wie bei dieser Patientin, aus der Erfahrung des drohenden Identitätsverlustes entsteht, und zwar dann, wenn sich solch ein Identitätsverlust nicht aus einem sinnlosen Lebenswandel ergibt, sondern aus einer überaus leidvollen Weigerung, etwas Wesentliches zu verdrängen und abzuspalten, das in der Familie oder in der Gesellschaft keinen Lebensplatz eingeräumt bekommt und das doch ein großes Lebensrecht hat. Gerade der Tod, der einen Menschen in solchem Kampf als Identitätsverlust und Psychose bedroht, gibt dem Leidenden »sein eigentliches Gesicht«. Das Gesicht, das der Tod erblickt, war ihr ganz persönliches Gesicht – nicht eine Kopie ihrer Mutter –, das gewagt hatte, den Tod zu erblicken und ihm standzuhalten.

Der Traum, den ich soeben berichtet habe, wurde nicht während einer Psychotherapie geträumt, sondern war eher der Anlaß zu einer solchen. Vor besonders schwierige Fragen stellen uns aber Todesträume von Patienten, die in einer Psychotherapie stehen. Problematisch sind vor allem solche Träume, in denen das Gegensatzpaar nicht manifest auftritt, solche Träume also, wo der negative Pol des Todes ganz augenfällig und vorherrschend ist. Liegt hier ein verborgenes Gegensatzpaar vor, gibt es einen *latenten* positiven Pol? Oder wird dem Kranken durch den Todestraum ein unerbittlicher Spiegel seines Schicksals vor Augen gehalten? Und was will dieser Spiegel? Ihn vernichten? Oder ihm eine Chance geben, das Todesbild in der Ruhe des Schlafs – sozusagen von außen – anzusehen, ohne doch völlig in ihm aufzugehen? Dabei muß grundsätzlich mit der Möglichkeit gerechnet werden, daß der Patient einen solchen Traum erst durch die Psychotherapie bekommt, erst durch die noch unbewußte Hoffnung, daß ein therapeutisches Übergangssubjekt durch das Ergriffenwerden des Therapeuten entsteht, das das normalerweise latente Todesbild des Kranken neutralisiert. Ich meine, daß der latente Tod bewußt wird und sich im Traum bildhaft aufdrängt, wenn die psychotherapeutische Bemühung beim Patienten jene Lebensmöglichkeit hat, die das Tote abgrenzt und es erkennen läßt.

Ging es bei dem eben berichteten Beispiel eher um den drohenden Identitätsverlust und die Individuation der Träumerin, so geht es in den nun folgenden Beispielen eher um Tod, Absterben von Altem, Überholtem und Neuanfang, Lebenschance für anderes, Positiveres.

Das Absterben einer – negativen – Persönlichkeitsseite

Jeder Therapeut weiß um die Möglichkeit, daß seelische Behinderungen, wenn sie chronifiziert werden, im Traum die Gestalt des Todes annehmen können. Oft ist es in solchen Fällen nicht ganz einfach, hinter dem vordergründigen Traumgeschehen von Tod und Begräbnis die Möglichkeit des Gegenpols »Wandlung und Leben« zu erkennen. Bei dem Beispiel, das ich gleich geben werde, ist es recht eigentlich die Traumatmosphäre, die auch nach dem Erwachen noch andauerte, die den Träumer schließlich auf die wahre, allerdings zunächst völlig verborgene Bedeutung des Traums hinwies. Das Paradox lag letztlich in der Doppeldeutigkeit eines einzigen Wortes. Doch zunächst gebe ich den Traum unseres italienischen Patienten wieder:

Dieser Patient befindet sich im Traum in einer Schule mit vielen Kindern. Ist er dort als Kind oder als Erwachsener? Das ist ihm zunächst nicht klar. Er weiß nur, daß ein Kind beerdigt werden soll. Und er selbst ist gekommen, um an dieser Beerdigung teilzunehmen. Und während des Geschehens wird ihm klar, daß diese Totenfeier dem Kind (il bambino reale) gilt, das er selber ist oder doch gewesen ist.

Der Träumer konnte den Sinn dieses Traums gleich nach dem Erwachen nur negativ auffassen. Er meinte, alles, was sein Erwachsenen-Dasein trug, was die Wirklichkeit seines Lebens ausmachte und eine gute Basis in der Kindheit hatte, alles, was Spontaneität und Kreativität, aber auch hochfliegende Pläne und phantastische Rollen, die er meinte »spielen« zu können, umfaßte, – daß dies alles nun zu Grabe getragen worden war. Damit war seinem realen Dasein jede Basis entzogen. Besonders die hochfliegenden Pläne, die großartigen Rollen, hinter denen sich ein Gefühl der Insuffizienz und des Ungenügens verbarg – wie er sich insgeheim immer öfter eingestehen mußte –, waren ihm so teuer und wichtig gewesen. Er war gleichsam Zeuge seiner eigenen Beerdigung, war tot. Alles war zu Ende, seine ganze Existenz vernichtet.

Diese Selbstdeutung, die der Träumer samt dem Traum in der nächsten Therapiestunde berichtete, stand aber in einem eigentümlichen Gegensatz zu der heiteren Stimmung des Träumers während des gesamten Traumgeschehens und nach dem Erwachen. Auch davon berichtete der Patient. Der Therapeut begnügte sich mit der Frage, was dieser Gegensatz »Beerdigung – heitere Stimmung« bedeuten könnte. Beim Meditieren dieses Widerspruchs fiel dem Träumer unter anderem ein, daß das Wort »reale« *zwei* Bedeutungen hat: »wirklich« und »königlich«. »Il bambino reale« konnte also auch das »königliche Kind« heißen. Nach einer kurzen Pause kam der Patient auf den Gedanken, daß dieser Begriff vielleicht nicht unbedingt positiv zu bewerten war. Ein Kind, das ihn heute – nur allzuoft – noch beherrschte, und zwar in einer besonderen Form, indem es ihn an hochfliegenden Plänen, großartigen Ideen, phantastischen Rollen für seine Lebensgestaltung in ganz infantiler Weise festhalten ließ, die er aber aufgrund seiner Fähigkeiten niemals verwirklichen konnte. Dieses »königliche« Kind war doch im Grunde ein Symbol seines infantilen Größenselbst, von dem gerade in den letzten Analysestunden mehrfach die Rede gewesen war. Die erwachsenen Rollen, die er im Leben immer wieder agierte, stammten aus einem infantilen Größenselbst, das nun allmählich durch die gesamte analytische Arbeit, die Einsicht und die affektive Entwicklung, überwunden wurde, am Sterben war, weil der Patient davon frei wurde. Die Beerdigung konnte in dieser alternativen Sicht *positiv* verstanden werden. Der Patient selber deutete seinen Traum von diesem Gesichtspunkt aus, der auch die heitere Stimmung beim Erwachen erklärte. War dann der erste Einfall des Träumers einfach falsch? Der Ernst des depressiven Leidens verbietet uns, so zu denken. Der Traum bedeutete die Überwindung einer inneren Not und einer drohenden Verfestigung der seelischen Störung, die im Bild von Tod und Beerdigung in all ihrer unerbittlichen Bedrohung im Traum dargestellt wurde. Lediglich das positive, heitere Gefühl wies darauf hin, daß nur *Teile* der negativen Persönlichkeitsstruktur abstarben, was zugleich Möglichkeiten zur Entfaltung der echten, reifen Anteile beinhaltete. Erst aus beiden Polen – Absterben und neue Entfaltungsmöglichkeiten – ergab sich die *ganze* Botschaft des Traums an den Träumer.

Dieses Beispiel ist interessant, weil beide Deutungen vom Patienten selber gegeben wurden, ohne daß der Psychotherapeut mit seinen Einfällen eingegriffen hätte.

Das Sich-ineinander-Verschränken von Tod und Leben, Sterben und Auferstehen, Untergang und Übergang kristallisiert sich aber oft im psychotherapeutischen Austausch, der nicht bloß ein Kommentar zum Traum ist, sondern recht eigentlich dessen dialogische und duale Endgestalt repräsentiert. Dem gilt unser nächstes Beispiel.

Das Überholtsein einer bestimmten – negativen oder positiven – Phase in der psychischen Entwicklung

Auch hier gilt zunächst der Ernst des Todesphänomens. Wenn ein leidender Patient im Traum stirbt (nicht nur in Todesgefahr ist), müssen wir Therapeuten aufhorchen und ganz besonders auf der Hut sein, ganz gleich, ob der Todeskandidat direkt der Patient selber oder seine symbolische Repräsentanz ist, das heißt, eine anonyme Gestalt, die ihn vertritt. Besonders erschütternd sind dabei jene Träume, in denen sich trotz der drohenden Todesnähe eine starke Beziehung des lebendigen Geistes des Träumenden zu der toten oder sterbenden Kreatur überwältigend deutlich zeigt, ohne doch die Todesmacht abwenden zu können. – Ich gebe als Beispiel den Traum einer bereits betagten Frau:

Diese Frau befindet sich im Traum im Labyrinth ihres Daseins, in einem trostlosen Bereich ihrer Vergangenheit: eine Mietskaserne, viele verwirrende Räume, leere Zimmer, kahle und schmutzige Wände, alles verwahrlost und verfallen; aber sie trägt ein Kind in den Armen. Ihr Kind? Sie liebt dieses Kind jedenfalls über alles; sie weiß, daß sie seit langem in einer tiefen Beziehung zu ihm lebt. Und dieses Kind ist krank, ist dem Sterben nahe. Es öffnet die müden Augen, als sei es durch den liebevollen Blick der Frau vom Todesschlaf erweckt. Die Augen strahlen ein tiefes, helles Blau aus, »das in die Gründe der Existenz auszuufern scheint«, – »als ob das Kind alles wüßte, was im Schicksal der Frau, ungehört und unbewußt, liegen würde«. Die Frau vergißt alles: sich selber, die leeren Räume, die trostlose, verwirrende Welt in der Betrachtung des Kindes; *aber sie weiß, daß das Kind dennoch bald sterben wird.*

Auf der Folie dieses drohenden, unabwendbaren Todes scheint auch die Flamme der Liebe düster und kraftlos. Ist die Todesahnung der Träumerin gerechtfertigt, wenn selbst die Sehnsucht und die Liebe nichts dagegen vermögen? Ist in diesem Fall das Todesgefühl der schwer Depressiven eine symbolische Prognose, der Traum ein prophetischer? Ich bin der festen Überzeugung, daß das Geschick eines psychotherapeutischen Patienten niemals festgeschrieben ist. Und zwar ist es nicht festgeschrieben wegen der Dualität, die jede Therapie prägt und trägt. Der Therapeut spürte intuitiv im Blick des sterbenden Kindes eine latente Lebenschance, eine positive Botschaft an die Träumerin, die diese im Traum selbst und in ihren späteren Assoziationen dazu nicht zu sehen vermochte. Der Ernst und die Not ihrer Vergangenheit, besonders der Kindheit, waren so überwältigend, daß der Traum ausschließlich die Aktualisierung dieser Not zu bedeuten schien und sie nur diese erleben konnte. Aber wirkte in diesem »allwissenden« Kind, das in »die Gründe der Existenz« blicken konnte mit dem »hellen Blau« seiner Augen, der himmlischen Farbe, nicht eine unirdische Kraft, die nicht nur den Tod in Händen hält, sondern auch neues Leben schafft? Das Vermächtnis dieses Kindes an die Träumerin ist das unerbittliche Wissen um ihre Existenz und deren Abgründe, deren Not und Qual, die ihre Wurzeln in der Kindheit haben. Aber diese Phase des Kindseins – und damit im Traum das Kind – muß absterben, das heißt überwunden und verarbeitet werden, um ein reiferes Erwachsenenleben zu ermöglichen. Zugleich muß die Verbundenheit der Träumerin mit sich selbst als Kind und das Wissen um die eigene frühere, notschaffende Lebensphase als Erinnerung und Vermächtnis bewahrt bleiben, um die neuen Schritte in einem freieren Erwachsenen-Dasein in sinnvoller und ihr gemäßer Weise tun zu können. Wissen und Einsicht befreien und schaffen damit Raum für neues Erleben, für Wandel und Kreativität. Das Kind stirbt, aber nicht die Träumerin selbst. Für sie kann der Tod des Kindes Leben bedeuten, wenn sie ihn recht begreift. Ohne Untergang und Tod keine Auferstehung, kein neues Leben – das wußten schon die alten Ägypter.

Ich möchte aber auch noch ein Beispiel dafür geben, wie zu einer positiven Beziehung und Phase im Leben eines Menschen Distanz gewonnen werden muß, weil der Träumer selbständiger werden soll. Es handelt sich um den Traum einer Frau mittleren Alters, den ich etwas gekürzt wiedergebe:

»Eine große Gesellschaft ist zu unserem Pfarrer eingeladen, und zwar nachmittags. Unterwegs höre ich gesprächsweise, daß er krank sein soll und wahrscheinlich gar nicht anwesend sein kann. Es ist eine schwere Herzkrankheit, und sein Tod scheint unmittelbar bevorzustehen. Wir kommen in sein großes Haus ... Oben ist die Pfarrersfrau. Sie spricht zu den anwesenden Gästen über die Krankheit ihres Mannes, und sie teilt uns mit, daß er trotzdem gleich für kurze Zeit zu seinen Gästen herauskommen werde. Es sind sehr viele Menschen anwesend ... Ich suche den Pfarrer. Manchmal glaube ich, ihn von hinten zu erkennen, doch wenn ich das Gesicht sehe, stelle ich fest, daß es jemand anderes ist. Da auf einmal erblicke ich ihn schräg hinter mir, auf der rechten Seite, seitlich an einem Holztisch sitzend, etwas zusammengesunken. ›Ach, da ist er ja‹, entfährt es mir, und ich gehe zu ihm. Sein Gesicht ist verändert, darum habe ich ihn wohl nicht gleich erkannt ... Ich sage ihm von meiner Angst um sein Leben, wie gern ich helfen würde, ob er denn wirklich sterben müsse, und ende: ›Alles, alles Gute für das neue Jahr und beste Besserung.‹ Da nimmt er meinen Kopf zwischen seine beiden Hände und sagt: ›Nicht gleich wieder wanken und ablassen – weiter dabeibleiben!‹ Und er drückt seine Lippen auf meinen Mund. Es hat etwas Eindringliches! Nur die Geste ist ein Kuß; das Geschehen selbst ist absolut unerotisch. Dennoch – ich denke: ›Alle sehen es; was sollen sie denken‹ und versuche, meinen Kopf sacht zurückzuziehen. Doch er läßt es nicht zu. Noch einmal spüre ich den Druck seiner Lippen auf meinem Mund: fast beschwörend, tief eindringlich und so, als wolle er mir damit etwas mitteilen. Dann gehe ich, seltsam betroffen. Wird er leben? Es ist ein Gemisch aus Ende und Anfang, was ich im Herzen fühle. Ich bin seltsam ruhig, fast hoffnungsfroh, wobei aber der Schmerz über den Verlust dieses Menschen unübertönbar ist. Und irgendwie zuversichtlich und unberührbar, jedenfalls für den Rest des Traums, gehe ich ins Erdgeschoß, wo es Kaffee und Kuchen gab ...« (Wörtlicher Bericht der Träumerin)

In diesem Traum stirbt offensichtlich ein Liebesobjekt. Kann das überhaupt eine andere als negative Bedeutung haben? Festgehalten werden muß zunächst, daß jedes Sterben Verlust und damit Angst, Trauer und Schmerz bedeutet. Diese Gefühle werden in unserem Traum auch deutlich von der Träumerin empfunden: Angst vor dem endgültigen Verlust, Schmerz und Trauer über diesen. Wie im vorausgegangenen Traum das Kind sterben muß, so muß auch in diesem Traum eine positive Gestalt sterben: der Pfarrer. Wenn das Kind gleichsam eine ganze Epoche des Lebens der Träumerin symbolisierte und spiegelte, so der Pfarrer hier wohl eher eine innerseelische Instanz der Träumerin, die bisher nicht genügend zum Tragen und zur Wirkung gekommen war und die nun durch den realen Pfarrer ihrer Gemeinde zu einem neuen Leben erweckt worden war. Dieser begleitete sie ein Stück auf ihrem neuen Weg in die Kirche und in die christliche Gemeinde und gab Mut und Zuversicht für das weitere Leben. Diese Instanz – dürfen wir sie als eine Art Archetypus des Seelenführers bezeichnen? – war eines Tages so weit gekräftigt und lebendig, daß der reale Pfarrer an Bedeutung verlieren durfte. Darum kann er im Traum schwächer und kränker werden und schließlich vollends sterben. Die Träumerin mußte und konnte allein ihr Leben gestalten, mit Mut und Hoffnung in die Zukunft blicken. Dafür steht das Gefühl der Ruhe und Zuversicht am Ende des Traums. Da ist aber noch das Vermächtnis – wie im vorausgegangenen Traum vom sterbenden Kind. Hier jedoch nicht der Blick und seine stumme Botschaft, sondern der beschwörende Kuß und die eindringlichen Worte des Pfarrers, die doch meinen, den inzwischen eingeschlagenen Weg der Lebensgestaltung in Glauben, Kraft und Zuversicht weiterzugehen, »nicht gleich wieder abzulassen«, wenn sich die ersten Probleme, Schwierigkeiten und Konflikte zeigen. Bedeutet hier das Sterben des Pfarrers weiterhin, daß die Träumerin aufgrund ihrer fortgeschrittenen inneren Selbständigkeit die Projektion des Archetypus des Seelenführers auf die Person des realen Gemeindepfarrers zurücknehmen durfte? Hinzu kommt möglicherweise der Wunsch, Distanz zu nehmen, eine Beziehung schwächer werden zu lassen, die umgekehrt, bei einer Intensivierung, zu sozialen Konflikten führen könnte. Ein Kuß – ein sehr mißverständliches Zeichen, und so denkt die Träumerin auch sofort: »Was werden die anderen denken?« In diesem Traum zwar »absolut unerotisch«, aber würde es immer so bleiben? An diesem Punkt muß wohl nachholend und ergänzend erwähnt werden, daß dieser Traum außerhalb einer Therapie geträumt wurde und mir erst Jahre später durch ein Gespräch bekannt wurde. Da sagte mir die Träumerin, daß sie zunächst verzweifelt und traurig über diesen Traum war, trotz der so ganz anderen Stimmung an seinem Ende. Erst allmählich, durch wiederholtes Überdenken, habe sie verstanden, daß er auch eine positive Botschaft enthielt, nämlich den Hinweis, daß sie mit dem geistig-seelischen Vermächtnis des Pfarrers, aber *ohne* seine reale Begleitung, mutig und gefaßt den Lebenskampf aufnehmen könne. Das meint doch wohl: Sie war durch die Begegnung mit ihm reifer und selbständiger geworden. Ein sich möglicherweise anbahnender erotischer Konflikt wird im Traum – und damit nachwirkend auch im wachen Leben – durch eine Gefühlsdistanzierung, die aber keine Verdrängung ist, überwunden. Die letzte Traumempfindung, die es auch wachend zu bewahren gilt, ist: »Ich bin seltsam ruhig und hoffnungsfroh.« So wird alles abgerundet, und am Rande des Todes entsteht eine größere Selbstbesinnung.

Die drohende Erstarrung der gesamten Persönlichkeit

In meinem nächsten Beispiel scheint die gesamte Persönlichkeit des Träumers erstarrt, ja, abgestorben zu sein. Es ist der düstere Traum eines an schweren Depressionen leidenden Patienten.

»Ein schwarzer Mann, der zum Tode verurteilt ist, wird geköpft. Die Vollstreckung des Urteils sehe ich nicht; aber nachher muß ich den Leichnam anschauen. Vor allem vor der Halspartie graut mir. Der Kopf wurde innen und außen gewaschen; es gibt keine Blutspuren mehr. Die Haut vom Kopfteil des Halses wurde über den Halsstumpf gezogen; an der Schnittstelle ist die Haut durchsichtig weiß. Der Mund steht weit offen, und die Zunge ist in der Mundöffnung erstarrt. Der Tote beklagt sich mühsam, er könne so nicht sprechen, wir müßten seine Zunge nach innen ziehen. Ich flüchte aus dem Raum. Draußen wird diskutiert, ob der Tote jetzt in ein Museum gebracht werden soll oder ob sie ihn tiefkühlen sollen. – Es ist 0.30 Uhr. Ich getraue mich nicht, einzuschlafen oder aufzustehen. Wenn ich die Augen schließe, sehe ich diesen toten Mann, der versucht zu sprechen. Ich habe panische Angst, dieser Mann könnte ins Schlafzimmer kommen.« (Wörtlicher Bericht des Träumers)

Prima vista ist der Traum nur negativ. Der »innere Tod«, das Abgestorbensein der ganzen Person, wird im Traumbild so grausam dargestellt wie nur möglich. Man könnte meinen, daß der Traum lediglich eine amplifizierende Darstellung der schweren, alles lähmenden Depression ist. Mir fällt aber der Umstand auf, daß der tote Mann – sicher ein Spiegelbild des Patienten – noch Lebenszeichen von sich gibt, wenn er sich paradoxerweise übermenschlich anstrengt, um zu sprechen. Er beklagt sich mühsam, daß er nicht sprechen kann; er bittet, ihm zu helfen und »seine Zunge nach innen zu ziehen«. Was möchte der Hingerichtete mitteilen? Man kann vermuten, daß all das, was durch seine Depressionen im wachen Dasein tot, erstarrt, entleert ist, sich nun im Traum den Weg zum Ausdruck erkämpfen möchte. Das gelingt allerdings nicht. Der (träumende) Patient flüchtet entsetzt aus dem Raum. Resignation breitet sich aus. Man begräbt den Toten auch nicht einmal; man will ihn vielleicht »tiefkühlen«. Warum das? Ist hier möglicherweise der unbewußte Gedanke enthalten, daß tiefgekühltes Leben sich einmal wieder regen kann, nicht endgültig tot, sondern eben nur eingefroren ist? Vielleicht spricht dafür auch das Bild, daß Haupt und Rumpf nicht endgültig getrennt bleiben, sondern wieder aneinandergefügt und durch die darüber gezogene Haut verbunden werden, als könnten sie wieder zusammenwachsen und eine Einheit bilden. Der Schock dieses Traumerlebnisses ist so nachhaltig, daß der tote Mann nun in der Phantasie des eben erwachten, zutiefst erschrockenen Patienten plötzlich erscheinen, zum Fenster herein ins Schlafzimmer dringen könnte. Zwar sind solche seelischen Zustände zwischen Träumen und Wachen bedenklich, denn sie zeigen, daß der Träumer so gefangen im Erleben seines Traums ist, daß er nicht richtig erwachen kann. Aber die *Angst*, die den Patienten in diesem Augenblick befällt, ist doch das einzige Gefühl, das mitten in der depressiven, toten Gefühllosigkeit noch von Leben kündet. Diese Reaktion des Lebens gehört zum Traum, ist seine Fortsetzung und sein Abschluß.

Natürlich kann man an dieser Stelle einwenden, daß meine Argumentation lediglich die positive Deutung eines aussichtslosen Traumes sei. Dagegen möchte ich setzen, daß gerade in der Psychotherapie die Botschaft eines Traums im Spannungsfeld der mitmenschlichen Begegnung entsteht, und zwar nicht erst nachträglich, sondern von vornherein.

Ich möchte zu dieser Problematik der inneren Erstarrung, des »Todes« der gesamten Persönlichkeit noch ein weiteres, sehr eindrucksvolles Beispiel geben:

Eine Patientin träumte, daß eine unbekannte tote Frau in einem Graben liegt, in dem das Wasser nicht mehr fließt, und daß diese Frau durch die Kälte vereist ist. Dort liegt die Tote wie in einem schmutzigen, uralten Kristall gefangen. Mitleidig tritt sie an die Leiche heran und schaut sie sich genauer an: Da erkennt sie entsetzt, daß diese ihre eigenen Gesichtszüge trägt, ja, sie selber ist!

Die Patientin ist im Traum zunächst zu Tode erschrocken; sie erwacht aber dann mit einem merkwürdigen Gefühl der Erleichterung. Diese affektive Reaktion führt bei der Patientin im späteren psychotherapeutischen Gespräch zu dem Einfall, daß sie im Traum nicht nur mit Entsetzen die eigene tote Seite gesehen und entdeckt habe, sondern daß sie dadurch auch sich selber nähergetreten sei. Die Leiche habe sie in eine Beziehung zu sich selber gesetzt!

Dieselbe Patientin träumte ein anderes Mal von einer kyklopischen Landschaft am Meer. Ein Mann stand einsam auf einem Felsen, in die Tiefe schauend. Auf einmal wußte die Patientin, daß sie diesen Mann töten, ihn vom überhängenden Felsen in den Abgrund stoßen mußte. Das war ein Befehl. Auch der Mann wußte das und ließ es geschehen. Die Patientin stieß ihn in den Abgrund und sah den Körper in die Tiefe sausen. Der Mann blieb schwer verletzt am Strand liegen. Sie ging hinunter und zerschmetterte ihm mit einem großen Stein den Kopf. Sie sah das Gehirn aus dem Schädel herausquellen und das Blut fließen, und sie spürte dabei eine große Erleichterung.

Wie nun die Assoziationen der Patientin im psychotherapeutischen Gespräch zeigten, war dieser Mann ein Symbol ihres psychisch kranken Vaters, dessen Depressionen »das größte Lebensproblem« der Patientin gewesen waren. Nie hatte das Kind seine Wut gegen den doch auch geliebten Vater ausdrücken können, aus Angst davor, daß der Vater – wie es gelegentlich auch geschah – sich dann in einem eiskalten Schweigen verschließen würde. Das, was das Kind nie ausdrücken durfte, konnte deshalb, als gefährlicher Affekt, nicht mehr innerlich gespürt werden.

In den beiden hier berichteten Träumen erlebte diese Patientin zunächst eine schwere Selbstentfremdung. Im ersten war sie selbst-entrückt, im zweiten mußte sie, wie unter einem hypnotischen Befehl, etwas ausführen, das ihr im Traum entsetzlich erschien. Auch während der psychotherapeutischen Meditation war sie immer noch erschüttert: Tötung als Alternative zur Unterwerfung? Verlust also ihrer gesamten lebensgeschichtlichen Selbstidentität?

Nichts, aber auch gar nichts schien ihrem Wesen fremder zu sein als dies, als das eigene Traumverhalten. Und doch: die merkwürdige Erleichterung! Sie drückte sich nach dem ersten Traum in einem Satz der Selbstfindung aus: Das Mitleid habe sie wieder in eine Beziehung zu sich selbst gebracht. Nach dem zweiten Traum aber äußerte sie dem Sinn nach, die lange Komplizenschaft sei nun vorüber, sie fühle sich zwar noch gelegentlich selbstentfremdet, dennoch habe sie den »ersten Stein« zu ihrem »Selbstaufbau gelegt«.

Beide Träume wurden zwar nicht in derselben Nacht geträumt, aber in beiden ist der manifeste Gedanke »Selbstentfremdung«, der latente Gedanke jedoch »Selbstfindung«. Nur über das Gewahrwerden der ersteren geschah die zweite; durch den Abstieg in das Unmögliche wurde eine Möglichkeit erst erschlossen.

Der Tod als Selbstbegegnung

Dieser vorletzte Abschnitt ist vielleicht der ergreifendste. Bevor ich den Traum einer Analysandin erwähne, der dieses Thema aufnimmt und ausführt, möchte ich einige mehr theoretische Gedanken formulieren: Es gehört zur Tiefe der menschlichen Existenz, daß sie sich am klarsten im Tod versteht. Daß es so ist, dafür spricht nicht nur manche Philosophie, welche menschliches Dasein als Existenz auf den Tod hin versteht (HEIDEGGER); darauf weist vor allem auch die sonderbare medizinische Beobachtung hin, die schon ältere Psychiater gemacht haben, daß es nämlich chronisch umnachtete, psychisch Kranke gibt, die nach jahrelangem, ja, jahrzehntelangem Siechtum vor dem Tod auf einmal hell und klar werden und die Psychose wie ein verbrauchtes Gewand abwerfen, noch bevor das körperliche Absterben eintritt. – Doch jetzt will ich den eben erwähnten Traum zitieren:

»Es ist Krieg und Verfolgung, wobei uns letzteres wohl mehr trifft. Juden sind es wohl, die verfolgt werden, aber auch andere. Und viele sind hinter Stacheldraht gefangen. Irgendwie weiß man, weiß ich, wer der Anführer dieses ganzen Unternehmens ist. Und ich habe eine Kassette mit seinem Bild obenauf. Das will ich den Gefangenen zukommen lassen. Dann können sie ihn vielleicht einmal erkennen und etwas gegen ihn unternehmen. Bei alledem werde ich aber ständig beobachtet – eben von diesem Anführer, der gefürchtet ist, weil er so enorm gut schießen kann. Es ist Sommer, seltsamerweise, und schönes Wetter. Und die Gefangenen sind draußen. Ich bin in der Nähe des Zaunes. Und als jemand kommt, werfe ich die Kassette über den Zaun, leider etwas zu kurz, und sie springt auf. Der Gefangene kann sie ergreifen; aber vorher konnte man für Sekunden das Bild des Anführers sehen. Er weiß nun, daß ich ihn verraten habe. Große Angst packt mich, ich laufe davon, denn schon fühle ich mich verfolgt. Ich laufe in ein Haus, eine Art Gasthaus, wo mehrere Menschen, vor allem Frauen, herumsitzen. Und immer habe ich das Gefühl, da ist jemand hinter mir, aber *nicht* im Bösen. Die Leute sind wohl schon informiert, was geschehen ist, und wissen, daß ich hier gleichsam Schutz und Versteck suche. Doch dann schreit eine Frau voller Entsetzen: ›Nein, o nein, der nicht auch noch!‹ Und ich drehe mich um und sehe einen dunkelhaarigen, jungen Mann hinter mir. Er muß ein Jude oder so sein, daß sie ihn so heftig ablehnt. Aber mich wohl im Grunde auch. Ich verlasse das Gasthaus, obwohl ich weiß, daß es lebensgefährlich ist. Irgendwo liegt der ›Anführer‹ als Scharfschütze auf der

Lauer. Der junge Mann bleibt immer hinter mir wie mein Schatten. Da spüre ich, wie mich eine Kugel trifft. ›Wer soll jetzt für die Kinder sorgen?‹, denke ich; dann falle ich auf das Gras. Der junge Mann beugt sich über mich. Er solle sich um Himmels willen in Sicherheit bringen, sage ich ihm, und sich nicht um mich kümmern. Ich bin ganz ruhig: Es hatte ja wohl so kommen müssen. Aber anscheinend kann ich den jungen Mann nicht bewegen fortzulaufen. Mein letzter Eindruck ist, daß er weiterhin über mich gebeugt bleibt, als wolle er sehen, wie es mir geht …« (Wörtlicher Bericht der Träumerin)

Man begegnet sich selber im Tode, also gerade in einem Zustand, wo die Selbstwahrnehmung auszulöschen beginnt; man begegnet einer eigenen Seite, die dem Ich jahrelang, ja, mitunter jahrzehntelang mißfallen hat und für die man nun ein echtes Mitleid empfindet; man erlebt, wie gerade *diese* Seite, von der man sich im Leben so gerne und willig getrennt hatte, nun zum eigenen Selbst steht: zugleich eine Seite dieses Selbst und auch ein innerer Gefährte und Freund!

Die Todesangst, die ein jeder Mensch – der Kranke wie auch der Geistesgesunde – kennt, scheint sich dann zu verwandeln in die Sorge um diesen inneren Gefährten, um dieses Spiegelbild, das uns dennoch nicht verlassen will, so daß die intrapsychische Begegnung auch eine solche mit den Opfern des Lebens ist, also, in der Sprache des Traums, mit den Juden: »Juden sind es wohl, die verfolgt werden …« Man darf diese »Juden« wohl verstehen als die vielen depressiven Stunden im Leben der Träumerin, als die Selbstseiten, die sie oft in ihrer Selbstunzufriedenheit nicht gerne hatte, die sie ablehnte und für die sie sich nun in ihrem jetzigen Traumtod einsetzt. Der Traumverlauf spannt sich im Gegensatz vom Anführer zu dem jungen, jüdischen Mann. Der erste bleibt unbekannt wie jene negative Macht, der wir Psychiater viele wechselnde Namen geben: endogene Anlage, Todestrieb, grausames Über-Ich, Konstitution und so weiter, alles Symbole für etwas, das man letzten Endes begrifflich nie ganz erkennt und erfaßt, das man aber in Stoß und Gegenstoß, in der Herausforderung, im Einsatz für das Opfer »photographiert«: Die Träumerin hat sein Bild, sie hat es erfaßt auch im Unterliegen. Und der junge, jüdische Mann? Ich glaube kaum fehlzudeuten, wenn ich in ihm den »Gefährten« sehe, der bei einer Frau männlichen, bei einem Mann weiblichen Geschlechts ist und den C. G. JUNG *Animus* und *Anima* genannt hat.

Die Begegnung mit ihm bringt eine seltsame Ruhe vor dem Tod: »Ich bin ganz ruhig: Es hatte ja wohl so kommen müssen.« Amor fati – Bejahung der eigenen, menschlichen Existenz, so, wie sie gewesen ist. Die alte Selbstablehnung, die zwar ein jeder Mensch kennt, die aber beim psychisch Leidenden übergroß und erdrückend wird, ist nun in eine liebevolle Sorge um das innerseelische Opfer gewandelt: »Er solle sich um Himmels willen in Sicherheit bringen.« Es gehört jedoch auch zur echten Begegnung, daß der andere bleibt, »weiterhin über mich gebeugt …, als wolle er sehen, wie es mir geht …«

Tod versus Leben – wir können das Gegensatzpaar *denken*; doch erst der Traum, der den Tod antizipiert, läßt es uns *ganz erfühlen.*

Die Überwindung des Todes durch die psychotherapeutische Dualisierung
Das Todesbild eines schwer psychisch Kranken, sagen wir eines psychotischen Menschen, läßt sich nicht leicht überwinden. Es taucht immer wieder in den Träumen des Patienten auf. Es wird gelegentlich auf den Therapeuten projiziert, der dem Patienten dann als Todesbringer, als Verfolger erscheint. Es widersteht der positivierenden Phantasie des Therapeuten, unter anderem, weil es wie magnetisch jene Seite des Patienten anzieht, die sich – unbewußt – in der Beziehung zum Tod versteht, eine »Identität zum Tode« entwickelt – um den KIERKEGAARDschen Begriff von der »Krankheit zum Tode« zu paraphrasieren.

Es kann natürlich auch vorkommen, daß das Todesbild des Patienten das unbewußte Todesbild des Therapeuten aktiviert, liegt doch menschlichem Dasein, das zwischen Geburt und Tod eingespannt ist, schlechthin ein kollektives Todesbild zugrunde. Die Internalisierung des Todesbildes des Patienten durch den Therapeuten kann einerseits Ausdruck einer latenten Depression des Therapeuten wie auch andrerseits Ausdruck einer besonders intensiven therapeutischen Zuwendung, einer unbewußten Identifikation, einer Übernahme des Schicksals des Patienten sein. Nach meiner Erfahrung findet letzteres gerade bei Therapeuten von psychotischen Patienten statt, bei denen sich weder in der Lehranalyse, noch in der Supervision Anzeichen einer latenten Depression finden lassen.

Eine Internalisierung des Todes ist nun bei solchen Therapeuten, die aufgrund ihrer Persönlichkeit nicht in der Gefahr stehen, von ihren Patienten affiziert zu werden, ein positives, progressives Ereignis, weil der im Traum übernommene Tod sich von »innen« her, also von den psychischen Ressourcen her, welche dem Therapeuten zu Verfügung stehen, besser überwinden läßt als von »außen« her, etwa durch eine verbale Deutung. Dafür möchte ich ein Beispiel geben, das für mich in der Supervision der erfolgreichen Psychotherapie eines Kranken, der an einer schizoaffektiven Psychose litt, sehr eindrücklich gewesen ist.

Der Therapeut sah sich im Verlauf der Behandlung mit einem eigenen Traum konfrontiert, den er zunächst nicht verstand. In diesem Traum befand er sich in seiner Heimatstadt in Italien auf einer Aussichtsterrasse, nahe bei einem Lift, der in eine große, unbekannte Tiefe führte. Sollte er in jene Tiefe hinunterfahren? Zunächst wollte er nicht; aber eine unwiderstehliche Kraft zog ihn, ja, zwang ihn, die »Höllenfahrt« anzutreten. Tatsächlich stieg er in ein fast unübersehbares Gewirr von unterirdischen Kanälen hinab, die sich als eine einzige Kloake entpuppten, wo Tierleichen, Fäulnis, tote Mäuse und Frösche herumlagen – ein Bereich des Todes. Der Tod selbst erschien ihm im Symbol der furchterregenden Gestalt eines vorsintflutlichen Wesens, eines Riesentiers, das sowohl drohte als auch kniete. Diese merkwürdige, fast widersprüchliche Haltung wurde vom Therapeuten schon im Traum als eine doppelte Intention verstanden: auf der einen Seite ein bevorstehendes, gewaltiges Sichemporrecken und Auflehnen, so daß ein vernichtendes Erdbeben daraus resultieren müßte; auf der anderen Seite ein In-sich-versunken-Sein, wie um zu beten. Was sollte das bedeuten? Nun, der Drache – oder wie immer man diese Ausgeburt des Todesbereichs nennen mochte – war gefangen. Die Angst des Therapeuten wich allmählich einem Gefühl des Mitleids für das unglückliche Wesen. Dieses Gefühl hatte dann aber die überraschende Wirkung, daß sich die ganze Szene – die »Todeslandschaft« – wandelte: Nun stand der Therapeut auf einmal im freien Raum, unter einem großen Sternenhimmel, und er spürte die Anwesenheit Gottes, als ob die betende Gebärde des Tieres auf ihn selbst übergesprungen wäre.

So weit der Traum. Beim persönlichen Überdenken desselben fiel dem Therapeuten sein Patient ein, obwohl dieser im Traum selbst nicht erschienen war. Könnte dieser etwas mit dem Untier zu tun haben? Könnte dieses ein Symbol der Psychose sein? Was wollte dieser therapeutische Traum bewirken? Mir schien dann in der Supervision, daß dieser Traum zunächst eine Introjektion der Imago des Patienten in das Unbewußte des Therapeuten war: eine Konfrontation mit dem Tod, der der Psychose zugrunde liegt. Erst aus dieser Introjektion einer noch tieferen Wirklichkeit, die sich in der Form der Einfühlung in das Tier, also in die Psychose, gestaltete, verwandelte sich die Kloake, der Bereich des Todes und der Verwesung, in einen freien Raum unter dem Sternenhimmel.

Das Kreative liegt nun darin, daß solche Erfahrungen einer tiefen psychotherapeutischen Beziehung gleichzeitig sowohl beim Therapeuten als auch beim Patienten geschehen können, wenn ein Übergangssubjekt die beiden verbindet. Als der Therapeut seinen Traum dem Patienten erzählte, erkannte sich dieser *von selbst*, ganz *spontan* im Bild des Untiers. Die Überwindung des Todes im Traum durch die Erfahrung der Dualisierung hat ein Fundament im Unbewußten darin, daß der Tod das Symbol der letzten und absoluten Einsamkeit ist. Dualität bedeutet im Unbewußten schon als solche Überwindung des Todes. Das zeigte mir auch der bereits in einem anderen Zusammenhang angeführte (S. 67 oben) Traum einer Analysandin, die in der Begleitung der Dichterin ELSE LASKER-SCHÜLER Palästina besuchte. Dort ging es dann darum, Gräber gemeinsam aufzusuchen. Offenbar identifizierte sich meine Analysandin so tief mit der von ihr geliebten Dichterin, welche bekanntlich als emigrierte Jüdin in Jerusalem in großer Armut starb, daß die gemeinsame Reise zu den Gräbern, die Todesreise der Melancholie, im Traum zu einer Reise in das Leben wurde. Denn die beiden Frauen standen auf einmal vor dem Grabmal Christi und spürten, daß »Auferstehung in der Luft lag«.

Dieses erste Kapitel der inhaltlich-symbolischen Gegensatzpaare nimmt in diesem Buch eine Sonderstellung ein. Zwar klingt die Überschrift »Tod versus Leben«, wie die folgenden auch, zunächst rein inhaltlich, als komme es lediglich auf die Problematik von Tod und Leben an und auf seine Darstellung in den verschiedensten Träumen. Dem ist aber nicht so. Ich habe neben der inhaltlichen Eingrenzung auch eine symbolische vollzogen. In diesem Kapitel bin ich ausschließlich von dem *Symbol* »Tod« – und seinen Verwandten »Sterben«, »Grab«, »Begräbnis« – ausgegangen. In allen folgenden Kapiteln gehe ich dagegen von einem *inhaltlichen* Gegensatzpaar aus und untersuche, mit welchen Symbolen und Geschehensmustern es in den unterschiedlichsten Träumen erscheint. Gleich im folgenden Kapitel geht es um eine dem ersten Kapitel verwandte Problematik, um den Gegensatz von Selbstentfremdung und Selbstfindung, untersucht an Träumen, die *keine* Todessymbolik aufweisen.

2. Selbstentfremdung versus Selbstfindung

Hierher gehören auch »Selbstverleugnung versus Selbstannahme«, »Selbstaufgabe versus Selbstakzeptanz«, »Überanpassung versus Selbständigkeit«, »Ja-Sagen versus Nein-Sagen« – also ein breitgefächertes Spektrum.

Die Übergänge vom ersten Gegensatzpaar zum zweiten Gegensatzpaar sind natürlich fließend. Der entscheidende Unterschied zwischen so ähnlichen Begriffen wie Selbstverlust und Selbstentfremdung scheint wirklich lediglich das Symbol des Todes, Sterbens, Tötens, Begrabenwerdens zu sein. Während ich im 1. Kapitel eine Symbolgruppe untersucht habe, gehe ich in diesem Kapitel von einem *thematischen* Gesichtspunkt aus. Ich frage: Wie stellt sich das Problem »Selbstentfremdung versus Selbstfindung« inhaltlich und symbolisch in den Träumen unserer Patienten dar? Vom Standpunkt des Inhalts und des Grundproblems aus ist dieses Kapitel also engstens verbunden mit dem vorausgegangenen; vom Standpunkt der Symbolik aus ist es stärkstens von ihm unterschieden.

Doch ganz allgemein möchte ich an dieser Stelle bemerken, daß jegliche Einteilung mehr oder minder künstlich ist. Je systematischer man denkt, desto stärker erlebt man, daß die vielfältig nuancierte Natur von vornherein ein Ganzes ist und sich darum schwer einteilen und in Kategorien fassen läßt. Nach der Einteilung muß man die Überschneidungen, die Überlagerungen, die Entgrenzungen abermals wahrnehmen, um Systemzwänge zu vermeiden. So wenig befriedigend diese ganze beobachtende Arbeit wird bei dem Versuch, der Natur einen objektiven Spiegel gegenüberzustellen, so sinnvoll wird sie dann, wenn wir uns klarmachen, daß es letzten Endes darum geht, unsere eigene Subjektivität an die Dinge heranzubringen, damit diese für uns leben und uns etwas sagen. Das gilt in ganz besonderem Maße für alle psychischen Phänomene, wo das beobachtende Auge sie gleichzeitig auch mitgestaltet und sie somit in ihrem fließenden, dualen Wesen erfaßt.

Ich möchte das Gegensatzpaar dieses Kapitels zunächst durch den Traum eines schizophrenen Patienten darstellen und beginne damit festzustellen, daß Selbstentfremdung nirgendwo so buchstäblich, so total geschieht wie im schizophrenen Erleben. Da Selbstentfremdung ein sehr allgemeines Wort ist und da es auch gewisse Situationen des geistesgesunden Menschen bezeichnen kann, der Triebregungen, Gefühle, Wünsche als fremd ablehnt, die ein Traum ihm jedoch unerbittlich zuschreibt, hat die Psychiatrie für die spezifisch schizophrene Selbstentfremdung, die das Bewußtsein selbst spaltet, den Terminus »Depersonalisation«, Entpersönlichung, geprägt. Ein schizophrener Mensch hat nicht das geistesgesunde Erleben, daß seine eigenen Gedanken *ihm* gehören. Er glaubt, daß seine Gedanken beispielsweise von anderen Menschen gedacht werden; daß sie ihm aufgepfropft werden; daß er das Gesicht anderer Menschen, die ihm zufällig begegnen, tragen muß; daß verschiedene Wesen in ihm leben, streiten, lärmen, ohne daß er herausfinden kann, wer er selbst ist. Dieses erschütternde Erleben kann sich im Traum fortsetzen oder auch im Traum seinen Ursprung haben, wobei dem schizophrenen Träumer oft die Möglichkeit abgeht, sich selbst im Traumspiegel zu finden und nach dem Erwachen Traum und Wirklichkeit zu unterscheiden, das heißt: mit dem Bewußtsein Unbewußtes zu erfassen.

Selbstentfremdung und Selbstfindung gehören aber oft als synergetische Gegensätze in *jenen* schizophrenen Träumen zusammen, die der Psychotherapeut zu hören bekommt, wenn sich eine *beginnende Integration* der gespaltenen Ich-Teile ankündigt. Es ist dann so, als ob die schizophrene Katastrophe des Zerfalls, die auch den Traum mitgestaltet, erst *durch* den Traum überwunden werden kann, weil gerade dort die Klarheit des Bildes und die unbewußte Anwesenheit des Therapeuten das innere Geschehen steuern.

Ich berichte hier den Traum eines Patienten, der zunächst unter der schizophrenen Halluzination litt, daß er von einem Ungeheuer, halb Riese und halb Zwerg, verfolgt werde. Es war für den Patienten sehr schwer, dieses Ungeheuer genau zu schildern. Am Anfang war er durch dessen intrapsychische Anwesenheit völlig verwirrt; er nahm es als eine formlose Macht wahr, die ihn zerstörte. Allmählich, im Laufe vieler Psychotherapiestunden, kam er dazu, den Verfolger im Bild zu erfassen und auch zu zeichnen, – was eine erste Stufe der Bewältigung war.

Der Verfolger bestand – wie gesagt – dann aus zwei Hälften: einem Riesen und einem Zwerg, die symbiotisch verschmolzen waren. Erst im Traum konnte der Patient die Symbiose der beiden Wesen »sehen«. Er sah den Zwerg als eine Art Auswuchs, der den Kopf des Riesen furchtbar verunstaltete. Manches Mal aber war es auch umgekehrt so, als ob der Riese als eine formlose Masse aus dem Bauch des Zwerges herausquellen würde. Dieser Traum wiederholte sich mehrmals. Jedesmal nach einem solchen Traum war der Patient eigentümlich erleichtert, als ob eine Art Selbstfindung, die jedoch im Traumkontext nicht sichtbar war, begonnen hätte.

Es sah bei der voranschreitenden Selbstfindung dann so aus, als ob die beiden parasitär miteinander verbundenen Wesen sich anschicken könnten, sich zu trennen. Hand in Hand mit dieser Traumentwicklung konnte der Patient in der Sequenz der Therapiestunden die beiden Wesen, das des Riesen und das des Zwerges, in Worte fassen. Sie verkörperten auf der einen Seite sein enormes Insuffizienzgefühl, das ihn schier erdrückte, und auf der anderen Seite sein grandioses, überkompensatorisches Selbst, das ihn in gewissen Stunden sich hatte »gottgleich« fühlen lassen. Der Riese haßte den Zwerg, der ihm seine »Gottgleichheit« wegnahm; der Zwerg haßte den Riesen, der ihm wie eine aufgeblasene Negation seines Leidens erschien.

Ich kann mich nicht mehr daran erinnern, was ich diesem Patienten in den vielen, vielen psychotherapeutischen Stunden im einzelnen sagte. Ich glaube aber, daß ich mich in die tragische Lebensgeschichte dieser beiden Wesen einfühlen konnte und durch meine Worte den spaltenden Selbsthaß neutralisierte. Ich spürte immer deutlicher, wie dieser zerreißende Selbsthaß abnahm, konnte aber eine Wandlung im Traumgeschehen noch nicht feststellen, außer, daß die »Vision« keine Halluzination mehr war, sondern ein echter Schlaftraum.

Dann eines Tages überraschte mich der Patient mit dem Bericht, daß die beiden Wesen sich im Traum getrennt hätten! Auf einmal standen sie beide auf ihren eigenen Beinen und konnten Seite an Seite gehen. »Seite an Seite?« fragte ich. Ja, es schien dem Patienten sogar so, als ob irgendwann einmal aus den beiden ein drittes entstehen könnte, kein Mischwesen, sondern ein Kind. Das wäre die »Selbstfindung«! Ich fragte den Kranken, was dieses Wunder bewirkt habe; worauf er mir die Antwort gab: »Ich spürte Mitleid für beide.«

Im folgenden wollen wir aber »Selbstentfremdung« in einem allgemeinen, nicht mehr spezifisch psychiatrischen Sinne erwähnen; wir wollen Selbstentfremdung begreifen als nicht seltene Situation eines Menschen, der manche wichtige Entwicklungsmöglichkeiten seines Wesens im Wirrwarr seiner Lebensgeschichte verpaßt hat und der diese unverwirklichten Möglichkeiten entweder als depressives Unbehagen im Wachen erlebt oder der im Traum diese ungelebte Möglichkeit direkt als behindertes Kind, als Kümmerexistenz, als Lücke und ähnliches visualisiert, wodurch der Traum aber zum erkennenden Auge wird, das aus der fehlerhaften Selbstseite Selbstbewußtsein entwickelt. Dieser Vorgang, den JUNG mit »Individuation« bezeichnete und der meistens die Erfahrung des lebensgeschichtlichen Verlustes in seine Fortentwicklung einschließt, ist sowohl beim psychisch Leidenden als auch in der »Normopathie« der menschlichen Existenz von zentraler psychotherapeutischer Bedeutung. Ich meine, daß die Individuation nicht nur eine Integration, das heißt, eine Bewußtmachung und Bewußtseinserweiterung ist, sondern auch bestandene Todeserfahrung, Akzeptanz des Verlustes oder auch, wie FREUD sagt: Niederschlag der verlorenen Liebesobjekte im Ich.

Ich gebe als Beispiel zunächst den Traum einer »gesunden« Frau:

»Die Traumszene spielt sich in meiner Heimatstadt ab. Dem Haus meiner Eltern gegenüber befindet sich ein Metzgerladen. Ich bin ein kleines Mädchen, ca. 7 Jahre alt. Zusammen mit einem anderen Mädchen in meinem Alter und einem erwachsenen Mann werde ich im Keller des Metzgers festgehalten. Es ist ganz grausig. Wir sind gefesselt und haben große Angst. Mit dem Metzger stimmt etwas nicht, und die Situation ist wie in einem Horrorfilm oder einem Folterkeller. Als der Metzger einen Augenblick nicht aufpaßt und die Tür offenläßt, kann ich entkommen. Die beiden anderen wollten auch fliehen –, aber es war zu spät. Ich bin nach Hause gelaufen, zu meiner Mutter. Jahre sind vergangen, und man ist dem Metzger noch nicht auf die Spur gekommen. Niemand hat herausgefunden, wo sein Versteck ist. Dann auf einmal hat man ihn doch entdeckt, und ich sehe das Mädchen von damals wieder. Es ist in seiner Entwicklung ganz stark zurückgeblieben, kann kaum sprechen, ist ziemlich dick und ist immer noch ein Kind. Sie macht einen fast debilen Eindruck. Ich sage zu meiner Mutter, daß dies wegen der schrecklichen Umstände, unter denen das Mädchen gelebt hat, so sei. Ich bin zu diesem Zeitpunkt erwachsen und so alt wie in der Realität.« (Wörtlicher Bericht der Träumerin)

Wer anders sind die beiden Mädchen, das zurückgebliebene, dicke, behinderte und das entflohene, gesunde, als die beiden Hälften der Träumerin selbst? Und sie sind keine bloßen Gegensätze; das eine Bild geht in das andere über, in dem Sinne, daß das schauende, erkennende Selbst, das die eigene, behinderte Seite erfaßt, begreift und annimmt, dadurch erst die Ganzheit erreicht, – die Ganzheit des Menschseins aus dem Wissen um eine innere Heimat, wo auch das Verunmöglichte seinen Platz findet.

Noch stärker wird die Symbolik des Behindertseins in dem folgenden Traum einer depressiven Frau zum Mittelpunkt des Traumgeschehens. Doch auch hier fehlt nicht der positive, integrative Aspekt am Ende des Traums:

»Ich weiß nicht mehr, wie der Traum beginnt. Doch dann sehe ich mich in fremden Räumen, später wohl auch auf der Straße, dazwischen vielleicht in einem öffentlichen Verkehrsmittel. Es ist alles nicht mehr so ganz klar.

Jedenfalls geht es im Traum um Behinderte, vor allem wohl auch um körperlich Behinderte, die zum Teil ganz schlimm dran sind – nach unserer Meinung. So sehe ich ein weibliches Wesen – Kind oder junge Frau, ist nicht zu entscheiden –, das auf dem Boden liegt. Die Beine sind völlig verkrüppelt, aber auffallend in rote Strumpfhosen gekleidet. Später aber kann dieses Geschöpf stehen, ja, ich muß mit Erstaunen ansehen, wie es aufsteht, mit seinen Beinen, die wie zu *einem* verwachsen scheinen, und wirklich steht. Auch andere sind da. Und sie planen ihr Leben, planen eine Berufsausbildung, wenn sie erst einmal die Schule geschafft haben, sehen – so scheint es – zuversichtlich in die Zukunft.

Und dann sind da Helfer, Pfleger, Therapeuten – was weiß ich. Drei junge Frauen, die beruflich für diese Behinderten da sind und die von ›meinen Behinderten‹ sprechen, als wären es ihre Kinder, und die nicht nur aufopfernd pflegen, sondern wirklich Erfüllung empfinden. Dennoch sind sie normale, junge Frauen mit Lebenserwartungen und Lebensfreude im privaten Bereich, denn wenig später sehe ich sie an einem Karussell stehen, als wären sie auf einem Rummel. Die eine von ihnen ist sehr keß gekleidet. Unter ihrem Rock sieht man Reizwäsche. Ja, sie sind ganz normale Frauen und dennoch sind sie erfüllt von ihrem Beruf und vom Wohlergehen der Behinderten, die ihnen anvertraut sind. Sie sind auch hübsch und jung und keineswegs Menschenkinder, die keinen anderen Beruf hätten kriegen können. Und jeder Erfolg, den ihre Schützlinge haben, ist wie ein eigener Erfolg. Es ist sehr seltsam.

Fasziniert betrachte ich das alles, und eine neue Welt scheint sich zu eröffnen.« (Wörtlicher Bericht der Träumerin)

Die erste Hälfte des Traums stellt die Selbstentfremdung dar. Behinderte, Verkrüppelte sind häufige Symbole eigener depressiver Ich-Teile, die nicht selten unbewußt leiden und sich durch den Traum unüberhörbar anmelden; oder die das Bewußtsein beherrschen und durch die Traummanifestation die ganze Person herausfordern, sie zu verarbeiten. Die erste Stufe der Selbstfindung ist in der »erstaunlichen« Gestalt des Krüppels dargestellt, dessen Beine zu *einem* verwachsen sind und doch das Stehen ermöglichen. Damit aber noch nicht genug. Die Herausforderung dieser intrapsychischen Vision mobilisiert im Selbst Kräfte der Liebe, die im Sinne einer Fürsorge für die Behinderten einspringen. Es sind »Helfer, Pfleger, Therapeuten« – vielleicht ist da auch meine eigene therapeutische Person mit gemeint, in welchem Fall die »Therapeuten« auch Übergangssubjekte wären, Teile von mir und meiner Patientin, die, wie die Beine des Krüppels, zu *einem verwachsen* sind. Im Zuge dieser aktiven Zuwendung, die nicht mehr bloß Akzeptanz, sondern bereits tätige Hilfe ist, kann sich die solchermaßen eingreifende Seite der Person als völlig gesunde, normale Frau verstehen, der weibliche Reize, körperliche und seelische Anmut (»Reizwäsche«) nicht abgehen. Die tiefe Zuwendung dieser sich selbst findenden Ich-Seite ist so wirksam, daß nicht einmal von Aufopferung die Rede ist; nein, »Lebenserwartung« und »Lebensfreude« treten an die Stelle des Opfers; Bilder wie »Karussell«, »junge und hübsche Menschenkinder« und dergleichen geben diesem Traum eine positive Schlußnote, die mitten in der düsteren Landschaft vieler anderer trauriger Träume als ein unverwesliches Zeichen der Zuversicht stehenbleibt.

Ein verwandtes Gegensatzpaar, nämlich »Selbstaufgabe versus Selbstakzeptanz« scheint mir im Traum eines anderen Patienten enthalten, der ein leidenschaftlicher Bergsteiger war. In vielen Lebensbereichen an sich selbst zweifelnd, konnte er doch immer zu sich kommen, bei sich sein, sich zutiefst akzeptieren, wenn er eine Bergwand erstieg oder mühsame Bergtouren unternahm. Das, was im Grunde sein ganzes Dasein durchzog, konkretisierte sich in einem Traum, der mir, seinem Therapeuten, unvergeßlich blieb:

Der Patient träumte, er liege im Sterben. Er konnte nicht mehr sprechen, kein Glied mehr bewegen. Er konnte sich in keiner Weise mehr in Beziehung zu den vielen Menschen – Bekannte, Freunde und so weiter – setzen, die in seiner Todesstunde an seinem Bett vorbeigingen, im Raum vorüberwandelten und die ihm alle völlig fremd geworden waren. Im Sterben hatte er sich selber aufgegeben. Keinerlei Anwesenheit der Mitmenschen war mehr spürbar. Er war auch sich selber völlig fremd geworden. Aber auf einmal wußte er seine Fußzehen zu bewegen. Da realisierte er im Tode, wie er damit als Bergsteiger er selber war, seine tiefst mögliche Identität fand. Diese kleine Bewegung der Fußspitze signalisierte auch den übrigen Anwesenden, daß er ein Bergsteiger gewesen war, und damit konnte er sich einerseits in eine Beziehung zu den anderen setzen und gleichzeitig seine Selbstidentifikation vollziehen.

Man fragt sich, ob der Traum lediglich Spiegel des Lebensgefühls war, den Wunsch ausdrückte, noch leben zu können, oder ob das Leben durch ein solches konkretes, erschütterndes Bild zu sich kam und sich so tief verstand, wie in keinem hellen Augenblick des Tagesbewußtseins: Leben als letzte Kommunikation, als Mitteilung des Gewesenen, des zentralen Lebensanliegens.

Das Gegensatzpaar »Nein-Sagen versus Ja-Sagen« gehört auch noch in dieses Kapitel, enthält aber einen deutlicheren Gegensatz als das vorhergehende Beispiel. Ich erwähne einen depressiven Patienten, dessen Selbstnegation sich im Traum darin äußerte, daß er als Taucher in der Tiefe des Meeres ein versunkenes Schiff entdeckte, das nur noch als Wrack, verrostet und halb zerstört, dort auf dem Grund lag, also das »Nein« zu sich, die »Selbstentwertung« bedeutete. Aber in der Kabine des Kapitäns gab es ein mysteriöses Licht. Ungläubig näherte sich der Taucher der Lichtquelle, seinen Augen nicht trauend. Was konnte dort nach so vielen Jahren unter Wasser noch leuchten? Und dennoch war es so: Eine Lampe brannte in der Kabine. Sie schien unauslöschlich. Wie lange hatte sie schon gebrannt? War dies nicht ein eigentümliches Erleben der Zeitlosigkeit? Das Ja im Nein! Das Nein zu sich verstehe ich als Selbstentfremdung; das unauslöschliche Licht aber als Selbstfindung.

»Überanpassung und Selbständigkeit« – ebenfalls ein Gegensatzpaar, das in dieses Kapitel gehört – können einander ausschließen, können sich aber auch gegenseitig verstärken oder schließlich aufheben.

Ich erinnere mich in diesem Zusammenhang an einen Patienten, von dem ich monatelang stets Vorwürfe zu hören bekam. Keine Deutung leuchtete ihm ein; kein Wort von mir paßte ihm; aber erst recht natürlich nicht mein Schweigen. Sein Verhalten ärgerte mich während der Sitzungen und auch sonst bei Tage nicht; aber mir träumte eines Nachts, daß dieser Patient mich umbrachte. Ruhig und an seiner Reaktion höchst interessiert, erzählte ich ihm in der nächsten Sitzung meinen Traum. Er schwieg –, beantwortete meine Botschaft aber dann mit einem eigenen Traum, den er mir in der darauffolgenden Sitzung erzählte. Dieser Traum scheint mir heute wie ein Schulbeispiel meiner jetzigen These:

Der Patient befand sich in seinem Traum in einem großen Saal, an dessen Wänden entlang viele bekannte und unbekannte Männer auf hohen Stühlen saßen. Der Patient ging von einem Stuhl zum anderen, und er mußte sich vor einem jeden Mann tief verbeugen. Sein Rücken tat ihm allmählich weh; aber er mußte immer weitergehen. Am Ende kam er zu mir, aufrecht, und er schrie laut: »Nein!«

An diesem Punkt seines Berichts merkte ich auf einmal, daß er in diesem Augenblick der Selbständigkeit alle Männer umbrachte, vor denen er sich hatte beugen müssen und mit denen ich mich, als er mich in meinem eigenen Traum umgebracht hatte, verwechselt hatte. Durch diesen Traum zeigte mir der Patient, daß seine Arroganz in den psychoanalytischen Sitzungen eine Überreaktion der latenten sozialen Schwäche war, die sich im ersten Teil des Traums als übertriebene Anpassung, ja, als ihn demütigende Unterworfenheit zeigte. Außerdem zeigte mir der zweite Teil des Traums, daß meine positive

Rezeption seiner Arroganz – ich ließ mich in seinem Traum ruhig erniedrigen – ihm die Kraft gab, das »große Nein« auszusprechen, das der Beginn seiner Selbständigkeit war.

3. Das Übergangssubjekt und seine Antinomien

Archetypus versus Übergangssubjekt

Wir kennen unzählige Träume, in denen während einer schwierigen Situation, die wie eine Verdichtung sehr vieler Alltagssituationen wirkt, in denen der wache Träumer in seiner Vergangenheit scheiterte, nun eine geheimnisvolle Gestalt – ein Führer, ein Schutzengel, eine weise Stimme, ein Begleiter oder Gefährte, ein »älterer Mann«, eine »ältere Schwester oder Mutter« – erscheint, welche dem Verlauf der Ereignisse eine Wende gibt, dem Träumer einen wichtigen Rat erteilt oder die Feinde wegschickt; die also einfach Dinge vollbringt, die im Gegensatz zu der übrigen Ohnmacht des träumenden Ich stehen. In der JUNGschen Psychologie hat man hier von einem »Archetypus des Meisters« gesprochen, wie sich MAEDER ausdrückt. Der Terminus »Archetypus« aus der bahnbrechenden psychologischen Forschung von C. G. JUNG bezeichnet eine Bereitschaft und Fähigkeit der menschlichen Seele, immer wieder dieselben oder ähnliche mythische Vorstellungen zu wiederholen (JUNG 1942, S. 126). JUNG nimmt mit Recht an, daß gewisse angeborene Urbilder, die aus dem kollektiven Unbewußten stammen und die in Situationen der Gefahr, des Stresses, der Unsicherheit auftauchen, dem »armen Ich« (FREUD) beistehen, ihm jene Sicherheit, jenes Erfahrungsgut zur Verfügung stellen, das sich aus dem Erleben der Ahnen, der früheren Generationen bei der Bewältigung des Lebens ergeben haben.

Diese Deutung scheint mir richtig in *den* Fällen, wo ein solcher Traum außerhalb jeglicher Psychotherapie auftaucht und damit von sich aus eine frohe Botschaft ist; der Träumer erwacht beruhigt und gestärkt und mit dem Gefühl, daß ein innerer Bote zu ihm gesprochen habe.

Man darf aber nicht übersehen, daß fast unsere gesamten tiefenpsychologischen Kenntnisse vom Traum aus der Psychotherapie stammen. Wir kennen überhaupt nur so viele Träume, weil wir Psychotherapeuten mit Menschen umgehen, die uns diese mitteilen. Zur Psychotherapie gehören aber immer *zwei* Menschen: der Patient und der Therapeut. Und wie schlägt sich das in den Träumen nieder? Ist dann der »innere Bote« der Patient (bzw. ein Teil von ihm) oder der Therapeut? Ist er ein Archetypus des Patienten oder dessen Introjektion des Therapeuten? JUNG neigte zu der ersten Annahme. Ehrfurcht vor der Größe des inneren Begleiters, der im Traum manchmal viel größere Dinge vollbringt als das Wort des Therapeuten während des Wachzustands, zwingt uns zu einer Art des Hörens, bei der wir Psychotherapeuten uns nicht in den Vordergrund des Erlebens unserer Patienten stellen wollen, sondern vielmehr ihnen die progressive Funktion, die unbewußte Weisheit, die potentielle Aussicht zuschreiben, aus der sich die therapeutische »Symmetrie« ergibt. Ähnliches berichtet FIERZ und läßt den Traum eines seiner Analysanden[10] folgen:

»Dr. Fierz nahm eine lebensrettende Operation an mir vor, indem er mir am Bauch zwei Einschnitte machte. Nun kam ein großer, weißhaariger, starker Mann, der bereit war, sich selbst mit dem Messer zwei Stücke Fleisch herauszuschneiden, die mir in die beiden Bauchschnitte gefügt würden, um mir das Leben zu retten. Der Mann tat dies aus reiner und ganz unsentimentaler Liebe« (FIERZ 1987, S. 38).

Und nun die Deutung des Therapeuten: »Die therapeutische Lage veranlaßte mich, diesen Traum unter mythologischen Aspekten zu verstehen, d. h. jene Elemente des Traumgeschehens, welche es im gewöhnlichen Leben nicht gibt, unter Bezug von Parallelen zu beleuchten ... Als übernatürlich ... erscheint der große, weißhaarige, starke Mann, der in reiner, unsentimentaler Weise sein Fleisch opfert. Er hat die Eigenschaften eines Heiligen; unter uns wandeln keine solchen Menschen. Von höherer Bedeutung an sich ist auch die Opferung des Fleisches durch den Heiligen sowie die Tatsache, daß das Fleisch dem Träumer einverleibt wird; denn chirurgisch macht ein solches Vorgehen ja keinen Sinn. Es liegt hier vielmehr ein Einverleiben des geopferten, heiligen Fleisches vor, wie wir sie aus der Eucharistie (Messe) her kennen, wo der Christ im Brote das Fleisch Christi aufnimmt; allerdings zeigt das Traumbild etwas bodenständigere, realistischere Züge als die Eucharistie. Die Funktion des Therapeuten (Dr. Fierz) in diesem Ereignis ist lediglich die, daß er den Analysanden für diese Aufnahme der Substanz öffnete (durch zwei Einschnitte; aber auch dies ist symbolisch, denn der Psychotherapeut ist ja kein Chirurg). Aufgrund dieser Überlegungen sagte ich in der erwähnten Abhandlung: ›Der Traum zeigt, daß ich nur ein Mittler war, während die eigentliche, lebensrettende und opferbereite Operation durch eine höhere Figur mythologischer Art, einen alten, starken Weisen, zu vollbringen war‹« (FIERZ 1987, S. 38).

In diesem Fall war die Unterscheidung zwischen Archetypus und Therapeut möglich, weil zwei verschiedene Repräsentanten im Traum auftauchten. Dem ist aber nicht immer so. Ich erinnere mich an Träume aus meinen eigenen Therapien, in denen meine Person archetypisch überhöht erschien; beispielsweise bei einer älteren Patientin, die sich in einem Übertragungstraum in ihre Jugend zurückversetzt glaubte und sich als eine Blume erlebte, die in Staub zerfallen würde, wenn ich nur meine Augen von ihr abwendete.

Ich erinnere mich auch, daß meine Übertragungsdeutungen damals scheiterten. Angesichts dessen, daß diese Patientin eine religiöse Natur war, die aber jedes bewußte Verhältnis zur Transzendenz vermissen ließ, erlebte ich mich dann als eine Art Spiegel, dessen Funktion es war, ihr etwas Höheres,

10 An dieser Stelle möchte ich einmal generell darauf hinweisen, daß die Begriffe »Analysand« und »Patient« nicht streng getrennt werden. Der Terminus »Patient« soll nicht im klinischen Sinne verstanden werden. In der Psychotherapie haben wir es immer mit der Patientenseite des Menschen zu tun, die auch der Analytiker in seiner eigenen Lehranalyse kennenlernen soll.

Archetypisches oder Göttliches zurückzuspiegeln, so lange, bis schließlich ihre tiefe Depression überwunden sein würde. Diese »Gegenübertragung« wurde freilich nie besprochen; doch versicherte mir die Patientin in der folgenden Zeit mehrmals, die Psychotherapie bei mir habe sie bestimmt vor einem Suizid gerettet.

Ich war also für diese Patientin die »Realität des Archetypus«, für mich aber ein »Übergangssubjekt«. Beide Gesichter des Traumes stimmten überein. Übergangssubjekte sind psychische Urbilder, die aus der therapeutischen Kommunikation entstehen und die Teile des Patienten und Teile des Therapeuten verdichten, bis sie dann allmählich im Laufe der Zeit ganz zur eigenen Seite des Patienten werden. So war es in dem eben von mir angeführten Fall, wo die Patientin mir einmal sagte, sie möchte kein anderes, kein depressionsfreies Leben gehabt haben; sie sei zu ihrem existentiellen Ursprung erst eigentlich durch die Krankheit gekommen.

Um den Bericht von Dr. FIERZ zu ergänzen, gebe ich nun ein Beispiel, bei dem Archetypus und Übergangssubjekt in einer Person enthalten sind. Es ist der Traum einer meiner Analysandinnen:

»Ich schwimme mit zwei anderen Frauen im Meer. Es ist herrlich, und ich fühle mich trotz der ziemlich hohen Wellen sehr wohl. Wir schwimmen auf das Ufer zu. Ich werfe jedoch immer wieder einen Blick zurück auf die Wellen hinter mir. Schließlich spülen uns die Wellen ans Ufer. Kurz zuvor hatte ich für einen Augenblick das Gefühl, es gäbe gar kein Land mehr, alles wäre nur noch unendliches Meer. Wir laufen den Strand entlang – es ist eine Steilküste mit vielen Höhlen im Felsen. Als ich in eine der Höhlen hineinschaue, sehe ich, daß dort Eisbären leben. Ich erschrecke und laufe davon auf ein Kastell zu, welches direkt am Wasser steht. Die beiden anderen Frauen sind in die andere Richtung geflohen. Oben vom Kastell habe ich einen herrlichen Blick über das Meer. Ich weiß, daß der Bär kommen wird und daß ich nicht weiter davonlaufen kann. Meine Angst legt sich, und ich erwarte ihn. Während ich auf ihn warte, bin ich sehr aufgeregt. – Ich lebe mit dem Eisbären zusammen und habe ein Kind von ihm. Er führt mich den Strand entlang und zeigt mir, wo die Menschen wohnen. Ein Mann sitzt im Sand in einem abgesteckten Halbkreis aus Lehm und scheint mit primitivsten Mitteln irgend etwas zu arbeiten. Es sieht aus, wie zu Beginn der Menschheitsgeschichte. – Der Eisbär sagt zu mir, daß dies Barbaren seien und ohne jede Kultur. Ich heirate den Bären, und es findet eine Hochzeit statt. Jemand spielt eine wunderschöne Melodie.« (Wörtlicher Bericht der Träumerin)

Dieser Traum beeindruckte mich durch die Seltenheit seiner Symbolik und Thematik. Noch nie hatte ich von der beglückenden Vermählung einer Frau mit einem Tier gehört. Ich erinnere mich, einmal an einer Supervision teilgenommen zu haben, in der berichtet wurde, daß eine Patientin davon geträumt hatte, mit einem Schäferhund sexuell verkehrt zu haben. Ein Daseinsanalytiker, welcher an der Supervision teilnahm, bestand darauf, daß wir den Schäferhund einfach als Schäferhund auslegen sollten; die daseinsanalytische Theorie verwehre uns, ein anderes Wesen hinter dem Traumbild anzunehmen. Dagegen vertrat ich die Ansicht, daß der Schäferhund ein Symbol des Vaters war; denn diese Patientin war von ihrem Vater sexuell mißbraucht worden. Seitdem verband sie eine faszinierende Triebanziehung mit Männern, die sie einerseits als Hunde verabscheute, von denen sie sich andrerseits aber quälen ließ. In einem solchen Falle stand also das Tier für den Trieb, für das Niedere und Gewalttätige. Davon konnte keine Rede sein bei dem Traum, den ich eben berichtet habe. Der Bär hatte eher einen fast religiösen Charakter: Er erinnerte mich an die Gestalt der ägyptischen Götter, die halb Mensch und halb Tier waren und die als Mischwesen die heilige Sprache und die Urstärke des Tieres vereinigten. Dafür sprach auch die Erscheinung des vorgeschichtlichen Mannes, der »wie zu Beginn der Menschheitsgeschichte« dasitzt; dafür spricht auch die Urgestalt des Kindes, das oft in solchen archetypischen Träumen das Symbol des werdenden Selbst ist. In diese Richtung gingen meine Assoziationen zum Traum meiner Patientin. Ich deutete den Bär als Archetypus des Mannes, des Partners, im Gegensatz zu den nicht befriedigenden, realen Erfahrungen meiner Analysandin in der Begegnung mit Männern.

Sie nahm meine Deutung ohne weiteres an; sie ergänzte sie aber durch den Einfall, daß der Analytiker mit im Bär eingeschlossen oder doch mitgemeint war! Hier handelt es sich aber nicht um die Wunscherfüllung einer positiven Übertragung, sondern vielmehr um die Erfahrung der Begegnung mit dem, was meinem Analytikersein zugrunde liegt. Ich pflege das dahingehend zu umschreiben, daß eine umfassendere Person als das Ich, das ich in der Selbstreflexion erkennen kann, dem anderen, mit dem sie unbewußt verbunden ist, in solchen Traumgestalten erscheint.

Ich vermute, daß Übergangssubjekte zu jeder tiefen, teilenden, menschlichen Beziehung gehören. Diese Beziehung muß aber ausdrücklich eine therapeutische sein, damit wir Übergangssubjekt-Erscheinungen in einem Setting analysieren können – ähnlich, wie die Übertragung, die auch im sozialen Leben immer wieder vorkommt, aber nur im therapeutischen Setting analysiert werden kann.

Nur selten haben wir Psychiater Einblick in Traummaterial, das außerhalb von Therapien entsteht. Und so können wir oft nichts darüber aussagen, ob Erscheinungen, die wir im therapeutischen Setting beobachten, auch außerhalb dieses Rahmens möglich sind, wenn sie dort auch nicht klar erkannt und vor allem nicht mit unseren Begriffen erfaßt werden. In diesem Zusammenhang möchte ich zwei Träume anführen.

Zu dem ersten Traum ist biographisch etwas anzumerken. Er wurde von einer Frau, die einige Jahre später bei mir eine Therapie begann, außerhalb einer solchen geträumt, dennoch möglicherweise nicht ganz unbeeinflußt von therapeutischen Einwirkungen. Sie hatte nämlich mehrere Monate vor diesem Traum bei einem Tiefenpsychologen einige Gespräche zur akuten Problembewältigung gehabt. Dieser Gesprächspartner war wenige Wochen vor dem Traum plötzlich verstorben, was sie, als sie davon erfuhr, sehr schmerzlich traf. Und nun der Traum:

»Es ist sehr seltsam. Jemand, der mir viel bedeutet, ist sehr, sehr krank, so daß ich ihn nicht erreichen kann. Doch schließlich erfahre ich, daß es ihm besser geht und derjenige zur Kur im Süden, wohl im Schwarzwald ist. Und ich darf ihn besuchen. Welch ein Glück! Das Seltsame ist, daß ich nicht weiß, um wen es sich handelt. Ist es Herr N., der nun nicht mehr zu erreichen ist, ist es Professor B., der in Basel wohnt (die Richtung Süden würde darauf hinweisen) oder ist es Herr Z., denn seine Frau wird gleich eine Rolle spielen. Vom Gefühl her würde ich sagen, es ist eine unbekannte Gestalt, die die Atmosphäre und Bedeutung von allen dreien trägt. – Frau Z. sagt mir dann, daß sie eine Frau gefunden habe, die auch gen Süden in Richtung Basel fahre und die mich mitnehmen würde. Ich bin gar nicht erfreut. Wieviel lieber würde ich alleine im Zug fahren und mich innerlich ungestört auf die Begegnung einstellen. Doch da sie es arrangiert hat, wage ich nicht abzulehnen. – Dann bin ich an meinem Bestimmungsort, in einem großen, angenehmen, ganz stillen Raum. Er wirkt gedämpft hell, ähnlich wie ein japanisches Zimmer. Alles scheint mit Holz vertäfelt. Es herrscht eine Stimmung der Besinnung, der Tiefe und Innerlichkeit. Der ›Therapeut‹, nennen wir einmal die unbekannt-vertraute Gestalt so, sitzt in einem hohen Lehnstuhl oder in einem Rollstuhl. Genau ist das nicht auszumachen. Daneben steht ein niedriges Holztischchen, dann noch ein niedriger Hocker, auf den ich mich setzen soll. Das Auffallendste sind aber die Hände meines Partners. Sie sind als Fäuste eingewickelt, so will mir scheinen, und darüber sind gestrickte Hüllen gezogen. Es sieht aus, als hätte er nur noch die Armstümpfe. Als ich mich gesetzt habe, sagt er, dessen Gesicht ich nicht erkennen kann: ›So, nun können Sie mir erst einmal alles erzählen.‹ Ich aber, in diesem wunderbaren Raum so etwas wie eine innere Entspannung und Lösung fühlend, sage nur: ›Ich möchte am liebsten nur weinen‹.« (Wörtlicher Bericht der Träumerin)

Zu den am Anfang des Traums erwähnten Personen ist anzumerken: Herr N. steht für den früheren Gesprächspartner, den so plötzlich verstorbenen Tiefenpsychologen; Professor B. hatte sie zufällig zwei Jahre vor diesem Traum kennengelernt und ihn als intensiven Zuhörer im Gespräch schätzen gelernt; die Beziehung zu Herrn Z., dem Gemeindepfarrer, war nicht ganz ohne Spannungen wegen der Eifersüchteleien seiner Frau. Sie selbst, die Träumerin, war im Wachleben in einer völlig überlastenden Situation mit zwei kleinen Kindern und ihrer sterbenskranken Mutter im nahe gelegenen Altersheim, die täglich versorgt werden mußte. Sie hatte kaum Zeit und Gelegenheit, an sich zu denken oder irgendwo im Gespräch Klarheit und Kraft zu finden für den schweren Alltag. Unter diesem Aspekt könnte man in dem Unbekannten den Archetypus des Helfers, des Arztes sehen. Doch im Widerspruch dazu steht dessen eigene Behinderung und Unfähigkeit, wirklich »handgreiflich« zu helfen; seine Hände sind »eingebunden«, sind gleichsam nur Stümpfe; er kann nicht handeln, kann lediglich zuhören. Ihre eigene hilflose, leidende Seite ist *auch* in dieser Gestalt enthalten, entspricht darüber hinaus aber der realen Situation der drei Menschen: der erste lebt nicht mehr, der zweite ist zeitlich nicht in der Lage, Entscheidendes zu tun, und der dritte hat zu viele eigene Probleme. Zugleich sind in diesem Vertraut-Unbekannten auch positive Aspekte dieser drei biographischen Gestalten enthalten, nämlich deren innere Bereitschaft, die Träumerin zu akzeptieren, sie zu empfangen, ihr zuzuhören und erst einmal einen Raum der Stille und Besinnung zu schaffen, Voraussetzung für eine innere Entspannung und ein Gespräch. Und das soll sie von ihnen lernen: sich selbst wahrzunehmen und zuzuhören, sich einen Raum des Allereigensten zu bewahren und wenn auch »nur« zum Weinen. So bin ich geneigt, in diesem Unbekannten ein Übergangssubjekt der drei am Anfang des Traums erwähnten »positiven« Menschen und der »Patientenseite« der Träumerin zu sehen und nicht in erster Linie einen Archetypus, – obwohl es auch dafür Anhaltspunkte gäbe.

Nach diesem Traum möchte ich denjenigen eines eigenen Lehranalysanden wiedergeben, welcher dasselbe Gegensatzpaar »Archetypus versus Übergangssubjekt« aufweist, diesmal aber innerhalb eines therapeutischen Settings.

»Ein entfernter Bekannter führt mich, an der Hand haltend, in einen großen Raum, einen Saal. Auf der Längsseite des Saales sind große, viel Licht spendende Fensterbogen eingebracht. Beim mittleren Fensterbogen sitzt auf einem Stuhl ein großer, alter, bärtiger Mann. Er ist abgemagert, knochig. Seine Hände und Füße sind gefesselt.

In stoischer Ruhe und gerade sitzend, strahlt er einerseits große Würde und Gleichmut aus, andererseits macht er, wegen seiner Fesselung und seines (unfreiwilligen?) asketischen Körperbaus, einen gedemütigten Eindruck auf mich. Der alte Mann spricht zu mir: ›Schau, ich habe viele Jahre gekämpft, mein ganzes Leben lang und bin meine Fesseln nicht losgeworden, bin nicht freigekommen.‹ In seine feste Stimme sind ganz leise etwas Bitterkeit und Wehmut, aber auch die ihn so viele Jahre beseelte Hoffnung und seine Gewißheit, daß der Kampf nie vergeblich, sondern sinngebend war, vermischt. – Mein Begleiter gibt mir zu verstehen, daß wir wieder gehen müssen. Beim Verlassen des Saales sehe ich über dem Türbogen, in der Form einer liegenden Acht angeordnet, mit roter Farbe geschriebene Zeichen. Fremdartige Buchstaben, die ich nicht entziffern kann. Mit wenigen Worten übersetzt mir mein Begleiter die Bedeutung. Ich höre seine Worte deutlich, vergesse sie aber sofort.« (Wörtlicher Bericht des Träumers)

Unschwer läßt sich die Gestalt des alten Mannes, der in einer Beziehung zum Symbol des Unendlichen steht – die Assoziation des Träumers zu den mit »Blut« geschriebenen Zeichen an der Wand war in der analytischen Stunde: »Chiffre der Unendlichkeit« – und aus zeitloser Tiefe aufzusteigen scheint, archetypisch deuten. Im Gegensatz zu der Schule von MELANIE KLEIN, die dazu neigt, die Beziehung zum Therapeuten in allen Objektbeziehungen des Patienten zu erraten, möchte ich das Unnennbare einfach so stehenlassen, das Geheimnisvolle der Erscheinung nicht antasten. Doch fragte sich der junge Mann selber, ob der Alte nicht auch das Schicksal des Psychoanalytikers schlechthin verkörpere; Analytiker und Analysand verbinde ein Wissen um Macht und Ohnmacht der Existenz; der Traum zeige die uns gesetzten Grenzen, die Fesseln, die nicht abzuschütteln sind. Daher wird das Unendlichkeitssymbol mit Blut geschrieben, und der uralte Mann ist letztlich auch ein Gefangener. Aber ein nicht weniger geheimnisvoller Begleiter – man denkt an Virgil bei DANTE – scheint gleichzeitig eine andere, reflektierende, freie Seite desselben Archetypus und/oder desselben Übergangssubjekts zu verkörpern.

Wenn der Archetypus aus dem eigenen Unbewußten stammt, so kommt uns das Übergangssubjekt vom Partner entgegen. Bedenkt man aber, daß es neben dem von JUNG so genannten kollektiven Unbewußten auch ein »duales Unbewußtes« gibt, das durch eine enge Beziehung entsteht, wie wir sie beispielsweise in jeder Psychotherapie haben, dann kann man theoretisch die Überschneidung von Archetypus und Übergangssubjekt in solchen Träumen verstehen. In diesem Augenblick aber erhebt sich die Frage: Übergang zu was? Zu einem Leidenssymbol?

Ich bin zum Begriff des »Übergangssubjekts« durch den Umgang mit psychotischen Patienten gekommen, wobei ich immer wieder die Erfahrung machte, daß sie in der Psychotherapie eine eigene stärkere Seite erst dann entwickeln können, wenn sie diese eine Zeitlang vom Therapeuten »leihweise« übernehmen. Diese werdende Seite der Psyche muß für eine unbestimmte Dauer beiden gehören, dem Therapeuten *und* dem Patienten, bevor sie von dessen Selbst internalisiert wird. So war es beispielsweise bei jener Patientin, die in ihrem Traum – dem sie später malend einen bildhaften Ausdruck verlieh – von einem Riesen, Christophorus, auf der Schulter über den Fluß der Psychose getragen wurde. Der Riese übernahm ihre »Hörner«, so, wie sie seine »therapeutische Aura« übernahm; nicht *irgendein* Riese, sondern dieses Übergangssubjekt hatte die Kraft, das schwere, »göttlich-teuflische« Kind hinüberzutragen! (Vgl. ausführlicher zu diesem Traum: BENEDETTI 1992, S. 40.)

In solchen Fällen spreche ich von der »schöpferischen Asymmetrie« in der dynamischen Struktur des Übergangssubjekts: Der Riese einerseits, das Kind andrerseits. Solche Asymmetrie ist schöpferisch, weil sie der gewöhnlichen, nicht schöpferischen Asymmetrie entgegenläuft, die *alle* Beziehungen des psychotischen Menschen zu seiner Umwelt kennzeichnet. Er ist in seinen Erlebnisse, und darum auch in seinen Träumen, mit allen möglichen Weltaspekten, mit Gestalten, Mitmenschen und Dingen fusioniert, die ihm alle stets überlegen erscheinen und ihn darum vernichten können. In der Psychotherapie kann es *dann* eine Wende geben, wenn der überlegene Therapeut nicht nur im Dienste des Patienten steht, sondern auch seine »Hörner« übernimmt und ihm dafür seine »therapeutische Aura« leiht, was dem Patienten ermöglicht, die Asymmetrie *positiv* zu erleben.

Bei unseren letzten Traumbeispielen ging es aber nicht um Psychosentherapie, sondern da zeichnete sich eher der Übergang zu einem Leidenssymbol ab – der gefesselte Mann, der Mann im Rollstuhl, mit Armstümpfen statt Händen. Ich möchte in diesen Fällen von einer »schöpferischen Symmetrie« sprechen. Jeder Mensch, der in einer Psychotherapie oder Psychoanalyse sich als Patienten »entdeckt«, wird um Stunden wissen, da er sich in einem Rollstuhl sitzend oder gar gefesselt oder sonstwie hilflos erlebte. Da erscheint ihm nun im Traum der archetypische Gefährte, der zugleich sein Therapeut ist. Er ist also nicht allein und findet sich in einer Symmetrie zu ihm, quasi als dessen Spiegelbild.

Es muß an dieser Stelle eingestanden werden, daß auch die eben erwähnte »schöpferische Asymmetrie« ihre unschöpferische Variante kennt: die zum Glück seltene »Psychotherapie«, in der der unfähige Therapeut Halt sucht bei seinem Patienten, wie dieser bei ihm, und wo die beiden in ihrem Leiden fusionieren. Wenn Gegenübertragungsträume – anders als therapeutische Träume! – solcher Art mitgeteilt werden, Mitleid und Anteilnahme heischend, wird der »arme« Patient zusätzlich zum eigenen Leid mit der Bürde seines Therapeuten belastet, wie möglicherweise einst als Kind mit der Bürde und den Problemen von depressiven Eltern.

Abschließend möchte ich feststellen, daß es nicht leicht ist, bei Träumen, wo das Paar »Archetypus versus Übergangssubjekt« erscheint, immer klar zu unterscheiden, was Archetypus und was Übergangssubjekt ist und wann das eine oder das andere vorliegt. Es besteht zum einen die Möglichkeit anzunehmen, daß das Bild des Therapeuten dem träumenden Patienten in der Doppelgestalt des »Heilbringers« (MAEDER) und des Leidträgers erscheint. Es besteht aber auch die Möglichkeit, an die griechische Sage zu denken, wo der Kentaur Chiron, der Achilles in die medizinische Kunst einführte, eine unheilbare Wunde trägt, und daraus zu schließen, daß der Patient sein Leid erst dann bewältigen kann, wenn er die Beziehung zu seinem eigenen Leidensarchetypus findet und seine Sensibilität so weit entwickelt, daß eine tiefere Selbstannahme möglich wird. Natürlich überschneiden sich beide Ebenen. So, wie ein Patient in der positiven Übertragung dazu neigt, seinen Therapeuten zu idealisieren – also in ihm seine eigenen Ich-Ideale zu entdecken –, so neigt der Patient auf einer unbewußten Ebene dazu, den Therapeuten zu »archetypisieren«. Man verzeihe mir den vielleicht unschönen Neologismus, der aber treffend, wie mir scheint, den Unterschied zwischen bewußter und unbewußter Bezugnahme bezeichnet. So, wie im Bewußtseinsraum das Ich-Ideal mit der Repräsentanz des Therapeuten zusammentreffen kann, so kann auf der unbewußten Ebene das archetypische Bild des Patienten mit der Botschaft aus dem therapeutischen Unbewußten verschmelzen. Man kann MARTIN BUBER paraphrasieren, der eine in allen Literaturen bekannte Weisheit vom jüdischen Mund »wahrhaft neu erzählt« findet, und sagen: Das archetypische Bild ist von der psychotherapeutischen »Melodie, in der es erzählt worden ist, umgeschmolzen worden« (S. 50).

Selbstobjekt versus Übergangssubjekt

Bei Menschen, die im Verlauf einer Analyse, einer Psychotherapie träumen, ist das fremde Objekt, zum Beispiel ein anonymer Mitmensch und des öfteren sogar ein Bekannter – jedenfalls bis zu einem gewissen Grad – ein Symbol für den Therapeuten; das meint: ein Stellvertreter des »therapeutischen Objekts«. Dieser Therapeut steht in einem Modus der Beziehung zum Patienten-Selbst, der grundsätzlich abweicht von allen anderen Beziehungsarten des Patienten zu seinen übrigen Mitmenschen. Er ist auf der einen Seite eine ausgezeichnete Projektionsfläche für die unbewußten Bilder des Patienten – worauf der bekannte Begriff der Übertragung beruht. Zugleich ist er auf der anderen Seite in den Augen des Patienten und im Spiegel seines Unbewußten ein Botschafter ganz besonderer Art, ein Partner, der mit ihm in einer symbolischen Weise an den wichtigsten Orten seiner Vergangenheit steht, um die Schatten dieser Vergangenheit und deren Macht über die Gegenwart zu reduzieren und eine neue Gegenwart und Zukunft mit ihm zu entwerfen. Der sich daraus ergebende wesentliche Unterschied zwischen dem narzißtischen Selbst-Objekt, welches die Fusion des Patienten mit seinem Partner darstellt, und dem Gebilde, das aus der Fusion des Patienten-Selbst mit dem therapeutischen Objekt entstanden ist, ist der, daß letzteres *mehr* ist als die bloße Vermischung von Selbst und Objekt und damit mehr als lediglich symbolische Spiegelung. Es ist ein Stück neue und besondere psychische Realität, die sich während der Entwicklung der Psychotherapie allmählich aufbaut und die daher den von mir gewählten Namen »Übergangssubjekt« verdient. Dieses Übergangssubjekt kann nämlich – im Traum und in der Phantasie – Dinge ausführen, die das Patienten-Selbst *allein* und das therapeutische Objekt *allein* nur ungenügend ausführen könnten. Es hebt nicht nur die wache Subjekt-Objekt-Spaltung auf, es geht ganz entschieden über sie hinaus. Es kann – wie besonders Erfahrungen mit psychotischen Patienten vermuten lassen – das Selbst des Kranken tiefer und nachhaltiger überzeugen, als es das »Objekt-Wort« des Therapeuten je kann. Erst ein therapeutisches Wort, das *Teil* des Patienten-Selbst geworden ist, kann aber zum Beispiel eine alte Wahnidee erschüttern. Die Wirksamkeit des Übergangssubjekts zeigt sich oft in einem veränderten, schöpferischen mitmenschlichen Umgehen, das neue psychische Dualität stiftet. Es ist eine subjektive Erscheinung, die aber objektive Veränderungen bewirkt. Es begründet zudem immer eine progressive Dynamik, die sich durch ihre eindeutige Zukunftsrichtung von der Regressivität der Selbst-Objekte unterscheidet, die sich, wie ich oben über die Selbst-Objekte ausgeführt habe, stets auf nachhaltige Erfahrungen der pränatalen Zeit, also auf eine ferne Vergangenheit bezieht.

Ich nenne das Übergangssubjekt »therapeutisch«, weil es nur im therapeutischen Raum entsteht, in dem intermediären, psychischen Bereich zwischen Patient und Therapeut, und ich nenne es »Subjekt«, um damit auszudrücken, daß es sich in der Dynamik der Beziehung als eine selbständige Instanz verhalten kann.

Dieses Übergangssubjekt kann sich unter Umständen als »Traumstimme«

ankündigen, welche Dinge sagt, die weder der Patient noch der Therapeut je gesagt haben und die am ehesten aus dem gemeinsamen Unbewußten des therapeutischen Prozesses stammen. Es kann in anderen Fällen aber auch die Gesichtszüge des Patienten oder die des Therapeuten annehmen. Als Verkörperung des Träumers kann es sich zu einem im Traum anwesenden Selbst-Objekt des Patienten so helfend, zärtlich, befreiend verhalten, wie sich der Therapeut in der Realität der Therapiestunde zu seinem Patienten verhalten hat. Es amplifiziert, bestätigt und setzt das therapeutische Verhalten fort, macht also den Patienten zum Therapeuten seines Selbst. Als Spiegelbild des Therapeuten führt es im konkreten Traumgeschehen Dinge aus, die der Therapeut in der Stunde oft unausgesprochen, symbolisch, geistig getan hat. Alles, was im Gespräch auf der seelischen Ebene geschieht, nimmt im Traum konkrete, leibliche Gestalt an.

Wir wollen uns nun drei verschiedene Träume näher ansehen, in denen ich die Erscheinung eines Übergangssubjekts sehe. Der erste Traum sei in den Worten der Träumerin genau wiedergegeben:

»Ich weiß nicht mehr, wo ich bin; aber es scheint ein ziemlich kleiner Raum zu sein. Ob irgendwie und irgendwo noch Menschen schemenhaft im Hintergrund anwesend sind, weiß ich nicht. Ich selbst sitze an einem kleinen Tisch und neben mir eine Frau, nicht mehr jung, ganz in Schwarz gekleidet. Sie neigt den Kopf und wirkt alt und müde und resigniert. Es scheint nichts zu geschehen; wir sitzen nur so da. Doch auf einmal steht die Frau auf und hantiert mit ihrem schwarzen Gewand, bewegt die Arme, die Beine, sehr herausfordernd, eindeutig erotisch, einladend und doch nicht vulgär oder gar obszön. Sie hat plötzlich nackte Arme und blonde Haare, und ihr Gesicht wirkt viel jünger. Sie bewegt sich wie in einer Art Pantomime oder Ausdruckstanz. Kein Wort fällt, und doch teilt sich ihr sexuelles Begehren eindeutig mit. Sie bewegt sich nicht sehr schnell, aber intensiv. Ich schaue fasziniert und betroffen zu. Vielleicht regt sich auch ein bißchen Mitleid in mir. Auf einmal fällt sie in sich zusammen; sie ist wohl sehr erschöpft. Ich sitze inzwischen auf einer Liege, die dem Tisch und ihr gegenüber im Raum steht. Ich ziehe sie zu mir heran und bette ihren Kopf an meinem Schoß und streichle mit meiner Hand über ihren Kopf und ihr hellblondes Haar. So jung und erschöpft wirkt sie jetzt, so hilflos und schutzbedürftig. Ich streichle sie ganz sanft und murmele etwas wie, es würde schon alles wieder gut werden. Ganz entspannt sind wir nach einer Weile. Da wird es plötzlich sehr hell, und ich schlage die Augen auf und sehe, daß draußen schon heller Morgen ist.«

Der Traum ist so differenziert, so reich an Nuancen, Ausdrücken und Tönen, daß ich Mühe habe, ihn schriftlich zu kommentieren. Anders als im Gespräch, wo immer wieder im gemeinsamen Erleben nach dem richtigen Ausdruck gesucht wird, kann das schriftlich fixierte Wort des Therapeuten möglicherweise nicht genau das treffen und erhellen, was der Träumerin Unbewußtes meinte. Mit meinen Worten ausgedrückt, sieht es so aus: Die in Schwarz gekleidete Frau ist ein Selbst-Objekt. Sie ist in den Augen der Träumerin ein fremder, ja unbekannter Mensch; aber sie scheint durch die schwarze Farbe ihres Kleides die Traurigkeit früherer, langer Depressionen auszudrücken. Die Neigung des Kopfes, die Müdigkeit und Resigniertheit der Erscheinung sprechen ebenfalls dafür. Auf einmal beginnt sich jedoch die Frau zu bewegen. Ihre »eindeutig erotischen, einladenden Bewegungen« lassen eine andere Seite ihrer Seele erkennen, die sich weiter dann darin kundtut, daß ihre Arme plötzlich nackt, ihre Haare blond sind und ihr Gesicht viel jünger wirkt. – Mir kommt in diesem Zusammenhang eine Episode in den Sinn, die OLIVER SACKS berichtet: Ein Universitätslehrer, der infolge seiner Agnosie seine Studenten nicht mehr wiedererkennen konnte, konnte sie jedoch identifizieren, wenn sie sich bewegten. Der Bewegungsausdruck vertieft die Physiognomie. – Dies gilt im besonderen Grad hier, wo die Bewegung eine Sehnsucht nach Zärtlichkeit, Angenommenwerden, Gemeinsamkeit ausdrückt. Das tiefere Wesen der Frau wird hier ohne Worte mitgeteilt. Doch der Augenblick der Selbstmitteilung ist ebenso flüchtig wie eindringlich, ebenso erschöpfend wie intensiv. Die Frau fällt auf einmal in sich zusammen, – und nun kommt es darauf an, was die Ich-Seite der Träumerin tut, wie sie auf sich selber reagiert. Sie könnte nicht auf sich selber reagieren, wenn sie sich nicht vorher gespalten und eine eigene Seite von außen gesehen hätte. Irgendeine Selbstbetrachtung hätte die Beziehung zu ihrem »Traumgast« gestört. Doch die Ich-Seite der Träumerin reagiert richtig: Sie zieht ihre Partnerin zu sich heran, bettet deren Kopf an ihrem Schoß, streichelt mit ihrer Hand über ihren Kopf und ihr hellblondes Haar. Der tiefere Sinn der Handlung, dieses liebenden Empfangens, ist ganz spürbar im Schlußbild des Traumes: Es wird hell im Traum, die Träumerin erwacht und sieht, daß es draußen heller Morgen ist.

Wenn wir nun diesen Traum ohne die Annahme eines Übergangssubjekts deuten würden, müßten wir sagen: Die selbsttherapeutische Seite der Träumerin tut mit der eigenen Patientenseite das, was sie sich in der Selbstbegegnung wünscht, das, was sie sonst in den vielen Stunden der Selbstkritik verpaßt hat. Diese Deutung ist an sich gar nicht einmal falsch; allein, es fehlt ihr noch die *Versus*-Seite. Diese kann einfach so formuliert werden: Die Träumerin tut mit ihrer Partnerin dasselbe, was der Therapeut in der Tiefe, nämlich in seiner ganzen Art, bei ihr zu sein, mit *ihr* tut.

Ich denke, es ist nicht unbescheiden anzunehmen, daß gewisse positive Möglichkeiten der Selbstbegegnung verstärkt werden, wenn sie sich unbewußt mit entsprechenden psychischen Vorgängen des Therapeuten identifizieren können. Wenn die Gestalten im Traum, die das Selbst-Objekt des Träumers repräsentieren, Projektionen seines Selbst sind, dann wären Erscheinungen des Übergangssubjekts im Traum Konkretisierungen des vom Träumer introjizierten Therapeuten-Selbst.

Ich möchte noch ein weiteres Beispiel geben, das ich allerdings nur aus der Supervision kenne:

Eine Patientin träumt, in der Analysestunde zu sein. Sie sitzt in einem Lehnstuhl, während ihr Analytiker auf der Couch liegt. Er hält die Augen geschlossen, scheint in tiefe Meditation versunken. Sie *kontrolliert* ihn mit ihren Blicken und fragt sich: »Was tut er? Woran denkt er?« Ein quälendes Zweifeln! Die Patientin besitzt nun aber eine »magische Zündholzschachtel«, mittels derer man die Gedanken eines anderen Menschen erfahren kann. Allerdings darf sie das Zündholz, das die Wahrheit »erhellt«, nur ein *einziges* Mal anzünden! »Lohnt es sich?« überlegt sie. »Wie, wenn das Licht zeigen würde, daß der Therapeut an seine eigenen Schuhe denkt? Ich hätte dann eine einmalige Gelegenheit verspielt!« Der Traum endete hier mit einem Gefühl des Zweifels, der Unentschiedenheit und des Mißtrauens.

Zu diesen Gefühlen sagte der Therapeut in der nächsten Stunde, nach dem Traumbericht, nichts. Er zog es vor zu schweigen, statt die Patientin auf ihren Widerstand aufmerksam zu machen: *Sie* machte den Therapeuten zum liegenden Patienten, *sie* wollte ihn mit Blicken kontrollieren, *seine* Gedanken, denen sie nicht traute, erraten!

In der folgenden Nacht hatte die Patientin einen zweiten Traum, der ganz offensichtlich die Fortsetzung des ersten war:

Sie logierte in einer Baracke oder einem Zelt an einem unbekannten Ort. Sie befand sich im Traum in einem Zustand tiefster Einsamkeit und Traurigkeit. Plötzlich sah sie eine Hand, die von außen in den Innenraum des Zeltes hineinragte und die ein brennendes Zündholz hielt, das »nie verbrennt«.

Also: Dasselbe Zündholz, das in den Händen der Patientin versagen könnte, wird nun zum ewigen Lichtträger, – aber erst nachdem die Patientin gewagt hatte, auf die Kontrolle zu verzichten und die Stunde der Einsamkeit und Trauer zu ertragen. Das Zündholz ist auf der einen Seite ihr Gedanke, der kommunizieren möchte, um den Partner zu erfahren, und der ihn doch verpaßt, weil er ihn zugleich kontrollieren will. Das Zündholz ist im ersten Traum – oder besser: in der ersten Hälfte des Traums – ein Selbst-Objekt, das das Subjekt und seinen kontrollierenden Blick verkörpert. Aber es ist in der zweiten Hälfte – in der Fortsetzung des Traums – auch »der Gedanke des Therapeuten«; denn die erste Assoziation der Patientin zu ihrem Traum war die, daß die »geheimnisvolle Hand« die des Therapeuten war. Das Zündholz war also auch ein Übergangssubjekt! Mittels seiner sagte das gemeinsame Unbewußte, daß es zwischen mißtrauischer Kontrolle und Einsamkeit ein Drittes gab, das erhellte – für immer. Psychotherapeutisch gesprochen war dieses Dritte eben das positive Übergangssubjekt. Man könnte den Begriff freilich philosophisch überhöhen und sagen: die Wahrheit, die in einer Beziehung, in einem dualen Rahmen entsteht.

Nicht immer erscheint aber im Traum das Selbst-Objekt in einer so eindeutigen Gestalt wie in diesen Fällen. Oft enthält es in sich selber eine Widersprüchlichkeit, die zu einem sinnvoll-widersprüchlichen Empfang seitens der Ich-Seite des Träumers führt.

Ich denke dabei an einen Patienten, der von einem »widrigen« Mann träumt, der von seiner Wohnung Besitz ergreift und der – wie die späteren Assoziationen des Träumers eindeutig zeigen – die Verkörperung sowohl all jener »grenzüberschreitenden« Mitmenschen ist, gegen die er sich in der sozialen Realität nur allzu wenig wehren kann, als auch ein Abbild seines eigenen chronischen Hasses gegen fast alle seine Mitmenschen. So, wie die »Verfolger« ihn bedrängen, so dringt der Haß gegen sie in seine Seele ein – wie der »widrige« Mann in seine Wohnung – und ergreift von ihr Besitz.

Dieser »grenzüberschreitende« Mann ist also ein Selbst-Objekt des Träumers. Dadurch, daß er ihn hinausstößt, kann der Patient sich endlich abgrenzen. Er bleibt aber weiterhin in der Gefahr, das eigene, abgespaltene Selbst-Objekt auf die realen Mitmenschen zu projizieren, – was ja auch ständig geschieht, indem der Verfolger wiederkehrt und phobische Ängste verursacht.

Im Traum erscheint aber ein Übergangssubjekt: Ein Mann tritt auf, der nicht der Therapeut ist, der dem Patienten irgendwie ähnlich sieht und doch ein andrer ist. Dieser »geheimnisvolle« Partner des Patienten merkt, daß der ausgestoßene »widrige« Mann draußen in der Kälte friert, und er findet dann in der Wohnung des Patienten eine »Nische«, in der der Ausgestoßene sein kann, *ohne zu stören*. Der Träumer war mit dieser Lösung einverstanden.

Der Patient hatte im Anschluß an den Traum selber den Einfall, daß der »Dritte« ein Übergang sei zwischen ihm und dem Verfolger, dem »widrigen« Mann, angereichert durch Züge des Therapeuten. Denn in der Tat hatte dieser »Dritte« in seiner helfenden, versöhnlichen Art ja wesentliche Züge des Therapeuten, für den es nicht Ziel sein kann, Störendes, Böses, Angstmachendes beim Patienten abzuspalten, sondern zu integrieren, ihm einen innerseelischen Raum, eben eine »Nische«, zuzuweisen. Das Übergangssubjekt hat eine größere Handlungsfreiheit als das Selbst und seine Objekte. Es ist der Patient, aber auch der Therapeut, und es ist schließlich eine übergeordnete Instanz, die im Bereich des Traums Dinge tun kann, die nicht einmal in der Therapiestunde möglich sind.

Der Zwillingstraum als Übergangssubjekt

Ich möchte schließlich eine dritte Traumerscheinung des Übergangssubjekts erwähnen, bei der der Übergang durch die Symbolik in einem Traum des Therapeuten und einem gleichartigen Zwillingstraum[11] des Patienten entsteht.

11 Der Begriff »Zwillingstraum« stammt von mir; ich habe diese Erscheinung zum ersten Mal in meinem Buch »Psychotherapie als existentielle Herausforderung« (1992) eingehend dargestellt. Was wir heutigen Menschen nosologisch erfassen und wissenschaftlich auslegen, ist unseren Ahnen oft als Traumerfahrung bekannt gewesen. Schon die Alten haben entdeckt, daß es »Zwillingsträume« gibt, wie ich nachträglich durch den Vortrag von A. SCHIMMEL in Ascona erfahren habe. Dort sagte die Autorin über den alten Islam, daß häufig in den Biographien von Mystikern berichtet wird, daß Meister und Jünger den gleichen Traum haben; solche Gleichheit setze natürlich eine besonders enge seelische Bindung voraus.

Beide Träume, welche in derselben Nacht bei zwei unterschiedlichen Personen aus einem gemeinsamen Unbewußten entstanden sind, lassen sich wie ein einziger Traum mit Variationen verstehen, und eben solch ein Doppeltraum stellt sowohl die therapeutische Symbiose dar als auch – durch die unterschiedliche Behandlung des Themas – den Übergang von einem separaten Selbst zum anderen.

Der therapeutische Traum eines meiner Mitarbeiter lautet:

»Ich befinde mich in einer Wüste im alten Ägypten, wo ich in einer Pyramide Orgel spiele. Vielleicht war es nicht einmal gestattet, dort Orgel zu spielen, aber ich tat es. Plötzlich merkte ich, daß jemand mir zuhörte. Es handelte sich um eine arme Frau, in Lumpen gekleidet, voller Sand, abgemagert, verwahrlost: Es war meine Patientin. Sie war ängstlich und stumm. Als ich mich von ihrer Erscheinung erschüttert fühlte und für sie musikalisch etwas improvisieren wollte, verschwand sie.

Ich versuchte, durch die Luftvibrationen der Musik Pfade im Wüstensand zu zeichnen, die mich zu ihr führen würden, doch die Pfade verloren sich in Wirbeln. Die Kranke war spurlos in einer Wüste verschwunden, in der nur noch ein riesiges Grab, die Pyramide, herausragte; sonst gab es weder Hütten noch Lebenszeichen. Dennoch versuchte ich es erneut, die Patientin zu erreichen, und wiederholte die Melodie, die ich für sie improvisiert hatte. Entlang dieser Melodie zeichnete sich ein Weg im Sand ab, der zu einem seltsamen Baum führte. Es war ein *Höllenbaum*, der allein in der Gegend stand. Ich kletterte auf den Baum und fand die Vagabundin im Geäst verwickelt, in Schlummer versunken, unerreichbar. Traurig stieg ich hinunter und kehrte in die Pyramide zurück. Ich holte mir ein Häufchen Sand, wo die Frau gelegen hatte, als Erinnerung.«

Und nun der »Zwilling«, der simultane Traum der Patientin in derselben Nacht:

»Das war ein schrecklicher *Baum*, eine *Höllenmißgeburt*: häßlich, monströs, wie ein in krummen Zweigen erstarrter Schrei des Schreckens. Man sagte, es sei ein verfluchter Baum, von bösen Geistern bewohnt. Ich hing an einem herausragenden Felsen und sah, wie aus den Zweigen des Baumes seltsame, nicht beschreibbare Gebilde, Marsmenschen, inkubusartige oder verstümmelte Lebewesen hinabstürzten.

Ich erwartete, daß ich auch in den Abgrund stürzen würde. Aber, welch ein Wunder!, je mehr die Ungeheuer hinunterstürzten, desto erstaunlicher verwandelte sich der Baum mit herrlichen Blüten und Blättern, in tausend Farben; er stand in der Mitte eines Gartens, und ich wußte plötzlich: Der Baum gehört mir.«

Der *Baum* ist das beiden Träumen gemeinsame Symbol; er ist symbolische Projektion eines gemeinsamen Erlebens. Dieses besteht darin, daß der Therapeut in den Abgrund, in dem sich die Patientin befindet, selbst ohne jede Aussicht, ihr helfen zu können, hinabsteigen muß, damit die Patientin wieder aufsteigen kann. Der »Höllenbaum« mit herrlichen Blüten und Blättern ist ein Übergangssubjekt, das aus Teilen des Therapeuten und Teilen der Patientin besteht. Und er ist zugleich ein Selbst-Objekt, ein Symbol der eigenen Seele, mit dem sich der Therapeut im Spiegel der Patientin und diese sich im Spiegel des Therapeuten auseinandersetzt. Der Therapeut erblickt nämlich im Spiegel der Patientin die *eigene* Patientenseite, während die Kranke im Spiegel des Therapeuten die *latente eigene, progressive Möglichkeit entdeckt.*[12]

Zwillingsträume, die bei ihrem Seltenheitswert den Patienten erstaunen, können deshalb in der Therapie verwertet werden: Eine Analysandin träumte, daß sie mit einem ihr unbekannten »Patienten« sexuell verkehrte. Sie hatte im Traum versucht, den Mann abzuwehren, sie hatte aber schließlich seiner Liebe nachgegeben und die intime Begegnung sogar genossen. In der folgenden Traumszene wurde sie vom Vater dieses Patienten ausspioniert. Dieser drohte, ins Badezimmer einzudringen, wo die Träumerin zwei Gegenstände, die dem sexuellen Partner gehörten, versteckt hatte. Würde der Vater diese Gegenstände entdecken, wäre sie ertappt gewesen. Mit verzweifelter Kraft versuchte sie, sich gegen die geschlossene Tür des Badezimmers zu stemmen, nicht wissend, ob es ihr gelingen würde, den Eindringling abzuwehren.

Das Paar »Vater – Sohn« war die symbolische Repräsentanz von zwei gegensätzlichen Aspekten des Mannes: einerseits der »Patriarch«, der ihren eigenen tyrannischen Vater darstellte, wie auch den dominierenden, die Frau in unserer Gesellschaft diskriminierenden Mann, – also die negative Seite des Männlichen. Der Sohn dagegen stellte die positive Seite des Mannes dar. Um aber akzeptiert zu werden, mußte er freilich machtlos sein: eben ein »Patient«.

Vom Gesichtspunkt der Übertragung aus war der Vater das analytische, alles durchschauende Über-Ich; der Patient war aber – vielleicht – ein Übergangssubjekt zwischen ihrem weiblichen Unbewußten und dem männlichen Unbewußten ihres Analytikers. Der Patient war viel jünger als dieser. Die Träumerin erlebte ihren Traum als beängstigend. Im Vordergrund stand die Abwehr gegen den Vater und die Reue darüber, dem Jungen gegenüber »schwach« gewesen zu sein.

Ihr Analytiker hatte in jener Nacht einen Zwillingstraum, welcher darin bestand, daß er die beiden männlichen Hauptdarsteller eines ähnlichen Traums zusammen verkörperte. Im Traum des Therapeuten war vom Badezimmer und Eindringen beziehungsweise einem Ertapptwerden allerdings keine Rede. Viel eher war er in zwei Männer gespalten, die beide die Hälfte seiner Identität ausmachten: Er war sowohl der »Patient« – in seinem Erleben und auch in seiner nachträglichen Deutung –, welcher sich in einer Spiegelbeziehung zum Patientenbild der Analysandin setzte und sie mochte, als auch der »Vater« –, doch nicht etwa der die Analysandin bedrohende Vater, sondern der sich für sie und die Korrektheit der analytischen Beziehung verantwortlich fühlende Therapeut. Es kam im Traum des Analytikers nicht zu

12 Diesen Zwillingstraum habe ich bereits in meinem letzten Buch (Benedetti 1992, S. 79 ff.) erwähnt, unter anderem Aspekt.

einem Konflikt zwischen den beiden. Beide konnten nebeneinander stehen, das Bewußtsein und das Unbewußte; mit beiden konnte er sich identifizieren. Es gab keine eigentliche Handlung; es genügte, daß die beiden Seiten – Es und Über-Ich –, die in der Patientin gespalten waren und sich aussichtslos bekämpften, in der Ruhe des sie verinnerlichenden Therapeuten aufeinander bezogen wurden und daß der Therapeut die Spaltung als Polarität in seinem »Spiegeltraum« erlebte.

Der Analytiker war freilich über die Spiegelbildlichkeit der beiden Träume erstaunt. Er fand – zu Recht, denke ich –, daß sein Unbewußtes diesen Traum »geleistet« hatte, um besser zu seiner Analysandin sprechen zu können als etwa er selbst als der entlarvende, rationale Deuter ihres Traums. Die Mitteilung seines Zwillingstraums hatte einen durchaus positiven Effekt, denn die Analysandin konnte danach die eigene kreatürliche Seite besser akzeptieren als über die Negation durch das vaterähnliche Über-Ich.

Meine Ausführungen über die Erscheinungen von Übergangssubjekt und Zwillingstraum möchte ich am Ende dieses Kapitels mit einer theoretischen Stellungnahme zum Problem des Unbewußten abschließen, liegt doch der Begriff des Unbewußten den meisten heutigen Traumtheorien zugrunde und erscheint doch auch in der heutigen Psychotherapie das Übergangssubjekt aus der unbewußten Beziehung des Patienten zu seinem Therapeuten.

Was verstehen wir unter »das Unbewußte«? Ein jeder von uns erfährt es durch die sich ins Bewußtsein einprägenden und erinnerbar gewordenen Einfälle, Träume und Phantasien, deren Ursprung sich erst in der tieferen Meditation, in der Hypnose, in der Psychoanalyse, in der Tiefenpsychologie, in der erhellenden Kommunikation zeigt und also nicht von vornherein in der jeweiligen Zuwendung unseres Bewußtseins zu sich selber und zur Welt offen zutage liegt. Die Art, wie wir den unbewußten Raum unserer Seele *verstehen*, ist schon Bewußtsein und durch die kulturelle Metapher der Welt, in der wir leben, geprägt. Die Welt, in der wir leben, ist nicht und niemals die volle Existenz, aber eine sinnvolle Metapher, die sich ändert im Wandel der Kultur. Die Antike verstand den Traum vornehmlich als eine Manifestation der Götter oder des Schicksals. Die Romantik, die im letzten Jahrhundert den Begriff des Unbewußten prägte, glaubte, in seinen Offenbarungen das Wirken des immanenten universalen Menschengeistes wahrzunehmen. Die heutige naturwissenschaftlich geprägte Epoche bemüht sich, mit schärferen Hypothesen den Rahmen des Unbewußten abzustecken. Ihre Beobachtungen sind präziser als frühere Intuitionen, wobei aber die stärkere Rationalität unseres gegenwärtigen Denkens die Gesamtheit des Phänomens dennoch nicht restlos erfaßt. Am bekanntesten sind die beiden Theorien über das Wesen des Unbewußten von FREUD und JUNG. In meiner Traumkonzeption habe ich besonders auf diesen beiden Autoren aufgebaut und bin immer wieder auf sie zurückgekommen. Sie hier noch einmal ausführlich zu referieren, würde den Rahmen meiner Ausführungen sprengen.

Wir wollen ihre einzelnen hervorstechendsten Gesichtspunkte, die sie dann im Laufe ihres Lebens zu umfassenden Theorien weiterentwickelt haben, durch die ursprünglichen psychotherapeutischen Erfahrungen in Erinnerung rufen, die sie im Umgang mit ihren Patienten gemacht haben. FREUD ging vom verdrängten, zensierten *Triebwunsch* aus, der sich im Traum sowohl manifestiert wie verbirgt und der ohne rekonstruierende Analyse eben unbewußt bleibt. JUNG entdeckte darüber hinaus aber in den Träumen jene Urbilder menschlichen Verhaltens und Erlebens, die er *Archetypen* nannte und die oft gerade wegen ihrer Universalität verborgen bleiben können, die sich aber als bewußte Bilder in Träumen und Halluzinationen dann aufdrängen, wenn der Mensch in seinem Wachzustand durch eine allzu einseitige Orientierung seines Bewußtseins den Bezug zu seinem Unbewußten zu verlieren droht.

Wie werden diese beiden heute immer noch gültigen Vorstellungen vom Unbewußten durch meine Konzeption ergänzt? Ein wenig schematisch möchte ich sagen: Dem individuellen (FREUD) und dem archetypischen (JUNG) Unbewußten stellte ich ergänzend das »duale« Unbewußte an die Seite. Dieser Begriff kann erst in diesem Teil des Buches, der die inhaltlich-symbolischen Gegensatzpaare im Rahmen der Psychotherapie darstellt, genauer erläutert werden. Dieser Begriff kann erst jetzt ganz verständlich werden, nachdem ich in den vorausgegangenen Zeilen von Dualisierung, vom Zwillingstraum und vom Übergangssubjekt gesprochen habe. Diese Begriffe übergreifend meine ich nun: Das duale Unbewußte ist eine psychische Instanz, die gelegentlich in gewissen Situationen der Psychotherapie *bewußt* wird – die aber vermutlich auch dann vorhanden ist, wenn ihr bewußtes Bild fehlt –, *wenn zwei Menschen sich in einem Modus der Gefährdung erkennen*. Die Gefährdung ist freilich in erster Linie diejenige des Patienten, unabhängig davon, wie seine Diagnose lautet, und diese Gefährdung sozialer und innerseelischer Natur wird gerade in den Ereignissen der Psychotherapie deutlicher und stärker. Würde die Gefährdung aber gänzlich eine Angelegenheit des Patienten bleiben, so wäre meines Erachtens die Psychotherapie keine solche mehr; denn sie würde überhaupt nichts bewirken. Die Resonanz des Therapeuten, die Identifikation mit dem Erleben seines Patienten, die Introjektion seiner Bilder und – last, not least – sein Angewiesensein auf eine Patientenrezeption, die so wenig gesichert ist wie die Lebenslage des Patienten selber, begründen eine Gefährdung des Therapeuten.

In dieser Situation – das wird durch meine jahrzehntelangen Beobachtungen nahegelegt – bilden sich Symmetrien, Synchronien und Symbiosen zwischen den Selbst-Systemen der beiden Partner, die, obwohl nicht immer faßbar, dennoch beiden Teilnehmern, dem Patienten und dem Therapeuten, für den Fortgang der Therapie wesentlich und sogar überraschend erscheinen; das heißt: sie sind nicht ohne weiteres rational verständlich. Solche Symmetrien zeigen sich beispielsweise in überraschenden Entsprechungen zwischen Träumen, Phantasien und Einfällen der beiden und können nicht aus *dem* erklärt werden, was die beiden voneinander wissen. Man muß also symmetrische unbewußte Prozesse annehmen, die aller Wahrscheinlichkeit nach viel umfangreicher und subtiler verlaufen, als ihre bewußten Manifestationen erkennen lassen. Derartige Symmetrien – um einen einzigen zusammenfassenden Begriff zu verwenden – deute ich als eine Folge der gemeinsamen Gefährdung, die die beiden durch ein duales Unbewußtes verbundenen Menschen erfahren.

Ich habe das Thema der gemeinsamen Gefährdung auch in einem herausfordernden Sinne gewählt. Nicht selten bin ich in Kolloquien und Seminaren über die Psychotherapie der Psychosen auf den Einwand gestoßen, diese Arbeit bedeute doch eine Gefährdung des Therapeuten, der sich distanzierte, objektivierende Beobachter freilich entziehen. Meine Herausforderung liegt aber in der Betonung der positiven Dimension der Gefährdung, die ein Teil des Werkes ist und sich produktiv auswirkt. Das duale Unbewußte auch aus dieser Sicht zu betrachten, scheint mir schöpferisch zu sein. Freilich ist die gemeinsame Gefährdung niemals die einzige, sicher nicht einmal die wesentliche Wurzel. Wichtiger scheint mir die *Selbstfindung in der Beziehung* zu sein – ein Vorgang, der, obwohl bewußt beschreibbar, auf dem uns tragenden *Unbewußten* beruht, wie die überpersönliche Kraft des Geschehens mir zu zeigen scheint.

Ein erstes überpersöhnliches Moment liegt darin, daß die geistige Liebe – und damit meine ich eine Solidarität, in der der einzelne um die Verwirklichung seiner Existenz ringt, in restloser Offenheit, unter Ausschaltung jeder Macht und Überlegenheit auf seiten des Therapeuten, der um das Selbstsein des anderen ringt –, die ein Therapeut für seine Patienten empfindet, ihm die eigentlichste »Chiffre der Transzendenz« bedeutet, um hier ein Wort von JASPERS zu gebrauchen.

Es gibt aber in diesem menschlichen Leben einen Ort, wo die Liebe zu den Leidenden, ja die Verpflichtung, ihnen nach Kräften zu helfen, das Ewige ist, das im Vergänglichen erscheint. Eine solche Erscheinung ist insofern Transzendenz, als sie etwas Absolutes an sich hat, in ähnlicher Weise wie der KANTsche »Kategorische Imperativ«.

Darüber hinaus ist dieser Begriff ein philosophischer. Er wird zu einem totalen Erlebnis, zu einer ergreifenden inneren Evidenz in der Psychotherapie von dem Augenblick an, da die vielen narzißtischen Entsagungen, die eine solche Arbeit mit sich bringt, relativ wenig wiegen im Vergleich zu der Erfahrung, daß der andere, der Patient, in der Begegnung mit mir aus einem Abgrund emporsteigt, der bodenlos schien, und mir dadurch den Boden bereitet, auf dem ich stehe und arbeite.

Schließlich frage ich mich, ob dieses Erleben eine leibseelische Grundlage hat; nicht in dem Sinne, daß sie das Erlebnis »erklären« würde – denn die Reduzierung auf eine Grundlage würde die Chiffre gedanklich verfügbar machen, dem Denken dinghaft unterwerfen –, jedoch im Sinne einer Bedingung dessen, was im letzten reine Entscheidung ist. Die Bedingung scheint mir durch viele, auch klinische Beobachtungen in der Annahme eines »dualen Unbewußten« greifbar zu werden.

Das duale Unbewußte entsteht nach meiner Hypothese auch als eine Reaktion auf die Möglichkeit des Rückzugs und des Widerstands – was sowohl auf der Seite des Patienten als auch auf der des Therapeuten ins therapeutische Nichts führen würde. Zugleich ist das duale Unbewußte der Versuch einer Bewältigung dessen, was vom einzelnen allein nicht kontrolliert werden kann. Obwohl das duale Unbewußte eine Beobachtung und Erfahrung der Psychotherapie ist, ist seine Reichweite größer als diese und läßt sich überall dort wahrnehmen, wo Schicksals- und Lebensgemeinschaften einzelne Menschen miteinander verbinden.

Das duale Unbewußte ist die Grundlage und der Ursprungsort dessen, was uns auf der Ebene des Bewußtseins als Übergangssubjekt erscheint. Der Begriff aber, der beide umgreift, ist derjenige des »symbiotischen Selbst« (PECICCIA), das sowohl eine unbewußte als auch eine bewußte Dimension hat. Gerade dieser Oberbegriff ist wichtig und nützlich, weil er auf die Hypothese hinweist, daß symbiotische Erlebnisse im Urzustand des menschlichen Lebens häufig sind. Wir können die therapeutische Symbiose vom Gesichtspunkt ihres Stellenwertes in der Psychodynamik von Regression und Progression betrachten. Ich meine, daß die psychotherapeutische Verstärkung des symbiotischen Selbst beim Therapeuten in der Behandlung psychotischer Menschen ein regressives Phänomen ist. Andererseits kann gerade dieses regressive Phänomen, wenn richtig dosiert, zu einer Progression des Patienten in der ganzen Beziehung führen. Also hat das Phänomen zwei Gesichter, umfaßt ein Gegensatzpaar, wie ich im folgenden Kapitel darlegen werde. So, wie es in der Psychotherapie eine Triebregression des Patienten in seinen Ansprüchen an den Therapeuten gibt, die, aus Triebwünschen stammend, gelegentlich im Dienst des Widerstandes gebraucht wird, ebenso gibt es auch die schöpferische Regression, die das Kindlich-Kreatürliche aus dem Bedürfnis heraus, tiefer erkannt zu werden, hinter der sozialen Maske auftauchen läßt. Solche schöpferische Regression ist eben die therapeutische Symbiose, und zwar sowohl auf der Seite des Patienten als auch auf derjenigen des Therapeuten: Pflegebedürfnis, unbewußte Wahrnehmung des anderen, teilweise Preisgabe des »separaten Selbst« (PECICCIA) im dualen Unbewußten, gegenseitiges Erkanntwerden in der Suche nach einer tieferen Identität entstehen in diesem Rahmen und sind die eigentliche Quelle der psychotherapeutischen Kreativität. Gleichzeitig erscheint uns das Phänomen des symbiotischen Selbst auch eminent progressiv, weil es keiner bloßen Triebbefriedigung dient, sondern die Entstehung des individuierten Selbst auf einer höheren Stufe vorbereitet. Was uns hier im geschützten Raum der Psychotherapie erscheint, ist ein fundamentaler zwischenmenschlicher Vorgang, der überall sonst auch bei Verhältnissen der mitmenschlichen Nähe gefordert wird und der unter dem Vergrößerungsglas der Patient-Therapeut-Beziehung lediglich begrifflich-wissenschaftlich zugänglicher wird.

4. Regression versus Progression

Ich habe oben bereits in anderem Zusammenhang den Traum einer Borderline-Patientin erwähnt (s. S. 63). Sie träumte, daß sie mit Zwillingen schwanger sei, daß aber merkwürdigerweise das eine Zwillingskind in der Gebärmutter ihrer Therapeutin liegt, und doch ist die Patientin die Mutter *beider* Zwillinge. Dieser Traum scheint mir *bildlich* zu veranschaulichen, was SEARLES einmal verbal und begrifflich mit der Formulierung umschrieb, daß sich eine wesentliche Seite des Patienten-Selbst während der Psychotherapie in einer Art »Nische« entwickelt, die noch in der Person des Therapeuten liegt. Es ist, als ob sich während der »therapeutischen Symbiose« eine intermediäre Zone aufbauen würde, die einerseits zum Therapeuten gehört, andrerseits die Urwiege des werdenden Patienten-Selbst ist. Ich selber habe, unabhängig von SEARLES, für diese Erscheinung den Begriff des »Übergangssubjekts« geschaffen, über den oben ausführlich gesprochen wurde. Eine solche Vorstellung, ein solcher Begriff scheint zunächst rein theoretischer Natur zu sein; nachträglich aber kann an Träumen, wie dem eben erwähnten, konkret gezeigt werden, was mit ihm gemeint ist.

Bei obigem Traum befinden wir uns freilich in einer regressiven Phase der Therapie bei positiver Übertragung. Würde man als Therapeut die Regression von einem kritisch-negativen Gesichtspunkt aus betrachten, so könnte man sagen, daß die Patientin parasitär auf Kosten ihrer Therapeutin leben will und sie als eine Art Leihmutter benutzt. Wenn man sich aber der Worte von BALINT (1960) erinnert, daß der Therapeut sich in vergleichbaren, nichtpsychotischen Fällen wie der Boden benutzen lassen soll, in dem die Wurzeln des Patienten gründen können, und wie die Luft, die die junge Pflanze einatmet – dann wird man im Traumbild unserer Patientin auch den Keim einer möglichen künftigen Progression erblicken dürfen.

Diese Überlegungen genügen aber noch nicht, um von den »zwei Gesichtern« oder Intentionen des Traums zu sprechen. Manchmal scheint der Traum nur *eine* Intention klar und deutlich ausdrücken zu wollen; die zweite, anders gerichtete, muß durch die therapeutische Überlegung erschlossen werden. Nicht jedoch bei unserem Beispiel! Die Patientin berichtete nämlich, daß sie gegen Ende des Traums einerseits die äußerst merkwürdige Situation dieser Schwangerschaft als bedeutsam empfand, andrerseits aber den klaren Gedanken hatte, sie müsse die volle Verantwortung für *beide* Zwillingskinder übernehmen, für beide Raum in ihrer eigenen Gebärmutter finden. Das heißt doch wohl: Progression mitten in der Regression – als die zwei Seiten desselben Traumbildes. Die beiden Zwillinge waren also letztlich zwei verschiedene Seiten ihrer noch nicht völlig integrierten Person.

Die Polarität von Regression und Progression zeigt sich auch in jenen

Träumen, in denen der eine oder der andere Pol dem manifesten Traumgedanken entspricht, während der entgegengesetzte Pol latent ist und durch die Deutung freigelegt werden muß. In diesem Zusammenhang interessieren den Psychotherapeuten besonders jene Träume, in denen die Progression nicht selbstverständlich vorzuliegen scheint, sondern sich entweder in der – scheinbaren – Regression verbirgt oder sich erst klar und deutlich in einem Opponieren gegen sie zeigt.

Ich möchte zu diesem Problem drei Traumbeispiele geben.

Erster Traum: Es handelt sich um den Traum eines Psychiaters, der sich in einer Lehranalyse befand. Scheinbar völlig gesund, lebte er in einer überhöhten »Leistungsideologie« und schritt infolge seines großen beruflichen Einsatzes von Erfolg zu Erfolg und verwechselte schließlich eine innerseelische Progression mit seiner progredienten beruflichen Laufbahn.

Im Traum befand er sich nun auf einem großen Bauplatz, wo neue Häuser errichtet, alte renoviert, Kellerräume ausgebaut und herrliche Bäume angepflanzt wurden. Alle Handwerker – Maurer, Schreiner, Sprengler, Gärtner – waren unter seiner Leitung in einem riesigen Hof beschäftigt, den er »die Kathedrale« nannte. Plötzlich näherte sich ihm ein Bauleiter, den er in der Wirklichkeit als Menschen besonders schätzte, weil er immer so ehrlich und wahrhaftig wirkte. Mit besorgter Miene sagte dieser zu ihm: »Aber das Krokodil in der Tiefe leidet.« Und sofort verstand der Träumer den Sinn dieser Worte. Plötzlich wußte er, daß ein Krokodil im tiefsten Keller lag, nicht eigentlich krank, nicht im Sterben, aber wie gefangen.

In der Analyse erinnerte sich der Träumer an manche Stunden aus seiner Jugendzeit, da er in jedem Unternehmen die Möglichkeit des Scheiterns, in jedem sicheren Auftreten die unausgesprochene Angst, in seinem alltäglichen Optimismus die Langsamkeit des am Boden kriechenden Tieres – des Krokodils – gespürt hatte. Nun schien ihm der Traum auf jenen alten Zustand zu *regredieren*, mit dem Unterschied freilich, daß es nun nicht darum ging, Abschied von seinem Tatendrang und seiner »Kathedrale« zu nehmen, sondern lediglich darum, eine eigene kreatürliche Seite stärker wahrzunehmen, die ihm früher angst gemacht hatte und bei deren Verdrängung er, der stets Tätige, sich keine Muße gönnte und keine eigene Müdigkeit gelten ließ. In der neuen Möglichkeit, das in einen unterirdischen Keller verbannte Tier wahrzunehmen, ja, es zu befreien, lag die eigentliche *Progression* als Anfang der Individuation.

Als zentrales Bild des *zweiten* Traums, den ich in diesem Zusammenhang berichten möchte, steht nicht eine »Kathedrale«, sondern eine »Grotte«, die an sich schon ein Symbol der Regression ist.

Es handelt sich um den Traum einer Patientin, die in einer solchen unterirdischen Grotte eine geheimnisvolle Frau besuchte, vor der sie sich aber ängstigte. Als sie ihr nun entgegentrat, wurde ihr Gegenüber zu ihrem großen Entsetzen immer kleiner und kleiner. Erst als sie es wagte, die »Zwergin« anzureden und bei der Hand zu nehmen, begann diese, ihre wahre Weisheit zu zeigen: Sie konnte ein wunderschönes Gedicht rezitieren.

Die Patientin erinnerte sich in der Analyse an viele, viele Jahre ihres früheren Lebens, da sie sich angesichts ihrer erfolgreichen Mitmenschen als klein, unansehnlich und dumm erlebt hatte. Die Zwergin war – wie ihr jetzt klar wurde – die Verkörperung ihrer latenten Neurose, ihrer Minderwertigkeitsgefühle. Sie mußte in der Analyse träumend bis zu jenem Punkt *regredieren,* da eine eigene, im Laufe der Jahre endlich überwunden geglaubte, mühsam bekämpfte Seite erneut manifest und übermächtig auftreten sollte. Erst als der Kontakt zu der Zwergin, ihrem minderwertigen Ich, hergestellt war, durch Worte, durch das Handergreifen, konnte diese ihr anderes Gesicht zeigen, ihre geistige *Progression,* indem sie ein »wunderschönes Gedicht« rezitierte. Es brauchte nichts mehr verdrängt, nichts mehr neutralisiert zu werden, die Integration wurde möglich durch das Traumerleben des Gegensatzpaares.

Und schließlich das *dritte* Beispiel, in dem auch das so häufige Symbol der Regression, das Kind, auftritt.[13]

Eine Patientin träumt von einem Kind, das sexuell mißbraucht wird. Das achtjährige Mädchen muß einen Penis in den Mund nehmen und daran saugen. Die Träumerin ist entsetzt. Der Penisträger ist nicht sichtbar. Anwesend ist nur eine Frau, die der entsetzten Patientin erwidert: »So kann das Kind lernen, den Penis zu erbrechen.«

Die Träumerin ist eine Frau, die in ihrer Kindheit mehrmals sexuell mißbraucht worden war. Fellatio und andere derartig grobe Mißbräuche sind jedoch nicht erinnerbar, wohl aber lästige Betastungen. Auf diese traumatische Vorgeschichte hat die Frau mit der Entwicklung einer besonderen Sensibilität für mißbrauchte Kinder und Frauen reagiert, die sich auch sonst in einer großen mitmenschlichen Affinität zu dem Leiden anderer zeigt, auch wenn dieses nicht sexueller Art ist. Als Ärztin, denn diesen Beruf wählte sie, ist sie immer entsetzt gewesen, wenn Patienten durch Kollegen und Krankenschwestern in irgendeiner Weise vernachlässigt wurden, Injektionen nicht steril gemacht wurden, Dekubitusstellen nicht genügend gepflegt wurden und so weiter. Bei diesem gewiß sehr lobenswerten Einsatz muß jedoch ihre stark überichhafte Einstellung zu den Menschen, die sich eine mögliche Vernachlässigung der Rechte anderer zuschulden kommen ließen, so eifrig, so aggressiv gewesen sein, daß sie ganz allgemein unbeliebt war. Darunter litt sie außerordentlich, weil sei bei ihrer empfindsamen Natur sehr stark auf die Bestätigung durch andere angewiesen war.

Diese Patientin hatte ein Pflegekind, ein Mädchen, in die Familie genom-

13 Ich verweise auf die ausgezeichneten Arbeiten von KATRIN ASPER im Literaturverzeichnis, die die Symbolik des Kindes in seiner Vielfalt untersucht.

men. Obwohl ihre Ehe durchaus befriedigend war, entwickelte sie die eigentümliche Angst, ihr Mann könnte sich etwas gegenüber diesem Pflegekind zuschulden kommen lassen. Sie glaubte, dieses Kind besonders schützen zu müssen. Und doch fehlten jegliche Anhaltspunkte für ihre Sorge. Durch ihre ständigen Bemerkungen riskierte sie es, allmählich den Ehemann zu verstimmen und auch in ihrer Ehe unbeliebt zu werden.

Nach dieser Situationsbeschreibung zurück zu unserem Traum: Das mißbrauchte Kind ist natürlich sie selber. Ihre Sorge für dieses Opfer, das sie einst zweifelsohne gewesen ist, möchte die einstige Wehr- und Hilflosigkeit des kleinen Mädchens kompensieren. Ihr Entsetzen im Traum ist also gut einfühlbar; man soll den Traum zunächst von dem Gesichtspunkt aus betrachten, daß das Kind ein Symbol menschlicher Kreatürlichkeit bei sich und den anderen ist, für die sie sich nun stellvertretend einsetzt.[14]

Wer ist aber die seltsame Frau, die an Stelle des Penisträgers im Traum erscheint und ihr, der Träumerin, die zynische Antwort gibt, daß das mißbrauchte Mädchen lernen soll, den Penis zu erbrechen? Wenn wir bedenken, daß die Patientin nicht nur eine sozial hochstehende Frau ist, die sich für Dinge einsetzt, die in unserer Gesellschaft nur allzuoft vernachlässigt werden, sondern auch eine Neurotikerin, die sich überall unbeliebt macht, so daß sie deswegen im Leben zu kurz kommt, und die schließlich in ihrer Ehe nicht nur unberechtigte Sorgen, sondern geradezu wahnähnliche Ängste entwickelt, dann müssen wir annehmen, daß eine Fixierung in der Libido-Entwicklung auf das Stadium der oral-genitalen Sexualität stattgefunden hat. Diese Fixierung wird ebenfalls durch das Kindsymbol dargestellt, das also neben der vorher besprochenen *positiven* Seite eine eher *negative*, bedenkliche Bedeutung bekommt. Das Kind ist einerseits das Symbol der ursprünglichen Kreatürlichkeit, die durch den realen Mißbrauch schwer verletzt worden ist. Das Kind ist andrerseits aber auch Symbol einer infantilen Fixierung an das Trauma, die die erwachsene Patientin daran hindert, die Realität zu erkennen und angemessen einzuschätzen. Will die zynische Frau des Traums ihr das sagen? Meint deren Äußerung, daß das Erbrechen *notwendig* sei? Ist es die Aufforderung, einen Komplex loszuwerden: »Der Penis soll heraus!«? Und könnte die befremdende Frau nicht doch *auch* eine unbewußte Seite der Patientin sein, die genug hat von der Sexualneurose und sich dieser entgegenstellt? Als Psychotherapeut neige ich dazu, Deutungen, die eine neurotische »Ideologie« erschüttern sollen, als Fragen zu formulieren, damit der Patient selber nachdenklich wird und weiterarbeitet. Auch in diesem Fall zwangen Fragen die Patientin zum Nachdenken. Allmählich wurde ihr klar, daß das Kindsymbol zwei Seiten hat, die in einem einzigen Bild verdichtet sein können. Die eine Seite ist die progressive. Das Kind vertritt in den Träumen vie-

14 Ich verweise auf das ausgezeichnete Buch von Ursula Wirtz (s. Literaturverzeichnis).

ler Menschen den eigenen existentiellen Ursprung, die Lebenspotenz, die Unschuld, die Hoffnung des Neubeginns, die Frucht der Liebe, das Wachsende und Werdende, das Bindeglied zwischen den Generationen. Und es gibt im religiösen Bereich kein schöneres und ergreifenderes Symbol als das der Menschwerdung Gottes in der Gestalt eines Kindes. In dieser Sicht erscheint die Auflehnung der Patientin gegen den Mißbrauch in ihrer eigenen Kindheit nicht nur einfühlbar, sondern auch »selbsttherapeutisch«. Im Traum ist sie, wie in der wachen Realität, entsetzt; sie stellt sich auf die Seite des Kindes, des eigenen Lebensrechtes, der eigenen Unschuld; sie erschafft in der leidenschaftlichen Auflehnung gegen eine triste, im Traum aktualisierte Vergangenheit eine veränderte Zukunft, weil im zeitlosen Unbewußten eine neue Verbundenheit mit dem eigenen Ursprung beginnt.

Aber das ist lediglich die *Hälfte* der Wahrheit. Es gehört zum Wesen der Neurose und der Psychose, daß wir uns von den Traumata der Vergangenheit nicht befreien können, daß wir möglicherweise im Verletztbleiben eine masochistische Tendenz entwickeln, so daß das dauernd verletzte Kind der Vergangenheit uns daran hindert, die positiven Aspekte der Gegenwart zu sehen, die neuen Chancen des Lebens zu ergreifen. Wenn das alte Trauma wahnhaft auf völlig andere Situationen projiziert wird, kann das Kind-Symbol eine regressive Dynamik entfalten und eine Vergangenheitsfixierung bedeuten. Dann ist die herausfordernde Frau des Traumes am richtigen Platz, die der Träumerin nahelegt, den mißbrauchenden Penis *zu erbrechen*, das alte Trauma loszuwerden. Da muß etwas *Infantiles* überwunden werden; das »Kind« muß Neues lernen. Vielleicht liegt im Symbol des Erbrechens auch die Möglichkeit, ein altes Lustgefühl zu überwinden, das den einstigen Mißbrauch verewigte. Vorsichtig möchte ich die Vermutung äußern, daß das kindliche Saugen am Penis des Erwachsenen traumatisch war auch deshalb, weil es beim Kind unbewußte Lustgefühle weckte. Darum soll und muß das perverse Lustgefühl heraus!

Bei dem oben beschriebenen Beispiel war das ungeborene Kind das doppelgesichtige Symbol für die Polarität von Regression und Progression, immer den Traumkontext mit berücksichtigt. Das Kind-Symbol – so will mir scheinen – bietet sich geradezu an, diese Spannung, diese Problematik von Rückschritt und Fortschritt, Infantilisierung und Reifung darzustellen, wobei mitunter Aspekte der Regression als eine besondere Gefahr stärker betont zu werden scheinen als die möglichen Reifungsschritte.

Ich möchte zu dieser Problematik noch ein weiteres Beispiel geben:

Ein Patient, der unter seiner ehrgeizigen, harten, leistungsfordernden Mutter, die auch keine Prügel an ihm sparte, sehr gelitten hatte, konnte dennoch sozial Stufe um Stufe aufsteigen, solange seine Mutter lebte. Kurz nach dem Tod der Mutter jedoch brach sein ganzer Lebenselan zusammen. Er wurde, aus ihm selbst unerklärlichen Gründen, depressiv. Er konnte sich jeweils am Morgen nicht mehr an seinen Arbeitsplatz begeben, weil ein seltsames, »unwiderstehliches Gefühl des Heimwehs« ihn nach Hause zwang. Er entwickelte außerdem psychosomatische Symptome. Unter anderem erkrankte er an einer obstruktiven Kardiopathie. Er wurde von seinem Arbeitgeber entlassen und fürchtete sich davor, eines Tages vor dem Nichts zu stehen. Seine ganze Zeit verbrachte er zu Hause in einer leeren Untätigkeit. Schließlich entschloß er sich zu einer Psychotherapie, die ich supervidierte. Eines Nachts nun träumte dieser Mann:

Er spielte mit einem Kind. Sie beide bastelten eine elektrische Eisenbahn. Da telefonierte ihm ein Vorgesetzter und verlangte, daß er sich sofort an seine Arbeit begeben solle. Der Patient weigerte sich, verwickelte sich dabei dann im Telefonkabel. Der andere blieb unnachgiebig an seinem Telefonhörer, wartete schweigend auf eine Antwort. Und unser Patient stotterte schließlich, daß er sogleich kommen werde, obwohl er im Telefonkabel hoffnungslos verfangen war.

Wenn wir Psychotherapeuten einen solchen Traum hören, neigen wir sofort dazu, im Spiel dieses Mannes mit dem Kind, in seiner Auflehnung gegen die leistungsfordernde Autorität, in seiner unbewußten Bereitschaft, innerlich die fehlende Mutter zu ersetzen, die sich der einstigen Kreatürlichkeit des Kindes nicht annehmen konnte, eine letzte Chance der Veränderung und Wandlung des jetzigen, neurotischen Menschen zu sehen. Wir erleben die positive *Eindeutigkeit* des Kind-Symbols und sehen darin die wichtigste Botschaft an den Träumer, daß er sich im Wachleben so hilfsbereit und spielerisch sich selbst gegenüber verhalten möge, wie hier im Traum gegenüber dem Kind, daß er auf seine eigenen, verschütteten Möglichkeiten von Kreativität, von Spiel, von »unnützem« Tun und leistungsfremden Handeln, von Lebensfreude und Lebensgenuß achten möge.

Es war aber merkwürdig, alle Ärzte und Autoritätspersonen, die sich des Patienten annahmen, vom Assistenten der psychosomatischen Station, wo er behandelt wurde, angefangen bis zum Vertrauensarzt der Versicherungsgesellschaft, der mit ihm in seiner Angelegenheit zu tun hatte, – sie alle neigten dazu, als »Hardliner« – wie sich einer der Ärzte selber bezeichnete – gegen seine »Regression« Stellung zu nehmen, ihn rasch heilen zu wollen, ihn mit der Notwendigkeit zu konfrontieren, seine Arbeit möglichst schnell wieder aufzunehmen, ihn von einer Psychotherapie abzubringen, die viele Monate, wenn nicht Jahre, dauern würde. Ich glaube nicht, daß dieses Verhalten nur auf das Konto unserer auf Effizienz und Leistung bedachten, modernen menschlichen Gesellschaft zurückging. Ich vermute, daß manche Mitmenschen unseres Patienten, die sich im Traum darstellende regressive Fixierung des Mannes auf der infantilen Stufe verspürten und davor Angst bekamen. Dieser Mann wollte einfach krank werden – so schien es jedenfalls –, um sich Beruf, Leistung und Autorität zu verweigern. Das war seine unbewußte Rache an der verstorbenen Mutter!

Im Traum verwickelte er sich während seiner telefonischen Weigerung der Autorität gegenüber in das Telefonkabel, das ihn schließlich völlig fesselte. Das weist doch darauf hin, daß sein Verhalten letztlich auch eine verhängnisvolle Selbstsabotage war, eine Rebellion gegen die Autoritäten auf seine eigenen Kosten, unter Verzicht auf seine hohe berufliche Kompetenz und auf das Glück seiner Familie.

Und damit komme ich zum Thema dieses Kapitels: An sich aussichtsvolle Symbole, die eine Werde-Aussicht, eine Entwicklungsmöglichkeit enthalten, können eine nicht ungefährliche Gegenseite haben. Freilich soll diese bivalente Sicht, die die Doppeldeutigkeit des Symbols erfaßt, auch den Mut zur letztlich eindeutigen Entscheidung haben, die dann dem Träumer vermittelt werden muß. Es soll zunächst dem Spiel mit dem Kind unsere volle Zuwendung gelten. Nicht von dem Kind, sondern von der am anderen Telefonende drohenden Autorität soll der Patient frei werden. Es müssen also die schöpferischen, die spielerischen Kräfte, die Entwicklungs- und Reifungsmöglichkeiten seiner Person betont und gestärkt werden. Der Patient muß sich annehmen, muß sich selbst gegenüber verständnisvoll sein, so, wie er im Traum mit dem Kind umgeht und wie seine Mutter nie mit ihm umgegangen ist. Später kann man ihn auf die Gefahren einer Fixierung auf dieser kindlichen Stufe hinweisen, auf die Selbstbehinderung, die in einer absoluten Ablehnung aller Leistung und Autorität, die nun einmal zu unserem Erwachsenenleben gehören, liegt. Regression und infantile Fixierung ebenso wie Progression und Veränderung in der persönlichen Reifung durch eine Annahme kindlicher, spielerischer, unernster Wünsche und Verhaltensweisen, gleichsam ein Nachholen von Verhaltensweisen und Möglichkeiten in der Phantasie und in der Traumwelt, die er in der wirklichen Kindheit nie gehabt hat, – das gehört zur Doppelgesichtigkeit dieses Traums und seiner Botschaft an den Träumer, wobei die Betonung auf dem positiven Aspekt liegt.

5. Negative versus positive Übertragung

Ein für mich einst rätselhaftes Phänomen war das Auftreten von Übertragungsträumen, in denen ich eine feindselige Rolle meinen Patienten gegenüber spielte, und zwar gerade in solchen Phasen der Psychotherapie, in denen ich im Wachzustand eine durchaus positive Übertragung feststellte. Solche Träume beobachtete ich sowohl bei der Behandlung psychotischer als auch neurotischer Patienten.

Zwei mögliche Erklärungen boten sich mir an: Auf der einen Seite handelte es sich um Patienten, deren Therapie durch eine konstant positive Übertragung und Gegenübertragung charakterisiert war. Das lag nicht an einer Abwehr der negativen Gefühle, sondern vielmehr daran, daß eine Entsprechung von Unbewußtem zu Unbewußtem, eine echte menschliche Solidarität und gegenseitige Sympathie keinen genügenden Raum für aggressive Auseinandersetzungen übrigließ. In dieser Situation bot sich der Traum *ersatzweise* dafür an. Dennoch habe ich damit noch nicht das Ganze dargestellt, was ich mit der Kapitelüberschrift »negative versus positive Übertragung« meine. Bei diesem Gegensatzpaar ist der Traum nicht einfach ein Ersatz, oder, wie JUNG sagen würde, eine »Kompensation« des Wach-Lebens, sondern es fallen beide Phänomene – die negative und die positive Übertragung – in demselben Bild zusammen, das solche Koinzidenz dennoch dialektisch gestaltet.

Bei weiterer aufmerksamer Beobachtung dieser Erscheinung ergab sich für mich nämlich folgende zweite Einsicht: In keinem Fall hatten meine schwerkranken Patienten – depressive, psychotische und Borderline-Fälle – eine echte Chance, sich in der Realität oder auch nur im Traum *erfolgreich* gegen einen aggressiven und feindseligen Partner zu wehren. Stets scheiterten sie bei solchen Auseinandersetzungen. Negative intrapsychische, omnipotente Mächte bereiteten ihnen selbst im Traum Niederlagen. Wurden sie auf reale Partner projiziert, so wurden diese nur allzuoft so bedrohlich, daß sie diesen schließlich doch wieder hilflos gegenüberstanden.

Anders, wenn der Therapeut der Feind war. Allerdings mußte der Therapeut in der wachen Dimension der Therapie dafür sorgen, daß die Übertragung durch allzu direkte Infragestellung psychopathologischer Verhaltensweisen nicht negativ würde, – eine Empfehlung, die M. SECHEHAYE bei der Psychotherapie schizophrener Kranker ausdrücklich hervorgehoben hat. Wenn dann der Traum-Therapeut unwillkürlich die Rolle übernahm, die sonst durch die Feinde des Patienten besetzt war, fühlte sich dieser erleichtert. Er konnte im Traum dagegen protestieren, er konnte sich wehren. Der Patient hatte eine echte Chance, zu seinen eigenen menschlichen Rechten zu stehen und sie zu verteidigen. Der Therapeut hatte sich das negative Kleid des Verfolgers angezogen, um dem Patienten nahezukommen und um ihm in seinem Lebenskampf eine Chance zu geben. Der Traum-Therapeut war ein nützliches Übergangssubjekt zwischen dem wach und bewußt erlebten positiven Therapeuten und dem Verfolger; er hatte die Gesichtszüge des letzteren und die Seele des ersteren. Dazu nun ein Beispiel:

Ein Patient, für dessen Beziehung zu seinem Therapeuten eine positive Übertragung das wesentliche Merkmal war, träumte eines Nachts, daß er diesen in seiner Praxis aufsuchte, um, wie üblich, eine Sitzung mit ihm zu haben. Dieser Patient hatte jahrelang unter Verfolgungswahnideen gelitten, die er jedoch zu keiner Zeit auf seinen »geliebten« Therapeuten, von dem er sich fast immer verstanden fühlte, übertragen hatte. Auch die therapeutische Gegenübertragung war positiv. Ganz anders nun in diesem Traum! Der Therapeut war völlig verändert. Er gab sich kaltschnäuzig bis feindselig; er schien genug von seinem Kranken zu haben; er gab jemand anderem den Vortritt, der erst nach dem Patienten in die Praxis gekommen war. Als er dann wieder ins Wartezimmer trat, um unseren Patienten hereinzubitten, hatte er geradezu die

Gesichtszüge des Verfolgers, unter dem der Patient in Hunderten von Träumen gelitten und mit dem er sich immer wieder auseinandergesetzt hatte, – stets als Verlierer. Erschrocken sah der Patient diesen fremd gewordenen Therapeuten an; als jedoch dieser ihn anblickte, meinte der Patient auf einmal, an den Augen seinen alten Therapeuten wiederzuerkennen: »Hinter den Gesichtszügen« des Verfolgers habe er »die Seele« des Therapeuten wahrgenommen.

Ich habe diesen Traum dahingehend verstanden, daß die positive Übertragung nicht genügte, um das negative Introjekt des Patienten zu neutralisieren. Der Therapeut mußte dieses von innen heraus verwandeln, indem er es übernahm. Solche »Übernahme« heißt freilich im wachen Erleben einer Psychotherapie »negative Übertragung«. Diese bewirkt dann aber eine positive Dynamik mitten im erschütternden Erleben. Wenn das wache Erleben in der Therapie ermutigend, tröstend, klärend ist, kann der Traum stellvertretend für die sonstigen negativen mitmenschlichen Beziehungen eintreten und die negative Realität mit dem im Grunde positiven Therapeuten durchspielen und allmählich bewältigen. Aber auch dann – wie in unserem Traumbeispiel – können *beide* Möglichkeiten einer Beziehung – fremde Gesichtszüge und vertraute Augen – koexistieren, erst durch diese »Symbiose« kann die wirkliche Trennung vom intrapsychischen Verfolger erfolgen.

Nach diesem Traumbeispiel, bei dem eine im Grunde positive Übertragung den Anschein einer negativen annehmen mußte, möchte ich die umgekehrte Situation erwähnen: Das Gegensatzpaar ist vertauscht, die positive Übertragung maskiert die latent negative. Ich berichte den Traum eines mir aus der Supervision bekannten Patienten:

Während der Zweisamkeit mit einer Frau wurde er plötzlich durch deutliche Geräusche gestört, die aus seinem Darm kamen. Im nächsten Augenblick bemerkte er, daß die Geräusche aus einem Darmteil kamen, welcher aus der Bauchhöhle ausgetreten war. Er entschloß sich im Traum, einfach den Darmteil abzuschneiden. Die Frau half ihm, die Wunde zu reinigen und zu versorgen.

Der Patient assoziierte seine Therapeutin mit der Traum-Frau. Er glaubte, sich mit dem positiven Anliegen des Traums identifizieren zu können, indem er deutete, daß der Darm seine »Nabelschnur« sei, die ihn von der Welt abhängig mache, und er freute sich darüber, daß die Analytikerin seine Wunde gereinigt hatte.

Dieser Patient war aber bei seiner Therapeutin dafür bekannt, daß er aus einem tiefen Mißtrauen heraus, die anderen würden seine Gefühle mißbrauchen, alle seine Affekte abspaltete. Einmal hatte er übrigens auch in der Analyse verkündet, daß er auch dort »seine Emotionalität abschneiden wolle«, um stets »Herr der Lage zu sein«. Auf diese Weise »tötete« er zwar seine Mitmenschen als mögliche Partner, aber nur indem er auch sich selbst zerstörte. Diese Situation wiederholte sich verkappt auch in seinem Traum. Aus Angst vor seinen »Geräuschen«, also aus Angst vor unkontrollierten Tönen, die aus seiner »Bauchtiefe« kamen, zerstörte er nicht bloß die Nabelschnur – wie in seiner Selbstdeutung –, sondern – wie im Traumtext – eben seinen Darm, also das Organ, ohne welches kein Lebensstoff verdaut werden kann – im übertragenen Sinn: auch nicht der therapeutische. Aber warum half ihm dann die Traum-Therapeutin, warum widersprach sie ihm nicht, sondern reinigte seine Wunde? Es besteht die Möglichkeit anzunehmen, daß dieses Detail die »Maske« war, die er seiner (Selbst-)Destruktivität auferlegte, um sie zu kaschieren. In der Auslegung des Gegensatzpaares gehe ich noch einen Schritt weiter und vermute, daß mitten in der negativen Übertragung auch schon der Anfang einer positiven Beziehung eingeschlossen war; denn der Patient erlebte seine Therapeutin letztlich doch als einen Mitmenschen, der ihn schützen wollte, auch vor seiner eigenen analytischen Abhängigkeit, indem sie in seinem Traum seine Angst vor der Nabelschnur kompensierte durch eine Handlung, die ihm seine Autonomie zurückgab. Daß diese Handlung auch ein Symbol seiner Widerstände und also »doppelgesichtig« war, darin liegt die Paradoxie dieses Traums.

Das Material für dieses Kapitel ist nicht sehr reichhaltig. Das mag teilweise mit daran liegen, daß viele Therapeuten dieses Problem nicht wirklich zu thematisieren wagen; denn ich finde auch in der Traum-Literatur keinerlei Hinweise auf diese Problematik.

6. Symbiose versus Separation

Nach den jüngsten Beobachtungen von Daniel Stern ist es wahrscheinlich, daß das Neugeborene von den ersten Tagen nach seiner Geburt an zwischen zwei Zuständen hin und her schwankt: zwischen der Symbiose mit der Mutter und der Trennung von ihr. *Symbiose* und *Separation* scheinen nach heutigem Forschungsstand keine aufeinanderfolgenden Entwicklungsphasen zu sein, wie M. Mahler annahm; vielmehr sind es zwei gegensätzliche Seiten des psychischen Wachstums, die sich *parallel* zueinander entwickeln. Ich anerkenne die Ausführungen meines Mitarbeiters M. Peciccia (1996), daß auch das erwachsene Selbst in diesen beiden Dimensionen lebt: in einer unbewußten, symbiotischen Dimension der Identifikation und in einer bewußten Dimension der Trennung, des Sichgegenüberstehens und der Abgrenzung. Wenn diese beiden Dimensionen ineinander integriert sind, begründen sie das einheitliche Selbst. Bei jeder menschlichen Begegnung stehe ich mit meinem separaten Selbst einem anderen separaten Selbst gegenüber, tausche mit ihm Informationen aus und so weiter. Aber ich begegne dem anderen auch auf der unbewußten Ebene, entlang der symbiotischen Dimension. Der andere ist dann der Spiegel meines symbiotischen Selbst. Wenn beide Dimensionen – symbiotisches und separates Selbst – integriert sind, entsteht in mir ein Bild, das teils verschieden von mir ist, dem entspricht, wie der andere mich sieht, und teils mein Selbstverständnis spiegelt. So verwandle ich mich in der Begegnung und bleibe dennoch ich selbst.

Daß ein archaischer Rest vom kindlichen, symbiotischen Selbst auch beim Erwachsenen zurückbleibt, zeigen uns die Träume, in denen das Subjekt sich nicht selten in den mitmenschlichen Gestalten wahrnimmt, denen es begegnet und die sich wie Teile seines Selbst verhalten.[15] Träume künden vom Unbewußten. Das ist eben ein Merkmal der menschlichen Psyche, daß ihr frühkindliches Erleben nicht aufgelöst wird und völlig verschwindet, sondern unbewußt wird. Die Symbiose mit der Mutter, die in der Kindheit eine Symbiose mit der Welt ist, lebt beim erwachsenen Menschen, der zu einem individuierten, separaten Selbst wird, im unbewußten Zustand weiter. Das zeigen die Träume, die ja aus dem Unbewußten stammen und in denen so viele Erscheinungen Selbst-Objekte, das heißt: Gestaltungen des symbiotischen Selbst sind.

Wie läßt sich nun die Beziehung zwischen symbiotischem und separatem Selbst im Traum beurteilen? Man darf auf der einen Seite annehmen, daß der Schlafzustand, in dem sich alle Träume ereignen, eine absolute Trennung von der Außenwelt schafft. Die Pforten der Wahrnehmung sind zwar offen; aber keinerlei Wahrnehmung erreicht das Bewußtsein, wenn sie nicht als signifikant vom Schlafenden eingestuft wird und nicht das Aktivierungssystem, das den Schlaf unterbricht, erregt. Emotionelle Spannungen hören auf, sofern sie sich nicht in den Träumen fortsetzen. Ich kenne Menschen, die mir sagen, daß sie erst im tiefen, traumlosen Schlaf das Gefühl bekommen, sich selber zu erreichen, weil sie dann von aller Welt, mit der sie wachend symbiotisch verbunden sind, keine Notiz mehr nehmen können.

Der Traum, der aus emotionalen Spannungen hervorgeht und diese auch wiederum setzt, scheint nun dem separaten Zustand, den der Schlaf stiftet, ein Ende zu machen. Die bekannten Augenbewegungen (rapid eye movement) setzen ein. Erinnerungen aus fernsten Zeiten werden im Traum zu aktuellen, bewegenden Symbolen. Man darf nicht vergessen, daß dies alles auf dem Hintergrund des fortgesetzten Schlafs stattfindet, daß also *eine* Seite des träumenden Subjekts sich *unbewußt* als schlafend *weiß*. Es gibt sogar Menschen, die im erregenden, dramatischen Traumgeschehen wissen, daß dieses nur ein Traum ist und daß sie schlafen. In diesen Fällen spricht man von Klarträumen. Doch auch wenn solche Einsicht im Traum nicht stattfindet, spricht der Umstand, daß die meisten sehr dramatischen Traumhandlungen den Schlaf nicht unterbrechen, dafür, daß das Subjekt eben »weiß«, sich die Vergegenwärtigung einer akuten Gefahr leisten zu können, ohne sich mit allen Mitteln

15 Das erlebt man als Psychotherapeut nicht nur in Einzeltherapien, sondern auch immer wieder in der Gruppe. Vgl. dazu die Untersuchungen von R. Battegay (s. Literaturverzeichnis).

des Wachzustands zur Wehr setzen zu müssen. Erst dann, wenn die Gefahr einen unerträglichen Höhepunkt erreicht, wenn die emotionale Spannung einen bestimmten Pegel überschreitet, erwacht der Träumer. Ich will damit sagen, daß eine grundsätzliche Trennung von der Welt, die durch den Zustand des Schlafs gesetzt wird, auch im Traum nie gänzlich aussetzt. Das berühmte Wort Freuds, daß der Traum der »Hüter des Schlafes« sei, kann mit gutem Recht auch umgekehrt werden: Der Schlaf ist der »Hüter des Traums«. Er gestattet tiefste Interaktion mit der Welt gerade durch das Getrenntbleiben von ihr. (Vgl. den Beitrag von Zindel in diesem Buch.)

Dieser Satz führt uns aber zu der Frage nach dem *Wesen* solcher Interaktion. Ist diese Interaktion im Traum nicht in gewissem Sinne stärker als in jedem Wachzustand? Überlegen wir: Der Träumer befaßt sich mit seiner Gegenwart (»Tagesreste«), aber auch mit Geschehnissen, die sich in weit zurückliegenden Abschnitten seines Lebens ereignet haben. Manchmal dagegen scheint er Ereignisse vorauszunehmen, die erst in der Zukunft Wirklichkeit werden. Das ist die – allerdings recht seltene – Erscheinung der prophetischen oder Wahr-Träume. Der Träumer ist ferner mit einer Vielzahl von Menschen in seinen Traumhandlungen verbunden, von denen ihm einige bekannt, andere dagegen völlig unbekannt sind. Besonders auf letztere projiziert er Gefühle und Handlungsmöglichkeiten, die er sonst vielleicht verdrängt. Das scharfe, einschichtige Denken, das die Tätigkeit des Bewußtseins kennzeichnet, ist in den meisten Träumen aufgehoben: Widersprüche und Zweideutigkeiten, Gegensätze und logische Ungereimtheiten ordnen sich wie selbstverständlich in den Geschehensablauf des Traums ein. Zugleich steigt die affektive Ladung, selbst wenn diese subjektiv nicht registriert wird, und das Segment der Welt, mit dem man sich auseinandersetzt, wird weiter, größer, tiefer auch dadurch, daß vermehrt Selbst-Objekte, also Bilder, auf die eigene Selbstteile projiziert werden und die als Weltaspekte erscheinen, auftreten – etwa in Gestalt unbekannter Menschen, die sowohl Seiten des Menschen schlechthin als auch Seiten der eigenen Psyche personifizieren –, eben dadurch wird die *Symbiose mit der Welt* größer. Im Wachzustand umgreifen uns die Dinge, mit denen wir unbewußt symbiotisch verbunden sind, auch wenn wir sie mit unserem wahrnehmenden und einordnenden separaten Selbst als Gegenstände begreifen. Im Traum, der ja ein bewußtes Erleben in der Nähe des unbewußten ist, wird die Symbiose stärker, wir verschmelzen mit den Dingen, die unsere Affekte uns widerspiegeln; *dafür wird, umgekehrt, das separate Selbst unbewußt.* Durch solche Umkehrung des Verhältnisses zwischen symbiotischem und separatem Selbst, entlang der Spaltung zwischen Bewußtsein und Unbewußtem, indem Teile oder Aspekte des symbiotischen Selbst *bewußt* und Aspekte des separaten Selbst *unbewußt* werden, erfolgt im Traum eine Erholung der Psyche von ihrer Arbeit der Unterscheidung von Selbst und Welt. Die Rollen wechseln sich gegenseitig ab, ein Austausch der psychischen Energie findet statt. Der Träumer, an sich selbst im Zustand des Träumens so angebunden wie kaum im Wachen, kann nun doch auf der Ebene des Traumbewußtseins in Welträume außerhalb seiner selbst wandern, die ihm sonst nur unbewußt zugänglich sind. Mit anderen Worten: Ich meine, daß eine Eigentümlichkeit des Traums darin besteht, daß der Träumer einerseits stärker an das Traumgeschehen ausgeliefert ist als der wache Mensch an die Welt, andrerseits aber mitten in dieser »Gefangenschaft« die Fähigkeit entwickelt, durch sein Traumbewußtsein unbekannte, weite Räume seiner Existenz zu erhellen.

Nach diesen allgemeinen, mehr theoretischen Ausführungen möchte ich die Polarität von symbiotischem und separatem Selbst als eine zwischen zwei gegensätzlichen und doch gleichzeitigen Formen der Bezugnahme in einer besonderen Traumsituation untersuchen, die durch die Beziehung des Therapeuten zu seinem Patienten begründet ist. Ich meine, daß die beiden Aspekte der Beziehung in einem und demselben Traumbild enthalten sein können und daß gerade die Integration der gegenübergestellten Standpunkte die Ausdruckskraft dieser Träume erleben läßt und die therapeutische Wirkung solcher Träume verstärkt.

Beginnen wir mit dem Pol »Identifikation und Symbiose«. In seinem therapeutischen Traum identifiziert sich der Therapeut mit seinem Patienten, um so an seiner Stelle ein Problem zu lösen, eine Aufgabe zu erfüllen, eine Gefahr zu bestehen, denen gegenüber der Patient, nur auf sich selbst gestellt, hilflos dastehen würde. Ich erwähne den Traum einer Therapeutin, den ich in deren Lehranalyse erfuhr:

Sie begegnete einer ihrer Patientinnen, die Dreck aus einer Plastiktüte auf die Straße streute und dann der Therapeutin befahl, diesen wieder aufzulesen. Ruhig, aber entschieden weigerte sich die Therapeutin, dem Befehl zu folgen.

Im folgenden gehe ich nicht auf die Diagnose der Patientin ein, sondern ich beschränke mich auf die Dynamik der Übertragung. Aufgrund der Assoziationen *meiner* Patientin kann ich sagen, daß sie sowohl *ihre* Patientin war als auch – wie in der Realität – deren Therapeutin. Nach dem manifesten Traumgedanken lehnte sich die Therapeutin gegen die Weisung ihrer Patientin auf, die schmutzige Arbeit für sie zu erledigen. Aber nach dem latenten Traumgedanken identifizierte sich die Therapeutin mit eben dieser Patientin, die ihren Mitmenschen nie »nein« sagen konnte und die sich immer und von allen genötigt fühlte, sozusagen deren Dreck aufzulesen und zu beseitigen. Die Therapeutin übernahm im Traum die Identität der Patientin, um an ihrer Stelle das zu tun, nämlich sich zu wehren, was diese erst noch so dringend lernen mußte. Tatsächlich wurde dieser Aspekt des Traums in der Therapie genutzt. Die Therapeutin deutete ihren eigenen, der Patientin mitgeteilten

Traum als den therapeutischen Wunsch, daß die Patientin durch dieses Vorbild mit der Möglichkeit vertraut würde, in vielen realen Situationen ihres Lebens »nein« sagen zu können. In welch starkem Maße dieser Traum eine therapeutisch-symbiotische Absicht hatte, zeigte die Reaktion der Patientin: Diese war nicht nur durch die Deutung, durch die symbolische Stellvertretung seitens ihrer Therapeutin tief beeindruckt, sondern auch zutiefst erschrocken. Sie fühlte ganz spontan Schuldgefühle bei dem Gedanken, daß sie die Therapeutin in deren Traum veranlassen wollte, »ihren Dreck aufzulesen«. Offenbar war das Schuldgefühl eine Abwehr gegen die Symbiose; denn auf die Frage, was sie – die Patientin – *ohne* dieses Schuldgefühl erleben würde, antwortete diese: »Eine tiefe Freude«, – weil die Therapeutin das Nein, die Weigerung, im Traum realisiert hatte. War aber das Schuldgefühl der Patientin eine Abwehr gegen die therapeutische oder gegen die eigene Symbiose? Für die zweite Möglichkeit spricht der Umstand, daß diese Patientin oft versucht hatte, die Therapeutin »ganz zu besitzen«. Sie kam beispielsweise ganze Viertelstunden zu früh in die Praxis der Therapeutin; sie schickte ihre Bekannten, die einen Rat brauchten, zu ihr, war dann aber zugleich eifersüchtig auf sie und andere Patienten. Unter diesem Aspekt war die Weigerung der Therapeutin, den Dreck der Patientin aufzulesen, vielleicht auch eine Auflehnung dagegen, sich von ihr manipulieren zu lassen. Dann würde die Weigerung der Therapeutin auch *Separation* bedeuten gegenüber dem Bestreben der Patientin, die Therapeutin zu besitzen und zu benutzen, und nicht nur Symbiose. Beide Pole, Symbiose und Separation, gehören zum Anliegen dieses therapeutischen Traums, und es kommt darauf an, von welcher Warte aus wir den Traum betrachten, damit die eine oder die andere Alternative überwiegt; *beide* sind wichtig, *beide* sollten gesehen werden.

Zum Schluß möchte ich einen therapeutischen Traum erwähnen, welcher beispielhaft zeigt, wie sehr die therapeutische Symbiose – die allerdings in gewissen Fällen, wie die Supervision zeigt, eine fusionäre Tendenz des Therapeuten, also eine mangelhafte Abgrenzung ausdrücken kann – eine mühsame Leistung des Unbewußten ist, ohne die der psychotische Patient nicht zu erreichen wäre. Der Traum ist in diesem Fall besonders aufschlußreich, weil er die funktionelle Bedeutung der therapeutischen Symbiose durch ihr Abwechseln mit der Separation zeigt.

Ein wahnhaft denkender Kranker war davon überzeugt, Gott selbst zu sein. Durch die Identifikation mit der göttlichen Allmacht versuchte er, eine eigene schwache, feminine Seite in übertriebener Weise zu kompensieren, die durch eine infantile Symbiose mit der Mutter entstanden war. Mit dieser hatte er sich auch deswegen identifiziert, um als »Frau« die Liebe des Vaters zu gewinnen. Im Versuch, diese Frau in sich abzutöten und auszulöschen, wurde er nun, im Wahn, Gottvater. In der Abwehr gegen die internalisierte Mutter wurde er haßerfüllt gegen alle Frauen in der Welt, die in seiner Sicht doch nur Huren waren.

Der Traum des Therapeuten bestand aus drei Szenen. In einer ersten Traumszene glaubte der Therapeut, daß sein Patient in einer früheren Existenz eine Frau getötet hatte. Hatte er sich mit dem Wahndenken des Patienten identifiziert? Oder war die »frühere Existenz« einfach das Unbewußte, wo der Mord tatsächlich stattfand? – In der zweiten Traumszene erfolgte die *Symbiose* mit dem Patienten konkret: Der Therapeut erlebte, wie die Beine desselben eins mit seinen eigenen Beinen wurden. Diese Symbiose war nicht etwa befriedigend, sondern mühsam und schmerzlich, aber notwendig. – In der dritten Traumszene erfolgte die *Separation*: Der Therapeut befand sich in der Psychotherapie bei seinem Patienten, der klagte, jemand anderes, eine Frau – die ebenfalls im Zimmer des Therapeuten saß – habe seinen Platz eingenommen. Der Kranke sprach dabei einfühlsam und nicht mehr wahnhaft. Er konnte sein Recht auf seinen Platz so vernünftig und eindringlich ausdrücken, daß die Frau schließlich wortlos den Raum verließ.

Geht es zu weit, wenn ich deute, daß die gute Separation – nicht nur vom Therapeuten, sondern auch von der Frau – beim Patienten möglich wurde, nachdem der Therapeut sich unbewußt für die Symbiose zur Verfügung gestellt hatte? Diese Deutung wurde jedenfalls durch den weiteren Verlauf der Therapie bekräftigt, wo eine merkwürdige »Synchronie« zwischen therapeutischem Traum und Realität stattfand: Eine Patientin desselben Therapeuten verrechnete sich zeitlich und saß daher zur selben Zeit neben dem Patienten im Wartezimmer, genau wie die Frau, die im therapeutischen Traum den Platz des Patienten beansprucht hatte. Nun konnte sich der Patient ohne Ärger mit der Frau unterhalten, sich von ihr abgrenzen und sie zum Verlassen des Zimmers bewegen.

Das thematisch verwandte Gegensatzpaar »Identifikation versus Abgrenzung« rückt besonders für jene Therapeuten ins Blickfeld, die ihren psychiatrischen Patienten einerseits durch eine Teilidentifikation mit deren Leiden, das sie dann selbst erleiden, und andrerseits aus der Gelassenheit der Trennung heraus helfen wollen.

Gerade in den Träumen solcher Therapeuten läßt sich diese Problematik nicht selten wahrnehmen; ein und dasselbe Traumbild kann sowohl in dem einen wie in dem anderen Sinne verstanden werden, als Ausdruck der Identifikation *wie auch* der Abgrenzung, wenn die Verschmelzung zu stark wird.

Ich denke hier an einen jungen Kollegen, der bei mir seine Lehranalyse machte. Als Arzt in einer psychiatrischen Institution betreute er viele drogenabhängige Patienten. Im Rahmen eines Methadon-Programmes war es seine Aufgabe, den Drogenkranken, die sich an diesem Programm beteiligten, entsprechende Methadon-Dosen zu verabreichen, die den Hunger nach Drogen in einer kontrollierten Weise so weit stillten, daß kein Mißbrauch gefährlicher Drogen stattfand. Über die bloße Verteilung des Medikaments hinaus bemühte sich dieser Arzt auch um psychotherapeutische Gespräche mit den Patienten.

Eines Tages fühlte er sich unter einem ungewöhnlich starken Druck. Einige Patienten hatten ihn wegen erhöhter Methadon-Dosen bedrängt, andere von ihnen hatten im Gespräch mehr als seine vorgeschriebene Arbeitszeit in Anspruch genommen. Als er schließlich nach Hause kam, legte er sich bald schlafen:

Im Traum überfiel ihn ein fast unwiderstehlicher Hunger, allerdings nach Speisen, nicht nach Drogen; aber doch mit einer – seinem Gefühl nach – »süchtigen« Intensität. Gleichzeitig war er in seinem Traum von »Gesichtern« umkreist, deren hauptsächliches Merkmal der weit offene Mund war: Alle hatten Hunger!

Wer hatte größeren Hunger? Er, der Therapeut, oder sie, seine Patienten? Im spiegelbildlichen Traum erlebte er sich als *ihresgleichen*. Der Träumer deutete selber ihre Spiegelbild-Erscheinung als Ausdruck seiner *Identifikation* mit ihnen: Am Abend zuvor hatte er sich gedacht, daß er genug von ihnen hatte, satt bis obenhin war und daß er sie nicht mehr ertragen konnte. Im Traum nun erlebte er sich in *ihrer* Not, verspürte er *ihren* »Hunger« am eigenen Leib. Das unbewußte Bedürfnis, ihnen nahe zu sein, verband sich aber auch mit einer gewissen Aggression gegen sie; denn die Gesichter der Patienten waren durch Grimassen verzerrt; aus ihnen drohten riesige, verschlingende Mäuler, die ihm fremd erschienen! Durch diese Abgrenzung und Unterscheidung von Ich und Fremdem konnte er seinen eigenen Hunger überwinden und den Hunger der Patienten akzeptieren; seine Teilidentifikation hatte eine therapeutische Funktion.

Das Wort »Ambivalenz« scheint mir insofern ungenügend, um die Struktur dieses Traums zu bezeichnen, da seine »zwei Gesichter«, Identifikation und Abgrenzung (Trennung), sich nicht, wie in einem ambivalenten Wachzustand, gegenüberstehen, sondern vielmehr gemeinsam arbeiten; beide zusammen drücken den Gedanken aus, daß zwei gegensätzliche Momente, die Abwendung und die Zuwendung, nötig waren, um die Beziehung zu gestalten.

Denselben Aspekt – »Symbiose versus Separation« – möchte ich noch einmal mit einem Patiententraum beleuchten, der allerdings nicht die therapeutische Situation, sondern eine gesamte Lebenswirklichkeit widerspiegelt. Einer jüngeren Frau träumte:

»Ich befinde mich auf etwas sehr Hohem, etwa wie ein Sprungbrett in einem Schwimmbad. Unter mir liegt eine Wasserfläche oder etwas Ähnliches, in der man untergehen kann. Viele sind schon darin versunken. Beziehungsweise ist es so: Was dort hineinfällt, wird eigenartig tropfenförmig und bildet dann mit anderen gleichartigen Gebilden die Oberfläche. In dem Wasser – nennen wir es einmal so – oder an seinem Rand steht eine Art Gebäude mit vielen Balkons oder Rängen, auf denen Menschen sitzen und zuschauen. Meine eigene Mutter ist auch darunter. Bevor ich springen oder fallen muß, denke ich: Wenn du ihr doch ein Zeichen geben könntest, damit sie sieht, wo du hinfällst und dich gleich herausholen kann; denn später bist du nicht mehr zu erkennen, nicht mehr von den anderen tropfenförmigen Gebilden zu unterscheiden. Man muß dich doch wieder herausfischen; du willst dort nicht bleiben. Dann muß ich springen, und während des Fallens, das aber gar nicht schlimm ist, versuche ich immer, meine Mutter zu erkennen und ihr ein Zeichen zu geben. Dann auf einmal finde ich das nicht mehr nötig! Das

Grauen ist vorbei; eine Art Wohlgefühl wie Getragen-Werden oder Gehalten-Sein breitet sich in mir aus. Ich berühre die Wasseroberfläche auch gar nicht. Dann wache ich auf.« (Wörtlicher Bericht der Träumerin)

Das »Wohlgefühl« und so etwas wie Befreiung hielten auch nach dem Erwachen noch an. Worin lag die positive Botschaft dieses zunächst als Angsttraum beginnenden Traums? Es wird sicher nicht deutlich, *was* die Träumerin trägt und hält. Sie berührt die aufsaugende Wasseroberfläche auch gar nicht, und was statt dessen geschieht, geschehen *könnte*, wird nicht mehr geträumt, der positive, progressive Aspekt des Traums, auf den das Wohlgefühl hinweist, nicht weiter ausgeführt. Fragen wir darum: Was ist vermieden worden? Das Aufgehen in der »Wasseroberfläche« von allem, was diese berührt. Es wird zu tröpfchenförmigen Gebilden, die mit ihr verschmelzen, in ihr aufgehen.

Die Symbolik des Wassers ist vielfältig; aber *eine* ist die des Lebenspendenden, des mütterlichen Urgrunds, der Mutter selbst. Die Verschmelzung mit der Wasseroberfläche als Symbol für die *Symbiose mit der Mutter* – ist das zu kühn? Ich denke: nein. Denn die Gedanken der Träumerin sind in diesem Traum ständig bei der Mutter, die unter den Zuschauern anwesend ist, und sie erhofft alle Hilfe von der Mutter bei diesem Sprung und nichts von sich selbst. Der Mutter will sie ein Zeichen geben, daß diese sie rettet, »herausfischt«. Was sie selbst tun könnte, fragt sie sich nicht einen Augenblick. Erst im Sprung und Fall spürt sie plötzlich, daß die Hilfe der Mutter nicht nötig ist, daß das Grauen schwindet und sie gehalten und getragen wird, *ohne* die Mutter, deren sie spürbar nicht – mehr – bedarf.

Die Mutterbindung der Träumerin war außerordentlich eng. Als kleines Kind und Älteste von dreien hatte sie ein besonderes Vertrauens- und Helfer-Verhältnis zur Mutter für die sechs Jahre, die der Vater im Krieg war. Sie kannte auch später nichts Wichtigeres als das Wohlergehen und Glück der Mutter und war in hohem Maße abhängig von deren Wünschen und Urteilen, deren Anschauungen und Prinzipien, bis in ihre eigenen Widerstände dagegen hinein. Inzwischen war sie selbst Mutter geworden, und das erleichterte ihr möglicherweise die stärkere Abgrenzung. Wie schwer und langwierig allerdings dieser Weg war, zeigen eine ganze Reihe von Träumen mit derselben Thematik, die hier nicht aufgeführt werden können.

7. Ablehnung versus Annahme des Patienten

Eine Kollegin hatte sich zur psychotherapeutischen Behandlung einer schwer zwangsneurotischen Patientin entschlossen. Der Entscheid war ihr nicht leichtgefallen, war aber, einmal gefaßt, klar und eindeutig. In der Nacht vor der ersten therapeutischen Sitzung hatte die Kollegin einen Traum:

In diesem Traum wußte sie, daß ihre neue Patientin am folgenden Morgen um 8 Uhr in die Praxis bestellt war. Die in der Realität sonst so pünktliche Kollegin verspätete sich im Traum um 15 Minuten. Als sie ankam, mußte sie feststellen, daß ihre Patientin nicht gewartet hatte, sondern bereits wieder weggegangen war.

Bevor wir nun die zweite Szene des Traums erzählen, wollen wir die Traumursache der Fehlhandlung der Therapeutin erwähnen: Die Verspätung war Folge der merkwürdigsten Traum-Zwangshandlungen gewesen, die die sich beeilende Therapeutin auf ihrem Weg zur Patientin hatte ausführen müssen. Ähnlich wie die Kranke befürchtete die Ärztin, auf Wasserpfützen auszurutschen, einem Unfall zum Opfer zu fallen, wenn sie eine Straße zu überqueren hatte und so weiter. Interessanterweise litt sie auch unter gewissen Symptomen ihrer Patientin. Ein Symptom der Patientin bestand beispielsweise in der Angst, daß irgendwelche Besucher einzelne Gegenstände in ihrem Zimmer verschieben könnten, weshalb sie keinem Menschen Zutritt zu diesem Raum gewährte. Die Therapeutin mußte sich nun im Traum vorstellen, daß ihre Patientin die Einrichtung ihrer Praxis in Unordnung bringen würde, und durch diesen Gedanken wurde sie für eine Weile vom richtigen Weg abgelenkt.

Nun folgt die zweite Szene des Traums: Auf dem Weg von der Praxis nach Hause begegnete sie zufällig ihrer Patientin. Diese machte der Therapeutin keinerlei Vorwurf wegen ihrer Verspätung, vielmehr dankte sie ihr, daß sie ihr nicht nur in der Praxis, sondern »in ihrer Welt« begegnet war!

Was mich in der Supervision dieses Falls beeindruckt hat, ist das Gegensatzpaar »Ablehnung und Annahme des Patienten« in ein und demselben psychotherapeutischen Traum. Ich möchte die Gegensätzlichkeit tiefer als die übliche Ambivalenz verstehen; denn sie war begründet in der »Fernwahrnehmung« gewisser, noch nicht bekannter Symptome der Kranken durch die Therapeutin, die im Traum infolge ihrer besonderen Sensibilität manche schweren Symptome der Kranken introjiziert hatte, sich ihr gleichgemacht hatte und sich deswegen im Traum gleich dieser verspätete. Dadurch, daß ihre Traum-Fehlhandlung in diesem Sinne auch eine psychotherapeutische Zuwendung war, entwarf sie in ihrem Traum den unbewußten Gedanken, daß die Introjektion der Psychopathologie der Kranken nicht nur den Weg zu ihr verlängerte (Verspätung), sondern auch verkürzte (Teilidentifikation).

Hatten sich Ablehnung und Annahme des Patienten durch den Therapeuten in diesem Fall im Traum der Therapeutin gespiegelt, so gibt es dieses Problem aber auch in den Träumen unserer Patienten. Eine Patientin träumte:

Auf ihrem Weg zum Flughafen mußte sie durch eine Paßkontrolle gehen. Die Beamtin am Schalter durchleuchtet sie; ihr Bild erscheint auf dem Fernsehschirm. Gleichzeitig kann die Patientin auf einem mobilen Gerät, das sie in Händen trägt, das eigene Innenbild sehen. Beide Bilder – das fremde und das eigene – stimmen nicht überein. Während die Beamtin glaubt, es sei alles in Ordnung, sieht die Patientin auf ihrem eigenen Fernsehschirm, wie ihr durchlöchertes Herz langsam verblutet. Sie macht die Beamtin darauf aufmerksam. Diese zuckt nur die Achseln, weil sie das Bild im Gerät der Patientin nicht zu sehen vermag.

So weit der Traum, den die Patientin als symbolischen Ausdruck ihrer Aussichtslosigkeit im Erleben der psychotherapeutischen Beziehung deutete. In ihren Augen war die Gegenübertragung nicht ausreichend und zu wenig positiv. Lange hatte sie geklagt, daß sie beim Therapeuten keine wirkliche Anteilnahme an ihrem inneren Schicksal spüre; er wirke auf sie gleichgültig, kalt, innerlich weit entrückt; er deute zwar dies und jenes, beispielsweise ihre enormen Ansprüche, merke aber nicht, wie ihr Herz verblutet.

Patienten projizieren oft das Bild eines ungenügenden, kalten oder gar tyrannischen Partners auf den Therapeuten. Sie müssen in der negativen Übertragung die Auseinandersetzung mit einem einstigen Partner, die unbefriedigend verlief, in der Gegenwart wiederaufnehmen, diesmal mit dem jenen einstigen Partner symbolisch vertretenden Therapeuten. Diese negative Übertragung hat dennoch eine positive therapeutische Funktion; einmal, weil der Patient durch den »negativen« Therapeuten andere Antworten bekommt, als einst durch den negativen Partner, und so dessen Introjekt besser durch die neue Erfahrung überwinden kann; zum anderen auch, weil der Patient durch die (spätere) therapeutische Konfrontation von Übertragung und Realität erkennt, daß er in seinem sozialen Leben aufpassen muß, damit er sich durch unbewußt bleibende, sonstige Übertragungen – die im sozialen Feld eben nicht analysiert werden können – nicht die mitmenschliche Realität erschwert.

Wenn jedoch der Patient auf seiner These beharrt, daß der Therapeut ihn nicht verstehe, und wenn sogar sein Unbewußtes ihm Hilfe zu leisten und durch ein eindrucksvolles Traumbild die These des Patienten zu unterbauen scheint, sollte der Therapeut aufhorchen und sich, am besten gleich nach der Analysestunde, in Frage stellen. Könnte der Patient nicht doch recht haben? Könnte der Patient das Unbewußte des Therapeuten nicht gelegentlich besser »lesen« als der Therapeut selber?

Daß dem so sein kann, zeigt die Erfahrung, daß manche Patienten bei einem gelegentlich notwendigen Therapeutenwechsel eine völlig andere Übertragung als die frühere entwickeln. Der »kalte Therapeut« ist verschwunden, wenn anders geartete Erfahrungen möglich werden. In anderen Fällen dagegen verlaufen alle Übertragungen des Patienten nach demselben Muster. Dann kann man sicher sein, daß der Patient das traumatische Bild eines einstigen Partners auf den Therapeuten projiziert, so daß der Therapeut im Traum des Patienten dessen eigenes Introjekt ist.

Ich möchte die bereits dargestellte Alternative zwischen »objektstufiger Deutung« und »subjektstufiger Deutung« (s. o. S. 26 ff.) noch einmal von einem anderen Gesichtspunkt aus angehen und darlegen. Zum einen: Beide Partner können recht haben! Sowohl das Introjekt des Patienten als auch eine Seite des Therapeutenunbewußten erschweren die Kommunikation. Das kann therapeutische Aussichtslosigkeit bedeuten, wenn die Wellenlänge allzu verschieden ist – die Analyse ist dann zum Scheitern verurteilt; das kann aber auch den Keim einer positiven Aussicht bergen, wenn beide, Patient und Therapeut, in der Psychotherapie wachsen.

Ein zweiter Gesichtspunkt ist der, daß derselbe Traum, der unbeschönigt eine innere Aussichtslosigkeit aufzeigt, auf einer anderen Ebene eine Art Lösung vorschlägt, die nicht explizit im Traumbericht selber, sondern in dessen Rezeption durch den Therapeuten enthalten ist. Es wird dann letzten Endes darauf ankommen, was *er* mit dem Traum seines Patienten machen wird. Schon die Möglichkeit, daß er durch den Traum erschüttert wird – wie im Fall des eben gegebenen Beispiels, wo der Therapeut anschließend die Traum-Beamtin sowohl als sein Spiegelbild deutete als auch diesem die Realität seines Gegenübertragungserlebens gegenüberstellte.

Es enthalten zwar alle Träume in der Psychotherapie eine Entwicklungsmöglichkeit, die *nicht* im Traumbericht selber, sondern erst in der *dualen Rezeption* enthalten ist; wenn aber der Traum eine explizite Botschaft für den Therapeuten darstellt, in der Ausrichtung auf ihn hin geträumt wurde, ihn in einer für den Träumer offensichtlichen Weise »bei Namen nennt«, dann schließt seine latente Absicht, seine Wirkungsrichtung von vornherein die Antwort und die Reaktion des Therapeuten mit ein, geht also über die prima vista sichtbare, manifeste Traumbotschaft hinaus. In diesem Fall bestand die Antwort des Therapeuten darin, daß er darauf hinwies, daß die Aussicht des Traums gerade in seiner vordergründigen Aussichtslosigkeit bestand, die zumindest die Freiheit zur Anklage schuf und die Möglichkeit eröffnete, den Therapeuten an jenem »Schalter« zu sehen, der die Trennungsschranken der Patientin von ihren Mitmenschen gewesen war. Der Therapeut mußte diesen Ort besetzen, um ihn später zu öffnen; er mußte sich das negative Übertragungsbild zeitweise gefallen lassen, um es dann allmählich zu verwandeln. Das meint: Der Therapeut, der im Traum seines Patienten sein negatives Spiegelbild sieht, soll einerseits dieses Bild nicht einfach als Übertragung deuten – vielleicht entspricht es ja einer scharfen Wahrnehmung des eigenen Unbewußten seitens des Patienten; andrerseits soll er die gleichzeitig vorhandene Übertragung als notwendige Stellvertretung des Leidens seines Patienten deuten.

Ein anderes Mal wurde ich selbst mit dem Traum einer gelegentlich von depressiven Schüben heimgesuchten Frau mittleren Alters konfrontiert, in dem ich der Ablehnende war:

»Mehrere Menschen sitzen an einem viereckigen Tisch. Es ist in Basel bei Professor B. Anscheinend spielt sich das Ganze im Freien ab; die Atmosphäre ist hell und vorwiegend freundlich; aber eine eigentliche Szenerie ist nicht zu erkennen. Mir gegenüber sitzt Frau B., neben ihr ein junges Mädchen, das bald wieder geht. Links neben mir sitzt ein junger Mann, anscheinend einer ihrer Söhne; er steht zwischendurch einmal auf. Ob er auch weggeht, ist mir nicht mehr erinnerlich. Rechts von mir, an der Querseite des Tisches, sitzt Professor B., doch schräg nach außen, so daß er mir den Rücken zuwendet. Wir sitzen alle auf einfachen Holzbänken, und auch der Tisch ist ein einfacher Holztisch. Professor B. hat so etwas wie eine große Schürze oder ein Lätzchen vorgebunden, das hinten mit einem Metallkettchen zusammengehalten wird. Er ißt irgend etwas. Er spricht mit niemandem von uns. Nach einer Weile setzt sich seine Frau neben mich. Ich meine, daß wir uns unterhalten. Aber ich bin sehr bedrückt, daß Professor B. seine Haltung nicht ändert. Er will nicht mit mir sprechen. Darüber wache ich auf.« (Wörtlicher Bericht der Träumerin)

Diesen Traum träumte die Frau vor einem zweiten Gesprächstermin bei mir. Ich hatte ihr einen ersten Termin wenige Wochen vorher in einer schweren Lebenskrise, in der sie mich um Hilfe bat, gewährt. Nun strebte sie danach, eine Analyse bei mir zu machen, und ich hatte die schwierige Aufgabe, ihr zu sagen, daß mir dazu wegen beruflicher Überlastung die nötige Zeit fehle. Ich sah durchaus ihre Not und hätte ihr gerne geholfen. Diese, meine innere Ambivalenz muß sie gespürt haben. Die Abwendung meiner Person, die nicht spricht und der Träumerin permanent den Rücken zuwendet, war nur allzu deutlich und deprimierte die Träumerin nur zu recht und flößte ihr eine gewisse Angst vor unserer Begegnung ein. Auf den positiven, den Aspekt der Annahme mußte ich sei am nächsten Tag in unserem Gespräch aufmerksam machen: Meine Frau wendet sich ihr zu; das ist doch meine weiblich-mütterliche, hilfsbereite, anteilnehmende Seite, die innerlich durchaus mit ihr mitfühlt, ihre schwierige, deprimierende Lage erkennt und erspürt. Meine rationale Seite aber kann ihr so, wie sie es wünscht, mit einer Analyse, zum gegenwärtigen Zeitpunkt nicht helfen. Innerlich stand ich zu ihr, äußerlich mußte ich sie, das heißt eine Therapie, ablehnen. Ich war überrascht, was das Unbewußte der Frau in diesem Traum begriffen und dargestellt hatte, über eine weite räumliche und zeitliche Entfernung hinweg.

Ein paar Wochen später träumte eben diese Frau abermals von mir:

»Ich meine, einen Mann zu sehen, der wie Professor B. aussieht. Ich beuge mich vor, schaue genau hin: Es besteht kein Zweifel, er ist es. Da sieht er mich an; ich grüße; er erkennt mich. Ich war gerade im Begriff, die Treppe zu einem Bahnsteig hinaufzugehen, die durch eine Betonmauer bis zur halben Höhe begrenzt ist. Sein Gruß ist so freundlich, seine Augen strahlen so warm, daß ich umkehre, zu ihm gehe und ihm die Hand gebe. Dabei verfliegt meine Überraschung etwas: Ja, ich bin ja auf einem Schweizer Bahnhof, warum sollte ich also nicht Professor B. treffen. Wir gehen ein kurzes Stück Weges zusammen. Der Bahnhof scheint noch einen zweiten Eingang zu haben. Wir unterhalten uns; doch ich weiß nicht mehr, worüber. Ich bin ganz überwältigt von seiner Freundlichkeit und Wärme. Seine dunklen Augen strahlen. Dann nähern wir uns dem zweiten Eingang zum Bahnhof. Ein Zug fährt eben ein. Jedenfalls sagt Professor B., dieser günstige Zug führe jetzt vierzehn Tage lang; wir könnten also sechs Gespräche … /Lücke in der Erinnerung/ Ich bin ganz überwältigt; eine große Freude erfüllt mich; ich versuche zu sagen: ›Soll das heißen, daß ich … [Lücke]‹ Mit einem tiefen Glücksgefühl erwache ich eben in diesem Augenblick.« (Wörtlicher Bericht der Träumerin)

Dieser Traum scheint mir in verschiedener Hinsicht interessant. Zunächst einmal wegen seiner Zukunftsgerichtetheit. Das Unbewußte der Träumerin scheint die Zukunft wahrzunehmen und zugleich zu realisieren, daß die Ablehnung des Therapeuten, eine Therapie bei ihm zu beginnen, sich mit einer inneren Annahme verbindet, so daß die äußere Annahme nur zeitlich verschoben ist. Man könnte freilich einwenden, daß die Patientin schon in der

Gegenwart, unabhängig von jeglicher Zusage, die positive Zuwendung des Therapeuten – nebst seiner sachlichen Ablehnung, die ihr erster Traum wiedergibt – gespürt habe. Merkwürdig ist aber, wie der Traum die sechsjährige, nicht von vornherein erwogene Wartezeit im Symbol der sechs Gespräche vorausnimmt, die wie eine Brücke zwischen Gegenwart und Zukunft liegen. Es ist hier außerdem festzustellen, daß der Therapeut in seinen künftigen Entschlüssen *nicht* durch diesen Traum, den er seinerzeit noch nicht kannte, beeinflußt worden ist.

Ferner darf ich deutend die Vermutung äußern, daß dieser Traum das Thema des Gegensatzpaares »Annahme versus Ablehnung« nicht nur bildlich durch die »zwei Bahnhofsausgänge« und als Beziehungsproblem auf der Objektstufe darstellt, sondern kontrapunktisch auch auf der Subjektstufe behandelt: Die »Betonwand« ist ein Hindernis auf dem Weg zu sich selber, das schließliche »Glücksgefühl« signalisiert eine *Öffnung*, die gleichzeitig für die mitmenschliche und für die intrapsychische Beziehung gilt. Übertragung und Gegenübertragung stehen in einem symmetrischen Verhältnis zueinander, das sich im Unbewußten abspielt und das deshalb nur vom Unbewußten erfaßt werden kann. Erst nachträglich kann das reflektierende Bewußtsein diesen Verlauf rational verstehen.

Das Thema »Ablehnung versus Annahme des Patienten« scheint in der Psychotherapie schier unerschöpflich. Die meisten Gegenübertragungsträume können vom Gesichtspunkt dieses Gegensatzpaares aus untersucht werden. Darüber hinaus ist es besonders interessant zu beobachten, wie die Patienten auf die gelegentlich mitgeteilten und gemeinsam verarbeiteten Träume des Therapeuten reagieren, wenn diesem die Gegensatzspannung bewußt ist. Ich möchte diese Bewußtheit des Therapeuten im Zusammenhang mit der Patienten-Übertragung anhand eines weiteren Traumbeispiels aufzeigen.

Es handelt sich um den Traum einer Psychotherapeutin, die nicht weniger als sieben Jahre lang den sich stets wiederholenden, scharfen, verbalen Aggressionen einer schwerkranken Borderline-Patientin ausgesetzt war. Mehr als einmal war die Therapeutin versucht, die belastende und scheinbar unergiebige Analyse zu beenden, doch blieb ihr Einsatz unermüdlich, ihre therapeutische Hoffnung groß. Wie oft hatte sie die uneinsichtigen Aggressionen ausgehalten, wie oft hatte sie die Patientin mit ihrem eigenen Verhalten konfrontiert! Alles schien umsonst zu sein. Die betreffende Patientin lebte übrigens in äußerst brüchigen »Objektbeziehungen«; durch eine ähnliche Aggressivität wie in der Übertragungssituation der Therapie brachte sie im normalen Leben all ihre Partner gegen sich auf. Obwohl sie eine schöne und junge Frau war, lebte sie in völliger mitmenschlicher Einsamkeit. Für sie war darum das Erleben der therapeutischen Beziehung nicht in dem Maß eine Qual wie für die Therapeutin, weil sie dort die einmalige Erfahrung der

Objektkonstanz machen konnte. Wie lange aber? Und wie konnte der Haß, den sie gegen alle ihre Familienangehörigen spürte, durch die Verschiebung auf ein latentes Liebesobjekt – auf ihre treue Therapeutin – schließlich doch nach überwunden werden?

Mitten in diesem unauflöslich scheinenden Problem träumte die Therapeutin eines Nachts:

Sie befand sich mit ihrer Patientin zusammen in einem geschlossenen Raum, der das Analysezimmer war, aber wie ein Gefängnis aussah. Ein giftiger Luftstrom, der aus dem Körper der Patientin entwich, erfüllte den Raum. Die Therapeutin hatte Angst zu ersticken. Glücklicherweise aber gab es in dem Raum ein Fenster. Die Therapeutin stürzte zu diesem Fenster, um reine, frische Luft einzuatmen. Da erwachte sie.

Sie hatte in der nächsten Sitzung den Mut, ihrer Patientin diesen Traum zu erzählen. Die Patientin schien nichts anderes erwartet zu haben, um wieder einmal verbal auf ihre Therapeutin loszugehen; denn war der Traum nicht der überdeutliche Beweis, daß die Therapeutin sie als eine Art Pest erlebte? Wie konnte sie sich einbilden, der Patientin helfen zu können, wenn sie deren Atem als einen Gifthauch empfand? Und so weiter, und so weiter. Gewiß, der Traum sprach eine deutliche Ablehnung aus und machte keinen Hehl aus dem Gefühl der Unerträglichkeit, das die Therapeutin während der Sitzungen so oft empfand. Wiederholt hatte sie in ähnlichen Situationen versucht, die Patientin mit der Tatsache zu konfrontieren, daß sie selbst es war, die unbewußt dafür sorgte, daß sich alle von ihr weggestoßen fühlten. Doch solche Konfrontationen waren immer völlig unergiebig gewesen, weil die Wut der Kranken durch sie noch zunahm und sie nur noch einsichtsloser machte.

Für die Patientin völlig überraschend war dann aber die Selbstdeutung der Therapeutin: Sie sagte, sie habe nach dem Erwachen aus diesem Traum gespürt, wie sich die Patientin als kleines Kind bei ihrer Mutter gefühlt haben mußte, damals, als sie manchmal glaubte zu ersticken. Der Traum habe sie gezwungen, jene Situation nicht bloß rational zu verstehen, sondern auch am eigenen Leib zu erfahren.

Ein langes Schweigen folgte dieser Deutung. Dann begann die Patientin zu weinen. Sie hatte sich nie so tief angenommen gefühlt wie in diesem Augenblick, da sich ihre Therapeutin mit ihr und ihrem einstigen Leiden in der Kindheit identifiziert hatte, das sie selbst sonst verdrängte. Anstatt das Leiden, »das schachmatt macht«, auf sich zu nehmen, wollte sie nur hassen. Jemand anderes – ihre Therapeutin – hatte dann stellvertretend jenes Leiden bewußt ertragen!

Das, was mir nun besonders interessant erschien, war aber folgendes: Die Patientin konnte nun in einer ganz anderen Weise als bisher die Ablehnung, die im Traum neben der Annahme ja auch enthalten war, erleben und verarbeiten. Statt sich, wie anfänglich, über die Traum-Ablehnung zu empören, sagte sie nun, daß sie jetzt eindringlich spüre, wie sie ihren Mitmenschen das

Zusammenleben mit ihr unerträglich mache. Sie fühlte sich durch die therapeutische Ablehnung bis zu einem gewissen Grad erleichtert, weil diese ihr einen neue Wahrheit beibrachte. Sie konnte ihr aber nur eine neue Wahrheit vermitteln, weil die Ablehnung mit der Annahme in einer Weise koexistierte, wie dies nur bei einem Traum-Gegensatzpaar möglich ist. Die Ablehnung war zugleich Annahme, und die Annahme war zugleich Ablehnung, vergleichbar der Erscheinung, daß in der lateinischen Sprache »altus« sowohl »hoch« als auch »tief« bedeuten kann.

8. Hilflosigkeit versus (Aggressions-)Hilfe

Ereignisse, Situationen, Erlebnisse, Handlungen, die im Traum vorkommen, können alternativ sowohl von dem Gesichtspunkt aus betrachtet werden, daß sie Ausdruck einer vom Träumer introjizierten Umgebung sind, die den hilflosen Patienten benachteiligt, verletzt, ausstößt, als auch von dem Gesichtspunkt aus, daß es sich um selbstaggressive Impulse handelt, die die Not des Patienten immer wieder provozieren.

Eine anorektische Patientin träumt davon, daß sie ein Kind geboren hat und daß dieses Kind sich sogleich »in der Luft der Elternfamilie auflöst«, so daß nichts von ihm übrigbleibt. Wollen wir hier zunächst den Gesichtspunkt der Hilflosigkeit betrachten und ernst nehmen. Wie viele Male hatte diese Patientin in der Psychotherapie geklagt, daß ihr die Rolle der Frau keine Freude machen würde, daß sie sich überfordert fühlen würde, wenn sie eine Frau wie andere Frauen, möglicherweise sogar Mutter hätte werden sollen, – wobei die Ablehnung dieser Möglichkeit sie umgekehrt mit schweren Minderwertigkeits- und Schuldgefühlen erfüllte. Sie hatte keine weibliche Identifikationsmöglichkeit und keine weibliche Identität in ihrer Familie gefunden. Weiblichkeit war in dieser Familie durch Schamgefühle verdeckt worden; man durfte beispielsweise nicht von der Menstruation und anderen körperlichen Vorgängen sprechen. Auch hatte sich die Mutter der Patientin als Frau stets selbst entwertet. Dem Kind war sowohl auf der Objekt- wie auf der Subjektstufe zu wenig Raum angeboten worden; das heißt: Die Patientin hatte nicht nur ein »Luftkind« im Traum geboren, sie hatte selber als Kind das Gefühl gehabt, sich in ihrer Familie aufzulösen. Das ist die Seite absoluter Hilflosigkeit.

Wie stand es aber nun mit der Aggressivität der Patientin? In ihr regte sich ein tiefer Haß gegen alles, was lebte. Die Anorexie war bei ihr Ausdruck dieses Hasses gegen ihren eigenen Körper, den sie als ein von ihr geborenes (Traum-)Kind erlebte. Sie konnte ihren Körper niemals so ernähren, wie eine Mutter ihr Kind normalerweise ernährt. Ebenso, wie ihr Körper in der Realität magerer und magerer wurde, löste sich im Traum das

Kind in Luft auf. Eine Stimme sagte dann der Patientin in einem weiteren Traum: »Die Alternative zu deiner Anorexie ist eine Schwangerschaft.« Die Besprechung des Traums ergab, daß »Schwangerschaft« tiefe Annahme, ja Einverleibung des »Luftkindes« bedeutete; sie ergab weiterhin, daß die Patientin aber nicht nur die symbolische Mutter des Luftkindes, sondern auch das Luftkind selber war, das in der Familie keine »Gebärmutter« gefunden hatte.

Der Traum dieser Patientin war in der Psychotherapie Ausdruck nicht nur der eigenen Hilflosigkeit, sondern auch, indirekt, der *Anklage* gegen eine »Familien-Luft«, die sie auflöste. Ein Hauch von Aggressivität also. Ich will damit sagen, daß das Menschenrecht auf psychische Unversehrtheit und psychische Entwicklung von hilflosen Patienten gerade durch die *überzeichnete Hilflosigkeit,* durch die Darstellung der Unfähigkeit, sie zu vertreten, deutlich gemacht, vielleicht gar eingefordert wird. Allein die Hilflosigkeit zu sehen, genügt nicht; die heilsame Aggressivität muß aufgespürt werden, die einzig die Selbstdestruktivität kompensieren kann.

Während im eben dargelegten Fall Hilflosigkeit und Aggressivität beide im selben Symptom und Symbol verdichtet erscheinen, treten sie im folgenden Traum voneinander getrennt auf. Nicht nur aus diesem Grund erwähne ich diesen Traum, sondern vor allem deswegen, weil er zeigt, wie die Integration der getrennten und außerdem gegensätzlichen Pole durch den Therapeuten erfolgte.

Es handelte sich um einen Patienten von mir, der an einer narzißtischen Neurose litt. Allerdings ist weniger eine solche Diagnose als vielmehr die Störung seiner Aggressivität in diesem Kontext von Belang. Der Mann konnte im sozialen Bereich nämlich nicht aggressiv werden, auch wenn er sich das freilich immer wieder wünschte. Entweder wagte er nicht, die anderen herauszufordern, selbst wenn diese ihn bedrängten, oder er konnte dann im entscheidenden Augenblick, wenn er sich mitten in der Auseinandersetzung befand, keine eigenen aggressiven Gefühle mehr empfinden; diese wurden ihm erst nachträglich wieder bewußt, – wenn er nichts mehr damit anfangen konnte. Wir würden analytisch sagen: als er sie nicht mehr befürchten mußte.

Ein unvergeßlicher Traum dieses Patienten ist mir in Erinnerung geblieben, der mehr als jede Wiedergabe des therapeutischen Dialogs während vieler, vieler Stunden die therapeutische Handlung in einem einzigen Bild zusammenfaßt:

> Der Patient lag ermattet auf dem Rücken, während ein fauchender, wütender Hund ihn bedrohte. Der Therapeut betrat in diesem Augenblick den Raum und verstand sofort die Situation. Er versetzte seinen Patienten in eine leichte Hypnose und scheute sich dann nicht, seine Hand in den Speichel des vor Wut schäumenden Tieres zu tauchen. Er strich dann den Speichel auf die Lippen des schlafenden Patienten. Dieser hatte dabei das Gefühl, als ob ihm die Stärke des Tieres einverleibt würde!

Der Traum zeigt die unbewußte Einsicht des Patienten, daß es not tut, die eigene, abgespaltene und auf die Umwelt – den Hund – projizierte Aggressivität intrapsychisch zu integrieren. Man wird nämlich in derartigen Situationen durch Objekte bedroht, die die eigene nicht integrierte, nicht ich-kompetente Aggressivität symbolisieren. Das Patienten-Ich ist aber unfähig, diese Integration zu leisten und zu der eigen-fremden Aggressivität des vor Wut schäumenden Hundes einen Zugang zu finden. Ein solcher Zugang würde im Traum *aktiv* erfolgen, wenn es dem Patienten beispielsweise gelingen würde, den Hund zu streicheln. Doch nein, das kann er – noch – nicht. Aber der Therapeut kann die Brücke zwischen ihm und dem Hund schlagen; wobei ich annehmen möchte, daß der Therapeut im Traum ein Übergangssubjekt ist, was bedeuten würde, daß der Patient im Kleid des Therapeuten das tut, was er in der Eigenperson noch nicht tun kann. Sehr schön und eindrucksvoll wird durch den Traum die Integration von abgespaltener Aggressivität in das ängstliche Ich dargestellt und somit – potentiell – auch geleistet: Der Therapeut versetzt zunächst den Patienten in eine Hypnose, verwandelt also die ängstliche Erregung in ruhigen Schlaf. Er wagt es dann, seine Hand – die auch die Hand des Patienten ist – in den Rachen des wütenden Tieres zu stecken. Er überwindet wie ein »auxiliary Ego«[16] die Angst des Patienten, indem er sich an seine Stelle setzt.

Schließlich wird der Speichel des vor Wut schäumenden Tieres wie ein magischer Talisman auf die Lippen des Schlafenden gestrichen. Das erinnert an den Glauben primitiver Völker, sich die Kraft wilder Tiere durch die Einverleibung eines Teils ihres Körpers – Herz, Blut, Nieren oder anderes – aneignen zu können. Im Traum werden also durch die Geste des Therapeuten Patienten-Hilflosigkeit und fremde Aggressivität so integriert, daß daraus eigenes aggressives Potential entstehen kann.

Ich möchte zu diesem Thema noch ein weiteres – und letztes – Beispiel berichten: Eine Frau, die bisher unauffällig gewesen war, wird plötzlich nach einem Unfall psychotisch. Sie stürzte bei Glatteis auf den Boden, verletzte sich jedoch nicht. Mit der Hilfe ihrer Freundin konnte sie sofort wieder aufstehen und weitergehen. Aber sie war von diesem Augenblick an verändert. Sie hörte Glocken, die die Freundin nicht wahrnehmen konnte. Trauergeläute? Festgeläute? Beides! Sie fühlte sich weiterhin depersonalisiert. Das Glockengeläute war »wunderschön«; aber es erfüllte sie mit Angst. Sie fürchtete, daß ihr Freund sterben werde; die Glocken läuteten die »Leichenfeier« ein. In der Nacht nach dem Unfall hatte sie folgenden Traum:

Zwei Ritter erscheinen, die ein Leinentuch spannen. Sie sollen dann mit ihren Schwertern Löcher in das Tuch bohren. Sie schaffen es nicht! Dann erscheint ein dritter Ritter, der ihnen

16 Zu dem Begriff »auxiliary Ego« vgl. Gadpaille 1967 (s. Literaturverzeichnis).

helfen will, indem er von hinten das Tuch noch mehr spannt. Der dritte Ritter sagt den beiden anderen Rittern, er habe einmal, vor sieben Jahren, diesen Auftrag selber erfüllt, »als ihm Christus erschienen sei«.

Die Patientin identifiziert sich im nachfolgenden Arztgespräch mit dem ersten Ritter. Sie assoziiert dann den zweiten Ritter mit ihrem Freund. Gefragt, wie sie ihn erlebe, sagt sie sogleich, daß »kein inneres Gespräch mit ihm möglich sei«, daß er »ihre Gefühle und Worte nicht verstehe«. Der dritte Ritter erscheint ihr rätselhaft. Er sagte im Traum, daß er vor sieben Jahren das Tuch durchlöchert hatte. Plötzlich fällt der Patientin ein, daß ihre Eltern sich vor sieben Jahren scheiden ließen.

Diese Vorgänge und den Traum erfuhr ich in der Supervision. – Mir drängte sich dann mit innerer Evidenz der Gedanke auf, daß der dieser Frau von ihrem Unbewußten gestellte Auftrag die Auflösung ihrer Beziehung zum Freund sei. Die beiden ersten Ritter, sie und ihr Freund, vermögen noch nicht, diese Entscheidung zu treffen. Der dritte Ritter, als Personifizierung der Erinnerung an die geschiedenen Eltern, läßt die Glocken läuten, die gleichzeitig den Freund – besser: sein inneres Bild in ihr – zu Grabe läuten und doch feierlich und festlich klingen. Die Beziehung zu ihrem Freund ist der harte Boden, auf den sie stürzt. Dabei erlebt sie – wie Saulus auf dem Weg nach Damaskus –, stürzend, die zweite Wirklichkeit, die zu verdrängen sie verzweifelt versucht hatte. Wie Saulus ist sie verworren, psychotisch, zu einem anderen Menschen geworden. Aber sie ist nicht verwandelt, wie dieser, sondern *gespalten*. Mit Recht fürchtet die Patientin, verrückt zu werden; der Arzt erwägt die Möglichkeit eines beginnenden schizophrenen Schubes. Oder verspricht der Traum Lösung und Erlösung?

Ich hatte nicht mehr die Gelegenheit, dieses Schicksal weiterzuverfolgen. Grundsätzlich kann zu dem Traum dieser Patientin aber folgendes gesagt werden: Auf der einen Seite zeigt sich große Hilflosigkeit in dem Bild der beiden Ritter, die als Personifizierungen der Patientin und ihres Freundes »es nicht schaffen«, ein Tuch, das sie nicht mehr wirklich verbinden kann, zu zerreißen (»Löcher in das Tuch bohren«). In dieser Situation der Hilflosigkeit erfahren sie unerwartete Aggressionshilfe. Der geheimnisvolle »Dritte« im Traum – möglicherweise eine archetypische Gegenkraft – beruft sich auf die Scheidung der Eltern, wie die Assoziationen der Träumerin ergaben, und wiederholt diese im Namen Christi bei der Patientin und ihrem Freund.

Der dem Traum vorausgegangene Sturz ist beides, sowohl Symbol des Beziehungsunfalls – dem sogar eine psychotische Verwirrung folgt – als auch Symbol eines Festes – »Glockengeläute« –, einer als festlich empfundenen Auflösung der nicht mehr tragfähigen Beziehung. Die Verdichtung der Gegensätze ist so stark, daß sich daraus eine psychotische Erschütterung der Patientin ergibt. Der Traum, durch sein primärprozeßhaftes Denken der Psychose ähnlich, vermag die Lösung zu bringen: An Stelle des Unfalls erscheint nun ein befreiendes Ritterschwert.

Das ist alles Deutung, und zwar eine solche, die von außen her und nicht in der Kommunikation mit der Patientin gefunden und ausgesprochen worden ist. Sie ist deshalb auch nur mit Vorbehalt anzunehmen. Aber in ihr scheint mir doch die Spannung zwischen Hilflosigkeit und Aggressionshilfe so deutlich sichtbar zu werden, daß man meinen könnte, sie korrespondiere mit der Spannung des Tuches im Traum. Der dritte Ritter spannt das Tuch von hinten, und erst dann kann es vom Schwertstreich getroffen und zerschnitten werden. Das letzte Wort aber hätte die Träumerin selbst.

In den nun folgenden Beispielen geht es eher um das thematisch verwandte Gegensatzpaar »Entmachtung versus Ermächtigung«, dessen Wurzeln ebenfalls tief in die Kindheit zurückreichen. Dazu ist ganz allgemein vorauszuschicken, daß die Vergangenheit eine Macht über uns ausübt, die uns manchmal unfähig macht, die Gegenwart kreativ zu leben. Diese wird dann zu einer schmerzlichen Wiederholung der Vergangenheit, zu deren Spiegel. Weil aber dieser Spiegel die Gegenwart zu wenig mit enthält, das Neue nicht reflektierend erfaßt, ist er verzerrt.

Eine heilende Funktion des Traums kann die sein, eine allzu mächtige und daher die Gegenwart verzerrende Vergangenheit zu *entmachten*. Erst dann – in unserem Beispiel interessanterweise auch im gleichen Traum, in einer zweiten Szene – kann die entmachtete Vergangenheit eine zu neuem Leben *ermächtigende* Seite zeigen, die von negativen Verkrustungen zugedeckt wurde. In einer einzigen kurzen Zeitspanne, im Ablauf weniger Sekunden, kann der Traum einen solchen tiefenpsychologischen Prozeß widerspiegeln und ausdrücken, den das Bewußtsein dann lange verarbeiten muß. Entmachtung der bösen Vergangenheit, Ermächtigung der in ihr verborgenen guten Vergangenheit, die in eine gute Zukunft weist, das ist ein Geschehen, das sich im Begriff viel schneller und leichter fassen läßt als im Erleben.

Und nun stellt sich die Frage: Wirkt der Traum deshalb in einer anderen Zeitstruktur, weil hinter dem Traum*bewußtsein* eine lange, vielleicht jahrelange unbewußte Arbeit steht, oder entfaltet der Traum eine Heilfunktion, weil er dem *Augenblick* seine ganze Würde als Mitte der Zeit und als Stätte der Entscheidung zurückgibt?

Meiner Vermutung nach wäre es falsch zu behaupten, der Traum könne in einem Augenblick das tun, was tiefenpsychologisch ein langer Prozeß wäre – mit oder ohne Psychotherapie. Aber es wäre ebenso falsch anzunehmen, der Traum könne den Prozeß nur widerspiegeln, nur ausdrücken, aber nicht *bewirken*. Ich möchte das alte Wort CICEROS von den »imagines agentes« aufgreifen und sagen, daß erst das, was rein und klar zum Ausdruck kommt, wirklich und damit wirkend ist.

Und nun endlich das angekündigte Beispiel, bei dem die beiden Alternativen Entmachtung und Ermächtigung im raschen Szenenwechsel eines einzigen Traums vollzogen werden. Ein Patient träumte:

In der ersten Traumszene sitzt der Mann vor einem Schreibpult, das in seiner Kindheit und Jugend für seine dominierende Mutter streng reserviert war. Diese – die den Sohn immer wieder entwertet hatte – tritt nun ins Zimmer und erblickt den erwachsenen, stark gewordenen Sohn, der an ihrem Platz sitzt. Zorn, Wut und Schrecken erscheinen im Gesicht der – in der Realität bereits verstorbenen – Mutter. Stolz und Schadenfreude, die der Sohn bei diesem Anblick empfindet, machen deutlich, daß die zornige Mutter *entmachtet* ist; sie wird in ihrer Wut zu einem hilflosen Geschöpf.

Die zweite Szene:

Wenig später tritt die Mutter abermals in das Zimmer und schaut den Sohn aufs neue an, jetzt aber anerkennend, ermutigend und liebevoll. Glücklich erwacht der Träumer.

Regression in die alte Abhängigkeit? Nein: Progression! Der Träumer fühlt sich nicht mehr auf die Liebe und die Ermutigung der Mutter angewiesen; es scheint ihm vielmehr so, als sei eine verborgene, bisher nur dunkel wahrgenommene, gute Seite der Mutter neu zu entdecken.

Ist diese Mutterliebe, die am Ende des Traums erscheint, früher einmal in der Realität vorhanden gewesen? Sicher! Wenn es keine Mutterliebe gegeben hätte – wie in den Biographien schwer psychopathologischer Patienten –, so wäre das andere, das positive Gesicht der Mutter auch nicht erschienen – es sei denn, daß sich ein Archetypus im Traum gezeigt hätte. Aber diese latente Liebe konnte erst ermächtigend ins Bewußtsein treten nach der Entmachtung alles dessen, was diesen Sohn zum Sklaven seiner Mutter gemacht hatte. Erst jetzt flossen die Erinnerungen an positive Augenblicke und Ereignisse aus seiner Lebensgeschichte mit der Mutter, die früher abgespalten waren – nicht verdrängt wie die peinlichen Erinnerungen, sondern abgespalten wie solche, die sich angesichts des Unrechts, das dem Träumer einst geschehen war, nicht melden durften.

Derartige Träume leiten in der Therapie eine Wende ein, weil die positive Verwandlung des Objekts eine entsprechende Veränderung des Subjekts bedeutet.

Ich berichte nun als weiteres eindrucksvolles Beispiel den Traum einer depressiven Patientin, die unter anderem unter psychosomatischen Symptomen im Bereich des Rachens litt: Würgegefühle, Verkrampfungen und Schmerzen. Die Psychotherapie, die ich supervidierte, ließ bei der Patientin uralte infantile Vorstellungen oralen und sexuellen Mißbrauchs wieder wach werden. Im katathymen Bilderleben konnte sie den großen, männlichen Penis phantasieren und darstellen, der sie oral vergewaltigt hatte. In diesem Zusammenhang begann die Patientin auf Anregung ihrer Therapeutin eine phantasmatische Inspizierung ihres eigenen Rachenraums. Sie träumte in diesem Zusammenhang von einem »Männlein«, das in ihren Rachen hineinkroch, und sie realisierte durch diesen Traum, daß dieses Wesen eine Art selbständiges Dasein, unabhängig von ihr, hatte. Im Traum saß es ihr bald auf der Schulter, argwöhnisch und mißachtend, bald drang es in ihren Mund ein. Auffallend bei solchen Träumen war das Doppelwesen des Männleins: Es stellte einerseits die kleine Patientin dar, aber es war männlichen Geschlechts; es war eine Seite von ihr, aber es quälte und *entmachtete* sie. Da es mehrere Träume dieser Art gab, konnte die Patientin allmählich die plötzlichen depressiven Abstürze ihrer alltäglichen Stimmungen und ihre irrationalen Schuldgefühle als »Eingebungen« des Männleins verstehen.

Ich äußerte in der Supervision die Vermutung, daß das Männlein ein negatives Übergangssubjekt war und daß in seiner Gestalt sowohl das einstige vergewaltigte Kind als auch der vergewaltigende Penis fusioniert waren. Durch die unbewußte negative Bindung an das vergewaltigende männliche Organ war die Patientin zu einer Masochistin geworden, die in ihren Symptomen und Stimmungen das schreckliche Trauma der Kindheit wiederholte.

Die Zeit ist heute glücklicherweise vorbei, wo man von psychotherapeutischer Seite glaubte, solche Fälle mit der Diagnose »hysterisches Konversionssymptom« erledigen zu können, wobei man das große Leiden solcher Frauen durch die Annahme verharmloste, daß sie lediglich unter pathogenen Phantasien leiden würden. Doch dies nur nebenbei. Uns interessiert in unserem Kontext vielmehr die Doppelnatur des Männleins. Dieses Wesen war offensichtlich zwiegesichtig, war nicht nur Übergangssubjekt, war zugleich das weibliche Opfer und der männliche Täter ineinander verschmolzen. Es erschien zweideutig auch im gesamten Erleben der Kranken. Es war ein quälender »Geist«; aber es hatte auch Mitleid mit ihr. Denn einmal in einem Traum schickte es sich sogar an, das »Gift« aufzusaugen, das aus dem »verwundeten Rachen der Patientin floß«. Und die Patientin hatte im Traum Angst davor, daß das Männlein an diesem Gift sterben könnte; denn das wäre nicht eine Befreiung, sondern ihre totale Entmachtung gewesen. Zum Erstaunen der Träumerin floß aber dann aus der Wunde kein Gift, sondern flüssiges Gold! Durch diese überraschende Entdeckung, welche die Kranke nur zögernd, gegen die eigenen Zweifel ankämpfend, mitteilte, fühlte sie sich in einer tieferen Selbstwahrnehmung *ermächtigt*: Als ob das tiefe Leiden ihrer Kindheit, das sie zu einem verachtungswürdigen Geschöpf gemacht und sie entmachtet hatte, ihr nun durch dasselbe Symbol des traumatischen Ereignisses die Würde des leidenden Menschen, im Symbol des Goldes ausgedrückt, zurückgeben würde!

An dieser Stelle möchte ich einmal grundsätzlich bemerken, daß es oft nicht restlos gelingt, einen Traum erschöpfend zu deuten und diese Deutung auch noch schriftlich zu fixieren. Die Symbole lassen sich oft nicht völlig verstehen, ergründen und beschreiben. In der Therapie hilft es trotzdem, die Dynamik zu erahnen, die Symbole meditierend zu umkreisen und einzukreisen. Das Hin und Wider des Verstehens zu zweit, des gemeinsamen Gesprächs kann nachträglich nicht zu einer befriedigenden Darstellung und Erklärung in schriftlicher Form gerinnen. So bleibt das Paradox, daß wir manches, was wir rational verstanden haben, doch nicht recht verstehen oder auch nur nicht vermitteln können. – Doch nun zu unserem Thema zurück.

Die dialektische Spannung von Entmachtung versus Ermächtigung ist mir des weiteren in einem einzigen, kurzen Traumbild einer anderen Patientin unvergeßlich geblieben. Die junge Frau hatte vor und während der ersten Jahre ihrer Psychotherapie unter depressiven Zuständen zu leiden, in denen sie sich absolut ohnmächtig fühlte. Eine völlige Entmachtung erlebte sie dann in plötzlichen Angstanfällen, in denen sie fürchtete, bewußtlos zu Boden zu fallen und der Gewalt anderer Menschen hilflos ausgeliefert zu sein. Das Thema grausamer Entmachtung hatte sich in früheren Träumen bereits angekündigt; so beispielsweise in einem Traum, in dem einer jungen Frau – mit der sie sich nach dem Erwachen identifizierte – die Füße von einem ausnutzenden Partner abgehauen wurden. Das Erleben des Ausgenutztwerdens durch »falsche Freundinnen«, die Rat und Verständnis bei ihr suchten und sie dann hinterher entwerteten, bedrückte sie oft. In solchen Augenblicken der Hilflosigkeit hatte sie das Gefühl, als ob fremde »Hände« unter ihre Haut und in ihren innersten seelischen Raum greifen würden.

Von einer Hand und von einer einzigen Geste der Aggression handelte nun ihr wichtiger Traum: Eine Ahnfrau, die aus dem Grab früherer Generationen aufstieg, drückte ihr eine geladene Pistole in die Hand. So kurz war der Traum, nur diese eine Geste, nicht mehr!

Unwillkürlich drängte sich mir die Assoziation auf: War diese Pistole nicht ein Symbol des Todestriebes, der sich während der depressiven Zustände gegen die Patientin gerichtet hatte? Gewiß war das möglich. Es war nicht auszuschließen, daß sich die im Bewußtsein eigentlich schon überholte Psychopathologie nicht dennoch wieder in einem Traum regte. Aber der spontane Einfall der Patientin belehrte mich eines besseren: In der Selbstdeutung, die ihr schon beim Erwachen in den Sinn gekommen war, war die Ahnfrau ihre verstorbene – als besonders »sanfte Person« in der Familie bekannte – Großmutter. Gerade diese niemals aggressive Frau hatte ihr nun eine geladene, vom letzten Schuß noch warme Pistole in die Hand gedrückt, *um sie zur Aggressivität zu ermächtigen!* Die Erleichterung, die die Patientin während dieses Traums empfand, und die positive Stimmung, in der sie mir den Traum erzählte, ließen keine Zweifel daran, daß in dieser Selbstdeutung das Hauptgewicht des Traums lag. Es gehört nicht zum Wesen und zum Sinn der Traumanalyse, beide Versus-Möglichkeiten unbedingt auch immer zu besprechen. Die mitgeteilte Deutung ist eine Entscheidung, durch die der Traum einen Platz im Leben des Patienten erhält. Aber in der eigenen, analytischen Reflexion des Therapeuten sollte immer die ganze Spannungsweite der möglichen Traumaussagen ermessen werden.

Das Thema »Hilflosigkeit versus Aggressionshilfe« dieses Kapitels führt mich zu einem verwandten Gegensatzpaar, das zwar thematisch hierhergehört, aber nicht mehr den Traum des Patienten, sondern den seines Psychotherapeuten betrifft. Es handelt sich nämlich um jene Situation, die besonders häufig in der Psychosentherapie anzutreffen ist, wo die Todesthematik in den Träumen, den Halluzinationen und den übrigen Symptomen des Kranken derart beherrschend wird, daß das therapeutische Unbewußte den Gegensatz dazu schafft. Diesen Gegensatz kann es aber nur dadurch stiften, daß es gleichzeitig das Todesbild des Patienten internalisiert. Dieses Todesbild wird also nicht nur in der interpersonalen Situation, sondern als etwas Ureigenes im Therapeuten-Innern erlebt.

Das Gegensatzpaar »Hilflosigkeit versus Aggressionshilfe« überschneidet sich oft mit demjenigen von »Tod und Wandel /Leben«; denn gerade die Todesqualität der Hilflosigkeit des Patienten ist es, die das therapeutische Unbewußte zu jenem »Gegenstoß« anregt, der freilich mehr ist als ein Willensakt und eine bewußte Entscheidung. Dieser Gegenstoß erfolgt vielmehr im therapeutischen Traum. Maurizio Peciccia behandelt dieses Thema in diesem Buch ausführlich. Aber ich möchte diesen Gesichtspunkt im Rahmen meines Anliegens »Polarität des Traums« hier doch in gebotener Kürze darstellen.

Es geht bei vielen »therapeutischen Träumen« zum Thema »Tod versus Leben« um eine »Internalisierung des Todesbildes« (vgl. meine Ausführungen »Die Überwindung des Todes durch die psychotherapeutische Dualisierung«, S. 103 ff.), das aus der »psychotischen Nichtexistenz« des Patienten (Benedetti 1983) hervorgeht, durch den erschütterten Therapeuten, also um dessen Versuch, den psychischen Tod bei seinem Patienten nicht mehr durch die verbale Deutung, sondern durch eine Art eigene, intrapsychische Bewältigung zu überwinden.

»Therapeutische Träume« sind – wie ich bereits ausgeführt habe – keine Gegenübertragungsträume. Letztere würden vor allem infantile oder aktuelle Probleme des Therapeuten beleuchten, die sowohl während der psychologischen Behandlungen auftreten als auch – ähnlich – in seinen außerberuflichen Beziehungen. In solchen Fällen tauchen beispielsweise sexuelle oder narzißtische Wünsche im Traum des Therapeuten auf, welche den Patienten betreffen. Dessen Psychopathologie kann nämlich uralte Ängste beim Analytiker mobilisieren und ihn dazu verleiten, den Patienten im Unbewußten abzulehnen. Oder aber der Traum zeigt eine allzu intensive Symbiose, und ähnliches mehr. Mit Recht warnt die Schulpsychoanalyse vor einer Mitteilung solcher Gegenübertragungsträume an den Patienten. Zwar wird dessen Unbewußtes die Gegenübertragung so oder so wahrnehmen; aber diese sollte grundsätzlich außerhalb der psychotherapeutischen Behandlung auf der Bewußtseinsebene, eventuell in der gemeinsamen Reflexion mit einem Supervisor oder einem Lehranalytiker »filtriert« und meditiert werden.

Ganz anders »therapeutische Träume«! Freilich wurzeln auch sie in der lebensgeschichtlichen Persönlichkeit des Therapeuten; aber sie werden geträumt, um dem Patienten mitgeteilt zu werden, entweder direkt verbal oder durch eine verstärkte Empathie. Sie sind therapeutisch, weil sie dem Patienten die »therapeutische Regression« zeigen, kraft derer der Therapeut eine Symmetrie zu ihm stiftet, indem er sich träumend in die Todessituation des Patienten begibt und von dort aus die »therapeutische Progression« bewirkt. Nur so kann der Therapeut in seinem Traum die – oft psychotische – Todessituation bewältigen, der der Kranke, trotz aller Deutungen, nicht gewachsen ist.

Warum treten solche therapeutischen Träume vornehmlich bei der Behandlung psychotischer Kranker auf? Man kann dafür verschiedene mögliche Gründe anführen. Es könnte sein, daß die extreme Notsituation dieser Patienten das therapeutische Unbewußte befähigt, »therapeutisch« zu träumen, sich also auch im Traum helfend zu verhalten. Es könnte aber auch sein, daß die brüchigen »Ich-Grenzen« (FEDERN) dieser Patienten die therapeutische Identifikation begünstigen. Es ist merkwürdig und eindrucksvoll, wenn man miterlebt, daß solche brüchigen Ich-Grenzen den Patienten gelegentlich befähigen, die eigene autistische Schranke zu überschreiten und das Unbewußte des Therapeuten auch ohne jegliche verbale Mitteilung wahrzunehmen. Einen dritten und letzten hypothetischen Grund der »therapeutischen Träume« möchte ich nicht unerwähnt lassen: Es könnte sein, daß allfällige, latente psychotische Situationen – wie Lebenserfahrungen in der eigenen Familie, alte Erlebnisse der Entpersönlichung und dergleichen – im Therapeuten durch die Begegnung mit dem Patienten produktiv mobilisiert werden, so daß die eigene latente Angst durch die Hilfeleistung kompensiert wird.

Es gibt nun sehr unterschiedliche »therapeutische Träume«. Im Kontext dieses Buches interessieren mich diejenigen, welche das Gegensatzpaar »Tod versus Leben/Wandel« thematisieren. Der Traum zeigt sowohl den auf den Therapeuten übertragenen Tod als auch den sich gerade aus solcher Übertragung ergebenden Wandel. Eine symbiotische Seite des Therapeuten erlebt in der Kommunikation mit seinem Patienten den eigenen Untergang, gerät beispielsweise in die »Todeskammer« der Patientin, oder er übernimmt eine Wahnidee des Kranken, oder er ist in dessen »Labyrinth« verirrt oder anderes. Eine andere Seite des Therapeuten, die außerhalb der Identifikation steht, bleibt unerschüttert und unerschütterlich, sie schafft gerade aus der Teilidentifikation die Kraft – wie ein Übergangssubjekt –, das Steuer der Traumhandlung herumzureißen. Man kann der Meinung sein, daß die therapeutische Kraft aus der Teilidentifikation mit dem Patienten stammt, aus der Möglichkeit, seine Gefühle zu teilen; man kann aber auch denken, daß solche Kraft letztlich aus der teilweisen Nichtidentifikation, also aus den Personteilen stammt, die selbst mitten in der Symbiose doch außerhalb der Psychose stehen und diese so neutralisieren.

Die wesentliche Funktion der Traumbotschaft ist die, daß sie beim Patienten eine *latente* eigene therapeutische Seite stimuliert, die dann symmetrisch die Rolle des heilsamen Übergangssubjekts übernimmt. Ich möchte in diesem Zusammenhang einen eigenen Traum als Beispiel erwähnen. Ich behandelte einst einen psychotischen Kranken, der unter der Angst litt, verfolgt zu werden. »Innere Verfolger«, die er als Stimmen wahrnahm und nach außen projizierte, »drohten«, ihm »die Haut vom Leib zu reißen«. Er würde dann ohne Haut dastehen, in seinem Innersten völlig an seine Feinde ausgeliefert. Diese »Feinde« quälten ihn solchermaßen, weil er sich eines »unnennbaren«, schweren Verbrechens schuldig gemacht hatte. Es war unmöglich, deutend auf die Vorgeschichte dieses Verbrechens einzugehen. Daß diesem eine »ödipale Schuld« im psychoanalytischen Sinne zugrunde liegen würde, ließ sich freilich therapeutisch vermuten. Die Verfolgung in der Gegenwart war jedoch so konkret und quälend, daß eine Exploration der Vergangenheit kaum erfolgreich schien. Vor allem fehlte dem Patienten die Möglichkeit, symbolisch zu denken und die Gegenwart als Spiegelbild der infantilen Vergangenheit zu verstehen.

Da träumte ich eines Nachts, ich hätte mich des »Verbrechens« meines Patienten schuldig gemacht, das ich danach aber völlig vergessen hatte und das mir im Traum auch nicht so gravierend schien, wie es dem Erleben des Patienten entsprochen hätte. Ich sollte nun von meinem eigenen Vater gerichtet werden. Dies machte mir eine gewisse Angst, als würde ich nur der autoritären, strengen, unerbittlichen Seite meines Vaters begegnen müssen. Die »Gerichtsverhandlung« fand auch im Vaterhaus statt. »Was hast du gemacht?« fragte streng der Vater. Statt auf seine Frage einzugehen, rief ich – nicht wissend, daß ich fast wörtlich wie mein Patient sprach –: »Sie wollen mir die Haut vom Leib reißen!« Ein Blitz des Zornes leuchtete in den Augen meines Vaters auf; aber dieser Zorn galt nicht mir, sondern er sagte: »Werde aggressiver gegen deine Feinde!«

Mein Vater hatte in meinem Traum *die* Worte ausgesprochen, die mein Patient im Kampf gegen sein Über-Ich brauchte. Der therapeutische Traum zeigt hier die »Heil-Technik« des therapeutischen Unbewußten: Die negativen Teile des Über-Ich meines Patienten werden vom Traum-Ich des Therapeuten – der derselben Verfolgung ausgesetzt ist wie sein Patient – übernommen. Die anderen Teile aber werden in das – positive – Vater-Über-Ich verwandelt. Diese Spaltung hat zur Folge, daß die positive Hälfte des Über-Ich die negative neutralisieren kann.

Ich entschied mich, meinem Patienten den »Heiltraum« mitzuteilen. Er war tief davon beeindruckt: »So etwas habe ich noch nie erlebt«, äußerte er. In den folgenden Sitzungen sagte er mir dann: »Meine Feinde wagen nicht mehr, mich anzugreifen.«

Im Anschluß an diesen Traum muß ich allerdings gestehen, daß solche therapeutischen Träume selten sind und durch unbewußte Bedingungen ermöglicht werden, die nicht erforschbar sind. Die Erwähnung solcher Phänomene ist aber sehr wichtig, und sie gehört in dieses Kapitel; denn *eine* Seite des Therapeuten übernimmt den »Tod« des Patienten und identifiziert sich mit ihm, so daß eine *andere* Seite die Lebensmöglichkeit des Patienten vertreten kann. Ein und derselbe Traum spiegelt also beide Pole: Tod und Lebensmöglichkeit.

9. Zwang versus Freiheit

In diesen Problemkreis gehören neben »Zwang versus Freiheit« auch die Gegensatzpaare »Unterdrückung versus Widerstand«, »Bevormundung versus Selbstbestimmung«, »Verfolgung versus Rettung« und ähnliche.

Auf der einen Seite kann man sagen, daß wir nirgendwo in unserem wachen Dasein, nirgendwo in unserem Alltag so sehr von unserer Vergangenheit und von unserem diese Vergangenheit wiederholenden Unbewußten *determiniert* sind wie im Traum. Wachend können wir uns entscheiden, beispielsweise gegen eine Versuchung, gegen uns selbst. Auch wenn unsere Entscheidungen nicht ganz so frei sind, wie wir glauben – weil auch unbewußte Momente unsere Wahl beeinflussen –, bleibt doch die Tatsache bestehen, daß wir dabei stets reflektieren, abwägen, nachdenken können. Wie so ganz anders im Traum! Selbst wenn wir von den sehr konkreten Situationen absehen, in denen wir im Traum etwa verfolgt werden, keine Zuflucht finden, wieder vor einer schwierigen Prüfung stehen, die wir in Wirklichkeit längst bestanden und vergessen haben, selbst dann, wenn wir den Zwang nicht spüren, wenn er nicht das eigentliche Traumthema ist, folgt unser Ich dem Traumgedanken wie eine Marionette, ohne diesen abändern zu können, ist also in höchstem Maße unfrei.

In einem Film von PASOLINI sind die Akteure solche Marionetten, die an unsichtbaren Fäden hängen, sich dessen jedoch *bewußt* werden und gegen den über sie verfügenden Deus ex machina zumindest verbal rebellieren: Warum, fragt beispielsweise Othello, muß ich gewalttätig sein? Warum, fragt Jago, muß ich der Böse sein? (Ich zitiere aus der Erinnerung.) Diese Haltung paßt zu unserem bewußten Alltag. Da haben wir, wenn wir etwas tun müssen, das, wie ein Patient mir sagte, »gegen unseren Willen ist«, zumindest die Möglichkeit zu *bedauern, daß* wir so sind, *wie* wir sind. Wir haben dann oft den Wunsch, anders sein zu können. Im Traum jedoch fällt diese letzte Einsicht weg; wir schließen Kompromisse zwischen Es und Über-Ich, ohne auch nur zu ahnen, welcher Verhältnisse Kinder wir sind. Daher möglicherweise auch das Dunkel, die Verworrenheit, die Fremdheit so mancher Träume, in denen man an unbekannten Orten steht, unbekannte Reisen unternimmt, unbekannten Partnern begegnet.

»Zwang versus Freiheit«: Wo bleibt letztere?

Bei der Lektüre vieler Träume fällt dann Seltsames auf: Ist es im Traum nicht so, daß wir plötzlich fliegen können, wo wir gefangen waren; daß wir dem toten Vater endlich das sagen können, was wir dem lebenden zu keiner Zeit sagten, weil uns die Wahrheit nie ganz bewußt war oder uns nie einfiel; daß wir im Traum auch Wunder bewirken können, die keine bloße Magie sind, weil uns dort jene Urfreiheit zu Hilfe kommt, in der unser transzendentes Wesen gründet? Auch das gibt es in unseren Träumen, und das Gegensatzpaar kann gelegentlich auch in ein und demselben Traumbild enthalten sein. Ich möchte des weiteren aber nicht auf diese »grundsätzliche Determiniertheit« und die »Urfreiheit« des Träumers eingehen, die eigentlich mehr zur *Struktur* der Träume gehören, sondern mich jenen Träumen zuwenden, in denen sich der Zwang, die Unterdrückung, die Abhängigkeit eines ganzen menschlichen Lebens widerspiegelt und in denen dennoch eine Chance der Befreiung, des selbständigen Lebens für den Träumer aufleuchtet, eine Lebenschance, die den ursprünglichen Zwang aufhebt.

Ich denke in diesem Zusammenhang an eine Patientin, die als Kind von ihrer Mutter, einer mehr oder weniger stets bettlägerigen, depressiven Frau, dahingehend mißbraucht wurde, ihr in allem und jedem zu Willen zu sein. Sie mußte beispielsweise das Rezeptarium des Vaters, eines Arztes, immer wieder stehlen, um der Mutter Drogen zu besorgen. Allerdings war auch der Vater nicht besser in seinem Verhalten, der seine Frau häufig schlug und die Tochter völlig ignorierte.

Eines Tages träumte diese inzwischen längst erwachsene Patientin, daß ihr die verstorbenen Eltern im Traum erscheinen. Sie erscheinen als Skelette, an deren Knochen noch Fetzen von Fleisch hängen. Sie nähern sich der zu Tode erschrockenen Träumerin wie Todesboten; Fetzen von Fleisch und Haut fallen auf diese nieder und verschmieren sie mit Blut und Eiter. Sie kann nicht entfliehen; wie gelähmt steht sie in diesem Augenblick da, der die Gelähmtheit eines ganzen Lebens zusammenfaßt und widerspiegelt.

Angesichts der schweren Borderline-Störung dieser Frau könnte man sich fragen: Warum auch das noch? Warum dieses schreckliche Traumbild? Als ob das Erleben der schweren Kindheit und Jugend nicht schon genügen würde! Das Traumgespenst scheint ja noch schlimmer als die schlimme Lebensgeschichte zu sein, weil der Zwang ein absoluter ist, weil der Augenblick das Geschehen von vielen Jahren in einem einzigen, schrecklichen Bild komprimiert und weil die Wahrheit unerbittlich, ohne jede Verdrängung und ohne jeden Kompromiß, ausgesprochen wird.

Vielleicht gibt es in unserer Tiefe eine strenge Instanz, die sich nicht darum kümmert, was ihre Botschaften für das Ich bedeuten, weil sie – diese unerbittliche Instanz – einfach die *Wahrheit* aussagen will, weil wir, die uns im Alltagsleben stets Verschleiernden und Betrügenden, dennoch letztlich Kinder der Wahrheit sind?

Was aber, wenn diese Wahrheit unerträglich, ja, tödlich ist? Ich habe die Erfahrung gemacht, daß sie uns nie ihre andere, ihre positive Seite vorenthält. Im Fall unserer Patientin, die sich in der Realität mit Drogen, die fatal an den Drogenmißbrauch der Mutter erinnerten, chronisch vergiftete und die ihre leeren Tage in einer Art Halbschlaf wie in einem kontinuierlichen Trancezustand verbrachte, brach die Einsicht wie ein Blitz durch: »So bist du mit deinem ganzen Leben deinen Eltern immer noch verfallen! Wie im Traum! Deine Drogen sind die Drogen der Mutter! So willst du mit deiner Mutter verkehren? Höre endlich einmal auf damit!«

Keine andere Stimme, weder diejenige des Therapeuten, noch die des eigenen Bewußtseins, hätte sie so stark aufrütteln und ihr die Wahrheit so unausweichlich und eindringlich klarmachen können wie das Horrorerlebnis des Traums. In ihm war der Höhepunkt des Zwangs, der Abhängigkeit und der Gefangenschaft erreicht; in ihm war aber durch die Einsicht in die Zusammenhänge auch der Keim der Befreiung und eine neue Lebenschance enthalten. Es ist schwer zu entscheiden, aus welchem Ort in solchen Situationen der Blitz der Einsicht kommt. Gewiß aus dem Traum. Denn dieser Traum, der schon während der Nacht die Patientin aufrüttelte, lebt ein zweites Mal in der psychotherapeutischen Aussprache. Hier erst artikuliert sich voll seine Botschaft; vielleicht im Zusammenhang mit einer Frage, einer Bemerkung des Therapeuten, vielleicht auch, weil das Bewußtsein im Dialog offener wird für die Stimmen, die aus der Tiefe steigen. Es gibt aber auch Fälle, wo erst eine präzise Deutung des Therapeuten den Blitz der Erschütterung beim Patienten auslöst.

Doch es geht im Traum – glücklicherweise, möchte ich sagen – nicht immer so dramatisch zu, wie bei dem eben gegebenen Beispiel. Es geht nicht immer um Tod und Leben. Viele Träume, die uns unsere Patienten bringen, wirken auf den ersten Blick »harmlos«, und doch wollen auch sie verstanden sein in ihrer oft wichtigen Botschaft an den Träumer. Ich gebe als Beispiel dafür den Traum einer anderen Patientin:

»Meine Eltern … wollen mit mir zusammen Geburtstag feiern. Wir sind in einem alten Haus (in den Ferien?). Die Geschenke von meinen Eltern sind im Keller. Ich gehe mit ihnen hinunter. Sie schenken mir zwei neue Korbsessel und drei oder vier Käfige mit Vögeln. Es sind Kanarienvögel, Wellensittiche und kleine, grüne Papageien. Es ist immer ein einzelner Wellensittich im Käfig der Kanarienvögel. Ich denke mir, daß dies sicher nicht gut ist und daß die Kanarienvögel den Wellensittich bestimmt hacken werden. Eine Käfigtür steht offen und ein Wellensittich fliegt frei herum. Ich strecke meine Hand aus, und er läßt sich auf ihr nieder. Als ich ihn jedoch wieder in den Käfig setzen will, wehrt er sich.

Ein Käfig steht etwas abseits. In ihm sitzt eine ganz kleine, junge Krähe. Sie ist ganz naß und zerzaust. Sie ist wie in einen Schraubstock aus Holz eingespannt, da sie verletzt ist. Es soll ein Schutz für sie sein, damit sie sich nicht bewegen kann und sich dadurch schadet. Ich soll für sie sorgen. Als ich, nachdem ich mit den anderen Vögeln so beschäftigt war, endlich zu ihr komme, läßt sie schon ihr Köpfchen hängen. Ich tauche meine Hand in Wasser und lasse Wassertropfen in ihren Schnabel rinnen. Sie ist sehr schwach, trinkt jedoch.« (Wörtlicher Bericht der Träumerin)

Es ist hier nicht möglich, alle Aspekte dieses Traums zu besprechen. Ich möchte nur zwei Gegensätze hervorheben: der Wellensittich, der sich nach Freiheit sehnt und der sich wehrt, wieder in den Käfig gesetzt zu werden, und dagegen die Krähe, die sich nicht bewegen darf, die ruhiggehalten werden muß, weil sie sich etwas »gebrochen« hat. Zwei Seiten der Person der Träumerin sind hier gemeint: Die eine, die die Patientin selber mit »Emotionalität«, »Loslassenkönnen«, »Phantasie«, »Trieb« assoziierte, eine Seite also, die sich ein Ziel setzen möchte, »das ihr aber dann zu groß wird«, die sich an eine Realität ausliefert, die ihr dann gefährlich wird. In einem anderen Traum wurde diese Seite der Person als ein Mensch konkretisiert, »der von großen, schnell schwimmenden Rochen an Zügeln gehalten und mit hoher Geschwindigkeit unter Wasser gezogen wird«. Die andere Seite der Patientin ist aber die verletzliche und durch die Lebensgeschichte verletzte, die Sicherheit braucht, Halt sucht, jemanden nötig hat, der für sie sorgt. Letzten Endes soll und muß eine Integration dieser zwei Seiten möglich werden, die zwischen Freiheit und Zwang eingespannt sind. Die Patientin erlebt allmählich, wie eine solche Integration gerade durch die Analyse geschieht. Das Gegensatzpaar »Freiheit versus Zwang« ist hier im Szenenwechsel ein und desselben Traums eindrucksvoll dargestellt.

Ich schließe dieses Kapitel mit einem weiteren Vogel-Traum einer anderen Patientin:

»Alles ist dunkel. Ich bin irgendwo in einem Zimmer. Nichts ist zu erkennen, außer, daß da ein Vogelkäfig ist mit einem Vogel darinnen – vielleicht Annettes Kanarienvogel. Ich muß ihn wohl wieder füttern und lasse dabei die Tür offenstehen. Dann ist da auf einmal ein Mann anwesend. Mein Mann, mein Vater? – Ich weiß es nicht genau. Und der mahnt mich, die Tür nicht offenstehen zu lassen. Doch ich kümmere mich nicht darum. Dann, auf einmal, sehe ich, wie der Vogel hinausfliegt. Und es scheint mir kein einfacher gelber Kanarienvogel mehr zu sein, sondern Blau und Rot sind auch noch in seinem kräftig goldgelben Gefieder. Der Mann scheint ärgerlich, obwohl es gar nicht sein Vogel ist, der da so zielstrebig geradeaus fortfliegt in die Dunkelheit hinein. Ich selbst bin seltsam gelassen, fast zufrieden. Und irgendwie habe ich das Vertrauen, ja, fast die Gewißheit, daß er irgendwann in seinen Käfig zurückkehren wird. Aber ich weiß nicht, ob ich das auch ausspreche.« (Wörtlicher Bericht der Träumerin)

Nach dem manifesten Gedanken scheint dieser Traum eindeutig zu sein: ein Streben des gefangenen Selbst hin zur Freiheit, gegen alle sonst introjizierten familiären Widerstände. Wo ist das Gegensatzpaar? Mir scheint: im letzten Satz des Traums, in der Gewißheit, daß der Vogel zurückkommen wird; in der Einsicht, daß die Freiheit eine freiwillig akzeptierte Grenze und Einschränkung bedingt; daß menschliche Existenz grundsätzlich auch ein »Käfig«, ja ein »Gefängnis« ist; daß das Bedürfnis des Vogels nach einem »Zuhause« die Wiederherstellung der Ausgangssituation bewirken wird, allerdings auf der Ebene einer größeren Beweglichkeit und inneren Freiheit, weil sie *einmal* wenigstens erlebt wurde.

Im Anschluß an diesen letzten Traum und seine Deutung möchte ich etwas Grundsätzliches anmerken: Die von mir dargestellten Gegensatzpaare in diesem zweiten, inhaltlich-symbolischen Teil haben zwar oft einen gleichsam negativen und einen positiven Pol. Das muß aber nicht so sein. Beide Pole können in sich wertneutral sein, oder positiv *und* zugleich negativ, wenn sie verzerrt oder übersteigert werden. Für den eben dargestellten Fall gilt: Zwang kann auch etwas Positives sein, etwas Heilsames, wenn er Maßstäbe setzt, Stützen markiert, Orientierungen ermöglicht, die allerdings auch innerlich akzeptiert werden müssen. Freiheit kann ebenfalls negativ werden, wenn sie in Willkür ausartet, das heißt, wenn ihr Ideal verabsolutiert und einseitig überbetont wird. Einseitigkeit und Verzerrung sind es also in solchen Fällen, die die Akzente von negativ und positiv setzen. Unter diesem Aspekt habe ich für das nächste Kapitel zwei wertneutrale Begriffe gewählt, die erst durch die Akzentsetzung, durch die mögliche Einseitigkeit und Verzerrung als gefährdend erscheinen und so zum Problem für den Träumer werden.

10. Kreatürlichkeit versus Ich-Idealität

Hierher gehören auch Gegensatzpaare wie »Realität versus Idealität«, »Unzulänglichkeit/Allzumenschliches versus Perfektionismus« und ähnliches mehr.

Ich möchte noch einmal zurückgreifen auf den letzten Traum aus dem Kapitel »Verhüllung versus Offenbarung«, auf den »Onkel-Traum« und auf seinen Bericht und die ausführliche Deutung (s. S. 47) hinweisen. Interessant ist in diesem Zusammenhang die Tatsache, daß ich als Therapeut zuerst das funktionale Gegensatzpaar gesehen habe, die Träumerin aber ganz spontan das inhaltlich-symbolische von »Kreatürlichkeit und Ich-Ideal«. Wahrscheinlich ist es für den Träumer nicht nur einfacher, sondern vor allem auch wichtiger, über die Deutung der Symbole eine inhaltliche Botschaft aus den Träumen zu erhalten, statt nach Struktur und Funktionalität zu fragen. Und diese Botschaft war für die Träumerin ganz offensichtlich ein Lebensproblem, das übrigens ein allgemeinmenschliches ist, nämlich die Frage nach dem Verhältnis von Kreatürlichkeit, Alltäglichkeit, Allzumenschlichem und jenem Ideal, das wir alle uns von uns selbst – Ich-Ideal – oder auch von der Welt schlechthin machen.

Der Onkel – Archetypus des weisen Mannes – weist die Träumerin bei ihren Fragen nach dem Ziel des Weges und nach dem Geheimnis der Berggipfel darauf hin, daß sie das alles im Grunde wisse, das heißt, eine Idealvorstellung von sich selbst und dem Sinn und Ziel ihres Lebens habe – was nicht selbstverständlich, eben »selten« ist. Das, was sie außerdem begreifen muß – und das wird in dem Schlußbild gezeigt –, ist die Tatsache, daß der Weg *an sich* wichtig ist und daß der, der ihn geht, gleichsam mit ihm verschmelzen muß, so, wie eine »Schlange«, die sich durch den »aufgeweichten Boden windet«, gleichsam mit dem Weg identisch wird; sie verschmilzt mit dem Weg und »pflügt« sich durch den »Schlamm«. Nicht nur das hohe Ziel gilt, sondern der mühselige Weg durch den Alltag mit all seinen Widerständen, Schwierigkeiten und notwendigen Abstrichen an Idealforderungen. Unübertroffen hat es WILHELM RAABE formuliert: »Blick auf zu den Sternen, hab acht auf die Gassen.«

Das Versus-Paar »Kreatürlichkeit und Ideal« ist auch im folgenden Traum ersichtlich:

»Dem Gefühl und der Haltung nach muß ich in der Psychiatrie sein als Patientenfürsprecherin. Um mich herum ist alles absolut finster, schwarz. Nur ein paar weiße Streifen, so daß der Raum gegliedert ist wie auf einer kubistischen Grafik. Dieses Bild, das ich vor mir sehe und von dem ich zugleich ein Teil bin, hat etwas Tödliches, weil völlig Leblos-Statisches. Und die beiden Gestalten auf dem Bild sind ich und eine junge Frau, eine Patientin, mit der ich spazierengehe und die nur noch ein Schatten ihrer selbst ist, eine magere, schwarze Gestalt, die nur noch langsam zu gehen vermag. Erklärung heischend, fragend, erzählt sie mir, ihr Therapeut habe gesagt: ›Das Glück in deiner Hand‹, ob denn das ihre Maxime sein solle? Mich überfällt ein Erschrecken! Kann ich diesen Satz bestätigen und verdeutlichen, ohne diesem ohnehin schon so elenden Geschöpf auch noch den Eindruck zu geben, sie sei an ihrer Krankheit, ihrem Leiden, ihrem Unglück, selber schuld? Behutsam versuche ich, sie darauf hinzuweisen, daß unsere innere Einstellung zu allem in unserem Leben sehr viel dazu beiträgt, ob wir etwas als ›Glück‹ erleben oder eben nicht. Glück sei nicht etwas, was völlig außerhalb und unabhängig von uns geschähe … Dann werde ich aus dem Traum aufgeschreckt.« (Wörtlicher Bericht der Träumerin)

Der Satz, den der Traum dem Arzt in den Mund legt, »Das Glück in deiner Hand«, bedeutet: Selbständigkeit, Selbstverwirklichung, Ich-Ideal. RICARDA HUCH schrieb einmal, daß sie ein ruhiges Gefühl in allen Konflikten des Lebens bekam, wenn sie denken konnte: »Das Glück und das Unglück in deiner Hand«, sie stand also *über* dem Unglück, wenn sie sich selbst dafür verantwortlich machen konnte! Diese Haltung ist möglich, wenn das Selbst eines Menschen stark und gesund ist und es das Unglück dadurch beherrscht, daß es sich nicht daran ausgeliefert fühlt, sondern »das böse Objekt durch Introjektion kontrolliert« (FAIRBAIRN 1962).

Der Traum-Therapeut ist hier ein solches »RICARDA-HUCH-Über-Ich« – eben ein solches Über-Ich, das immer wieder so viele psychisch Leidende sich schuldig an ihrem Leiden fühlen läßt, falls das »amor fati« NIETZSCHES unmöglich ist.

Ein solches Ich-Ideal – unbedingt für das eigene Glück verantwortlich zu sein – überfordert den psychisch Leidenden, dessen Kreatürlichkeit dann zu kurz kommt. Es gibt Fälle, wo der Patient schlichtweg Angst bekommt vor einem Ich-Ideal, dem sein Selbst nicht gewachsen ist. Es gibt andere Fälle, wo das wiederholte Erleben, das Ich-Ideal nicht erfüllen zu können, depressiv macht. Und es gibt schließlich Fälle, wo der Patient die Demut nicht aufbringen kann, sich in einem angemessenen Abstand vom Ich-Ideal seiner eigenen Kreatürlichkeit anzunehmen. Der Psychotherapeut soll dann die Brücke zwischen Ich-Ideal und Kreatürlichkeit schlagen. Und hier erscheint mir die Träumerin wie eine Psychotherapeutin ihres Selbst!

Ich möchte in diesem Zusammenhang des weiteren auf den Traum aus dem Kapitel »Regression versus Progression« verweisen, in dem der leistungsorientierte Bauherr der »Kathedrale« nicht an das »Krokodil im Keller« und sein Leiden denkt (oben S. 130). Da ist es der Perfektionismus und das »Machen« von allem und jedem, was der Kreatürlichkeit und letzten Endes einer gesunden, harmonischen Lebensrealität im Wege steht. Eine gefühlsmäßige, menschliche, kreatürliche Seite wird gefährlicherweise unterdrückt, in den Keller verbannt, zum Nachteil menschlicher Ganzheit und Erfüllung.

Als drittes möchte ich einen Traum berichten, in dem es um den Gegensatz von »Realität versus Idealität« geht, der in der gesamten Lebensgeschichte der Träumerin eine verhängnisvolle Rolle gespielt hat, da ihre Erziehung prinzipienorientiert und unrealistisch war. Es wurde immer nur gesehen und betont, wie die Welt sein *sollte*, aber nie, wie sie *war*. Der eindrucksvolle Traum besteht aus zwei einander ergänzenden Szenen:

»Alles ist dunkel – (wie könnte es anders sein) –, ich sehe ein Bett in einem kleinen Raum. Später ist daneben wohl auch ein Tisch oder eine andere Wickelmöglichkeit. Auf dem Bett liegt Anke, ja, sie muß es sein. Und sie soll ein Kind bekommen und hat große Angst vor der Entbindung. Ich rede ihr gut zu, sage ihr, daß sie ein festes Gewebe habe, daß sie jung sei und sicher ihr Kind genauso leicht und schnell bekommen würde wie ihre ältere Halbschwester. Ich schaue nach, und da ist auch schon der Kopf des Kindes zu sehen, wie er sich herausschiebt. Und im Handumdrehen gleitet das Kind mühelos aus der Scheide, sauber und wohlbehalten, eine kleine Anke, ein hübsches, adrettes Kind. Ich lege es auf den Tisch auf ein Tuch, das ich um es schlage, um es vorsichtig abzutupfen. Dann hülle ich es in ein Tuch ein und zeige es seiner Mutter. Oder gebe ich es ihr sogar? Ich weiß es nicht mehr. Dann frage ich noch nach der Nachgeburt. Das richtet sich an eine ›offizielle‹ Person, die plötzlich anwesend ist. Sind wir in einem Krankenhaus? Niemand hat etwas von einer Nachgeburt gesehen. Ich sage, daß man darauf achten soll, denn sie muß auch noch herauskommen und dann weggetan werden. Ich bemerke, daß es inzwischen ganz hell geworden ist. –

Ich sehe mich auf dem Weg nach Hause. Ein Stück weit ist er identisch mit meinem alten Schulweg in W. Es ist dunkel, regnerisch, richtiges Nieselwetter, November wohl, jedenfalls ebenso düster und trist. Gartenstadt, die U-Bahn-Haltestelle; hier mußten wir immer umsteigen. Dort in der Nähe muß ein Kino sein, und im Bahnhof hingen immer Reklamen der Filme. Habe ich da nicht irgend etwas zu erledigen?

Doch dann irgendwann bin ich zu Hause. Und ich soll wohl auch ein Kind bekommen. Oder soll es doch jemand anders bekommen? Hoffentlich geht alles gut. Es ist im folgenden dann sehr seltsam: Ich bin anscheinend mehrfach da, als Gebärende und als Helferin bei der Geburt. Und dann kommt eine Masse von Schleim und anderem undurchsichtigen ›Material‹ aus der Liegenden und bildet eine Art Pfütze auf der Unterlage. Ganz vorsichtig taste ich in dieser Pfütze herum. Ja, da ist ein Körper darin verborgen, sehr zerbrechlich, besonders um die Leibesmitte. Vorsichtig versuche ich, ihn herauszuheben, damit die Wirbelsäule nicht bricht. Übergroßer Kopf mit seltsam spitzen, hochgestellten Ohren, wie bei einem Tier – denke ich. Ich muß das Wesen waschen. Es ist überall klebrig. Man erkennt seine Formen noch gar nicht so recht. Aber nicht mit kaltem Wasser, das könnte einen Schock geben. Irgendeine vertraute Person ist plötzlich anwesend. Mein Mann oder meine Mutter? Und ich sage: ›Dreh doch mal, bitte, das warme Wasser an.‹ Aber während ich das sage, habe ich selbst schon mit der linken Hand den Wasserhahn aufgedreht, während ich mit der rechten Hand vorsichtig das Kleine halte; es ist so zerbrechlich und so winzig. Dann wasche ich es vorsichtig mit meiner bloßen, linken Hand, nur mit dem klaren, warmen Wasser. Und da schreit es auf einmal. Ach ja, denke ich, die Babys sollen ja nach der Geburt schreien, darum bekommen sie ja einen Klaps auf den Po. Das haben wir ganz vergessen. Und Ankes Baby hat nicht geschrieen! Es wird doch trotzdem alles in Ordnung sein? Dieses hat jetzt sicher nur geschrieen wegen des Wassers. Aber Ankes war ja so sauber und adrett; das brauchte ja gar nicht gewaschen zu werden. Es wird schon alles in Ordnung sein. Und während ich dieses hier wasche, nimmt sein Gesicht für Augenblicke ganz deutlich meine Züge als Kind an.

Dann bin ich wieder unterwegs in W., in der Nähe des Kinos. Woher ich komme, weiß ich nicht, noch, was ich dort will. Ich denke nur immer in all der Dunkelheit und Kühle: Hoffentlich geht es dem Kind gut; es wird ihm doch nichts passieren, wenn ich so lange nicht bei ihm bin? Es war gar so winzig und eigentlich mickrig; es wird doch weiterleben …?« (Wörtlicher Bericht der Träumerin)

Es ist mir als Mann nicht möglich, die zarte Sensibilität dieses ausgesprochen weiblichen Traums in einem Kommentar zu erfassen. Aber ich glaube, den zentralen Traumgedanken aufgespürt zu haben.

Der Traum ist »weiblich«, weil er zweimal, in zwei aufeinanderfolgenden Szenen, den Geburtsvorgang und den Empfang des Neugeborenen außerordentlich einfühlsam und differenziert schildert. Was aber hier in einer »genitalen Symbolik« erzählt wird, ist etwas, das die weibliche Genitalität überschreitet, ja, mit der Kindheit der Träumerin verschmilzt. Die zweite Szene beginnt: »Ein Stück weit ist der Weg identisch mit meinem Schulweg.« Die Träumerin befindet sich sowohl nach der ersten wie nach der zweiten Geburtsszene in einem Land ihrer Kindheit, in ihrer alten Heimat. Das weist darauf hin, daß das Hauptereignis des Traums, die zweimalige Geburt eines Kindes, die ganze Lebensgeschichte umfaßt. Es geht um die Geburt eines Kindes, das nicht nur aus der Gegenwart, sondern auch aus der fernen Vergangenheit stammt – und also, so darf ich deuten, das Selbst der Träumerin ist. Das Schwergewicht des Traums liegt auf der subjektstufigen Deutung.

Zwischen der ersten und der zweiten Geburt besteht ein Gegensatz: Das Kind von Anke – der erwachsenen Tochter der Träumerin – ist gesund, »hübsch«, »adrett« und »gleitet mühelos aus der Scheide«. Das andere Kind, das der Träumerin selbst, scheint zunächst eine Mißgestalt zu sein: »übergroßer Kopf mit seltsam spitzen, hochgestellten Ohren, wie bei einem Tier«.

Warum sind die beiden Kinder so verschieden? Wenn man deutet, daß die erste Geburt auf der Objektstufe, die zweite auf der Subjektstufe stattfindet, kann man aus diesem Unterschied schließen, daß sich die Träumerin im Vergleich mit ihrer eigenen Tochter entwertet. Deutet man aber den *gesamten* Traum auf der Subjektstufe, so kann man denken, daß die Träumerin sich selber eher in ihrer eigenen – fragwürdigen – Kreatürlichkeit als in ihrem Ich-Ideal wiederfindet: Das erste, das vollkommene Kind ist nicht *ihr* Kind, wohl aber das andere, das zweite, mißgestaltete.

Dieser Gegensatz, der eines der Hauptmerkmale des Traums ist, steht selbst in einem eigentümlichen Gegensatz zu der Befindlichkeit der Träumerin nach der ersten und nach der zweiten Geburtsszene. Nach der Geburt des »idealen« Kindes ist es »inzwischen hell geworden«. Doch während der gesamten zweiten Traumszene ist es »dunkel, regnerisch« und später »düster und trist«. Das Wetter zeigt also die gleiche Gegensätzlichkeit wie die Befindlichkeit der Träumerin, reicht aber nicht, um den gesamten Traum hoffnungslos erscheinen zu lassen; denn wenig ist von dieser Tristesse und Dunkelheit zu spüren in der starken mütterlichen Fürsorge, die wie eine tröstliche Melodie alles andere übertönt.

Was bedeutet weiterhin der Gegensatz zwischen dem dunklen Wetter in W. und der festlichen Stimmung nach der Geburt des Anke-Kindes? Ich meine, er weist darauf hin, daß das Ich-Ideal allein – selbst wenn es integriert ist, wie in diesem Augenblick des Traums, wo die Träumerin das neugeborene Kind richtig empfängt – nicht genügt, die Depression grundsätzlich aufzuhellen oder gar zu überwinden. Schauen wir uns darum an, was in der zweiten Traumszene geschieht: Es geschieht nämlich etwas schier Unglaubliches! In der liebevollen Fürsorge, die die Mutter dem kleinen »Monstrum« angedeihen läßt, verwandelt dieses sich, und es »nimmt sein Gesicht für Augenblicke ganz deutlich meine Züge als Kind an«. Also wird das arme, zerbrechliche, mißgestaltete Selbst, »dessen Formen man noch gar nicht erkennt«, in der mütterlich-kreatürlichen Zuwendung zu einem menschlichen Kind. Es gewinnt seine wahre, liebenswerte Gestalt, umhüllt von der nachklingenden Sorge der Mutter – »Hoffentlich geht es dem Kind gut; es wird ihm doch nichts passieren, wenn ich so lange nicht bei ihm bin?« Das können auch die immer noch düsteren Wetterverhältnisse nicht zerstören. Und meine Assoziation zum Traum geht noch einen Schritt weiter: Dieses menschgewordene Kind braucht noch die Nähe seiner Mutter; wer weiß, es könnte doch regredieren, sich verlieren, ja, absterben, wenn die vertrauende Liebe des Ich zum eigenen Selbst wanken würde.

Noch ein weiterer Unterschied zwischen beiden Kindern scheint mir interessant: Das Anke-Kind ist schön, wie eben jedes Ich-Ideal schön und vollkommen ist; aber erst das eigene, kreatürliche Kind ist wirklich vital und kann – gesund – schreien.

Ich möchte mit einem Schlußsatz dieses Kapitel beenden: Kreatürlichkeit und Ich-Idealität sind die beiden Pole unseres leiblich-geistigen Daseins, um deren Integration wir – ein Leben lang – ringen. Der Traum betont beide Pole und erscheint im glücklichen Fall als ein Schrittmacher auf dem Weg zu solcher Integration.

11. Erstarrung versus Gefühlswärme

Schon im Mythos, der ein »Kollektivtraum« ist, zeigt sich dieses Gegensatzpaar. Ich wähle ein Beispiel, das mir auf einer Ägyptenreise beim Besuch eines Grabes im Tal der Könige begegnete und unvergeßlich geblieben ist: Dort sieht man auf einer Wand, wie Anophis, die böse Weltschlange, das heilige Wasser des Nils aufsaugt, um die Sonnenbarke, in der die Seele des Verstorbenen in die Ewigkeit fährt, trockenzulegen. Dürre also und Erstarrung der Bewegung, Lähmung! Aber die Barke hat offenbar eine Seele, wie sie eben Gegenstände in den Mythen und Märchen haben können. Sie verwandelt sich in eine Schlange und kann so in dem ausgetrockneten Flußbett kriechen, sich dort fortbewegen und die Seele in die Ewigkeit bringen.

Diese Erzählung hat mich so tief beeindruckt, weil sie das Wesen des Gegensatzpaares in archetypischer Weise darstellt: Schlange und Barke sind Gegensätze; aber die zweite verwandelt sich in die erste, um sie dadurch zu überwinden. Die Gefahr wird bestanden durch die Annahme der Gestalt des Gefährlichen. Nun möchte ich – nach diesem Ausblick auf das Grundsätzliche – zur Psychotherapie im engeren Sinne zurückkehren; denn es ist hier von den inhaltlich-symbolischen Gegensatzpaaren die Rede, die sich in bestimmten Traumkontexten ereignen. Einige Träume möchte ich in diesem Kapitel berichten, in denen das Bild der Dürre, die das Leben erstarren zu lassen droht, sich aufgrund der intrapsychischen Dynamik umkehrt und das Gegenteil – Lebendigkeit, Gefühlswärme – aus ihrem Schoß hervorgehen läßt. Und dies kann geschehen sowohl bei einem »großen«, uns fast archetypisch anmutenden Traum als auch bei einem eher unscheinbaren Traum, wo die Gefühlswärme lediglich durch die Wärme des Urins symbolisiert wird. Unbeeindruckt von dem Größenanspruch des Traumbildes möchte ich hier die gleichwertigen Stimmen des Unbewußten sprechen lassen und auf sie horchen.

Der erste Traum, den ich hier wiedergebe, wurde einige Monate nach Therapiebeginn von einer depressiven Patientin geträumt:

»Ich bin mit jemandem in einem dunklen Wald … Der Wald ist sehr dunkel. Alles ist braun: der Boden, das Unterholz, die Äste, die ganz dicht sind, eine Art Dickicht oder Gestrüpp. Von Blättern sehe ich nichts; es ist keinerlei Grün oder Licht in dem Bild. Der Boden ist etwas hügeliguneben, Baumwurzeln heben sich hervor. Im ganzen eher ein finsterer Eindruck; aber durch das

Braun auch erdig-anheimelnd, warm-bergend. Ich fühle mich nicht wirklich unwohl oder hoffnungslos. Ich weiß zwar nicht, was ich in diesem Wald soll. Ich muß ihn wohl einfach durchqueren, vielleicht muß ich auch etwas suchen, denn ich prüfe die Umgebung sehr genau. Und dann muß da wohl jemand sein, der behauptet, das sei ein öder, leerer, ausgestorbener Wald, in dem es nichts gäbe. Und ich habe das Gefühl, daß das nicht stimme, da sei etwas, da seien Blumen. Und schon erspähe ich welche, wirklich ganz verborgen wachsend, aber leuchtend in der Dunkelheit. Und ich sage es demjenigen, der nun auch neben mir ist: Das sind doch Blumen, immer mehrere der gleichen Farbe auf einmal. Und wir sehen an einem entfernten Erdhaufen viele weiße, lilienförmige Blumen und dann später kleine, gelbe Sterne und dann irgendwo dunkelrotviolette Blumen. Sie leuchten aus der Bräune des dunklen Waldes in ihren intensiven Farben, so, als bestünden sie nur aus Blütenkelchen. Blatt und Grün ist nirgends zu sehen. Wir sind dabei langsam durch den Wald gegangen, wohl auf einem vorgeschriebenen Weg, denn ich gehe nicht zu den Blumen hin, verweise nur aus der Entfernung auf sie.

Dann sind wir aus dem Wald heraus. Mein Begleiter geht in ein Haus oder Hotel, das heißt: er biegt nach rechts oben dahin ab. Ich sage, ich möchte erst einmal auf eine Toilette gehen, wir könnten uns ja später wieder treffen, und gehe links unten weiter. Ich habe irgendwie das Bedürfnis, meinen Darm zu entleeren; aber das gelingt nicht. Und von diesen körperlichen Beschwerden bin ich wohl aufgewacht.« (Wörtlicher Bericht der Träumerin)

Der dunkle Wald, das dürre Gestrüpp, der unebene Boden meinen die menschliche Existenz. Die vielen Stunden, in denen kein Licht erscheinen wollte, da der Schritt unsicher oder langsam wurde, da man nicht wußte, weshalb dieses Leben, wozu dieser Weg, ohne erkennbares Ziel und ohne sichtbaren Horizont, – das alles kann der Traum in einem einzigen Bild zusammenfassen, mit jener Weitsicht und Kraft, die nur dem Unbewußten möglich sind.

Freilich gibt es entlang dieser Vorstellung Träume, in denen die Dürre eine noch desolatere und tristere Qualität bekommt, so daß der Gegenpol nur noch von außen, vielleicht nur noch durch die therapeutische »Aussicht« ergänzt werden kann. In diesem Traum aber befinden wir uns in einem Wald, wo das Dürre, Aussichtslose sich aufs äußerste steigert durch die polare Spannung auf eine verborgene Aussicht hin, wie sie uns im schönen Bild ALTDORFERS, in seinem »Drachenkampf« beglückt: Dort schlingt sich Baum an Baum, Grün wölbt sich über Grün, eine Dunkelheit überschattet die andere; aber aus der Höhe fällt Licht ein, trotz der Finsternis. Die Wirkung ist dort so, als erlebten wir eine Lichtgeburt in der Finsternis. Es gibt keine Dämmerung, kein Zwielicht, kein Hell-Dunkel, sondern nur grüne Finsternis und grünes Licht! Die Blätter sind gleichsam strahlend geworden, und so funkelt nun der ganze Wald. Alles Licht aber sammelt sich im tiefsten Grunde, ganz unten in der Mitte des Bildes und umspielt das edle, leuchtende Tier – das Tier, das den Heiligen trägt, den Drachenkämpfer, den Überwinder der Finsternis.

Warum erwähne ich diesen meinen Einfall, der über das hinausgeht, was der Traum meiner Patientin ausdrückt? Weil man Träume, wie JUNG sagt, »amplifizieren« darf. Und man kann sie angemessen amplifizieren, wenn man sie liebt. Sehr viel verhaltener als das Bild ALTDORFERS ist die Aussage dieses Traums. Wie lebendig aber! Diese Lebendigkeit beginnt schon mit dem Widerspruch gegen die Stimme, die behauptet, da sei doch nur ein »öder, leerer, ausgestorbener Wald« – die Stimme der Depression. Nein, da sind doch Blumen! Diese Blumenerscheinung – zunächst unvorhergesehen und einfarbig, dann immer überraschender und vielfarbiger – ist nicht so überwältigend wie die Geburt des Lichtes bei ALTDORFER; dafür aber nuancierter, wie eine zarte Hoffnung in der Melancholie. Die Träumerin sagt uns, daß sie nicht zu den Blumen hingeht, auf sie nur aus der Entfernung verweist. Ein dunkler Ton bleibt und umschließt den Traum, der mit »Darmbeschwerden« endet. Das Unbewußte will nichts verklären, ja, nimmt das Positive eher wieder zurück. Aber gerade die Flüchtigkeit der Erscheinung gibt dem Augenblick einen Hauch des Zeit- und Raumlosen, einen Ton, der weiterklingt, auch wenn wir bald »aus dem Wald heraus« sind, auch wenn man das simple alltägliche Bedürfnis nicht befriedigen kann.

Ein anderes eindrucksvolles Beispiel ist folgender Traum, wo der Pol der Dürre und Erstarrung durch die Landschaft dargestellt wird, während der Gegensatz der Gefühlswärme, die gleichzeitig farbige Lebendigkeit ist, durch die einfachste, körperliche Sprache (Urin) ausgedrückt wird.

»Es ist nur die Schlußszene eines recht langen Traums, in dem ich umherirre und verschiedenen Menschen begegne und wohl etwas oder einen Platz suche – zur Ruhe oder so. Schließlich weist mich jemand auf einen trockenen Platz hin, wie Waldboden, kahl und wohl mit Tannennadeln und kleinen Zweigen. Ich lege mich auf den Rücken. Aber plötzlich ist alles ganz anders. Ich bin von allen Seiten von tiefem Schnee umgeben, und vor mir in ziemlicher Entfernung ist ein großes Fenster, mit weißen Gardinen, sehr schön aufgesteckt. Doch das Fenster sehe ich noch gar nicht gleich. Erst einmal habe ich das unüberwindliche Bedürfnis, so im Liegen meine Blase zu entleeren, und in einem großen Bogen schießt ein Strahl Urin aus mir heraus. Er glänzt im hellen Licht gelb, rosa und hellblau und erreicht in weitem Bogen das Fenster. Da halte ich mich etwas zurück, denn ich will den Menschen, denen es gehört, doch nicht die schönen Gardinen verderben. Wo aber der Strahl in den Schnee fällt, schmilzt dieser und gräbt tiefe Furchen in ihn ein. Es ist ein sehr seltsames, fast faszinierendes Schauspiel.« (Wörtlicher Bericht der Träumerin)

Die erste Traumszene faßt, wie ein Gemälde, mit ein paar kräftigen Strichen die Verlorenheit vieler depressiver Stunden, die Einsamkeit der inneren Welt zusammen, in der man auf einer unbestimmten Suche umherirrt. Die vielen Menschen, die man trifft, haben kein Gesicht; man ist trostlos allein; man findet nicht von sich aus einen Ort; der »trockene« Ruheplatz wird einem zugewiesen. Beim Wiederlesen dieses ersten Traumteils kam mir das Bild »Melancholie« von DE CHIRICO in den Sinn, auf dem eine liegende Frau, der man die Müdigkeit des langen Umherirrens ansieht, nun auf einem menschenleeren Platz nachsinnend ruht, zwischen fremden, einförmigen, kalten Kulissen – ein trostloses Gegenbild zu der doch mathematisch-harmonischen, wirklich in sich versunkenen und ruhenden »Melancholie« ALBRECHT DÜRERS.

Ich war dann dem Unbewußten meiner Patientin sozusagen dankbar, daß es in der zweiten Traumszene ein vitales Gegenbild entwerfen wollte und konnte, das keiner positivierenden Phantasie irgendeines Therapeuten eingefallen wäre in seiner fast drastischen Gestalt, immer gesehen auf dem Hintergrund jener früheren Kälte, die erst »Dürre« und dann »Schnee« hieß. Das drastische Gegenbild ist einfach ein Urinstrahl!

Der Urinstrahl, der die schönen Gardinen der fremden Mitmenschen verderben könnte, ist zunächst einmal eine gute und gesunde Provokation jener puritanischen Welt der Selbstkontrolle, die nicht selten eine Dimension der angepaßten, depressiven Resignation ist. Er entspringt ferner einer warmen Triebregung; denn wo der Strahl in den Schnee fällt, »schmilzt dieser«. Man beachte auch die Form des Urinstrahls: Er »schießt in einem großen Bogen« aus der Träumerin heraus und »erreicht in weitem Bogen das Fenster«. Seit FREUD kennen wir die phallische Bedeutung des großen Urinbogens, durch den der kleine Bube sich seiner Männlichkeit stolz bewußt wird.

Ich möchte in diesem Symbol zwei Dinge sehen: Einmal den »männlichen Protest« (ADLER) der intellektuell so begabten Träumerin, deren Dasein eine Anpassung an den Mann sein mußte; zugleich aber auch ein Symbol ihres männlich-selbständigen Denkens, das allzuwenig in ihrem sozialen Dasein Gestalt gewinnen konnte – und hier – »kompensatorisch«, wie JUNG sagen würde – die Kreatürlichkeit der Liegenden betont. Aber diese männliche Stärke ist nur die eine Seite des Symbols. Der Urinstrahl ist auch weiblich, weil er schön ist, »er glänzt im hellen Licht gelb, rosa und blau«, er verbindet wie ein Regenbogen Kreatürlichkeit – »das unüberwindliche Bedürfnis, so im Liegen meine Blase zu entleeren« – und Geist – »es ist ein sehr seltsames, fast faszinierendes Schauspiel«.

Ja, solche »antidepressiven« Bilder sind sehr selten, an der Fülle der Träume dieser Patientin gemessen. Aber man staunt zutiefst, wenn man, im seltenen Augenblick, anhand eines ganz einfachen, unvorhergesehenen Bildes die vitale Zeitlosigkeit – oder die zeitlose Vitalität – erkennt, die, trotz der mühsamen lebensgeschichtlichen Gestaltwerdung dieser Frau, tief im Verborgenen ruht und nur allzu selten durch das Unbewußte im Traum »leben« darf.

Im folgenden Traum wird das gleiche Thema mit einer ganz anderen Symbolik abgehandelt. Es ist der Traum einer jungen Analysandin:

»Ich bin mit einer Gruppe von Leuten in der Wüste. Außer einer einzigen, sprechen alle anderen Frauen verschiedene Sprachen und kommen aus fremden Ländern. Die Männer sprechen deutsch. Unter ihnen ist auch Herr X. Für einen Moment geniere ich mich und frage mich, was er wohl denkt, daß ich auch hier dabei bin. Die Unterkunft befindet sich in einer Art Kloster. Arabische Männer erklären uns, daß wir hier seien, um in der Wüste Edelsteine zu suchen. Sie führen uns an eine von der Sonne beschienene Stelle, wo die Steine auf dem Wüstensand liegen. Sie erklären uns, daß dies Rubine, Smaragde und Diamanten seien. Die Steine, welche wir suchen sollen, lägen jedoch unter dem Sand verborgen, und es würde eine Lehrzeit von 7 Monaten brauchen, bis wir in der Lage seien, sie zu finden. Während dieser Zeit gebe es keine Zerstreuung, da wir ja sowieso weit weg von anderen Menschen seien, man könne nicht nach Hause, und vor allem dürfe ich auch keine Bücher lesen. Daß ich nicht lesen darf, macht mich sehr traurig, und ich frage mich, ob ich das schaffen kann. Ich will aber dort bleiben und lasse mir mein Zimmer zeigen. Hier treffe ich auch Frauen, die schon länger da sind, und spreche mit ihnen. Die Unterkunft sieht ein wenig wie eine Baustelle aus, die Zimmer haben keine Möbel, aber es gibt Duschen.« (Wörtlicher Bericht der Träumerin)

Was man zu der »Physiognomie« dieses Traums sagen kann, unabhängig vom Wissen um die Persönlichkeit der Träumerin, ist im Gegensatz von Dürre und Gefühlswärme, von Wüste und Edelstein, von klösterlicher Einsamkeit und lebendigem Gespräch enthalten; wobei die Gegensatzspannung noch dynamischer wird durch die Einsicht, daß die Wandlung eine strenge, mehrmonatige Lehrzeit, einen herben Verzicht und eine Leistung verlangt.

Die Aussage des Traums vertieft sich, wenn man ihn darüber hinaus analytisch versteht: Ein Problem der Patientin lag darin, daß sie infolge einer innigen, zum Teil auch unbewußten Beziehung zum eigenen Vater zu einer inneren Abhängigkeit von vaterähnlichen, männlichen Figuren neigte, für die Herr X. hier im Traum ein Beispiel ist. Der Mann schlechthin erscheint in diesem Traum in der Doppelgestalt der akademischen Autorität (Herr X.) und des fremdländischen Mannes, des Arabers, des Mannes, der körperliche, erotische Gefühle vermitteln kann, – wie sich aus den Assoziationen der Träumerin und des Therapeuten ergab. Im Moment der Faszination entsteht im Unbewußten eine Erwartung, die wie eine Fata Morgana in der Wüste ist. Aber die Wüste ist dürr. Die Steine auf dem Wüstensand sollen zwar Rubine, Smaragde und Diamanten sein – aber sind sie es wirklich? Und sind sie je zu finden? Und was heißt es, daß die Patientin auf der Suche nach solchen Edelsteinen keine Bücher lesen darf, – sie, die ihren intellektuellen Beruf so hoch schätzt und die soviel Energie in ihre Prüfungen investiert? Sie wird traurig; die Unterkunft sieht wie eine Baustelle aus, nur reinigende Duschen fehlen nicht. Ist die Einsamkeit die späte Folge der Faszination, liegt eine Gefahr in der Wüste? Das ist sicher *eine* Seite des Traumgedankens. Aber die Patientin assoziiert mit dem Kloster Halt und bringt dieses Erleben mit der analytischen Situation in Zusammenhang: Die Analyse bedeutet Selbstdisziplin, Strenge, Verzichtfähigkeit – keine Möbel, keine Bücher. Sie meint, mit Recht, daß echtes analytisches Erleben ein Sichausliefern an das Unbewußte ist, um das Verborgene zu entdecken. Dieses Verborgene ist durch die Edelsteine symbolisiert, die die tieferen Einsichten und Erkenntnisse konkretisieren, die unter dem Sand begraben und nicht ohne weiteres zugänglich sind, sondern erst nach einer strengen Lehrzeit auffindbar. Sie sind um so kostbarer, als sie im Gegensatz zu dem bereits öfters angezweifelten Ich-Bild der Patientin stehen. Und die sieben Monate der Klosterzeit erinnern an die sieben Tage der Schöpfung. So verwandelt sich das Kloster in eine Baustelle, während die arabischen Männer im assoziativen Denken zu Symbolen einer alten Kultur werden. Das eine Deutungsbild ist durch das andere umgekehrt worden.

Für die Umkehrung, die vor allem mit dem Übertragungsgeschehen der Therapie zu tun hat, spricht in meiner Sicht auch folgender Traum derselben Analysandin:

»Meine Familie ist in den Bergen. Es liegt Schnee. Mein Vater und mein Onkel sind ziemlich weit entfernt; es liegt ein Hang zwischen uns. Mein Vater hat einen Stein gefunden und will ihn mir zeigen. Er ruft, ich solle doch schnell herkommen, es sei ja nicht weit. Ich lache und sage zu meiner Mutter, daß sei typisch – es sei doch sehr weit und auf der anderen Seite ginge es auch ziemlich steil nach oben. Dann kommt ein roter Helikopter, und mein Vater will einsteigen, um einen Rundflug zu machen. Er geht ganz nah an einen sehr steilen Abgrund, und ich habe sehr große Angst, da auch der Helikopter viel Wind macht. Mein Vater steigt dann in den Helikopter. Jetzt sehe ich alles von außen und weiß doch, daß ich es bin. Und zwar sehe ich ein kleines Mädchen (ca. 7–8 Jahre), das in einer Schlucht herumläuft. Sie ist abgestürzt und läuft im Schnee umher. Sie sieht von oben winzig aus und winkt mit den Armen, ruft um Hilfe. Im Helikopter, bei meinem Vater sitzt ein anderes Mädchen, ihre Schwester, und sie suchen sie. Sie sehen sie aber erst, als der Helikopter ganz tief unten ist und das kleine Mädchen ihr Gesicht an die Scheibe preßt, hinter der ihre Schwester sitzt. Erst in diesem Moment sieht das verlorene Mädchen eine Holzhütte, in der Licht brennt. Dort wohnt eine sehr alte Frau. Das Kind scheint sie zu kennen. Die Frau ist sehr freundlich und erzählt, daß jetzt gerade in ihrer Hütte eine Bärin am Gebären ist und sie ihr hilft.« (Wörtlicher Bericht der Träumerin)

Der Traum-Vater ist in meiner Auslegung sowohl der Vertreter aller vaterähnlichen Männer, von denen sich die junge Frau abhängig gefühlt hat, als auch der Analytiker. Die Abhängigkeit ist im Traum nicht ungefährlich: Der Vater geht nah an einen sehr steilen Abgrund; der Helikopter macht viel Wind; die Träumerin bekommt Angst; sie sieht sich auch im Bild des kleinen Mädchens, das in einer Schlucht abgestürzt ist. Gleichzeitig ist sie oben im Helikopter bei ihrem Vater. In diesem Moment findet aber eine merkwürdige Verdoppelung statt, die zugleich die doppelte Botschaft des Traums ausdrückt: »Bei meinem Vater sitzt ein anderes Mädchen, ihre Schwester, und sie suchen sie.« Die Schwester ist die »gesunde« Seite der Träumerin. Diese sucht ihre Patientenseite – das hilflose, kleine Mädchen in der Schlucht – in der Analyse, wo sie bei ihrem vaterähnlichen Analytiker ist. Der »Traumeinfall«, daß sie das abgestürzte Kind erst dann sehen kann, als der Helikopter ganz tief unten ist und »das kleine Mädchen ihr Gesicht an die Scheibe preßt, hinter der ihre Schwester sitzt«, bedeutet in meiner Auslegung, daß die eigentliche, rettende Sicht die kognitive »Durchsicht«, die Transparenz und die Blickintensität ist, die in der Analyse möglich werden und die durch das Symbol des an die Scheibe gepreßten Gesichts ausgedrückt werden.

Die Situation der väterlichen Nähe, die im Unbewußten auch einen gefährlichen Aspekt hatte, wird im Spiegelbild der verstandenen Übertragung gerade zum Heilsaspekt, wie das Symbol des »verlorenen Mädchens« in der erleuchteten Holzhütte, mit der gebärenden Bärin zeigt. Die Dürre, die in der

Wiederholung einer sterilen Situation implizite enthalten ist, ist dann im Umkehrbild die Gefühlswärme.

Abschließend möchte ich noch einen Traum berichten, in dem, wie mir scheint, das Gegensatzpaar »Dürre versus Gefühlswärme« verdichtet ist zu einem einzigen Bild.

Vorausschicken muß ich allerdings einen anderen eindrücklichen Traum desselben depressiven Patienten, der dem zu besprechenden vorausging:

Der Mann wanderte in der Wüste; seine Kleider waren zerrissen; eine große Müdigkeit befiel ihn. Er war orientierungslos, wußte nicht mehr, in welche Richtung er weitergehen sollte, und so wandte er sich um, um das Land mit dem Blick zu erkunden, das hinter seinem Rücken lag. In diesem Augenblick wurde er, wie der biblische Lot, in eine Salzsäule verwandelt!

Im anschließenden Gespräch gestand mir der Patient, welch große Mühe ihm die analytische Exploration seiner Kindheit mache. So dürr die Gegenwart auch war, so bereitete sie ihm nicht annähernd solches Grauen, wie es der Rückblick auf die Vergangenheit auslöste. In der Erinnerung an sie fühlte er sich wie in eine leblose Statue verwandelt.

Ich erinnere mich nicht mehr daran, was ich ihm darauf sagte. Sicher habe ich mich tief in die Tragik dieses Mannes eingefühlt; denn der bald darauf folgende Traum (den ich oben angekündigt habe) wäre ohne unser Gespräch nicht möglich gewesen.

Der Patient träumte, daß er bereits gestorben sei und nun seiner Leiche, die noch auf dem Totenbett liegt, ins Gesicht schaue. Es schaudert ihn, das tote, dürre, von schmerzlichen Furchen durchzogene Gesicht anzublicken. Der Mann, der normalerweise in seiner tiefen Depression keinerlei Gefühle mehr spürte, begann nun, aus Mitleid mit sich selber zu weinen. Die plötzliche Gefühlswärme verwandelte die Traumszene dann ganz konkret: Es schien ihm, als ob seine Tränen auf die Leiche fielen und dieser eine letzte, entspannte Ruhe schenkten.

Ich denke, dieser Traum spricht für sich. Jedes deutende Wort würde seine Aussagekraft nur schmälern.

12. Auflehnung versus Versöhnung

Ich erinnere mich an einen neurotischen Patienten, der jahrelang sehr häufig unter Phobien und Zwängen litt. Er hatte in der Psychotherapie den familiären Ursprung seines Leidens erkannt, ohne daß sich jedoch aus dieser Einsicht eine nennenswerte Besserung seines Leidens ergeben hätte. Doch eines Tages brachte er folgenden Traum:

Er saß allein und still in seinem Studierzimmer; sein Blick fiel wie zufällig auf das Bild seines überaus strengen Vaters. Und plötzlich erlebte er das Vaterbild als den Inbegriff alles dessen, was er durch ihn während einer langen Kindheit und Jugend erlitten hatte. Eine maßlose Wut, die er früher an sich nie gekannt hatte, packte ihn. Er nahm das Bild von der Wand und warf es einfach aus dem Fenster. Welche Erleichterung! Aber er hatte sich getäuscht. Als er sich wieder auf seinen Stuhl setzte, hörte er einen Mann schweren Schrittes, keuchend und seufzend die Holztreppe zu seinem Zimmer heraufsteigen. Wie war er ins Haus gekommen? Wer hatte ihm die Tür geöffnet? Und vor allem: Wer war der Fremde? – Man erzählte sich, daß der kranke MAUPASSANT einmal, von einem Spaziergang zurückkehrend, auf seinem Stuhl jemanden sitzen und auf ihn warten sah, der er selber war. Das war jedoch kein Traum, sondern, als halluzinatorische Projektion, ein Symptom seiner beginnenden Hirnkrankheit. – Denselben Schrecken erlebte jedoch auch unser Patient, als er an dem Fremden im Traum seine eigenen Gesichtszüge erkannte. Der Fremde als Doppelgänger verkörperte ihn, den *Sohn* seines Vaters. Der Patient ließ sich erschöpft und ermattet auf seinen Stuhl zurückfallen. Der Fremde hatte ein Bild in der Hand, das er an seinen früheren Platz zurückhängte, eben *das* Bild, das der Patient aus dem Fenster geworfen hatte.

Als der Patient den Traum in der Psychotherapie berichtete, war er über diesen keineswegs glücklich. Er befand sich damals in einer Phase seiner inneren Entwicklung, in der er mit der Auflehnung gegen das »Bild« des Vaters durchaus identifiziert war; er hatte ja doch in der Psychotherapie allmählich realisiert, wie sehr er während seiner Kindheit und Adoleszenz darunter gelitten hatte, sich nie gegen seinen Vater auflehnen zu können, sich seiner Autorität bedingungslos unterwerfen zu müssen. Was bedeutete nun unter diesem Aspekt die zweite Szene des Traums für den Träumer? Warum hatte er das Bild des Vaters aufgelesen und wieder an den alten Platz gebracht. Bedeutete dies, daß seine Einsicht in die Notwendigkeit und Möglichkeit einer inneren Umgestaltung – der Vater war in der Realität bereits gestorben – nicht viel nützte, daß das Bedürfnis, von seinem Vater beschützt zu werden und sich dem Über-Ich unterzuordnen, am Ende die Übermacht behalten würde? Und war der Versuch, die Geste der Auflehnung zurückzunehmen, eventuell ein Widerstand gegen die eigene mutige Traum-Handlung?

Der Therapeut schwieg. Eine Widerstandsanalyse war hier, in einem Augenblick, da der Patient doch Einsicht in seine Fehlhaltung zeigte, nicht am Platz. Und auch der Therapeut mußte sich insgeheim fragen, ob die »Traum-Niederlage« seines Patienten ein Kleinbeigeben dem Vater gegenüber bedeutete und Ausdruck einer infantilen Prägung war, die vorläufig aller Einsicht trotzte.

Die weitere Entwicklung der Psychotherapie zeigte aber dann etwas anderes. Zum einen konnte der Patient durch seine eigene Individuation die Befreiung fortsetzen, die der Traum im konkreten Symbol des Hinauswerfens des Vaterbildes veranschaulicht hatte. Zum anderen konnte er im Zusammenhang mit dieser Befreiung die wertvollen Seiten seines Vaters nachträglich realisieren und sich aneignen. Der positive Vater, der hinter dem negativen allzulange verborgen gewesen war, wurde ihm nun allmählich bewußt. Er selber legte später diesen Traum als eine Vorausnahme der inzwischen Gegenwart gewordenen Zukunft aus und als Ausdruck seines Bedürfnisses, doch einen Platz in seiner Seele für das Bild des Vaters freizuhalten. Ja, der Vater durfte sogar an seinem alten Platz bleiben, allerdings war er nun nicht mehr der unterdrückende Vater, der ja zum Teil auch aus dem Bedürfnis des Patienten, sich zu unterwerfen, entstanden war.

Also bedeutete die letzte Szene das Traums Versöhnung mit dem Vater – eine Versöhnung, die ohne die vorherige radikale Auflehnung, ohne die »Blasphemie« der Zerstörung des Vaterbildes nicht möglich gewesen wäre. Eine solche Wandlung des Elternbildes in der Psychotherapie ist gar nicht so selten. Manchmal muß der Patient vom Elternbild sehr radikal Abschied nehmen. In anderen Fällen gibt es eine Versöhnung unter ganz anderen Lebensbedingungen, das heißt, im Rahmen einer neuen seelischen Freiheit. Der Grund aber, weshalb mir dieser Traum so interessant erscheint, liegt darin, daß das Gegensatzpaar erst ersichtlich wird, wenn man die Zukunft der Therapie in die Deutung des Traums mit einbezieht. Es ist, als wäre der eine Pol, die Auflehnung, ein Symbol des gegenwärtigen Geschehens; die Versöhnung aber, als der andere Pol, das zukünftige Geschehen, das durch das Unbewußte im Traumbild vorausgenommen wird. Es ist, als würde die Dimension der Zeit durch die Polarität des menschlichen Lebens, die sich hier im Traum kundtut, aufgehoben.

In einem anderen Fall ging es nicht um Auflehnung und Versöhnung mit einer einzelnen Person, sondern mit einem schweren Erlebnis, das man einem Menschen zugefügt hatte und das so erniedrigend und verletzend war, daß nicht nur Gedanken und Gefühle ohnmächtiger Wut und des Hasses aufkamen, sondern wohl auch der Wunsch nach Rache an dem Urheber dieses Erlebnisses. Die Frau, um die es hier geht, war oft hin und her gerissen von den widerstreitendsten Gefühlen. Sollte sie dieses Erlebnis annehmen als zu ihrem Schicksal gehörig, oder sollte sie versuchen, den Urheber zur Verantwortung zu ziehen und sich in irgendeiner Weise an ihm für sein Tun zu rächen? Diese widerstreitenden Gefühle quälten sie über Wochen hin, bis sie eines Nachts folgenden Traum hatte:

»Es ist ein dunkler, regnerischer Herbst- oder Winterabend. Ich möchte gern ins Kino gehen. Jemand fährt mich im Auto durch die Stadt, durch düstere Straßen, und ich halte Ausschau nach dem Kinoprogramm. Doch Plakate, die überall angeschlagen sind, zeigen, daß es nur Wildwest-Filme, Science-fiction-Filme und ähnliches gibt, das mich überhaupt nicht lockt. Schließlich kommen wir nach F. an unser altes Kino. Dort hängen ebenfalls zwei Plakate neben dem Eingang. Rechts ein lieblicher, blonder Mädchenkopf mit einer gotischen Spitzhaube, unter der sich ein paar Locken hervorringeln. Der Film heißt ›Kriemhild‹, und es ist ein alter Film. Er verlockt mich schon sehr. Ich beuge mich aus dem Autofenster, um zu sehen, wer die Hauptrolle spielt; aber ich kann den Namen nicht entziffern. Links hängt ein Plakat, auf dem eine Frau steht oder kniet, den Kopf zum Himmel erhoben. Der Film heißt: ›Denn mein Geschick …‹ – leider habe ich den Titel nicht ganz behalten –, und die Hauptrolle wird von Lilli Palmer gespielt, die ich schon lange nicht mehr gesehen habe. Dieser Film verlockt mich eigentlich auch sehr, ja, ich tendiere fast dahin, ihn mir lieber anzusehen als den Kriemhild-Film. Doch über der Unentschiedenheit wache ich auf.« (Wörtlicher Bericht der Träumerin)

Seltsamerweise ist *nach dem Erwachen* die Unentschiedenheit verflogen. Das linke Plakat hatte eine Ausstrahlung und der Titel, der ja erst nachträglich vergessen wurde, eine Bedeutungstiefe, die die Träumerin ein Gefühl der Sicherheit, der Richtung, die zu gehen war, und eine gewisse innere Ruhe fühlen ließen, – jedenfalls im Augenblick. Was war die Botschaft? Auf der einen Seite: Kriemhild! Wie endete ihr Leben? In Tod und Vernichtung alles dessen, was ihr einst, außer Siegfried, das Liebste war: ihrer gesamten Familie, ihres Volkes, ihres eigenen kleinen Sohnes, schließlich ihrer selbst, da Hildebrand sie erschlägt, nachdem sie Hagen, den letzten der Burgunden, vernichtet hatte – aus Rache für den Tod Siegfrieds. Das durfte, konnte nicht der Weg sein, sinnvoll und zufrieden zu leben und mit schweren Schicksalsschlägen fertig zu werden. Der andere Film (»Denn mein Geschick …«), die Einstimmung in eine höhere Fügung, das Geschick dem Himmel – oder wem auch immer an höherer Instanz – anzuvertrauen, versöhnt und demütig von ihm zu empfangen und auf sich zu nehmen – war jedenfalls eines Versuches wert. Die Richtung war aufgezeigt, der Weg aber schwierig und – wie sich herausstellen sollte – immer wieder von Rückschlägen bedroht.

Zum Schluß möchte ich den jüngst erfahrenen Traum einer Patientin berichten, deren Psychotherapie ich supervidiere, und der ebenfalls, wenn auch in einer völlig anderen Weise, zu unserem Thema »Auflehnung versus Versöhnung« gehört.

Es handelt sich um eine schwer depressive, suizidale Kranke, deren Verhalten in der Therapie in einer ständigen Auflehnung gegen jegliche Deutung, Hilfe und Positivierung besteht. Sie glaubt, fast so etwas wie eine Todesstimme zu hören, die ihr sagt: »Nun, ich werde bei dir bis an dein Lebensende sein; deswegen sollst du mir treu bleiben.« Diese Stimme will offensichtlich ihren Tod. Sehen wir uns nun den von der Patientin selber aufgeschriebenen, jüngsten Traum an:

»In einem weißgekachelten, kalten Raum, Milchabgabestelle einer Käserei, stehen verschiedene moderne Hilfsmittel zum Gebären (Leiter, Romarad, Wasserbecken). Das klassische Gebärbett fehlt. Die Frauen werden während des Gebärens diskret gefilmt. Es geht nicht um die Frauen, sondern um die verschiedenen Geräte, die ihnen dabei zur Verfügung stehen. Eine Frau hängt während der Austreibungsphase an einer Leiter. Sie ist ganz allein; keine Hebamme, kein Arzt stehen ihr bei. Aus diskreter Distanz wird sie gefilmt. Das Kind wird geboren; sie steht da, sie blutet. Endlich führt sie eine Hebamme zu einem Schragen; darauf liegt eine Hülle aus Kreppapier und gelber Plastikfolie. Die Hebamme fordert mich auf, in diese Hülle zu schlüpfen. Steif vor Kälte und Erschöpfung finde ich den Einstieg nicht. Die Hebamme hilft mir, hineinzuschlüpfen und versichert mir, ich werde mich darin wohl fühlen. *Ich glaube ihr nicht.* Meine Hände und Füße sind durch die gelbe Folie sichtbar. *Langsam weicht die Kälte aus meinem Körper und eine angenehme Wärme fange ich an zu spüren.*« (Wörtlicher Bericht der Träumerin; Hervorhebungen von G. B.)

Der hartnäckige, depressive Widerstand dieser Patientin erscheint angesichts der großen inneren Einsamkeit, in der sie sich befindet, verständlich. Obwohl sie in der Psychotherapie alles erdenkliche Bemühen ihres Arztes erfährt und obwohl ihre gegenwärtige Familiensituation nicht so ungünstig ist, »hängt sie ganz allein an der Leiter«, ohne daß sich jemand um sie kümmern würde; nur unpersönliche Geräte liegen herum, und sie wird beim Gebären lediglich gefilmt. Die Geburt gelingt – was mir ein positives Symbol zu sein scheint; aber sie blutet, verblutet fast. Endlich nimmt sie in dieser absoluten Notsituation die Anwesenheit einer Hebamme wahr, welche ein Übergangssubjekt sein könnte, gespeist sowohl aus Teilen des Therapeuten als auch einer Seite der Patientin, die die eigene Kreatürlichkeit annehmen könnte. Aber die leidende Patientenseite verweigert den Glauben. In diesem Traumbild wird sie sich ihres Widerstandes, ihrer Auflehnung gegen die Therapie bewußt. Und siehe! – gerade im gleichen Augenblick, durch dasselbe Traumbild muß sie erfahren, daß das Hilfsangebot echt ist und wirklich hilft, daß das scheinbar Unmögliche zu geschehen beginnt: Die Kälte weicht, und sie beginnt, eine »angenehme Wärme« zu spüren. Sie willigt in die Hilfe ein, und erst in diesem Augenblick kann die Hilfe auch wirken. Die Versöhnung mit der Hilfe – der Therapie – beginnt. Der Traum markiert einen Wendepunkt in dieser bisher so mühsamen Therapie.

Schlußwort

Ich möchte abschließend noch einmal kurz zusammenfassen: Die schöpferische Zweideutigkeit der Träume liegt in einer Erweiterung des Erlebnishorizonts durch Bilder, die – manifest oder latent – zwei Seiten, zwei Richtungen, zwei Bedeutungen haben. Während das wache, dialektische Denken immer zwischen Ja und Nein entscheiden muß – ansonsten unheilvolle Ambivalenzen und Unentschlossenheiten zutage treten –, eröffnet sich im Traum ein Bereich, in dem die Psyche ungestraft ihre ganze Komplexität oder Polarität erleben und verarbeiten kann.

Es gibt freilich nicht wenige Träume, die eine solche Polarität, solche Gegensatzpaare *nicht* erkennen lassen. Das führt mich zu zwei Überlegungen:

Zunächst soll ein jeder Autor sich vor der Gefahr hüten, das von ihm beobachtete Phänomen zu verallgemeinern. Ich hoffe, daß ich die Grenzen der Gültigkeit der von mir beobachteten Phänomene genügend deutlich ausgesprochen habe.

Außerdem habe ich nicht selten beobachtet, daß die – scheinbar – fehlende Alternative beim latenten Gegensatzpaar nur angedeutet ist; daß man diese erschließen, in einem Nebensatz finden, aus einer Assoziation sowie aus den »latenten Gedanken« im FREUDschen Sinne heraushören soll. Ich möchte meine Beobachtungen also nicht allzusehr verallgemeinern und die Träume und ihre Deutung nicht in die Zwangsjacke einer neuen Theorie stecken. Immerhin aber sind meine Beobachtungen von gewissen Gegensatzpaaren im Laufe der Jahre doch so zahlreich, daß ich einmal das Augenmerk darauf lenken wollte, indem ich ihnen eine ausführlichere Darstellung widme.

In diesem Zusammenhang möchte ich auch erwähnen, daß die FREUDsche These, das *alle* Träume einen latenten Gedanken enthalten, zwar überholt ist, sofern der latente Gedanke immer ein Triebwunsch sein soll, jedoch ihre Gültigkeit behält, sobald wir die Träume als Spiegel der menschlichen Konflikthaftigkeit auffassen und das Traumdenken als ein Denken in Gegensätzen begreifen, das dieser Konfliktstruktur der menschlichen Existenz besser entspricht als das einschichtige Denken des wachen Bewußtseins.

Die Doppelgesichtigkeit der Träume ist eine Erkenntnis, die ich erst nach einer fünfzigjährigen psychotherapeutischen Tätigkeit formuliere und die mir als mein wesentlicher Beitrag zur psychodynamischen Traumforschung erscheint. Sie wird dadurch bestätigt, daß sie nicht ganz neu ist; denn eine ähnliche Ansicht dämmert in einer uralten Traum-Quelle auf. In diesem Zusammenhang möchte ich auf ein Zitat von Herrn BAUER hinweisen, der in seinem Ascona-Vortrag über den Traum im alten China, in dem er auf die verschiedenen Reihen von Träumen zu sprechen kam, dann ausführte: »Bemerkenswert an beiden Reihen ist, daß sie paarweise angelegt sind und damit jeweils zwei, durchaus miteinander kombinierbare Gegenpositionen angeben, zwischen denen sich die jeweiligen Träume bewegen können. In der ersten Reihe sind das: Ruhe vs. Unruhe, Wunsch vs. Nüchternheit, Freude vs. Angst, in der zweiten: Unmittelbarkeit vs. Symbolik, Sublimation vs. Sehnsucht, direkte Auswirkungen des persönlich Erlebten vs. ihre paradoxe Umkehrung, innerliche Empfindungen vs. äußere Reize und Einflüsse von Krankheit vs. Einflüsse aus dem eigentlichen Wesen« (S. 194). Unbeeinflußt von der alten chinesischen Ansicht habe ich die Doppelgesichtigkeit der Träume erkannt und hier dargelegt. Nichts ist ganz neu in der Geschichte des menschlichen Geistes, und die Aufdeckung uralter Vorstufen bestätigt nur die spätere Stufe.

Die erste Ahnung von der Doppelgesichtigkeit der Träume überfiel mich vor fast dreißig Jahren. Ich erinnere mich an ein Seminar, in dem von einem schizophrenen Patienten die Rede war, der berichtet hatte, im Traum von einem »Feuerwind« erfaßt und vernichtet worden zu sein. Wir Teilnehmer waren alle sehr erschüttert und verstanden die schreckliche »Vision« des Kranken ausschließlich als Symbol seines Leidens. Immerhin fragte ich mich schon damals: Wie, wenn eine reale, nicht bloß medizinische Gefahr durch das Traumbild angekündigt wird? Ich konnte mir die Gefahr jedoch nicht konkret vorstellen. Der Traum war aber doch eine buchstäbliche Vorausnahme der Zukunft, war ein *Symboltraum mit späterem Realcharakter:* Dieser Kranke wurde später tatsächlich das Opfer einer Selbstverbrennung. Diese Episode hat mich zum ersten Mal an die Doppelgesichtigkeit der Träume denken lassen.

Aber auch außerhalb der Psychotherapie im engeren Sinne des Wortes scheint mir diese Einsicht wichtig. Sie läßt uns den Menschen tiefer verstehen, weil sie an die gegensätzliche Struktur seines Daseins anknüpft. Um dies zu betonen, schließe ich mit dem berühmten Traum des SOKRATES, bei dem sich zeigt, wie ein als Realtraum verstandener Traum auch und besonders einen symbolischen Charakter hat. Wir können bei PLATON nachlesen:

»Immer wieder in dem nun vergangenen Leben kam der gleiche Traum zu mir, bald in dieser, bald in jener Gestalt. Und jedes Mal sagte er dasselbe zu mir: ›Sokrates‹, sprach er, ›beschäftige dich mit allem Fleiße mit der musischen Kunst.‹ Früher sah ich darin eine Mahnung und eine Aufforderung zu etwas, was ich schon immer getan hatte; ... denn das Philosophieren sei doch die höchste Musenkunst, und damit hatte ich mich ja abgegeben. Als nun aber das Urteil gegen mich gefällt war und als das Fest des Gottes meinen Tod noch hinausschob, da hielt ich es für meine Pflicht, nicht ungehorsam zu sein, falls sich die steten Mahnungen des Traumes etwa auf diese gewöhnliche Art von musischer Kunst bezogen hätten, sondern danach zu handeln. So verfaßte ich denn zunächst das Gedicht auf den Gott, dessen Opferfest gerade stattfand, weil ich aber kein Mythenerfinder bin, nahm ich solche, die mir gerade zur Hand waren und die ich kannte, die des Aesop nämlich« (PLATON, S. 8).

SOKRATES hat schließlich, wie der Bericht zeigt, seinen Traum als *religiösen Realtraum* verstanden und dementsprechend versucht, konkret zu tun, was der Traum befahl, wie es in der Antike und auch noch im Mittelalter üblich war. Er handelte dem FRANZISKUS ähnlich, den ich oben bereits erwähnt habe, der Jahrhunderte später versuchte, die zerfallende Kirche S. Damiano in Assisi wieder aufzubauen, weil die Traumstimme befohlen hatte, die Kirche Christi wieder »aufzubauen«. Wem aber, der im heutigen Symbolverstehen geschult ist, fällt nicht der Gedanke ein, daß der letzte Traum SOKRATES in seinem Vorhaben bestätigte zu sterben. Dieser Traum ging dem realen Tod um Jahre voraus, um ihm zu sagen, daß dieser Tod seine höchste Kunst sein sollte!

Doppelgesichtigkeit vor mehr als zwei Jahrtausenden wie heute.

Elfriede Neubuhr

Begegnungen mit den eigenen Träumen

Vorbemerkung

Begegnungen mit den eigenen Träumen im Rahmen einer Psychotherapie sind fast immer auch Begegnungen mit dem Therapeuten, der sie deutet und von dem man allmählich lernt, in das meditierende Gespräch einzusteigen und den Deutungsvorgang zu einem gemeinsamen Anliegen werden zu lassen, in das sich beide Partner ehrlich, rückhaltlos und gleichberechtigt einbringen.

Vielleicht ist es vermessen, wenn ein Laie in einem wissenschaftlichen Buch das Wort ergreifen darf und davon auch Gebrauch macht. Da dieses Buch aber nicht nur für Fachleute gedacht ist, sondern für ein breiteres Publikum, mögen für diesen oder jenen Leser auch Erfahrungen und Überlegungen des Träumenden bedenkenswert und anregend sein. Ich werde also mit aller gebotenen Bescheidenheit und Vorsicht versuchen, einige wesentliche Begegnungen mit meinen eigenen Träumen darzustellen, wobei es mir darauf ankommt, innere Erfahrensmuster zu umreißen. Sie sind nicht allein durch den Traum selbst – so will mir scheinen –, sondern vor allem durch das Deutungsgespräch ausgelöst. Dennoch möchte ich dem Leser die Träume nicht vorenthalten, die Gegenstand des Gesprächs waren, die somit indirekt die entscheidenden Erfahrungen ausgelöst haben, während aus dem Deutungsgespräch nur die Grundgedanken und Kernsätze wiedergegeben werden. Ich habe dabei die Hoffnung, daß mein Erleben, meine Gefühle und Einsichten vielleicht doch nicht *so* subjektiv und individuell sind, daß sie sich nicht auch mit den Therapie-Erfahrungen anderer in ähnlicher Situation vergleichen ließen.

Im Hintergrund steht bei meinem Versuch als wesentliches Anliegen die für alle Patienten wichtige Frage: Wann ist eine Traumdeutung »richtig« und »wahr«? Vielleicht kann ich – jedenfalls andeutungsweise – eine Antwort darauf geben.

Doch vorher einige Anmerkungen zu meiner biographischen Situation: Nach der Geburt unseres zweiten Kindes – ich war bereits 39 Jahre alt – versackte ich immer mehr in einem seelischen Tief. Nach einem Jahr der ambulanten medikamentösen Behandlung riet man mir schließlich zu einer Psychoanalyse aufgrund der Diagnose: depressive Verstimmung, depressives Syndrom. Nach einigen Monaten des Suchens fand ich an unserem Wohnort einen Psychiater, der die Analyse durchzuführen bereit war. Es gab damals, Ende der siebziger Jahre, noch nicht allzu viele Möglichkeiten dieser Art. Nach einunddreiviertel Jahren scheiterte die Therapie an der Unvereinbarkeit der Charaktere und Lebensansichten der beiden Therapie-Partner. Ich hoffte danach, allein mit meinen seelischen Schwierigkeiten fertig werden zu können. Das gelang mir aber leider auf die Dauer nicht. Und so versuchte ich es abermals mit einer Psychotherapie, die unglücklicherweise nur neun Monate dauerte, weil der Therapeut ganz plötzlich verstarb. Immerhin war ich so weit gefestigt, daß ich jahrelang ohne ständige ärztliche Hilfe leben und meine Familie versorgen, dazu noch ehrenamtliche Tätigkeiten in Schule und Gemeinde übernehmen konnte. Dennoch wünschte ich ab und an Hilfe, Klärung in Krisensituationen, mehr Selbsterkenntnis und innere Stabilität. Bücher allein brachten das nicht. Und so war ich froh und griff zu, als sich mir die Möglichkeit bot, weit entfernt von unserem Wohnort alle paar Wochen ein therapeutisches Gespräch haben zu können. Inzwischen geht es mir so gut, daß ich völlig medikamentenfrei leben kann und die Symptome auch weitgehend verschwunden sind.

Und damit möchte ich zum Thema meines Beitrags zurückkehren. An dieser Stelle möchte ich noch anmerken, daß ein Analysand nach vielen Jahren Therapie die Theorien und Lehrmeinungen seines Therapeuten ziemlich gut kennt. Es wäre mir möglich, eine ganze Reihe der im folgenden zitierten Träume nach dem Muster der Gegensatzpaare, das Professor Benedetti in diesem Buch darlegt, zu deuten. Doch das ist nicht das Anliegen meines Beitrags. Mir geht es um zentrale, erhellende Erlebnisse im Verlauf der Therapie, um die Begegnung mit den eigenen Träumen und dadurch mit dem Therapeuten und mit mir selbst. Ich möchte außerdem noch darauf hinweisen, daß ich nicht chronologisch vorgehen werde, sondern typologisch, wobei die Reihenfolge bis zu einem gewissen Grad beliebig ist. Und da nichts geschönt werden soll, beginne ich mit einem negativen Erlebnis.

Der gestohlene Traum

Nach drei bis vier Wochen Psychoanalyse hatte ich einen überwältigenden Traum, den ich ahnungslos in der nächsten Sitzung erwähnte. Ich wurde getadelt, daß ich den Traum nicht aufgeschrieben hatte; das sei selbstverständliche Pflicht in einer Analyse – war mir aber leider nicht vorher gesagt worden.

SIGMUND FREUD und die »via regia« zum Unbewußten wurden zitiert. Dann mußte ich meinen Traum erzählen, was mir nicht so glatt gelang, wie es sich hier jetzt liest:

Alles um mich herum ist dunkel. Ich bin in einem großen, tiefen, schwarzen Wasser und halte mich an der Uferkante fest. Wenn ich loslasse, muß ich schwimmen, denn das Wasser ist sehr tief. Ich habe den Befehl, loszulassen und zu schwimmen – ich weiß das einfach. Bei mir habe ich eine kleine Taschenlampe, mit der ich Blinkzeichen geben kann, und dann werde ich ans Land geholt, wenn ich nicht mehr schwimmen kann. Schließlich überwinde ich mich und lasse die Uferkante los und schwimme in diesem buchtförmigen Gewässer. Dabei habe ich das deutliche Gefühl, daß meine Schwester und mein Schwager irgendwie anwesend sind; aber sehen kann ich niemanden. Bald gebe ich jedoch das Blinkzeichen, und dann bin ich plötzlich auf festem Land, das vorher nicht zu sehen war. Es ist eine Schneelandschaft, wunderschön um die Bucht gelagert. Rechts führt ein ziemlich schmaler Weg zu einem als Steilhang weit über das Wasser hängenden Gipfel; links ist eine Art Dorf oder kleine Stadt um die Bucht gelagert, wie auf alten holländischen Winterbildern. Ich muß nun den Pfad zum Gipfel hinaufgehen, der ganz aus Schnee besteht. Dieser Schnee aber leuchtet eigenartig, und da, wo er am dicksten ist, leuchtet er am schönsten. Zu den Kanten hin wird er dunkler und wirkt brüchig. Ich wage nicht, bis ganz an die Kante zu treten, weil ich Angst habe, der Schnee bricht ab und ich falle in das Wasser. Ich gehe vorsichtig und zögernd, tastend bis zur über dem Wasser hängenden Spitze. Und wieder habe ich den Eindruck, daß zwei Menschen schattenhaft anwesend sind, zwei Spielkameraden aus der frühen Kindheit. E. B. und H.-J. B. Sie scheinen dort oben zu stehen. Ich aber kehre schnell wieder um; denn ich habe Angst, der Schnee könnte doch noch abbrechen. Auf dem Rückweg betrachte ich die Landschaft. Ich nehme meinen Fotoapparat und will ein paar Bilder machen, doch plötzlich ist eine dichte Menschenmenge um mich, die sich immer wieder auch vor den Apparat schiebt, so daß ich keine Aufnahme machen kann. Diese Menschen wirken jedoch wie Schatten oder Schemen, völlig ungestaltet. Da geschieht plötzlich etwas ganz Wunderbares, überwältigend Schönes: In die ganze winterliche Landschaft ergießt sich ein strahlendes, leuchtendes Licht, das alles viel schöner und lebendiger macht. Ich bin ganz erfüllt von diesem überirdischen Licht. – Da wache ich unvermittelt durch das Schreien meiner kleinen Tochter auf. Während ich noch ganz benommen in das Kinderzimmer gehe, denke ich immer: »Diesen Traum darfst du nicht vergessen, dieses überirdische, wunderbare Licht mußt du in dir bewahren; solch einen Traum träumst du nie wieder.« Und nachdem ich die Kleine versorgt habe, rekonstruiere ich in Gedanken den Traum ganz genau.

Nach dem Erzählen begann das Abfragen der sogenannten freien Assoziationen: »Was bedeutet Wasser für Sie? – »Dunkles Wasser?« – »Haben Sie keine Angst davor?« – »Schwimmen Sie gerne?« Und so weiter und so weiter, vom Hundertsten ins Tausendste. Ich war wie vor den Kopf gestoßen, antwortete aber brav, diese Stunde hindurch und auch noch während der nächsten und übernächsten Sitzung. Der Traum war ja lang. Und ich wurde immer enttäuschter und bedrückter. Schließlich, als alle Dinge, alle Personen durchgefragt waren, war auch die Deutung des Traums abgeschlossen. Ich aber lag auf der Couch und war unglücklich und kam mir wie eine »Verräterin« vor. Ich hatte meinen Traum und vieles aus meinem Leben – vor allem aber eben meinen Traum – preisgegeben und nichts dafür bekommen. Ja, mehr noch: Mein Traum war mir gestohlen worden. Er war zerredet, zerstört worden durch dieses stundenlange Assoziieren; seine Bilder hatten ihre

Eindruckskraft verloren, das Licht seinen überirdischen Glanz. Alles, was ich *während des Träumens* gefühlt hatte, war überhaupt nicht zur Sprache gekommen. Ich versuchte, mit dem Therapeuten darüber zu reden, doch er verstand nicht.

Der rückgespiegelte Traum

Diesem Verhalten, den Traum nur als Anlaß zu Assoziationsketten zu benutzen, diametral entgegengesetzt ist ein Vorgehen, bei dem der Traum selbst als Einheit mit seinen Bildern, Personen, Symbolen im Mittelpunkt steht; bei dem nach seiner Botschaft, Herausforderung und Wegweisung für den Träumenden gefragt wird. Ich konnte mich nur schwer umgewöhnen, als ich in meiner zweiten Therapie dieser Methode begegnete und mußte oft Bemerkungen hören wie: »Es ist die Kreativität *Ihrer* Seele.« – »Seien Sie dankbar dafür.« – »Nehmen Sie sie ernst.« – »Leben Sie mit den Bildern Ihrer Träume und dem, was sie Ihnen sagen.« Ich aber war im Wachzustand wie abgeschnitten von meinen Träumen, hatte keinen direkten Zugang zu ihnen, betrachtete sie völlig abgetrennt von mir, losgelöst, wie einen fremden Text. Ebensogut hätten wir ein Stück Literatur deuten können. Erst nach Monaten kam die Wende. Ich brachte folgenden Traum mit in die Sitzung:

Ich bin in einem freien Gelände. Alles rundherum wirkt kahl und ziemlich öde und ohne Leben. Auch ist es wohl gefährlich, dort zu sein; denn ich habe Angst und arbeite eifrig und verbissen mit aller Kraft. Ich muß mit einer großen Spitzhacke, wie sie die Straßenarbeiter zuweilen haben, den sehr harten, schwarzen Boden aufhacken und darunter versteckte Nahrungsmittellager auffinden. Doch irgendwie ist das wohl verboten. Ich bin innerlich unruhig und fühle mich wohl auch beobachtet. Ich weiß nicht mehr, ob ich unter dem ersten Loch etwas finde. Eine weibliche Gestalt ist schemenhaft neben mir. Ich weiß aber nicht wirklich, welche Rolle sie spielt. Dann hacke ich das zweite Loch auf. Wenn der Boden doch nur nicht so hart wäre. Aber von diesem Loch aus kann ich schon in das größere Nahrungsmittellager unter der Erde sehen, wo reiche Vorräte auf uns warten –, wenn ich mich bis dorthin durchbuddeln kann. Plötzlich sind an einem Tisch im Freien dunkle, große Männer, die mich beobachten. Ich spüre Gefahr und arbeite schnell und irgendwie auch hoffnungsvoll. Ich sehe die Nahrungsmittel da unten, seitlich, etwas abseits – und es ist eine große, strahlende Helle da unten, wie von lauter Kerzen, so daß man alles ganz deutlich sieht. Es wirkt einladend. Oben aber ist es schummrig und ungemütlich und gefahrvoll. Da sehe ich, wie einer der Männer aufsteht, schwerfällig, riesig, und auf mich zukommt. Zu spät, denke ich, du wirst nicht weiter graben können; umsonst alle Anstrengung. Mit diesen Gefühlen muß ich sehr bedrückt aufgewacht sein.

Und während der Therapeut sprach, behutsam deutend über die dunklen Männer sprach, wurden diese gleichsam *lebendig*, wurden Gestalten *meines* Unbewußten, nicht mehr Figuren beliebiger Texte. Ich *erlebte* den Traum, als träumte ich ihn ein zweites Mal, aber wachend. Gleichzeitig hörte ich die deutende Stimme, und die Bilder von der dunklen Höhle, den Eßwaren, dem

Lichtschein, des Nachts aus meinem Unbewußten aufgestiegen, sanken währenddessen gleichsam in meine Seele zurück, um sich dort einzunisten. »Wir haben schon kräftige Breschen in Ihre Depressionen geschlagen ... Schätze Ihrer Seele ... Reichtum und Licht im Inneren, die es zu heben gilt ...« – ich hörte das, und gleichzeitig stellte sich so etwas wie eine Identität zwischen mir und meinem Traum her: Das bin ich! Es klingt wohl seltsam und kann auch mit Worten nicht angemessen beschrieben werden, dieses Einswerden mit Teilen seiner selbst, die einem bis dahin fremd waren. Eine seltsame Erfahrung, wenn man sie das erste Mal macht, daß die Deutung der Bilder, der Symbolik, der Traumhandlung, der Gestalten nicht im Kopf hängenbleibt – mit dem mentalen Vorbehalt: kann sein, kann auch nicht sein; immerhin ganz interessant –, sondern durchstößt zu tieferen, vielleicht ursprünglicheren Schichten des *Gefühls*, einer *inneren* Erfahrung und *Anschauung*. Allerdings, das muß ich als nachträgliche Erkenntnis hinzufügen, was in dieser Sitzung gelungen ist, ist nichts Selbstverständliches und vor allem nichts Dauerhaftes. In jeder Sitzung, bei jeder einzelnen Traumdeutung muß neu darum gerungen werden; und oft genug gelingt es nicht, trotz Bemühen und Können auf beiden Seiten.

Aber was einmal erfahren worden ist, hat seine Gültigkeit in sich und kann nie wieder ganz verlorengehen, bleibt – zumindest als Möglichkeit – erhalten.

Das »erlösende« therapeutische Wort

In vielen kleinen Schritten, in alltäglicher, wiederholter Arbeit, immer wieder angestoßen und vorangetrieben durch Erkenntnisse, Einsichten, Erfahrungen, die wir dank unserer Träume über uns selbst gewinnen können, vollzieht sich allmählich eine innere, gefühlsmäßige Umpolung, eine seelische Heilung. Für mich ist es dabei oft ein einzelner Satz, eine gelungene Formulierung, ein eindrucksvoller Begriff des Therapeuten gewesen, die solch eine befreiende, erlösende, vorantreibende Erkenntnis und Erfahrung ausgelöst haben. Ich möchte auch dafür ein Beispiel geben:

Ich bin irgendwo in einem relativ kleinen Raum. Um mich herum sind einige Menschen, von denen ich wohl nicht alle kenne. Ich sitze Herrn G. gegenüber (in einem Schaukelstuhl?). Es hat wohl ein gutes Gespräch zwischen uns gegeben. Wieweit andere noch daran beteiligt waren, weiß ich nicht. Ich habe mich in dem Stuhl ziemlich weit zurückgelehnt. Da beugt Herr G. sich vor und legt seine Hand auf meinen Bauch, die Finger gespreizt. Es muß eine sehr große Hand sein, denn sie deckt tatsächlich den ganzen Bauch bis zur Brust. Ich sehe dabei, daß ich ganz und gar weiß gekleidet bin. Der leichte Druck seiner Hand ist keineswegs unangenehm, eigentlich eher neutral, einfach so. Ich sehe keine Bedeutung, habe aber die Befürchtung, das Ganze könnte mißverstanden werden, und entziehe mich deswegen seiner Hand.

Dies war einer der Träume, die ich nur mit Überwindung aufschrieb und in die Sitzung mitbrachte. Auch beim Vorlesen konnte ich Gefühle der Scham und Peinlichkeit in mir beobachten. Das war meines Erachtens vor allem bedingt durch meine rigoros körperfeindliche und prüde Erziehung, bei der alles Körperliche, Erotische, gar Sexuelle strengstens tabuiert war. Ich selbst hatte mich nie wirklich von diesen Normen befreien können. Und nun erscheint in diesem Traum ein so deutliches, wenn auch für mich zunächst nicht richtig deutbares Bild: Der Pfarrer (!), noch dazu verheiratet, legt seine Hand auf meinen Bauch. Im Laufe der Deutung wurde ich darauf hingewiesen, daß das Unbewußte ausschließlich *Bilder* zur Verfügung hat, also nur mit Konkretisierungen, Verdinglichungen arbeiten kann. Philosophische Reflexion, gedankliche Mitteilung gibt es im Traum nicht – oder doch nur äußerst selten. Alles, was »gesagt« werden soll, muß in Bild und Handlung umgesetzt werden. »Und im übrigen«, fügte der Therapeut hinzu, »gibt es auch eine geistige Zärtlichkeit.« Und mit diesem Satz kam plötzlich alles ins Lot, wurden die Dinge wieder deckungsgleich: Traumbild und Deutung, Innen und Außen, Körper und Geist, Gefühl und Ratio. Alles ergänzte sich; gleichzeitig konnte das eine für das andere stehen, Körperliches konnte zu Geistigem sublimiert, Geistiges zu Körperlichem verbildlicht werden. Scham und Peinlichkeit waren verflogen; ich fühlte mich wie befreit, hatte plötzlich mehr Raum um mich. Einengungen und Verkrampfungen waren abgefallen – jedenfalls für den Augenblick.

Es hat immer wieder solche einzelnen Sätze gegeben in langen Deutungsgesprächen, die zentrale Wirkung hatten, von denen aus gleichsam alles andere rundherum erhellt wurde und seinen Sinn bekam. Wie das zustande kommt, vermag ich nicht zu erklären; so, wie es mir denn immer noch ein Geheimnis ist, *was* in der Therapie eigentlich wirkt und heilt. Aber das ist ein weites Feld, auf dem ich mich nicht verlieren möchte.

Doch auch das Gegenteil ist möglich. Genausogut, wie ein einzelner Satz des Therapeuten befreiend und erhellend wirken kann, kann er auch vernichten und verstummen machen. Eines Tages erwähnte ich ziemlich nebenbei, weil mir die kleine Tatsache gefiel, ich hätte im Traum ein wunderbares, dunkelblaues Wolltuch gehabt. Es war eigentlich gar kein Traum, darum hatte ich ihn auch nicht aufgeschrieben, eben nur diese eine Tatsache: Ich habe dieses dunkelblaue, wirklich sehr dunkle, schöne Wolltuch. Da sagte der Therapeut: »Reichlich introvertiert, nicht?« Und damit war das Gespräch gestorben, bevor es überhaupt begonnen hatte. Die leicht süffisante, bewertende Art, in der dies gesagt wurde, ließ mich verstummen. Was sollte ich der negativen Bewertung entgegensetzen? Wofür mich rechtfertigen? Nach meinen Empfindungen war gar nicht gefragt worden. Und ich hatte dieses Tuch als positiv erlebt, als wärmend, einhüllend, fein und schön. Introversion – wenn es denn darum ging – als Schutz! Warum eigentlich nicht? Aber die Chance zu einem Gespräch darüber war durch die voreilige, kritische Bemerkung des Therapeuten vertan worden. Ich schwieg. Aber auch Schweigen kann vielerlei bedeuten, und die Therapeuten sollten hinhorchen, *wie* geschwiegen wird; dann dürften ihnen auch die Gründe des Schweigens auf die Dauer nicht verborgen bleiben.

Damit an dieser Stelle jedoch nicht der Eindruck entsteht, mit dem »erlösenden« therapeutischen Wort sei lediglich eine positive Wertung des Traumgeschehens oder eines Traumsymbols gemeint, möchte ich ein weiteres Beispiel geben, bei dem eigentlich nur ein einziger Satz des Deutenden die Atmosphäre des Traums so eindrucksvoll wiedergab und damit auch das Wesentliche seiner Botschaft an mich, daß das weitere Gespräch eigentlich nur der Amplifizierung dieses Satzes dienen konnte. Zunächst berichte ich den Traum:

(Aus einem längeren Traumgeschehen sind nur zwei Szenen erinnerlich:) Ich bin in einem dunklen Raum und fühle mich wohl nicht sehr gut. Da erhebt sich von einer Liege oder einem Sofa ein Mann und setzt sich aufrecht. Er sagt mir, wie schlecht es um mich bestellt sei und was ich alles für meine Gesundheit tun müsse: die Haut sei schlaff und faltig, die Gelenke nicht mehr allzu beweglich und so weiter. Ich sehe mich plötzlich als gänzlich alt und schäbig, fast unbrauchbar. Und im Grunde weiß ich das ja alles selbst. Nur, was soll ich für mich tun? Und wie es in die Wege leiten? Woher die Zeit nehmen? Und hat das überhaupt noch einen Sinn? Dieser Arzt macht mich dann mit einem Priester bekannt, der mir ganz freundlich gesonnen scheint, wenn sein Verhalten auch würdevoll-distanziert ist. –

(Dunkelheit – keine Erinnerung.) Dann später kommen wir, der Arzt und ich, in ein großes, helles Treppenhaus. Wir wollen wohl fortgehen, denn ich habe unter anderem auch einen Regenschirm bei mir, mit dem ich mich etwas auf dem Fußboden aufstütze. Es scheinen besondere Räume zu sein, in denen wir uns aufhalten. Da sehen wir, während wir große, flache Stufen hinuntersteigen und dem Ausgang zustreben, den Priester mit einem Begleiter schweigend uns entgegenkommen. In dem Augenblick rutscht mein Schirm an der Treppenkante ab und macht ein scharfes, metallenes Geräusch, das die absolute Stille deutlich stört. Niemand reagiert darauf. Als aber der Priester mit uns auf gleicher Höhe ist, geht er grußlos und ohne uns anzublicken, schweigend an uns vorbei. Ich weiß: die Störung, die ich verursacht habe, ist schuld daran. Er wird sich nicht mehr um mich kümmern. Der Arzt und ich gehen schweigend weiter. Dann ist der Traum wohl zu Ende.

Der Therapeut las den Traum vor – ich brachte jeweils einen Durchschlag der aufgezeichneten Träume mit in die Sitzungen. Er las immer sehr gut, mit ausgesprochener Betonung. Und dieses Lesen enthielt für mich bereits – unbewußt? – eine erste Deutung, denn es setzte für mich Akzente im Traumgeschehen, die das Gesamte gliederten, einzelnes hervorhoben, Verbindungen schufen und so weiter, was ich nach dem Erwachen, während des Aufzeichnens, *so* wohl noch nicht gesehen hatte. Ich werde darauf weiter unten noch einmal zurückkommen. – Der Therapeut las also meinen Traum vor. Dann schwiegen wir eine Weile, und in dieses – betroffene – Schweigen hinein sagte er ganz ruhig und wie selbstverständlich: »Eine Szene wie bei Kafka.« Und damit war eigentlich alles klar. Dieser Satz, diese Einsicht brauchten dann im vertiefenden Gespräch nur weiter ausgeführt zu werden. Seltsamerweise bekam diese kleine und an und für sich so unscheinbare Traumszene durch die Bemerkung des Therapeuten einen ungeheuerlichen Stellenwert: Sie wurde zum Schlüsselerlebnis für viele vergleichbare Traumszenen und für ebensoviele wache Erlebnisse, die unter dem Aspekt einer Kafka-Atmosphäre ihr Wesen, ihre Beschaffenheit deutlich und klar hervortreten ließen und die es zu überwinden und zu überschreiten galt. Denn wie faszinierend auch immer die Welt Kafkas auf den Leser wirken mag, ich bin noch keinem begegnet, der in ihr zu verharren sich sehnte. Auch das *treffende* therapeutische Wort ist – wie dieses Beispiel zeigt – ein »erlösendes«, weil es befreit, Klarheit schafft, Unbewußtes oder Halbbewußtes ins Bewußtsein hebt und damit auch ein Stück weit die Angst vertreibt.

Traumgefühle

An dieser Stelle ist es vielleicht angebracht, ein paar Gedanken und Überlegungen zu der Bedeutung der Gefühle des Träumers während des Träumens, kurz nach dem Erwachen und eventuell noch während des Aufschreibens der Träume anzufügen. Ich bin im Laufe der Jahre dazu gekommen, immer mehr diesen Traumgefühlen nachzuspüren, sie möglichst genau und mit allen Feinheiten – nach dem Motto: »In der Nuance liegt die Wahrheit« – zu notieren und sie in den Deutungsprozeß als wesentliches Moment einzubringen. Wenn der Therapeut sich darauf einläßt, können scheinbar indifferente und eine ambivalente bis negative Symbolik enthaltende Träume durch das meditierende Gespräch eine Schönheit entfalten, die vorher vom Träumer nicht gesehen werden konnte. Seine Gefühle aber hatten ihn in die richtige Richtung gewiesen.

Eines Tages brachte ich einen Traum mit, bei dem eine deutliche Diskrepanz zwischen meinem Wissen um die Symbolik und den Gefühlen, die ich während des Träumens hatte, bestand:

Ich muß auf einem Friedhof in der Nähe eines Grabes sein oder mich sonstwie auf eine Beerdigung vorbereiten. Es ist ja Brauch, den Verstorbenen ein paar Blumen außer den drei Handvoll Erde ins Grab nachzuwerfen. Aber ich habe nur eine Blume, eine einzige Rose von einem müden, blassen Rosa, das etwas ins Violette spielt. Nur eine schon sehr weit geöffnete Rose – das reicht doch nicht. Doch während ich noch überlege, ist da plötzlich ein Mensch neben mir, den ich nicht sehe, dessen Anwesenheit ich aber sehr deutlich spüre. Ist es Frau König? Oder ist sie es, die heute beerdigt wird? Jedenfalls ist in der Atmosphäre etwas von ihrer Art, von ihrem Fluidum; etwas, was mich schon oft getröstet und wieder ermutigt hat; jene Lebensreife und tiefe Menschlichkeit, die ich viel mehr bewundere und benötige als ihr umfangreiches Wissen im Bereich der Literatur. Ja, und dieser Mensch, der da anwesend ist, weist mir ein paar Blumen, von denen ich doch nehmen könnte; denn sie lägen ja einfach dort auf der Erde: weiße

Rosen. Und ich hocke mich in die Knie und nehme von den Rosen und ordne sie um meine blaßrosa Rose herum, so daß diese den Mittelpunkt eines immer dicker werdenden Straußes bildet. Und je mehr Rosen ich zu meinem Strauß nehme, desto mehr liegen auf dem Erdboden – eine Fülle von Rosen! Und während ich eine nach der anderen hochnehme, sehe ich, daß die untersten noch Knospen sind, frisch und schön, und ich beginne auszuwählen; denn mein Strauß ist inzwischen so dick, daß ich ihn mit meiner linken Hand kaum noch halten kann. Ich muß Schluß machen, ein Band darum winden und die restlichen Rosen liegenlassen. Das Eigenartige aber ist, daß das Weiß der Rosen nicht jenes tödliche Kalkweiß ist, das man im Garten so oft an weißen Rosen findet, sondern ein Weiß, das ins helle Grün spielt und eigentlich eine *Farbe* ist und nicht nur Farblosigkeit. In diesem Grün-Weiß sieht meine rosa Rose wirklich schon ein bißchen abgeblüht und lebensmüde aus.

Dunkelheit, Beerdigung, Tod, Alleinsein, mein Versagen, keine Blumen zu haben – das waren alles Dinge, die dem um Deutung bemühten Verstand eher negativ erschienen. Und dennoch hatte der Traum keine negativen Gefühle, keine Kälte, keine Todesahnungen oder -sehnsüchte bis in den Tag hinein hervorgerufen. Eher war ich zufrieden und wohlig aufgewacht. Und diese Gefühle wurden in der nächsten Sitzung während des Vorlesens des Traums wieder wach und zum Ausgangspunkt der Deutung gemacht. Der Traum, von daher meditierend entfaltet, wurde immer reicher und zukunftsmutiger, so, wie die Rosen unter meinen Händen während des Aufsammelns immer mehr geworden waren: Fülle über Fülle! Und von dieser Fülle her und dem guten Traumgefühl konnte auch der Anfang positiv gedeutet werden. Innerhalb von Tod und Beerdigung (Erstarrtes muß begraben werden; Neues darf sich entfalten) konnten auch die helfenden Kräfte in der schemenhaft anwesenden, älteren, mütterlich ratenden Freundin der Tagesrealität als eine eigene innere, seelische Instanz oder »potentia« erkannt werden. Dann konnte sich – dem Gefühl der Zufriedenheit und Freude im Traum nachspürend – der Blick in eine Zukunft reicheren, wenn auch zunächst noch zaghaften und »blassen« Gefühlslebens anschließen. Damit will ich die Mitteilung der Deutungsinhalte einstellen. Ich denke, es ist klargeworden, welche Bedeutung ich den Traumgefühlen beimesse.

Ein Problem – und nicht nur unter *diesem* Aspekt – bleibt die Aufzeichnung der Träume und die Darstellung der Gefühle. Wie vermittle ich einem anderen Menschen diese nächtlichen Erlebnisse, so daß er wirklich *das* sieht, was ich gesehen habe, *das* erlebt und fühlt, was ich erlebt und gefühlt habe? Dieses Problem wäre einer eigenen Untersuchung und Darstellung wert, an der sich Traumdeuter und Träumende partnerschaftlich beteiligen sollten. Denn Traumarbeit innerhalb einer Therapie ist eine »duale« Angelegenheit.

Ich möchte an dieser Stelle nur sehr vorläufig und schematisch dazu sagen: Es ist sehr gut, den Traum so bald wie möglich nach dem Erwachen zu notieren. Je länger man wartet, desto mehr Einzelheiten gehen verloren. Aus diesem Grund habe ich es auch abgelehnt, meine Träume mündlich in der Sitzung zu erzählen. Allzuviel ist bis dahin vergessen worden, und es gelingt oft nicht, die Kleinigkeiten und Schattierungen genügend klar auszuführen. Außerdem kann man auf einen mündlichen Bericht nicht zurückgreifen, kann ihn nicht zitieren, einzelne Punkte oder Teile mehrmals exakt zur Sprache bringen. Zu dieser Gedächtnisleistung – nach einmaligem Hören einen Text komplett im Kopf beziehungsweise innerlich vor Augen zu haben – dürfte heute kaum noch jemand fähig sein. Der schriftlich fixierte Text bietet eine zuverlässigere Grundlage des Gesprächs. Er bietet aber auch, wenn bald nach dem Erwachen aufgeschrieben, eine authentischere Grundlage. Wir haben also – leider – für die Deutung oder sonstige Beschäftigung mit unseren Träumen immer nur Traum*berichte*, das heißt: *Erinnerungen*; aber niemals den Traum, besser: *das Träumen selbst*. Jeder Traum ist beim Erwachen bereits Vergangenheit und damit nur als ein Stück Erinnerung greifbar, das stark beeinflußt und beeinträchtigt wird durch die Schwelle vom Schlaf zum Wachen, das als ein Stück unbewußten Erlebens nun im Lichte des Bewußtseins erinnert und aufgezeichnet werden muß. Inwieweit unser Unbewußtes diese Traumberichte »bearbeitet«, trotz aller bewußten Redlichkeit beim Aufzeichnen, kann wohl nicht geklärt werden. Daß aber »Bearbeitungen« erfolgen, ist daraus ersichtlich, daß man, wenn man einen Traum liebt, ihn sich immer mal wieder ins Gedächtnis ruft und dann später einmal *nachliest*, wie man ihn seinerzeit notierte, höchst erstaunt über die Veränderungen ist, die er inzwischen in unserer Erinnerung erfahren hat, und über das, was wir vergessen haben, was wir umgestaltet haben. Unser »Traum« ist also immer ein Traum*bericht* und damit schon die erste Bearbeitung des ursprünglichen, für den wachen Menschen nicht zu greifenden Traums. Dieser Traum besteht vornehmlich aus Bildern und Gefühlen und wird erst nachträglich – bei der Aufzeichnung – in Worte umgesetzt. Welche Macht haben nun diese Worte und wie präzise und angemessen sind sie gewählt worden? Können sie im Hörer oder Leser die gleichen Bilder und Gefühle wecken, die in den Träumen verankert sind, aus denen sie hervorgingen? Ich möchte es bezweifeln! Dennoch sind diese Aufzeichnungen notwendig, um vergleichbares Material sowohl für die Therapie als auch für die theoretische Auseinandersetzung zu schaffen. Und – unter therapeutischem Aspekt – das Vorlesen der Traumberichte vor der gemeinsamen Deutung hat den unschätzbaren Vorteil, daß bei mir durch den Text und sein Hören noch einmal das Traumgeschehen, soweit erinnerlich, lebendig wird und ich spüre, wo Traum und Text nicht übereinstimmen, kurz: wo ich bei der Aufzeichnung »Fehler« gemacht habe. Das kam tatsächlich in seltenen Fällen vor. Ein anderes ist es dann, diesen »Fehler« einzugestehen und den Traumtext während des Gesprächs zu korrigieren. Dazu habe ich mich nicht immer durchringen können.

Das stereotype Traumelement

Ich vermute, bei jedem Menschen gibt es Traumelemente, die wie Versatzstücke immer wiederkehren. Wohlgemerkt: *Elemente*, nicht ganze Träume. Wie häufig es geschieht, daß ein Mensch den gleichen Traum zwei- oder mehrmals träumt, weiß ich nicht. In meinen Aufzeichnungen – mittlerweile um die tausend Träume – finden sich keine zwei gleichen!

Ganz anders ist es um einzelne Traumelemente bestellt. Da tauchen immer und immer wieder auf: Dunkelheit und Dämmerung, abendliche und nächtliche Szenen, obwohl sie eigentlich dem Inhalt nach am Tag spielen (müßten); graue, dunkle, gedämpfte Farben; düstere, einsame, graue Himmel, Landschaften und Meere; schemenhafte Menschen; künstlich erleuchtete, schummrige Räume, niedrig, oft leer, ohne Möbel ... Kurz: In einem Rahmen äußerster Tristesse spielt sich das Traumgeschehen ab. Dutzende und aberdutzende Träume beginnen: »Alles ist dunkel ...« Man könnte verzweifeln! Ist es einmal hell in den Träumen, farbenfroh, sonnig und weiträumig die Landschaft, so ist das ein seltenes Labsal für das Wachbewußtsein. Was macht mein Unbewußtes nächtens mit mir? Warum diese Tristesse, auch wenn es mir gutgeht, ich mich im Alltagsleben wohl fühle, zufrieden bin, allen Pflichten und Anforderungen angemessen nachkommen kann?

Zunächst einmal muß man an diese Traumelemente sehr behutsam herangehen. Sie schaffen eine gewisse Traumatmosphäre und rufen beim Leser oder Hörer bestimmte Stimmungen und Gefühle hervor, die nicht unbedingt mit den Gefühlen des Träumenden übereinstimmen müssen. Außerdem sind wir allzuleicht durch bestimmte Symbolwert-Zuschreibungen festgelegt: dunkel gleich negativ, depressiv, ohne Aussicht und so weiter – um nur ein Beispiel zu nennen. Darum müssen diese stereotypen Elemente sehr genau im Traumzusammenhang betrachtet werden; es muß im Gespräch sicher gemacht werden, daß die Stimmung, die im Therapeuten durch die Traumlektüre entsteht, identisch ist mit den Gefühlen des Träumers während des Träumens solcher stereotypen Elemente. Dunkelheit *kann* etwas Bedrückendes, Negatives, Auswegloses haben; sie *kann* aber auch ein Schutz sein, gleichsam ein einhüllender Mantel, der Geborgenheit schenkt.

Dennoch, selbst wenn es gelingt, auf diese Art die Stereotypen immer wieder zu individualisieren und angemessen zu verstehen – warum diese Wiederholungen bis zum Überdruß? Ich versuche, mich damit zu ermutigen: Vielleicht muß alles, was durch Jahrzehnte hin in Kindheit, Jugend und frühen Erwachsenenjahren an Dunkelheit, an Einsamkeit, an Leere und Kälte, an Enttäuschungen und Verletzungen zu den seelischen Störungen geführt hat, aber- und abermals durchlitten *und* überdacht und reflektiert werden im Gespräch, ehe eine innere Wandlung (Umpolung) so weit vorangetrieben ist, daß unser Unbewußtes uns mit helleren Bildern und leuchtenderen Farben beschenken kann. Und selbst ein positiver Traum wie der Rosentraum macht durch seine Farben – die Blässe der Rosen, die Dunkelheit am Anfang der Szene – deutlich, daß vieles noch nicht erreicht ist.

Wenn die therapeutische Beziehung tragfähig ist und die Traumdeutungen »richtig« sind, dann führen die immer und immer wieder auftretenden »negativen« stereotypen Traumelemente eben nicht zur Zementierung und Festschreibung der Störung, sondern zu ihrer allmählichen Auflösung. Dieser Prozeß kann allerdings sehr langwierig sein – wie ich an mir selbst erfahren habe.

Die »spätzündende« Deutung eines Traums

Es ist nun keineswegs so, daß die Deutung eines Traums, oder besser, die Bedeutung und Wirkung der Deutung, mit dem Ende der Sitzung auch gleichsam »zu Ende« ist. Ich habe den Heimweg und abends die Zeit vor dem Einschlafen immer genutzt, über alles Erlebte, Gesagte und Gehörte noch einmal nachzudenken, Einsichten weiterzuspinnen, Deutungsansätze intensiver auf meine Lebensrealität in Vergangenheit und Gegenwart zu beziehen. Später machte ich mir auch davon gelegentlich Notizen. Ich habe mich bemüht, irgendwie *mit* meinen Träumen zu leben, und dabei konnte ich die Erfahrung machen, daß ganz wesentliche Einsichten außerhalb der Sitzungen *erfahren* werden können. Ich gebe ein Beispiel. Ich träumte:

Ich kaufe etwas für jemanden ein, und zwar Kartoffeln. Es ist ein kleiner Laden. Und ich darf nur eine bestimmte Menge kaufen, nämlich eine Plastiktüte voll, die ich bei mir habe. Ich wähle von den Kartoffeln aus, sorgfältig, denn sie sind schon ziemlich alt und viele sind welk und keimend. Ich nehme auch nicht die ganz großen, sondern versuche, möglichst viele Kartoffeln in der Tüte unterzubringen. Ich zähle genau mit: eins, zwei, drei … Und ich bin sehr froh, daß genau zwanzig Kartoffeln in die Tüte passen. Dann gehe ich zum Ladentisch, an dem eine etwa fünfzigjährige Frau kassiert. Ich sage zu ihr: zwanzig Kartoffeln – nicht zwanzig Kilo, nur zwanzig Stück; Sie müssen sie noch wiegen. Während wir noch miteinander im Gespräch sind, gehen mehrere Männer nacheinander vorbei in einen Raum hinter diesem Verkaufsraum. Einer darunter ist übermäßig groß. Die Frau bemerkt, daß es heute sicher schlimm werde, wenn der auch da sei. Ich bin aber immer noch in dem Raum, der allmählich sehr voll geworden ist und jetzt eher wie ein Stehimbiß wirkt, in dem sich viele Menschen drängeln. Auch der hintere Raum ist sehr voll, und die Atmosphäre dort gefällt mir gar nicht. Eigentlich sollte ich meinen Mantel auch, wie es viele andere tun, nach hinten bringen, aber mich überschleicht so etwas wie Angst, und ich beschließe, ihn lieber im ersten Raum aufzuhängen, obwohl der Garderobenständer eigentlich schon überfüllt ist. Dann ist auch jemand bei mir: Herr W., ein jüngerer Mitarbeiter meines Mannes im Institut. Wir stehen zusammen und essen etwas. Doch dann muß in dem hinteren Raum etwas passiert sein. Wir müssen das Lokal verlassen. Es scheint fast, als sollten wir verfolgt werden oder als sei eine Art Polizei eingetroffen, die alle dort schnappen will. Ich suche nach meinem Mantel und finde ihn tatsächlich in dem Gewühl von Mänteln. Wir laufen fort. Doch als wir auf die Hauptstraße kommen, sperren uns mehrere Menschen den Weg ab. Sie wollen uns fangen. Ich habe eine Art Knüppel bei mir; mit dem versuche ich, nach diesen Menschen zu schlagen, obwohl es mir sehr zuwider ist. Doch sie scheinen die Berührung überhaupt nicht zu spüren. Widerstand oder Notwehr sind also ganz sinnlos. Ich lasse mich fangen. Da fährt ein Auto, eine Art Lastwagen, mit vielen Menschen beladen, vor. Ich werde mit auf diesen Wagen geworfen. Die dort oben liegen übereinander und wirken alle sehr hölzern, auch von der Farbe her. Einen erkenne ich wieder: er war auch in dem Lokal. Es heißt, wir werden alle in Arbeitslager gefahren; es gibt gar kein Entrinnen.

Ich will den Kern der Deutung, in einem Satz verdichtet, wiedergeben: »Sie haben Ihr ganzes Leben als ein Arbeitslager konstelliert, in dem Sie sich jetzt gefangen fühlen.« So in etwa war die Formulierung meines Therapeuten. Ich sah das nicht ein, gab mir ehrlich Mühe, diese Deutung zu akzeptieren. Wir sprachen ausführlich darüber. Ich hatte ein beunruhigendes Gefühl, eine dumpfe Ahnung, daß an dieser Deutung doch etwas dran sein könnte; aber mein Verstand, mein Einsichtsvermögen wehrten sich. Ich wies daraufhin, daß ich nicht einmal mehr berufstätig sei, *nur* Hausfrau; daß andere Frauen doch viel mehr arbeiteten als ich, viel tüchtiger seien und so weiter. Wir ließen das schließlich stehen; die Stunde war zu Ende.

Etliche Monate später – mein Mann war zur Kur, ich war mit den beiden kleinen Kindern allein – beschloß ich, diese Zeit zu nutzen und das Kinderzimmer zu renovieren, selbst neu zu streichen und einen Raumteiler mit Vorhängen einzuziehen, damit jedes Kind sich in seinen eigenen kleinen Bereich zurückziehen konnte. Die Möbel mußten dazu zum Teil umgestellt werden; neue Gardinen sollte es auch geben. Es gelang auch alles recht schnell und gut. Beim Umräumen hatte ich nachbarliche Hilfe. Die Kinder schliefen derweil im Arbeitszimmer meines Mannes auf »Notlagern«, was ihnen großen Spaß machte. Ich konnte zufrieden sein, war ich doch im ganzen schneller und besser vorangekommen, als ich vermutet hatte. Warum die gute Gelegenheit und die eigene Schaffenskraft nicht ausnutzen und auch gleich noch den Flur streichen, der auch schon ziemlich schäbig aussah? Also nach der Therapie in die Stadt und Farbe gekauft; dann die Kinder von Schule und Kindergarten abgeholt; schnell gegessen und nach dem Mittagsschlaf frisch an die Arbeit! Doch allmählich merkte ich, wie ich ungeduldig wurde und mich Unterbrechungen durch die Kinder und ihre Spielkameraden in zunehmendem Maße störten, wie dieses und jenes nicht so schnell ging, wie ich gedacht hatte, oder nicht so gelang, wie ich wünschte. Abendessen und dann die Kinder ins Bett. Ich ging wieder an die Arbeit. Es *mußte* heute fertig werden. Der Flur war schmal und verwinkelt; die Bücherregale mit Folie verhängt, anderes durch Klebeband geschützt. Das konnte nicht tagelang so bleiben. Im Grunde hatte ich keine Lust mehr, war müde und erschöpft. Aber ich zwang mich weiterzumachen. Noch heute sehe ich mich auf der Leiter stehen und – unter zunehmendem inneren Druck – die Decke streichen. Wieso war ich nur in diese verfahrene Situation gekommen, die vor Mitternacht wohl nicht ausgestanden sein würde? Ich verfolgte die Tagesereignisse zurück. Und plötzlich fiel es mir wie Schuppen von den Augen; ein Bild stand vor mir: das Arbeitslager! Der Therapeut hatte also doch recht gehabt. Niemand anderer als ich selbst hatte diese bedrückende, ermüdende Lage voller Überforderungen konstelliert. Jetzt mußte ich sie auch durchstehen. Was auf einmal leichter schien. Und ich nahm mir vor, in der Therapie noch einmal über dieses Problem zu sprechen – was auch geschah –, vor allem aber in Zukunft mich selbst aufmerksamer zu beobachten. Dennoch ertappe ich mich auch nach vielen Jahren immer mal wieder, wie ich dabei bin, mir ein »Arbeitslager«, das heißt, eine überfordernde Lebenslage selbst zu schaffen. – Der Weg von der ersten blitzartigen Einsicht bis zur völligen Änderung und Aufgabe schädigender Muster scheint mir manchmal unendlich lang.

Die Begegnung mit dem Selbst

Es hat viele gute Gespräche in meinen Therapien gegeben und viele befreiende Erlebnisse der deutenden Begegnung mit meinen eigenen Träumen. Dabei ist das Erlebnis der Selbsterkenntnis, der befreienden Einsicht in keiner Weise abhängig von der Großartigkeit oder der Länge des Traums. Ein einziges Mal aber hatte ich während des Deutungsgesprächs ein ganz tiefes, entrückendes Erlebnis, als wäre es »nicht von dieser Welt«.

Ich brachte folgenden Traum mit:

Ich bin mit den Kindern in großen, weiten unterirdischen Räumen, die etwas kahl und ziemlich einsam wirken. Mein Mann und seine älteste Tochter (aus erster Ehe) kommen zu uns. Ich erfahre, daß ein Regime oder eine Gruppe an die Macht gekommen ist, die jetzt den Spieß umdreht: Nicht mehr die Juden sind die Verfolgten, sondern ich gehöre zu den Verfemten. Mich wird niemand retten können. Die Machthaber werden in die unterirdischen Räume kommen und mich finden. Aber mein Mann und seine Tochter sagen mir, daß sie die Kinder retten können, wenn ich damit einverstanden bin und sie mit ihnen weggehen lasse. Sie allein können meine Kinder schützen und ihr Leben bewahren. Ich sage sofort, daß sie die Kinder mitnehmen sollen und daß ich alleine zurückbleiben werde, erwartend, ob und wann man mich findet und was dann geschieht. Sie nehmen die Kinder zwischen sich an die Hand und gehen mit ihnen fort. Sie drehen sich nicht ein einziges Mal um, und ihre Gestalten werden immer kleiner. Dann gehe ich in den Raum zurück, tief traurig und einsam, aber seltsam ruhig, fast als lebte ich schon nicht mehr. Alles Weitere scheint so gleichgültig.

Nach dem Vorlesen des Traums wurden einige biographische Zusammenhänge geklärt. Dann geschah etwas Seltsames, das mit Worten nicht annähernd angemessen wiedergegeben werden kann. Ich lebte oder er-lebte gleichsam auf zwei verschiedenen Ebenen gleichzeitig. Auf der rationalen Ebene – nennen wir es einmal so – vollzog sich, während ich der Deutung des

Therapeuten lauschte, ein tiefes Erkenntniserlebnis: Etwas trat überaus klar ins Bewußtsein, was bisher vor-bewußt, nur dumpf geahnt, bedrückend gespürt wurde. Dieses Klarwerden evozierte das oben bereits dargestellte Identitätserlebnis von Unbewußtem und Ich, von gedeutetem Traum und gelebtem Leben: Das bin ich – das ist *mein* Leben! Die Traumbotschaft war durchaus negativ, und dennoch schien alles auf einmal leichter und freier, trotz meiner tiefinneren Trauer. Und während der Therapeut noch sprach, war ich gleichsam woanders und sah in einen tiefen, tiefen, dunklen Brunnenschacht, in dem sich mein Blick zu verlieren drohte. Doch dann – in schier unendlicher Tiefe – sah ich auf seinem Grund einen silbrighellen Schimmer, eine leise Bewegung: Wasser! Lebendigkeit! Ich habe keine Ahnung, wie lange dieser Blick in die Tiefe, dieses Schauen in eine andere Welt andauerte. Als ich in die Realität des Sprechzimmers zurückkehrte, hatte der Therapeut zu sprechen aufgehört. Etwas Weihevolles stand im Raum. Tiefe Stille umgab uns. Wir schwiegen beide lange. – Schließlich befreite ich mich aus diesem Bann, widerwillig und mühsam; aber die Stunde war zu Ende. Ich mußte gehen.

Jahre später erst habe ich gewagt, über dieses Erlebnis zu sprechen, und nur meinem Therapeuten gegenüber. Ich habe es als eine Begegnung mit meinem Selbst und mit dem Göttlichen bezeichnet und insofern als ein religiöses Erlebnis. Nur dieses eine Mal war ich in einer Art Entrückung oder so totaler innerer Offenheit, daß diese tiefste und ergreifendste aller Begegnungen möglich war. Es war eine Kostbarkeit, ein Geschenk, das sich so nicht wiederholte und das sich unserer Verfügbarkeit entzieht.

Der »große« Traum oder der Individuationstraum

Eine andere, wohl häufigere Möglichkeit, dem Selbst zu begegnen, dann aber im Symbol, ist das Träumen sogenannter »großer« oder Individuationsträume. Auch ich selber hatte im Laufe der Jahre eine ganze Reihe solcher »großen« Träume. Einen von ihnen will ich hier als Beispiel wiedergeben.

Ich bin irgendwo mit Freunden gewesen, in einem Restaurant vielleicht. Es ist sehr spät geworden, Mitternacht oder noch später. Wir wollen heimgehen und treten aus der Tür und schauen uns um. Es ist dunkel; aber jene klare, kühle Dunkelheit mancher Sommer- oder Herbstnächte, die von seltsamer Schönheit sind. Ich schaue zum Himmel hinauf, und es ist ein überwältigender Anblick: Hoch über mir wölbt er sich wie die Kuppel eines barocken Doms. Von allen Seiten ragen weiße Säulen und Mauerteile hoch in den Himmel hinein. Und in der Mitte sieht man, ebenfalls in Weiß, einen Kreis mit den Tierzeichen. Rundherum alles voll der leuchtendsten und schönsten Sterne. Ich mache die anderen darauf aufmerksam, daß man heute alle Sternzeichen auf einmal sehe. Auch sie sind angerührt. Ich kann mich von dem Anblick kaum lösen, schaue nochmals zum Himmel empor. Ja, die Sterne bleiben, und in der Mitte, im äußersten Scheitel, der Tierkreis. Das Licht ist wunderbar!

Einige wollen dann noch irgendwo hingehen, etwas trinken oder so. Doch da mein Mann nicht mit ist, will ich nicht mitgehen als fünftes Rad am Wagen. Die anderen sind alle mit ihren Partnern. Nur einer ist auch allein.

Ich sage, daß ich nach Hause gehen werde. Und er will dasselbe tun. Ein kleines Stück Weges können wir gemeinsam gehen, dann müssen wir uns trennen, was ich auch ganz richtig finde. Ich habe keinerlei Angst, mitten in der Nacht alleine zu gehen. Im Gegenteil, ich freue mich fast darauf, bei diesem Licht und diesem Sternenhimmel. Natürlich: Ein Partner und ein Gespräch wären auch schön; aber ich war ja bei solch seltsamen und überwältigenden Erlebnisse eigentlich immer allein. Wir verabschieden uns wohl, und ich gehe durch ein paar Häuser hindurch ins freie Feld, einen schmalen Weg den Abhang hinunter, in der absoluten Klarheit und Stille der Nacht –, erfüllt von dem weißen Leuchten der Sterne.

Bei der sich jetzt über viele Jahre hinziehenden Aufzeichnung und Meditation meiner Träume habe ich die Erfahrung gemacht, daß die kleinen, alltäglichen, unscheinbaren Träume stärker der Deutung und einer ausführlicheren bedürfen als die sogenannten großen Träume, in denen Bilder und Symbole des Selbst, des seelischen Integrations- und Individuationsprozesses so vorherrschend und mitunter überwältigend sind, daß sie eigentlich für sich selbst sprechen. Eine kleine Traumszene wie die oben erwähnte mit dem dunkelblauen Tuch und andere dieser unscheinbaren Art bedürfen der Aufschlüsselung, will man sie nicht einfach als nächtliche Bewältigung belangloser Tagesreste beiseite schieben. Ich selbst neigte dazu, schrieb sie nur aus Pflichtgefühl auf und war oft etwas beschämt, nichts Wesentlicheres mit in die Sitzungen zu bringen. Dann war es oft ein tiefes Erlebnis voll ungläubigen Staunens, wie diese Träume durch das gemeinsame, sich bemühende Gespräch gleichsam »aufblühten«, ihre Bedeutung für mein seelisches Leben, meinen inneren Zustand offenbarten. Das löste immer wieder Gefühle der Dankbarkeit aus. Diese Träume wären ohne die Worte des Therapeuten verloren gewesen; so aber hatte ich das Gefühl, sie würden mir in der Therapie erst eigentlich geschenkt. Diesen Träumen verdanke ich auch eine Fülle von kleinen Einsichten und Erkenntnissen über mich, meine innere Entwicklung, meine Schwierigkeiten und über mögliche Trends von Änderung und Wandlung. Der gute Therapeut mißt – so habe ich es erlebt – auch den kleinsten, unscheinbarsten Traumszenen Wert bei und verwendet große Sorgfalt und behutsame Einfühlung auf ihre sicher oft nicht auf Anhieb leichte Interpretion.

Bei den Selbst-Symbol-Träumen sind die Traumbilder, die Gestalten und Symbole so eindrucksvoll, ja manchmal überwältigend, daß ich oft mit einem Gefühl der Bereicherung, des Trostes, der Lebenszuversicht erwacht bin. Diese Empfindungen gilt es dann in der Sitzung zu festigen und zu verstärken dadurch, daß Bilder und Symbole, meditierend bedacht, tief in die Seele des Träumers gesenkt werden, um heilend und verwandelnd weiterwirken zu können. An solche Träume habe ich mich auch später noch oft erinnert. Diese

Traumbilder sind Schöpfungen meiner unbewußten Seele; sie gehören zu mir, und ich will sie mir ganz bewußt bewahren – als Lebenshilfe. Dazu kann man natürlich fragen: Sind diese Bilder und Symbole ein Hinweis auf mein tiefstes, verborgenstes Selbst, ja, darüber hinaus auf etwas Jenseitiges? Oder sind sie Botschaften aus diesen numinosen Bereichen an mein Wachbewußtsein? Ich neige dazu, solche Träume als unbewußte religiöse Erlebnisse anzusehen.

Bei diesen »großen« Träumen liegt das religiöse Moment, das Transzendenzerlebnis im Traum selbst. Es begleitet das Träumen, wird von ihm ausgelöst. Ich denke dabei nicht nur an den eben berichteten Traum, sondern beispielsweise auch an den Schluß des anfangs zitierten Initialtraums (s. S. 187). Bei dem Beispiel für eine »religiöse« Erfahrung im Abschnitt »Die Begegnung mit dem Selbst« jedoch wurde diese Art Erlebnis ausgelöst durch die Begegnung mit dem Therapeuten im deutenden Gespräch, die zu einer Begegnung mit dem eigenen Selbst und dem Jenseitigen führte. Das scheint mir ein wesentlicher Unterschied zu sein. Beide Erlebnismöglicheiten aber entziehen sich völlig unserer Verfügbarkeit.

Der abermals betrachtete Traum

Die Mehrzahl der Träume, die in einer Therapie bearbeitet werden, versinken trotzdem wieder in Bereiche, die wir als »Vergessen« bezeichnen. Wenn man diese Träume dann später einmal wieder hervorholt, ist man erstaunt über die vielfältige Produktivität des eigenen Unbewußten.

Ich habe die Erfahrung gemacht, daß ich in Schüben träume. Da aber der Mensch jede Nacht träumt, meine ich damit, wenn ich *so* träume, daß ich die Träume nach dem Erwachen noch erinnere. Es gibt Tage, ja Wochen »ohne« Träume, und dann folgen wieder mehrere Träume kurz hintereinander. Dennoch, auf den Zeitraum eines ganzen Jahres gesehen, bleibt die Zahl der Träume in etwa gleich. Daher war ich fast unglücklich, als ich im Sommer vor zwei Jahren über Wochen, ja Monate kaum träumte und nur spärliches Material in die Sitzungen mitbrachte. In dieser frustrierenden Situation hatte der Therapeut einen guten Einfall: Wir nahmen uns abermals Träume vor, die jeweils ein bis zwei Jahre früher geträumt und besprochen worden waren. Darunter war ein langer, eindrucksvoller, in manchem aber auch quälender Traum, an den ich – sehr zu Unrecht – all die Zeit nicht mehr gedacht hatte. Während des Vorlesens kamen dann aber die vergessenen Bilder, die versunkenen Gefühle wieder hoch. Es war alles nicht mehr so unmittelbar und quälend wie damals, aber immer noch erschütternd.

Wie aus einem diffusen, dunklen Nebel taucht allmählich das Bild eines sonnigen Sommertages auf. Es ist wohl Nachmittag, die Leute gehen spazieren. Auch ich bin unterwegs, in einem Park, so scheint es. Um mich herum sind etliche andere Menschen. Und ich habe einen Kinderwagen, meine ich zu erinnern, bei mir. Vielleicht ist eines der Kinder, Coralie, auch schon an meiner Hand, und Walter ist im Kinderwagen. Rundherum sind viele andere Frauen mit Wagen, Kinderkarren und kleinen Kindern. Auf einmal sehe ich, wie die lange Allee entlang, direkt auf uns zu, ein Krokodil herankommt. Es ist ein sehr merkwürdiges Krokodil, das sehr lang ist und fast wie eine Schlange aussieht. Aber es hat Stummelbeine, und gleichzeitig bewegt es sich auf und ab, so daß sein Körper eine Wellenlinie abgibt. Den Kopf hat es hochgereckt und schaut direkt auf uns. Mich erfaßt ein heftiger Schreck. Wird es uns angreifen, beißen, fressen? Es hat es sehr eilig, nähert sich sehr schnell. Was soll ich tun? Dabei sieht es so seltsam aus, so als freue es sich oder grinse uns an, irgendwie gar nicht bösartig. Oder lege ich das nur nachträglich in seinen Gesichtsausdruck? Ich aber verspüre Angst und Ausweglosigkeit. Ich weiß nicht, was ich tue. Laufe ich weg? Jedenfalls ist da ein Dunkel; und als ich wieder »da« bin, ist Coralie erheblich größer. Ich frage sie nach dem Krokodil. Ja, der Papa hat es getötet, sagt sie und zeigt auf einen langen, regungslosen Körper, der im Sand liegt. Mich faßt Erschrecken. War *das* nötig? Sie meint dann, vielleicht sei es nicht ganz tot. Der Papa habe es in eine seltsame Röhre getan, und die habe die weitest hervorstehenden Teile von ihm abgeschnitten, aber möglicherweise sei noch Leben in ihm. Ich weiß dann nicht, wer auf den Gedanken kommt, ich solle mich auch in die Röhre legen und wenn ich lebendig herauskomme, wüßte ich, daß auch in dem Krokodil noch Leben sei. Ich überlege, wage es dann aber doch nicht. Wenn ich nun getötet werde? Nein, das Risiko ist zu groß. Das Tier tut mir leid. Es liegt da fast regungslos, man hat ihm sogar seine knuppelige Krokodilshaut abgezogen, der Sand bedeckt grau das nackte Fleisch. Fast erfaßt mich Ekel; aber noch größer ist mein Mitleid. Plötzlich sind da auch mein Mann und Ehepaar M. und Frau K. Ja, es stellt sich heraus, daß in dem Tier noch immer Leben ist. Da wird beschlossen, daß Herr M. es mit einem Stilett erstechen soll. Und Frau M. meint, mit Salzsäure könne man es töten. Mir scheint das unwahrscheinlich: Salzsäure in eine Wunde, und das soll töten, das bereitet doch nur furchtbare Qual. Doch Frau K. stimmt ihr zu. Und man hat auch Salzsäure, und man hat auch ein Stilett. Doch ich verschließe wohl meine Augen, schaue nicht hin, will nicht wissen, was geschieht. Dann sind die anderen alle weg. Das Tier liegt im Sand, viel kleiner als vorher. Hat man ein Stück von ihm abgeschnitten? Das lange Schwanzteil scheint weg. Ich schaue zu ihm hin. Wünsche ich, daß es tot ist, seiner Qualen beraubt? Ich weiß es nicht; aber ich spüre fast körperlich, daß immer noch Leben in ihm ist, daß es alles spürt, was mit ihm geschieht. Es ist ohnmächtig, kann sich nicht wehren, liegt einfach so da, verstümmelt, wie es ist. Aber es ist noch Leben in ihm. – Dann muß ich aufgewacht sein.

Beim Notieren des Traumes am nächsten Tag habe ich folgende Bemerkung festgehalten: »Sehr seltsam erscheint mir, daß ich mich jetzt beim Aufschreiben fast völlig mit dem Leid dieses Tieres identifiziert habe und mir fast die Tränen kamen über das Verhalten der Mitmenschen ihm gegenüber, wie auch über meine eigene Hilflosigkeit und Untätigkeit.«

Nach dem Vorlesen rekapitulierten wir kurz die frühere Deutung, soweit erinnerlich, und sahen nun vor allem auf dieses und jenes Detail, auf die Nebenpersonen, auf die sich ändernde Szenerie.

Meine Gedanken aber blieben vor allem hängen an der Stelle mit der »Bewußtlosigkeit«, dem »Dunkel«. Mir fiel ein, daß dieses Traummotiv in den letzten zwei Jahren verschiedentlich aufgetaucht war: Phasen, wo ich nichts »mitkriegte«, weil ich geistig abwesend oder bewußtlos war. Während dieser Phasen von Ohnmacht und Bewußtlosigkeit geschahen dann entscheidende Veränderungen, die sozusagen über mich hinweg zustande kamen. Ich stand plötzlich vor vollendeten Tatsachen, hatte aber selbst nicht gehandelt, sondern dies anderen überlassen. Wie stand es also um meine eigene Verantwortlichkeit? War das eine Art Muster in meinem Leben, auf das mich die Träume hinweisen wollten, nämlich, daß ich anderen immer allzuviel Spielraum einräumte, indem ich selbst gleichsam in einen inneren Zustand des Nichtwahrnehmens und der Ohnmächtigkeit versank? Ich selber wirkte also entscheidend mit an der Herstellung von Situationen und Zuständen, unter denen ich dann litt und mich bis aufs Blut gequält fühlte.

Ich hatte außerdem einen Teil von mir, das Gefühlsmäßige, das Kreatürliche und Elementare in jedem Menschen, nicht integriert, obwohl es ja *nicht* tödlich und vernichtend war, sondern angenommen werden wollte: Das Krokodil – es kommt ja zunächst lachend und freudig auf uns zu. Ich aber überlasse es den anderen, selbst noch, als ihm die Haut abgezogen und es fast getötet wird. Und wie oft hatte ich mich nicht in früheren Jahren gleichsam »ohne Haut«, mit »bloßen Nerven« und »rohem Fleisch« den Verletzungen einer verständnislosen Umwelt ausgesetzt gefühlt, ohne Schutz und Hilfe. Und hier im Traum? Ich half ja auch nicht – nicht einmal mir selbst! Ich konnte das Traumgeschehen nicht mehr so gut bewältigen wie vor zwei Jahren. Ich sah mich in einer ganz anderen Verantwortung als damals, fand mein Traumverhalten fragwürdig, ja versagend. Anschließend mein Tagesverhalten prüfend, konnte ich feststellen, daß ich seit einigen Monaten deutlich begonnen hatte, mehr auf mich zu achten und zu mir zu stehen, auch wenn es mir von anderen zum Teil negativ als Verschulden, als Rücksichtslosigkeit oder mangelnde Anpassung ausgelegt wurde. Ich *wollte* mich gar nicht mehr in allem anpassen, auf jeden und jede Rücksicht nehmen, immer zuerst an andere denken und deren Erwartungen und Forderungen erfüllen. Es waren damals doch Wandlungen angestoßen worden. Und aufgrund dieser inneren Wandlungen konnte ich dann zwei Jahre später die Traumbotschaft erst in ihrer ganzen Schärfe sehen und andere Akzente bei der Deutung setzen.

Ich habe daraufhin begonnen, meine vielen, vielen Träume noch einmal gründlich zu lesen, hoffend und erwartend, daß sie eine aufschlußreiche, vielleicht manchmal schmerzliche, im ganzen aber bereichernde Lektüre sein werden.

Traumgestalten als Symbol der seelischen Krankheit

Im letzten Sommer, also vor wenigen Monaten und nach vielen Jahren der Therapie, brachte ich ganz spontan einen Kindheitstraum zur Sprache, den einzigen, den ich noch klar erinnere und der mich wie ein dunkles Rätsel fast 50 Jahre begleitet hatte. Es war ein Alptraum, den ich träumte, als ich sieben bis neun Jahre alt war, also während der ersten Nachkriegsjahre.

Ich sehe mich in unserem kleinen Haus auf der untersten Stufe der Treppe, die zu den Schlafräumen im 1. Stock führte. Durch die geöffnete Tür kann man direkt in die Küche sehen. Dort steht meine Mutter am Küchentisch und wäscht Geschirr ab. Es ist ein heller, ganz normaler Tag. Doch dann ist da plötzlich eine dunkle, männliche Gestalt, schwarz gekleidet, schwarzer Kopf, das Gesicht nicht zu sehen. Und diese Gestalt will mich wegführen. Ich klammere mich mit aller Kraft an der schwarzen Holzsäule, die das Treppengeländer auf der Höhe der untersten Stufe abschließt, fest. Und mit ebensoviel Hartnäckigkeit versucht der Dunkle, meine Hände und Arme von der Säule zu lösen. Ich flehe meine Mutter um Hilfe an; doch sie sagt, sie müsse erst den Abwasch fertig machen, dann würde sie kommen und mir helfen. Ich bin verzweifelt; meine Kräfte lassen nach, und ich finde, daß sie furchtbar langsam abwäscht. Warum beeilt sie sich nicht, um mir gegen diesen dunklen Mann zu helfen, der viel größer und stärker ist als ich? Sie muß doch sehen, daß ich alleine es nicht schaffen kann, mich zu wehren. Doch sie bleibt bei ihrem Abwasch, und ich fühle mich immer hilfloser und verzweifelter und auch trauriger, weil meine Mutter mir nicht hilft. Schließlich wache ich weinend auf.

Ich habe mich Jahrzehnte später manchmal gefragt, ob diese dunkle Gestalt meinen Vater meinte, zu dem wir drei Schwestern ein schwieriges Verhältnis hatten, den wir recht eigentlich zu spät kennenlernten, da er vom ersten bis zum letzten Tag (vom September 1939 bis zum Juni 1945) im Krieg war, und von dem ich mich vor allem in der Pubertät oft unterdrückt und verächtlich behandelt fühlte. Unter diesem Aspekt brachte ich dann auch den Traum schließlich zur Sprache. Ohne meine Deutung zurückzuweisen, stellte mir mein Therapeut eine ganz andere Deutungsmöglichkeit vor: Diese dunkle Gestalt sei die seelische Krankheit, die mich später heimsuchen sollte; vorausahnend hätte ich schon in ganz frühen Jahren etwas davon gespürt. Mir fiel es wie Schuppen von den Augen: Das war es! Denn die ersten Verstimmungszustände und Weinkrämpfe hatte ich bereits während der Vorpubertät und Pubertät. Damals allerdings hatte man andere, existentiellere Sorgen des Überlebens, als daß man sich um Gefühle und Verstimmungen hätte kümmern können. Das Durchstehen der letzten Kriegs- und der Nachkriegsjahre und dann der Wiederaufbau nahmen alle Kräfte in Anspruch, auch die der Kinder und Jugendlichen.

Zugleich fühlte ich mich durch diese Deutung auch erleichtert und wie befreit, wohl zum Teil deswegen, weil sie meinen Vater »freisprach«. Sicher können die innerfamiliären Beziehungen neurotische Entwicklungen und Störungen provozieren oder verstärken; doch kam mir das oft wie eine

Schuldzuweisung vor, die zu wenig die Unbewußtheit vieler elterlicher Handlungen und Verhaltensweisen berücksichtigt, sowie deren grundgütige Absichten und Einstellungen den eigenen Kindern gegenüber. –

Ich möchte nun im folgenden diesen Traum und die Deutung meines Therapeuten zum Ausgangspunkt nehmen und fragen, ob es in den vielen anderen Träumen während meiner Therapien Gestalten gibt, die der aus dem Kindheitstraum entsprechen oder ähnlich sind, die also wahrscheinlich die Krankheit, die Depression verkörpern. Diese früheste Verkörperung war, wie gesagt, eine dunkle, männliche Gestalt, aggressiv, besitzergreifend, stark und bedrohlich. Und ohne jetzt einem Zugzwang anheimzufallen – nach dem Motto: was man sucht, wird man auch finden –, darf ich sagen, daß es solche Gestalten, die keine Tagespersonen verkörpern, die stets anonym und gesichtslos bleiben, immer wieder gegeben hat, in den Anfängen der Therapien häufiger, in den letzten Jahren, wenn ich recht sehe, wesentlich seltener.

In diesem Zusammenhang möchte ich an den Traum vom »Arbeitslager« erinnern. Ein dunkler, massiger Mann geht in den hinteren Raum (= das Unbewußte?). Die Ladenbesitzerin kennzeichnet ihn als gefährlich und unruhestiftend. Und später kommt es dann ja auch zu Turbulenzen, in deren Folge ich in ein Arbeitslager gefahren werde. Die Krankheit hatte mein ganzes Leben zu einem unfreien System des inneren Druckes und der äußeren Schufterei und Leistungserbringung gemacht. Freude und Lebensmut hatte ich darüber verloren. Die Welt war gefährlich und feindlich geworden. Ich (und andere) waren schließlich Gefangene in einem Lager, in dem es nichts anderes als Arbeit und Unfreiheit gab. Das war doch eine sehr deutliche Traumbotschaft; wenn ich sie *so* auch erst Jahre nach dem Träumen des Traumes begriff.

Ich erinnere zudem an den Traum von dem »Nahrungsmittellager«, das ich ausgraben muß. Hier tauchen gleich mehrere dunkle, große Männer auf, die mich beobachten, mit unguten Absichten, wie ich fühle. Als der massigste von ihnen, der Anführer, aufsteht und auf mich zukommt, weiß ich, daß ich nicht weitergraben kann. Die Krankheit hindert mich (immer wieder), die Schätze meiner Seele und mein wahres Selbst zu erreichen; ich bin dann von den unbewußten Bereichen und Teilen meines seelischen Lebens gleichsam abgeschnitten.

Hatte sich in den eben erwähnten Träumen die Krankheit, die Depression, als anonyme, männliche Gestalt verkörpert, so gibt es daneben nicht ganz so anonyme Gestalten, die man ob ihrer Funktion in den Träumen aber auch als Verkörperungen der Depression auffassen darf, als da sind: der Massenmörder, der Scharfschütze, der Taxifahrer, der einen nicht ans Ziel bringt, der Mann mit der Gaspistole, der Mann mit dem Gewehr, der Mann mit dem Betäubungsmittel und andere mehr. Es sind immer bedrohende, verfolgende Traumgestalten, die mir nach dem Leben, dem Wohlbefinden, der Gesundheit, dem Besitz und ähnlichem trachten. Es ist hier leider nicht der Raum, die breite Palette dieser Träume zu entfalten, und ich muß zugeben, daß man diesen und jenen Traum auch anders deuten kann. Für mich jedoch war gerade dieser Deutungsansatz sehr hilfreich und erkenntnisfördernd.

Nur ein einziges Mal scheint die Krankheit nicht als *eine* Gestalt aufzutreten, sondern sich ins Zahllose verfielfacht zu haben, allmählich so etwas wie eine erdrückende Mauer bildend; so daß nicht wirklich eindeutig ist, ob der Traum hierhergehört oder unter dem nächsten Abschnitt zitiert werden sollte. Ganz sicher aber gehört er auch zu den »großen« Träumen. Hier sind die Gestalten auch nicht dunkel, sondern einheitlich, aber ganz sinnlos gestreift, was mehrerlei Deutung erlaubt. Mit diesem Traum und seinem hoffnungsvollen Ausblick möchte ich diesen Abschnitt abschließen.

Ich sehe mich im Innern eines Gebäudes mit vielen schmalen, hohen Fluren, von denen eine Unzahl von kleinen Zimmern abgeht. Das Seltsame ist, daß alles hellblau gestrichen ist und daß auf diesem Hellblau in schwarzer Schraffur Gestalten gemalt sind wie Schattenwesen. Es wirkt belebt und seltsam starr zur gleichen Zeit. Da kommt aus einem der Zimmer eine menschliche Gestalt, in eben jenen Farben, hellblau mit feinen schwarzen Strichen, gekleidet. Und das Gesicht ist auch blau, etwas dunkler als die Kleidung und seltsam starr und befremdend. Schnell verschwindet die Gestalt wieder in dem Zimmer. »Zelle?« kommt mir der Gedanke. Ist sie von selbst verschwunden, hat eine unsichtbare Hand oder habe ich sie in die Zelle gedrängt? Und so immer wieder: Überall, wo diese seltsamen Gestalten auftauchen, müssen sie auch wieder verschwinden. Wie Marionetten! Und ich muß hier heraus, mein Gott, denn es sind wohl lauter irre Menschen! Plötzlich umgeben sie mich wie eine kreisrunde, unendlich hohe Mauer. Ausweglos scheint meine Lage. Und ich denke an den schrecklichen Film »The Snake Pit«, den ich vor mehr als 30 Jahren in Wien gesehen habe. Wie kann ich ausweichen, wie diesen mich enger und immer enger umschließenden Gestalten, die so groß sind und auch noch übereinander gestaffelt zu stehen scheinen, entfliehen? Ich mache Bewegungen, um nach oben zu steigen, gleichsam zu fliegen. Ich fühle, wie ich höher und höher komme, wie sich über den obersten Köpfen ein Rand abzeichnet; darüber ein dunkleres Blau und noch dunkler, schattenhaft, Bäume und Gebüsch, Gras und Blätter. Darauf muß ich mich hinbewegen; auf diesen Rand zu, die freie Landschaft da oben und den schönen, transparenten, blauen Himmel, der nicht hell wie bei Tageslicht ist und auch nicht dunkel wie bei Nacht, sondern von einem unwirklichen, durchscheinenden Enzianblau. Schön – unendlich schön – und verlockend; aber auch hoheitsvoll und rein in seiner Unberührbarkeit. Ob ich den Himmel erreichen werde, weiß ich nicht; aber ich habe das sichere Gefühl, der »Schlangengrube« zu entkommen, diese starren, einengenden Gestalten zu verlassen und in eine andere Landschaft, in eine naturhafte Umgebung einzutreten. Allerdings: Es bleibt bei dem *Gefühl*, daß ich gerettet werde. Die Rettung selbst, den Rand zur blauen Landschaft, erreiche ich im Traum nicht.

Traumsymbole als verbildlichte Krankheitssymptome

Auf die Fülle der Träume gesehen, ist die Zahl derer, in denen gleichsam die Krankheit selber personifiziert, als Gestalt erscheint, relativ gering. Viel häufiger sind solche Träume, in denen sich die Symptome und Gefühle, die durch die Depression ausgelöst werden, zum Traumsymbol oder zum Traummotiv verbildlichen beziehungsweise verdinglichen. Welche Gefühle hat der Depressive, wie erlebt er sich und die Umwelt? Für mich waren das vor allem Gefühle wie:

- abgetrennt sein; die Welt ist wie durch einen Schleier verhängt, farblos, schemenhaft, dunkel oder dämmrig;
- keinen Raum haben; keine Bewegungsmöglichkeit; unfrei und zusammengedrückt sein; von Mauern umgeben; in einem inneren Gefängnis leben;
- am Abgrund stehen oder sich an ihm entlangtasten müssen; Gefahr des Absturzes oder des Untergangs;
- Gefühl des Abgelehnt- und des Verfolgtwerdens;
- Mangel an Freude; dafür das Gefühl der Schuld, des Versagens, des Unvermögens und Mißlingens, des Chaotischen und gänzlich Hoffnungslosen.

Die meisten stereotypen Traumelemente, die ich oben erwähnt habe, speisen sich aus diesem Bereich des symptomatischen Fühlens und Erlebens. Dieses kann aber darüber hinaus das gesamte Traumgeschehen und die vorherrschende Symbolik des Traums prägen. Das führt, wie in den Träumen, in denen die Krankheit »Gestalt annimmt«, zu Alpträumen, die auch noch die Stimmung des ganzen folgenden Tages verdüstern können.

Ich möchte zur Illustration über einen Traum berichten, bei dessen Aufzeichnung ich damals schon anmerkte: »Es ist ein Traum, in dem das Versagen, der Mißerfolg und die Ausweglosigkeit eigentlich von Szene zu Szene immer größer werden.«

Ich bin in einem Kaufhaus. Ich weiß, daß es bei Karstadt ist; aber die Räumlichkeiten entsprechen in keiner Weise der Wirklichkeit. Ich warte in einer längeren Schlange, um irgend etwas zu bezahlen. Die Warterei dauert endlos. Hinter mir, neben mir unterhalten sich die Leute, wohl auch die Kunden mit den Kassiererinnen. Darum dauert es wohl so lange. Schließlich bin ich dran und stelle fest, daß ich überhaupt kein Geld bei mir habe. Gut, ich kann nicht kaufen, was ich mir zu kaufen vorgenommen hatte. Aber um die viele Zeit nicht vergeudet zu haben, will ich wenigstens dann bei dieser Gelegenheit gleich mein neues Theaterscheckheft mitnehmen. Doch auch das geht nicht; denn ich muß feststellen, daß ich mein altes, leeres Heft nicht dabei habe, um es gegen ein neues zu tauschen. Also habe ich die ganze Zeit umsonst gewartet – und im Grunde durch mein eigenes Versagen, meine eigene Unaufmerksamkeit.

Dann wende ich mich wohl zu einem Tisch mit vielen schönen Herrenpullovern. Es muß gerade Ausverkauf sein; die Preise scheinen ziemlich herabgesetzt. Soll ich meinem Mann einen Pullover kaufen? Gebrauchen könnte er ihn. Nur ist es so sehr schwer, seinen Geschmack und seine Größe zu treffen. Ich mustere noch die Pullover, nehme diesen und jenen in die Hand, prüfe das Material, da kommt mein Mann. Ich zeige ihm die Pullover. Er probiert auch einen an. Er steht ihm, wenn er auch ein ungewöhnliches Muster hat und ein Rot enthält, das er bisher nicht getragen hat. Wir wollen ihn nehmen und bezahlen, doch da wird uns gesagt, wir sollten in einen anderen Teil des Kaufhauses gehen, dort gebe es die Pullover noch mehrmals; diese hier seien nur Stücke zum Locken und Anprobieren. Und man zeigt auf die Tür, durch die wir in den anderen Teil des Kaufhauses, der gleichsam außerhalb der gewöhnlichen Verkaufsräume liegt, gelangen werden.

Wir gehen also durch diese Tür hinaus; mein Mann in einem gewissen Abstand hinter mir. Manchmal denke ich, ich sei ganz allein; aber dann höre ich wieder seinen Stock hinter mir auf den Boden stoßen. Draußen ist es wie in einem dunklen Hinterhof; braune, sehr hohe, fensterlose Wände – wie es scheint. Ein enger Gang dazwischen, den ich hinuntergehe. Nichts von einem Pulloverstand ist zu sehen. Alles ist verwahrlost, kalt und unwohnlich. Es wirkt auch dreckig und nicht geeignet, von Kunden besucht zu werden. Dann ein schwacher Lichtschimmer aus vergitterten Fenstern. Das muß das Restaurant von Karstadt sein. Und gegenüber die Toilette. Wirklich nicht einladend. Aber keinerlei Verkaufsstände.

Ich gelange an das Ende des schmalen Ganges. Links sollte der Pulloverstand sein; doch da sind eben nur die Toiletten. Ich warte, mein Mann kommt heran, und ich sage ihm, daß wir völlig falsch sind, daß es hier nirgendwo etwas zu kaufen gibt. Rings umschlossen von hohen, massiven, dunkelbraunen Mauern bleibt uns nichts anderes übrig, als zurückzugehen woher wir gekommen sind. Mein Mann zögert wohl noch, bleibt stehen. Aber ich weiß, ich muß zurückgehen. Ich drehe mich um und will ein paar Schritte machen. Doch da ist es plötzlich total finster um mich herum. Ich ahne nur, wohin ich gehen muß. Der Weg ist schmal und rechts und links die hohen Wände, und das Ende ist nicht mehr zu erkennen; nichts ist zu erkennen; dunkelbraun ist alles um mich herum. Da kann ich nicht einfach hineingehen, hindurchgehen, ohne zu wissen, wo und ob ich ankommen werde! Nein! Eine namenlose Angst packt mich. Ich versuche einige Schritte. Es ist, als ginge ich im Nichts. Weiß ich denn, was um mich herum ist, welchen Gefahren und Bedrohungen ich ausgesetzt bin, was auf mich zukommt? Ich kann ja nichts sehen. Und dann, eigentlich ohne es zu wollen oder überlegt zu haben, schreie ich: »Hilfe! – Hilfe!« Zweimal, nicht mehr. Es klingt heiser und nicht wie meine Stimme. Aber es ist nicht vergebens: Da und dort, auf verschiedener Höhe der Wände – es müssen also mehrere Stockwerke übereinander sein, und es müssen Menschen dort leben – wird ein Lichtschimmer sichtbar, ein Hauch von Licht nur; aber Licht! Das Braun wird heller; kegelförmig fällt das Licht aus den Wänden in den Gang, unten gleich über dem Erdboden rechts, und höher im ersten Stock links. Ein Hauch von Licht nur, der nichts wirklich erkennen läßt, nur eben die Undurchdringlichkeit der Finsternis mildert. Auf mich wirkt dieses Licht wie eine Erlösung.

Dieser Traum enthält eine Fülle von den oben genannten symptomatischen Gefühlen der Depression, verdinglicht in Bild und Geschehen. Ich brauche das nicht im einzelnen auseinanderzulegen. Vielleicht wären diese Träume, die einen so brutal mit der eigenen Krankheit und ihren Auswirkungen konfrontieren, überhaupt unerträglich, wenn nicht immer wieder am Ende doch ein positives Element auftaucht, das ein Fünkchen Hoffnung und Verheißung aufglühen läßt. In diesem Traum, der bedrückender, einengender, dunkler und gefährlicher wohl kaum sein kann, ist es das Licht, eigentlich nur »ein Hauch von Licht« in zwei Fenstern, das Sinnbild der Hoffnung und Erlösung ist; denn die evozierten Gefühle – denke ich – stehen hier für die Bedeutung des Symbols. Nicht nur die Finsternis wird gemildert, der Weg erahnbar, ertastbar, sondern die Mauern werden gleichsam durchlässig: Dahinter sind Räume und in den Räumen Menschen. Hilfe ist möglich, wenn es auch im Traumgeschehen nicht mehr soweit kommt.

Der Traum vom kranken Ich

Vor vielen Jahren brachte ich einen Traum mit in die Therapiestunde, der zugleich abstoßend und quälend wie auch überwältigend beglückend war. Ich war völlig durcheinander und tief erschüttert, zumal meine Schwester sich geraume Zeit vorher auf die angedeutete, grauenhafte Art das Leben genommen hatte. Ich wußte überhaupt nicht, wie ich diesen Traum verstehen sollte. Doch zunächst will ich seinen Inhalt mitteilen:

Ich bin allein und doch nicht allein. Wir sollen Bilder sehen von Menschen, die körperlich völlig verstümmelt, vor allem verbrannt sind, aber noch leben. Es erinnert an Bilder aus Hiroshima. Und zunächst scheint es sich auch nur um Bilder zu handeln; doch dann ist es plötzlich hautnahe Realität.

Und ich bin in einem Haus, in dem solche Menschen untergebracht sind und gepflegt werden. Und immer denke ich: »So hat deine Schwester auch ausgesehen!« Und ein unüberwindliches Grauen packt mich, ein großes Entsetzen; ich weiß nicht, überhaupt nicht, wie ich diesen Menschen begegnen soll! Und ich habe Angst, daß sie alles spüren, was man denkt und empfindet.

Schließlich komme ich zur Ausgangstür dieses Hauses. Ich weiß, in einem der Zimmer ist noch eine frühere Spielkameradin, die ich sehr gemocht habe: Gesa – oder ihre Schwester Elke, oder beide; es ist etwas durcheinander; aber ich kann sie nicht mehr sehen, ich ertrage es nicht. Ich rufe nur: »Bald einmal komme ich wieder!« Aber ich bin unendlich erleichtert, als ich ins Freie treten kann und dieses Haus des Grauens und des Elends hinter mir lasse.

Ich gehe flache, breite Steinstufen hinunter – nur ein paar Schritte –, und da ist eine Holzbank unter einem Baum, der aussieht wie ein japanischer Spitzahorn. Ich setze mich dorthin, um auszuruhen und Abstand zu gewinnen. Doch da geschieht etwas, was mich fast überwältigt, was mir den Atem stocken läßt: Ein Mensch kommt auf mich zu, völlig verkrüppelt, die Haut verbrannt, nur noch der Schatten eines Menschen. Und er kommt auf mich zu, immer näher. Angst packt mich! Was kann ich tun? Wie soll ich mich verhalten? Und dann richtet er seine Augen auf mich, dunkle Augen, und ein Blick tiefer, vorgegebener, überwältigender Güte trifft mich, dringt bis in mein Innerstes. Und diese Güte, dieses Erlösende, das in ihr liegt – in diesem elenden Körper eine Güte von sich aus, ohne daß das Gegenüber etwas Positives getan hätte –, ist einfach unfaßbar, »überstrahlt« alles. Und so grauenhaft der erste Teil des Traums war, durch diesen Schluß wache ich fast ohne Entsetzen auf: »Vorgegebene Güte« in einem solch siechen, elenden Körper – es ist nicht zu fassen!

»Diese Gestalt, die da auf Sie zukommt, das sind Sie«, so in etwa sagte mein Therapeut, »wenn es Ihnen gelingt, die Krankheit anzunehmen, anzuerkennen, dann wird diese Güte durchbrechen, die tief in Ihnen verborgen ist.« Er deutete die Träume mit Vorliebe subjektstufig. Mir war es fast peinlich, daß jemand mir Güte zutraute, ja, sie anscheinend irgendwie in mir erahnte. Eher hatte man mir Kälte und Hochmut vorgeworfen, Konkurrenzstreben und Introvertiertheit. Aber das andere, die Krankheit annehmen, sich zu ihr bekennen – wie machte man das? Das blieb wohl vorläufig als Aufgabe. Denn viele Träume stellen uns in ihren Bildern und Bilderfolgen Aufgaben, die nicht leicht zu erfüllen sind, deren Erkennen und Begreifen aber der erste, wichtige Schritt in eine neue Richtung, in eine Wandlung ist. Wenn die Aufgabe eine existentiell wesentliche ist, werden sich die Symbole mutatis mutandis in weiteren Träumen, oft allerdings in sehr großen Abständen, wiederholen.

Und so war es auch. Ich – das kranke Ich – erschien im Laufe der Jahre in einer ganzen Reihe von Träumen als Krüppel, als Behinderte, als Gestörte; oder richtiger: Wenn solche Traumgestalten auftauchten, las ich sie als Verbildlichung meines kranken, depressiven Ich. Nur fehlte in allen weiteren Träumen ein solch überwältigend schönes Enderlebnis wie der gütige Blick aus tiefen, dunklen Augen. Dieser Blick blieb eine Verheißung.

Und typisch für diese Träume ist, daß ich immer als »Gesunde« den »Behinderten« begegne, mich mit ihnen zum Teil beschäftige, zu helfen versuche, vor allem, wenn es behinderte Kinder sind. Vielleicht ist das ein Hinweis – ich äußere das mit aller Vorsicht –, daß die Krankheit noch nicht wirklich von mir angenommen ist. Würde ich selbst sonst nicht als die »Behinderte« erscheinen müssen? Denn in der Tat bringe ich es nur ganz wenigen Menschen gegenüber fertig, mich zu meinen seelischen Störungen und Schwierigkeiten zu bekennen. Aber vielleicht – und ich äußere das mit der gleichen Vorsicht – ist es auch ein *gutes* Zeichen, daß ich im Traum als »gesund« da bin und *neben* mir die »Behinderten«, die natürlich Teile von mir selbst sind. Wäre ich als »Behinderte« da, wäre ich möglicherweise ausschließlich krank und könnte mir nicht mehr helfen und helfen lassen.

Hatten in den ersten neun Abschnitten die Begegnungen mit dem Therapeuten im Medium des Traums und typische Situationen dieser Begegnung im Mittelpunkt gestanden, so lag in den letzten drei Abschnitten der Schwerpunkt auf der Begegnung mit der eigenen Krankheit, mit ihren Symptomen und deren Auswirkungen im Traum. Es wäre verlockend, noch eine Folge von Abschnitten anzuschließen, die sich mit der Symbolik von Dingen und Gestalten auseinandersetzt. Da gibt es ganze Symbolfelder (Grab – Tod – Hinrichtung – Gericht – Verurteilung usw.; oder: Essen – Trinken – Nahrungsmittel – Obst – Kuchen usw.; oder: Kot – Urin – Toiletten – Schmutz usw.) und zahlreiche Einzelsymbole (Blume – Glas – Sonne – Sterne – Bücher – Theater usw.), die in unregelmäßigen Abständen immer wieder auftauchen. Und jeder Träumende schafft sich – vermutlich – unbewußt weitgehend ein individuelles Symbolsystem, neben dem kollektiven, das in ihm ist. Hinzu kommt, daß bestimmte Menschen aus der Tagesrealität immer wieder in den Träumen auftreten, zum Teil wohl eher aufgrund ihres Berufes oder ihrer gesellschaftlichen Funktion als wegen ihrer individuellen Bedeutung. Aber das gälte es zu prüfen und darzustellen. Vieles ist da sicher auch doppeldeutbar und ambivalent. Doch all diesen interessanten Traumerscheinungen nachzugehen, fehlt hier der Raum.

Einige Schlußbemerkungen

Hinter den Berichten, die ich gegeben habe, stand auch die Frage, wann ist eine Traumdeutung »richtig«, »wahr«, »angemessen«? Implizit geben die berichteten Erlebnisse selbst schon eine Antwort. Deutlicher werdend, möchte ich es so formulieren, und, mich dabei eines Begriffs aus der Gleichnis-Exegese bedienend, sagen: Eine Deutung ist »richtig« und »wahr«, wenn sie – immer den Traum als Mittelpunkt im Auge behaltend und nicht in Assoziationsketten ausweichend – den »Sitz im Leben« trifft. Und damit ist immer das ganz persönliche, einmalige Leben des Träumers gemeint, nichts Epochales, Generelles, Allgemeingesellschaftliches. Dabei – so habe ich den Eindruck – sind Innen und Außen nicht fundamental unterschieden; meistens bedingen sich die beiden Bereiche, ergänzen einander, können sich gegenseitig erhellen.

Ob dieser »Sitz im Leben« getroffen ist, ob die Traumdeutung ihn wirklich angeht, »richtig« und angemessen ist, darüber kann *nur* der Träumer *selbst* entscheiden; denn es ist *sein* Traum und *sein* Leben.

Wenn eine Traumdeutung wie im ersten Beispiel (s. o. S. 186 ff.) verläuft und der Träumer das Gefühl des Verlustes, der Enttäuschung und ähnliches hat, dann ist etwas »nicht richtig«. Denn die erstaunliche Erfahrung, die ich während der Deutungsarbeit an einigen hundert Träumen gemacht habe, ist die, daß Deutungen, die auf Negatives, auf Dunkles, auf Mängel, auf eigenes Verschulden oder Versagen stoßen, dennoch, wenn sie zutreffend und angemessen sind, trotz allen Schmerzes und gelegentlicher Trauer, befreien, lösen, entkrampfen und mehr Raum gewähren und keineswegs den Traum entwerten oder gar kaputtmachen, keineswegs ein Gefühl des Frustriert- oder Deprimiertseins hinterlassen: »Die Wahrheit wird euch frei machen.«

Umgekehrt ist in meinen Augen eine Traumdeutung »nicht richtig« – immer unter therapeutischem Aspekt gesprochen –, wenn sie gleichsam im Kopf des Träumers »hängenbleibt«, mag sie auch mit allen Details und Finessen nach den Regeln der Kunst durchgeführt worden sein.

Nachdem ich eben mein Kriterium für »richtig« und »angemessen« genannt habe, bleibt jetzt die Frage: Wann weiß der Träumer, daß der »Sitz im Leben« getroffen ist? Denn nicht immer stimmen Traumdeutung und sich von außen aufdrängende, wenn auch verspätete Einsicht so überzeugend überein, wie im obigen Bericht über den Arbeitslager-Traum. Und im Grunde möchte ich diese Gewißheit der richtigen Deutung ja schon während des therapeutischen Gesprächs haben, nicht irgendwann später. Ich habe diese Erfahrung der »Richtigkeit« einer Deutung vor vielen Jahren meinem Therapeuten gegenüber einmal als »innere Evidenz« bezeichnet: ein gefühlhaftes, intuitives Wissen um richtig und falsch. Mir ist bis heute kein besserer Begriff eingefallen, und so möchte ich an ihm festhalten.

»Innere Evidenz« – das ist ein schwer erklär- und beschreibbares Gefühl von Stimmigkeit, das in Bereichen angesiedelt ist, die tiefer liegen – oder primärer sind – als Einsicht und Erkenntnis. In diesen Bereichen wird emotionale Wandlung angestoßen und möglich, und das ist mehr als rationale Erkenntnis; auch wenn ohne diese als erstem Schritt keine therapeutische Entwicklung möglich ist. Zugleich ist mit diesen Erlebnissen einer inneren Evidenz oder Stimmigkeit immer auch, und sei es noch so verhalten, für mich ein Gefühl der Befreiung, der Erlösung, der Erleichterung verbunden. Das kann bis zu körperlichen Sensationen gehen, bleibt keineswegs immer nur auf den seelischen Bereich beschränkt. Es war oftmals so, als hätte ich plötzlich mehr Raum um mich, als sei die Welt weiter geworden.

Natürlich kann man neben Erkenntnissen und Einsichten auch Trost und Lebensmut aus rein rationalen Deutungen gewinnen, die sich im Kopf abspielen und dort auch »hängenbleiben«. Sie können sogar sehr interessant sein, zumal, wenn man an ein und demselben Traum verschiedene Deutungsebenen und -modelle durchspielt. Die höchste Kunst des Therapeuten aber scheint mir darin zu bestehen, nach wenigen Sätzen des meditierenden Gesprächs intuitiv zu spüren, welche Ebene, welches Modell in eben *diesem* Augenblick für den Träumer angesagt ist, um mit der Deutung den »Sitz im Leben« zu treffen und ein Evidenzerlebnis auszulösen. Diese Erlebnisse können sehr stark sein, ja sogar eine religiöse Dimension annehmen, wie ich es oben zu beschreiben versucht habe, sie können aber auch recht schwach sein. Und – leider! – was in der Therapie an Befreiung, Erleichterung und Raumgewinn erlebt wird, scheint sich außerhalb der Sitzungen oft nur allzubald wieder zu verflüchtigen, vertrieben und überlagert von den Problemen und Anforderungen des Alltags. Und dennoch: *Etwas* bleibt.

Die Begegnung des Träumenden mit dem Traumdeuter im den Traum meditierenden Gespräch schenkt dem Träumer gleichsam einen angereicherten Traum zurück, dessen Bilder künftig wie ein seelischer Schatz das innere Leben begleiten, im Unbewußten weiterwirken, zunächst unmerklich, dann immer deutlicher werdende Wandlungen bewirkend, die man auch »Heilung« nennen kann – wobei dieser Begriff sehr relativ ist.

Maurizio Peciccia

Der Traum in der Psychotherapie der Schizophrenie

Vorbemerkung

Meine Überlegungen habe ich im Anschluß an die Behandlung einer 34jährigen an chronischer Schizophrenie erkrankten Patientin angestellt. Die Therapie erstreckte sich über einen Zeitraum von sieben Jahren. Dabei möchte ich folgende Hauptakzente setzen:

- Analogien zwischen dem Traum und der grafisch-bildnerischen Kommunikation zwischen Patient und Therapeut
- Der Traum des Therapeuten als Möglichkeit des Zugangs zur Welt des Patienten
- Stellenwert des Patiententraums innerhalb der Einzel- und der Gruppenpsychotherapie.

Der Traum und die grafisch-bildnerische Kommunikation zwischen Patient und Therapeut

Die Patientin, über deren Psychotherapie ich hier berichte, hatte sich ab ihrem 18. Lebensjahr zunehmend von der Welt abgewandt und in eine schwere Form von Autismus abgekapselt. Sie aß allein in ihrem Zimmer, wo sie völlig zurückgezogen lebte, da sie die Gegenwart von Angehörigen oder Freunden nicht mehr ertrug und sich überdies jeglicher Form verbaler Kommunikation verweigerte.

Sie pflegte ihre Augen mit irgendeiner schwarzen Farbe zu übermalen, als ob sie damit die zwischen Innen- und Außenwelt errichtete Wand verdeutlichen wollte. Dabei verwendete sie Farbstifte, Tinte oder auch Schuhcreme.

Die Eltern, die sich wegen des bizarren Verhaltens der Tochter schämten, hielten sie während neun Jahren versteckt, bis einer meiner Kollegen zufällig von dieser Situation Kenntnis erhielt und zu einer Hospitalisation riet. Die junge Frau war damals 27 Jahre alt.

In der Klinik erwies sich, daß die Kranke außerstande war, verbale Mitteilungen der anderen zu verstehen. Meistens verhielt sie sich mutistisch. Versuchte man dennoch, sie zum Sprechen anzutreiben, gab sie ausschließlich Neologismen von sich oder verbale und echolalische Stereotypien.

Während der ersten Monate ihrer Psychotherapie machte sie einen verängstigten Eindruck und ertrug meine Gegenwart nur während weniger Minuten. Die Kommunikation erfuhr indessen eine merkliche Besserung, als sie sich innerhalb eines bildnerischen Kontextes zu bewegen begann. Anstatt zu reden, zeichneten Patientin und Therapeut gemeinsam. Nunmehr gelang es der Patientin, die Gegenwart des Therapeuten allmählich für den Zeitraum einer ganzen Stunde auszuhalten. Mitunter wagte sie es gar, zu ihren Zeichnungen einen gesprochenen Kommentar abzugeben.

Die Zeichnungen, über die eine Kommunikation zustande kam, bewegten sich spiegelbildlich-progredient längs der Gesetzlichkeiten des Primärprozesses. Ich möchte dies anhand eines konkreten Beispiels zu veranschaulichen suchen:

Zeichnung 1

In einem der ersten Monate nach Beginn der Psychotherapie zeichnet die Patientin zwei Pflanzen (Zeichnung 1): Die eine erscheint beinahe nackt, mit nur drei kümmerlichen Blättern, während die andere kräftig wirkt, vier Blüten aufweist und überdies mit einer größeren Anzahl Kügelchen ausgestattet ist, die als Pollenkörner interpretierbar sind.

Vermutlich ist diese Zeichnung nichts anderes als ein Spiegelbild der therapeutischen Beziehung, deren Asymmetrie durch die beiden grundverschiedenen Pflanzen zum Ausdruck gebracht wird: die eine beinahe leblos, die andere vital. Zur Darstellung kommt aber auch ein intrapsychischer Konflikt zwischen einer potentiellen Fruchtbarkeit einerseits und der Sterilität, der inneren Öde und Armut andererseits.

Die verbale Deutung, die ich zur Zeichnung abgebe, zeigt keinerlei Wirkung. Es ist, als ob die Patientin meine Worte gar nicht wahrnehme. Mehr noch: Ich kann mich des Eindrucks nicht erwehren, daß sie mir gar nicht zuhört.

In der Folge zeigt sich, daß sie bei Bildern, die Gefühle oder Affekte hervorrufen, die dazugehörigen Begriffe dissoziiert. In besonders manifestem Maße fällt das bei Vorstellungsinhalten auf, die auf Beziehungen anspielen. Dies ist Teil jenes generalisierten pathologischen Prozesses, der sich bei Schizophrenen oft beobachten läßt und bei dem Sach- und Wortvorstellungen auseinanderfallen.

Die Auflösung der zwischen akustischer Wort- und optischer Sachvorstellung bestehenden Verbindung ist Folge einer Grundstörung der Traumfunktion, die FREUD bereits 1915 bei schizophrenen Erkrankungen diagnostizierte. Der auftretende Defekt zeichnet sich dadurch aus, daß die Wortvorstellungen, also die Signifikanten, nicht mehr durch eine topische Regression in Sachvorstellungen, die Signifikate, überführt werden können. Daraus folgt wiederum, daß sich der Primärprozeß auf der Bewußtseinsebene zwischen die Wortvorstellungen schiebt, statt im unbewußten Bereich der Sachvorstellungeln zu operieren. In diesem Geschehen vermutet man denn auch den Ursprung der bei der Schizophrenie auftretenden Sprachstörungen.[1]

Wenn wir mit Schizophrenen bildnerisch zu kommunizieren versuchen, fordern wir sie meist auf, das Gezeichnete mit Worten zu kommentieren. Ist nun der Zerfallsprozeß zwischen Vorstellung und Begriffsbildung ein radikaler, kommt ihnen überhaupt nichts in den Sinn. Sie schweigen oder teilen uns höchstens mit, daß sie deswegen zeichnen, weil sie nicht sprechen können.

Ist aber der Patient imstande, irgendwelche verbalen Assoziationen zu produzieren, sollte der Therapeut unbedingt mit ihnen zu arbeiten beginnen, indem er das Material amplifiziert beziehungsweise es mit anderen Vorstellungen anreichert und verknüpft. Damit läßt sich verifizieren, welche assoziativen Wort-Sach-Verbindungen intakt und welche gespalten sind. Dem Therapeuten wird es im Laufe der Zeit gelingen, eine Art Karte des Unbewußten seines Patienten anzulegen, eine Karte mit nie betretenen oder völlig unbekannten Zonen, wenn nicht gar mit regelrechten Schwarzen Löchern.

Sollte aber der Patient in seinem Stummsein verharren, weil ihm einfach nichts in den Sinn kommt, und das ist bei schweren schizophrenen Erkrankungen oft der Fall, greife ich auf eine archaischere Kommunikationsform zurück, um mit dessen Unbewußtem in Beziehung zu treten. Mittels eines durchsichtigen Pauspapiers kopiere ich jeweils seine Zeichnung und stelle so

1 Diesen Ausführungen liegt ein psychodynamisches Modell der schizophrenen Psychopathologie zugrunde, das hier nur in zusammenfassender Weise zum Ausdruck kommt. Zum vollen Verständnis sollte es ausführlicher dargestellt werden. Da der Aufsatz sich wesentlich mit der psychotherapeutischen Dynamik des Traums befaßt und auf die Pathogenese der Schizophrenie nicht weiter eingehen kann, verweisen wir den interessierten Leser auf die am Schluß erwähnte Literatur des Autors und jene von G. BENEDETTI.

zu seinen Sachvorstellungen und seiner visuellen Wahrnehmung eine spiegelbildlich-symmetrische Beziehung her.

In einem zweiten Schritt verschiebe ich dann einzelne Elemente seiner Darstellung und strebe eine Verdichtung an. Durch meine in die Zeichnung eingeführte Bewegung erwächst eine Beziehung, die von reziproker Kommunikation getragen ist. Mit andern Worten: In der grafischen Szene setzt eine Progression ein, die die Psychodynamik der therapeutischen Beziehung widerspiegelt.

In einem dritten Schritt fordere ich den Patienten auf, ein Gleiches mit meiner Zeichnung zu tun: Erst kopiert er also meine Antwort und stellt somit auch wieder ein Spiegelbild her; dann bringt er eine Veränderung an im Sinne der oben erwähnten Progression. Dadurch werden nach und nach Symbole zutage gefördert, die sich langsam zu einem beidseitig verwendbaren Dechiffrierschlüssel ausweiten: Die psychotherapeutische Reise erfährt durch solche Bildergeschichten eine große Bereicherung. Sie ist in besonders bedeutsamen Momenten der Patient-Therapeut-Beziehung von großer Emotionalität erfüllt und vermag wertvolle Hinweise auf die Übertragungsabläufe zu vermitteln. Gleichzeitig wird auch ersichtlich, wie durch den eingetretenen »Dialog« die archaischen Abwehrstrukturen der Psychose allmählich unter Druck geraten.

In der Regel gelingt es einem Patienten nach ungefähr sechs bis zwölf Monaten Therapie, seinen Widerstand gegen jedwede Art verbaler Äußerung zu überwinden und das Gezeichnete mit Gesprochenem zu verknüpfen. Er beginnt zu schildern, was sich in seinen Bilderfolgen tut, was für Affekte die von ihm dargestellten Menschen bewegen, was für Gemütsregungen, was für Leiden. Dadurch läßt sich Vereinzeltes mit lebensgeschichtlichen Momenten des Erkrankten in Zusammenhang bringen und Vergangenheit in der gegenwärtigen therapeutischen Beziehung aufarbeiten. Diese wird zum direkten wie indirekten Spiegelbild der in den Zeichnungen ausgedrückten Geschichten, Emotionen, Beziehungsdramen.

In dem Maße wie sich die Verbindung zwischen Sache und Begriff allmählich wieder einzustellen beginnt, wird nach und nach auch der Gebrauch der Sprache wieder möglich, die im Beschreiben von Affekten an Prägnanz und Präzision gewinnt.

Ich möchte das bisher Gesagte veranschaulichen, indem ich die Zeichnung 2 vorstelle: Sie ist meine Antwort auf die Zeichnung 1 der Patientin. Zu beachten ist insbesondere die Analogie zwischen dem, was wir Traumarbeit nennen, und der zur Diskussion stehenden Form therapeutischer Kommunikation.

Ich setze die beiden Pflanzen zueinander in Beziehung, indem ich die von der Patientin gezeichneten Pollenkörner verwende und einen Teil davon von der linken in die rechte Pflanze versetze. Damit ist auch das Thema Befruchtung angeschnitten. Die Patientin entwickelte daraus eine (Bilder-) Geschich-

Zeichnung 2

te, die auf die Übertragungsdynamik und deren Verflechtung mit Lebensgeschichte und Psychopathologie ein erhellendes Licht warf: Letztere war markant in Erscheinung getreten, nachdem die junge Frau von einem Schwager zur Zielscheibe von Gewalttätigkeiten gemacht und von ihm auch sexuell mißbraucht worden war. Vor diesen Ereignissen hatte sie mit einem etwa gleichaltrigen Freund zusammengelebt, war aber unfähig gewesen, Intimkontakte zu vollziehen. Durch die Aktivierung und Realisierung genitaler Triebimpulse war ihre Ich-Kohärenz offensichtlich Gefahr gelaufen, der Desorganisation anheimzufallen. Ihre Triebregungen hatten sich mit stark oral gefärbten, prägenitalen Impulsen vermischt und waren mit grausamen, archaischen, nicht integrierten Vorläufern des Über-Ich in Konflikt geraten.

Um die Beziehung zwischen den beiden Pflanzen noch mehr hervorzuheben, verlängerte ich den Stiel des eines Blattes der linken Pflanze und bog ihn zur rechten hinüber, bis er eines von ihren kümmerlichen Blättern zu umschlingen vermochte. Dann verdoppelte ich die eine Blüte und verpflanzte sie – eine Verdichtung – in ihr schmuckloses Gegenüber.

Meine zeichnerische Botschaft wandte sich hiermit direkt ans Unbewußte der Patientin, als ob ich ihr sagen wollte: »Du kommst dir arm und kümmerlich vor, obwohl dem gar nicht so ist. Der Dialog mit einem Alter ego, mit mir, befruchtet und bereichert dich.«

Solche und ähnliche, wenn man so will, einfache – aber grundlegende – Konzepte können einem behilflich sein, mit dem psychotischen Patienten eine positive Beziehung herzustellen. Sie lassen sich zeichnerisch ohne viel Aufwand zu Papier bringen und haben überdies den Vorteil, daß sie sich selbst jenen Kranken mitteilen, die das gesprochene Wort beharrlich verweigern. Dank dieser besonderen Art von Kommunikation werden die Prämissen geschaffen, um mit dem Unbewußten des Patienten in Beziehung zu treten, wobei sein Ich sich dessen nicht vollauf bewußt ist. So wie unser Bewußtsein häufig von den Traumgedanken und unbewußten Auslösern des Traumes keine Ahnung hat, kann sich zwischen Patient und Therapeut eine direkte Kommunikation der beiden Unbewußten einstellen, ohne daß deren

Zeichnung 3

Bewußtsein darüber im Bild ist. Damit kann die rigide Ich-Abwehr unterlaufen und eine affektiv getönte »Sprache« erschaffen werden, die den Patienten »nährt«, ohne ihn zu erschrecken, und die nicht Gefahr läuft, sein Ich zu desorganisieren.

In Zeichnung 3 bringt die Patientin nebst dem zeichnerischen Ausdruck auch das geschriebene Wort ins Spiel, so wie das mitunter auch im Traum eintreten kann, wenn sich irgendwo etwas ablesen läßt: »UFI grande« schreibt sie, »große UFOs«. Unter Anstrengung gibt mir die junge Frau zu verstehen, daß sie bisweilen ein Geräusch wahrnimmt, das sie zutiefst erschreckt. Es wird von irgendetwas erzeugt, das sie nicht sehen kann. Es stellt sich als ein UFO heraus, ein Raumschiff, in dessen Innern sich die »bösen außerirdischen UFOs« befinden, die sie zerstören wollen.

Die zwei »großen UFOs« bestehen aus kugelartigen, leicht oval abgeplatteten Gebilden und aus Drähten, die die Beine, Arme und Antennen darstellen. Ich erinnerte mich der Pollenkügelchen und des verlängerten Blattstiels, deren ich mich in der vorangehenden Zeichnung bedient hatte, um die beiden Pflanzen miteinander in Beziehung zu bringen, und schloß, die Patientin wolle mir mit ihrer neuen Zeichnung mitteilen, daß die Begegnung mit einem anderen für sie eine große Gefahr bedeutete: Jene Begegnung, die sie sich sehnlich herbeiwünschte und die ihr gleichzeitig schreckenerregend vorkam, riskierte sie doch dabei, ihre Identität zu verlieren. Sie brachte das mit der wahnhaften Befürchtung zum Ausdruck, die UFOs würden sie zerstören.

Die Beziehung zu einem anderen, die einsetzende Dualität somit, wird also als fremd und gefährlich erfahren. Trotzdem läßt sich aus dieser Zeichnung der Wunsch nach Begegnung herauslesen, sind doch die Außerirdischen mit

Zeichnung 4

Antennen ausgestattet, die ein Bedürfnis nach präverbaler geistiger Kommunikation signalisieren.

Bei meiner zeichnerischen Antwort (Zeichnung 4) halte ich mich wiederum an die Symmetrie, zu der sich, mittels Verdoppelung, Verschiebungen und Verdichtungen, die Progression gesellt. Im wesentlichen kopiere ich zwar die beiden großen UFOs, füge aber neue Einzelheiten hinzu: Die Hände der beiden berühren sich, ebenso wie die Antennen, wobei bei letzteren der Kontakt durch kleine Punkte markiert ist: eine Weiterentwicklung der bekannten Pollenkügelchen. Damit soll zum Ausdruck kommen, daß unsere Beziehung durch den Antennenkontakt in einer präverbalen, mentalen Sphäre ihren Anfang nimmt. Der Satz schließlich: »UFI grandi che parlano« (»große UFOs, die sprechen«) unterstreicht die Tatsache, daß Therapeut und Patientin bereits empathisch miteinander kommunizieren, bevor sie sich des gesprochenen Wortes bedienen.

Indem der Therapeut die Zeichnung des Patienten übernimmt, einen Strich um den anderen, eine Handbewegung um die andere nachvollzieht, betritt er die desolate Innenwelt des Kranken, wobei sich zwischen seinem und dem Unbewußten des Kranken ein Kontakt einstellt, der es letzterem ermöglicht, der intensiven Wechselbeziehung teilhaftig zu werden, die sich sonst hinter der autistischen Mauer verbirgt.

Therapeutische Kommunikation entwickelt sich somit innerhalb einer traum-figurativen Dimension dank der Dualisierung des Entfremdungserlebens: Die Patientin setzt sowohl Selbst-Symbole wie auch Symbole eines anderen frei. Von der deanimierten Welt der Außerirdischen ausgehend, wird sie sich allmählich über das Reich der Pflanzen und Tiere auf den Menschen zubewegen.

Zeichnung 5

In Zeichnung 5 taucht erstmals die Darstellung eines menschlichen Wesens auf: ein Kind, das sie »Pollino« nennt. Dem Betrachter fällt automatisch die Assoziation Pollen ein, jene Kügelchen, mittels derer es gelungen war, in den ersten Zeichnungen zwischen den beiden Pflanzen eine Beziehung herzustellen.

Die Augen des Kindes sind von einem schwarzen Balken verdeckt: Schwarz, die Farbe, mit der die Patientin früher immer wieder die Augen verkleisterte. Überraschend neu ist indes die Tatsache, daß Pollino neben sich eine Menge Farbstifte liegen hat: Als Alternative zur radikalen Abschottung kündigt sich der potentielle Wunsch nach Kommunikation an.

Pollino entspricht der zeichnerischen Darstellung einer jener intrapsychischen Imagines, die BENEDETTI »Übergangssubjekt« genannt hat; es taucht im Verlauf einer Psychotherapie mit Psychotikern im Unbewußten beider Partner auf. Erzeugt wird es offenbar durch duale Interaktion und setzt sich sowohl aus Anteilen des Patienten wie auch aus solchen des Therapeuten zusammen.

In Zeichnung 6 bringt die Patientin eine weibliche Fassung von Pollino aufs Papier und nennt sie Pollina. Während sie auf Pollinos Augen einen Balken projiziert hatte, sind Pollinas Augen nicht eingeschwärzt.

In meiner nächsten Zeichnung 7 vereinige ich Pollino und Pollina auf dem gleichen Blatt. Gleichzeitig stelle ich sie etwas älter dar. Ich lasse mich dabei von einem Traum inspirieren, den ich in jenem Zeitraum hatte: Meine Patientin kam darin vor mit zwei Äpfeln an Stelle der Brüste, zwei Birnen an jener der Eierstöcke und zwei Pfirsichen in der Lendenzone.

Die Patientin betrachtet meine Zeichnung, greift zu einem Stift und

Zeichnung 6

Zeichnung 7

schreibt »I fidanzati« (»die Verlobten«) darunter. Damit setzte eine neue Therapiephase ein, während der die Kranke den Versuch unternahm, ihre unglückliche Liebesbeziehung aufzuarbeiten. Eine lange Folge von Zeichnungen entstand: Die beiden Verlobten heirateten schließlich und brachten ein Kind zur Welt, das von der Patientin genährt und behütet wurde. Die Geburt dieses Kindes kam einer großen Wende gleich. Es kündigte sich ein Selbst an, das aus dem Autismus und der psychischen Nichtexistenz ausbricht und sich zum Leben hin öffnet.

Der Traum des Therapeuten als Möglichkeit des Zugangs zur Welt des psychotischen Patienten

Den oben erwähnten Traum hatte ich etwa im sechsten Monat nach Therapiebeginn. Er eignet sich besonders gut, um das zu umschreiben, was ich als »therapeutischen Traum« bezeichne, der meines Erachtens Zugang zur Welt des psychotischen Patienten zu eröffnen vermag. Es passiert mir vor allem zu Beginn einer therapeutischen Beziehung relativ oft, daß mir meine Patienten im Traum erscheinen. In derlei Träumen inszeniert sich in der Regel eine Gegenübertragungsdynamik, deren Ursprung in meiner Kindheit wie auch in meiner Triebsphäre wurzelt. Ich fühle mich jeweils in den Patienten hineinversetzt, erlebe dessen Welt, seine Konflikte, wobei im Verlauf der Traumszenen mögliche Lösungsvorschläge einfließen und so etwas wie ein neues Kräftegleichgewicht hergestellt wird.

In diesen Lösungsvorschlägen spiegelt sich selbstverständlich meine persönliche Psychodynamik wider. Sie gleichen in etwa jenen, die ich im Verlauf meiner Entwicklung selbst entdeckt oder gefunden habe. Mir kommt es vor, als würde ich im Traum auf das psychogenetische Niveau des Patienten regredieren, wobei ureigene archaische Konflikte aktiviert und neu aufgearbeitet werden. Das Resultat dieses Vorgangs läßt sich dann dem Patienten weiterreichen, indem man es auf den in ihm schwelenden Konflikt abstimmt. Ich erinnere nochmals an den Traum, wo mir je zwei Äpfel, Birnen und Pfirsiche auf Brüsten, Eierstöcken und Lenden der Patientin erschienen, auf jenen Körperteilen somit, die ihre Weiblichkeit versinnbildlichen. Der Traum wirft mit Bestimmtheit ein Licht auf meine Gegenübertragungsproblematik, die durch die Patientin aktiviert worden ist. Er stellt Verbindungen zwischen genitalen und prägenitalen, vor allem oralen, Trieben her. Was im Traum als verdichtete Neuauflage einer Problematik des Therapeuten aufscheint, ist für die Patientin Auslöser großer Leidenszustände und quälender Konflikte. Immer wieder tauchten in ihren Zeichnungen Brustwarzen oder ein Penis auf, beides archaische Darstellungen einer Verdichtung von Objekten genitaler und prägenitaler Triebregungen: Trieb-Teilobjekte und Triebziele waren ineinander verdichtet, so daß der Impuls zur genitalen Vereinigung mit dem Wunsch verschmolz, das Objekt zu verschlingen oder von ihm verschlungen zu werden. Wegen der katastrophalen lebensgeschichtlichen Ereignisse und aufgrund der zerbrechlichen Ich-Struktur der Patientin konnten diese verdichteten Imagines nicht ins Über-Ich integriert werden. Grausam-archaische und überdies desintegrierte Über-Ich-Imagines heizten den Konflikt mit dem Es bis zum Unerträglichen an und lösten Spaltungsphänomene aus. Ein symptomatisches Anzeichen für dieses Geschehen war das Auftauchen der Wahnidee, ein alter Mann habe sie vergewaltigt, indem er einen Werwolf auf sie ansetzte, der sie verschlingen sollte.

Der Traum, den ich im sechsten Monat dieser Therapie hatte, wurde zu einer Art Leuchtspur, die für mich während der nächsten sieben Jahre wegweisend war. Dank dieses Traums war ich buchstäblich in den quälenden Konflikt meiner Patientin hineingezogen worden, in jene seltsame Verdichtung genitaler und prägenitaler Triebregungen und deren Konfrontation mit dem Über-Ich.

Es war für mich kein leichtes, mir die auf die Patientin gerichteten Triebregungen bewußt zu machen und sie auch zu akzeptieren: Zeitweise bot sie das Bild eines wehrlosen Kindes, das von seiner Mutter »einverleibt worden ist«, unversehens gab sie sich, indem sie sich mit dem Aggressor identifizierte, als Verführerin, die ihr Gegenüber kaltblütig zu benutzen trachtete. Unbewußt wiederholte sie damit die von ihr erlittene Vergewaltigung.

Daß eine Psychotherapie mit Schizophrenen so lange dauern kann, hängt sicher auch mit dem Umstand zusammen, daß der Therapeut viel Zeit braucht, um die eigenen, durch die Patientenbeziehung aktivierten Gegenübertragungskonflikte aufzuarbeiten. Es muß vor allem bedacht werden, daß er sich gewissermaßen im Spagat zwischen genitaler und prägenitaler Ebene zu bewegen hat. Searles (1965) war es, der darauf hingewiesen hat, daß der psychotische Patient oral genährt werden muß, wobei er aber gleichzeitig die libidinösen Bedürfnisse eines genital ausgereiften Erwachsenen in sich trägt. Immer wieder fühlt sich der Therapeut gedrängt, den Patienten als Opfer einer erlittenen psychischen oder physischen Gewalt zu verteidigen; damit setzt er sich aber gleichzeitig dem Gewalttäter im Patienten aus, jenem Gewalttäter, der mit dem Gewaltopfer pathologisch verschmolzen ist.

Ein Therapeut, der bereit ist, sich in die Innenwelt seines Patienten zu begeben, internalisiert die genannte Problematik, was wiederum seine Widerstände auf den Plan ruft, die erst mühsam erkannt, akzeptiert und überwunden werden müssen. Ich vermute, daß es gerade diese therapeutischen Widerstände sind, die zu der in psychiatrischen Kreisen verbreiteten Ansicht geführt haben, Psychotherapie sei bei Schizophrenen kontraindiziert, weil sich diese Patienten nicht analysieren ließen. Als Therapeut gilt es zu erkennen, daß wir selber es oft sind, die im Umgang mit Schizophrenen vor der Selbstanalyse zurückschrecken und es vorziehen, scheinbar unakzeptable und konfliktreiche Aspekte unseres Daseins im Dunkel des Unbewußten zu belassen.

Ein weiterer Auslöser von therapeutischen Widerständen gegenüber Schizophrenen hängt wohl damit zusammen, daß die Therapien symbiotische Beziehungsmuster aktivieren, bei denen sowohl Patient wie Therapeut ans äußerste Limit von Identität und Abgrenzung gelangen.

Erschwerend kommt hinzu, daß in der Beziehung mit Schizophrenen das Übertragungsgeschehen großen Schwankungen unterworfen ist: Phasen absoluter Abkapselung (ein Phänomen, aus dem Freud den Schluß zog, bei der Schizophrenie komme keine Übertragung zustande) werden plötzlich von symbiotischen Übertragungsmustern abgelöst, bei denen es zwischen Patient und Therapeut einerseits zu Spiegel-Identifikationen kommt, andererseits zu jenem Phänomen, bei dem sich die Identität des Patienten im Therapeuten zu konstellieren beginnt.

Wenn nun ein Therapeut von seinen psychotischen Patienten träumt, hat dies meiner Erfahrung nach nicht nur mit einer durch die Gegenübertragung ausgelösten Infragestellung längst eingespielter Kraftverhältnisse zwischen Triebsphäre und Über-Ich zu tun: Damit wird auch offenkundig, was für eine Entwicklung die Identität des Patienten im Therapeuten durchläuft. Häufig läßt sich bei psychotischen Patienten der Auslöser ihres Leidens im verzweifelten Bedürfnis orten, ganz im anderen zu existieren, ein Bedürfnis, das auf jenen nicht minder intensiven und destruktiven Impuls prallt, der eine Selbstauflösung in der Nichtexistenz anstrebt.

Der Therapeut kann nicht anders, als diesen Konflikt in sich aufzunehmen und aufzuarbeiten. Eine Entspannung wird sich dann abzuzeichnen beginnen, wenn es ihm gelingt, alle nur denkbaren libidinösen Strebungen zu mobilisieren, die einer Entwicklung der Identität des Kranken förderlich sein können, um so das erstarrte Gleichgewicht zwischen Leben und Tod so weit wie möglich auf das Leben hin zu verschieben.

Mein Traum, in dem verschiedene Früchte auf dem Körper meiner Patientin, das heißt entlang libidinös stark besetzter Teile wie Brust, Eierstöcke, Hüften, ausgelegt waren, beinhaltet nicht nur den bereits dargelegten Triebaspekt, sondern ist auch ein Gradmesser dafür, wie die weibliche Identität der Patientin im therapeutischen Gefäß einen Entwicklungsprozeß durchläuft. Die Patientin akzeptiert die Begegnung mit einem menschlichen Wesen. Sie fühlt sich dadurch offensichtlich bereichert und befruchtet, wie das in ihren Zeichnungen deutlich zum Ausdruck kommt. In der Deanimierungsphase hatten wir es, zu Beginn der Therapie, mit großen UFOs zu tun. Auf einem späteren Erlebensniveau tauchten Pflanzen auf, die sich vereinigen und Früchte hervorbringen. Auf einer dritten Stufe begann die Patientin Tiere darzustellen: Enten, Katzen, Kaninchen, die Nachwuchs zeugten. Zu guter Letzt stieß ihre Vorstellung in den menschlichen Bereich vor, wo ein Elternpaar ein Kind zur Welt brachte.

Es ist zu vermuten, daß der verschobene Wunsch nach einer Verschmelzung mit dem Therapeuten auf allen Vorstellungsebenen durch- und sich demzufolge auch in der Übertragung niederschlägt. Die Patientin verschiebt in ihren Zeichnungen sukzessive das sexuelle Ziel: Der Wunsch nach Vereinigung mit dem Therapeuten geht in die Realisierung einer Zusammenführung von bis dahin fragmentierten Selbst-Anteilen ein, die in den Therapeuten projiziert werden.

Dem Therapeuten obliegt es, die Realisierung libidinöser Triebregungen auf einer symbolischen Ebene zuzulassen und als für beide Seiten lebbar und erträglich mitzugestalten, indem er sie von der eigenen Person als solche ab- und in jenes therapeutische Gefäß umlenkt, das die von der Patientin abgespaltenen und auf ihn projizierten Selbst-Anteile aufzunehmen vermag.

Wie schon erwähnt, liegt beim schizophrenen Patienten oft ein Desorganisationsprozeß vor, der Sach- von Wortvorstellungen, visuelle von akustischen Elementen, Signifikanten von Signifikaten abspaltet. Unbewußte Inhalte, die das Bewußtsein des Schizophrenen überschwemmen, wirken dissoziierend und fragmentierend. Das Körperselbst-Schema wird als völlig inkohärent, zerstückelt, erlebt, weil sich aus unbewußten Selbst- und Körpervorstellungen und der taktilen Wahrnehmungsfunktion keinerlei Zusammenspiel ergibt. Ich bin der Meinung, daß dieses Fragmentierungsgeschehen durch mit dem Selbst-Objekt im Zusammenhang stehende, unbewußte Imagines ausgelöst wird, deren Herkunft in der pathologischen, zerbrochenen Symbiose mit dem mütterlichen Objekt zu orten ist.

Die Fragmentierung des Unbewußten findet eine Entsprechung in der Blockade des Primärprozesses, jenes Energieflusses somit, der ein lockeres Ineinanderwirken von Vorstellungs- und Assoziationsketten ermöglicht. Gleichzeitig herrscht im Bereich der Partialtriebe völlige Anarchie. Da sich diese nicht unter dem Primat der Genitalität kohärent bündeln, tendieren sie, voneinander völlig unabhängig, zur Abfuhr. Der desintegrierte Sexualtrieb geht so seiner erfüllenden und psychisch strukturierenden Funktion verlustig.

In diese konzeptionellen Überlegungen muß auch die im Unbewußten des Psychotikers oft feststellbare Spaltung zwischen Lebens- und Todestrieb einbezogen werden. Wenn der Therapeut von einem Patienten träumt, bedeutet das, daß er ihn ins eigene Selbst eingelassen und daß er dessen fragmentierte Körperselbstrepräsentanz libidinös besetzt hat. Ähnlich wie bei der zeichnerischen Ausdrucksweise tritt dieser Vorgang im therapeutischen Traum über Spiegelungs-, Verschiebungs- und Verdichtungmechanismen ein. Längs dieser fundamentalen Prozesse bewegt sich das fragmentierte Körper-Selbst des Patienten auf eine zunehmende Kohärenz hin.

Verschiebung, Verdichtung, szenische Darstellung und Sekundärprozeß sind laut FREUD (1900) die bei der Traumarbeit wirksam werdenden Mechanismen. Aufgrund meiner bisher gesammelten Erfahrungen komme ich zum Schluß, daß sich die gleichen Mechanismen bei der Therapie von Psychosen manifestieren, wobei fragmentierte und abgespaltene Selbst-Anteile des Patienten, während eines langsam fortschreitenden, identitätsstiftenden Prozesses, im therapeutischen Selbst einander näher gerückt und miteinander verknüpft werden. Der blockierte Primärprozeß verhindert im Unbewußten des Schizophrenen den freien Vorstellungsfluß mittels Verdichtungen und Verschiebungen und verleiht der Zensurinstanz archaische Züge. Während sich in der Neurose die Zensur durch Entstellungs- und Verschleierungsmechanismen bemerkbar macht, werden in der Psychose unakzeptable unbewußte Vorstellungen schlicht ausgelöscht. Dazu schreibt FREUD: »Die Delirien sind das Werk einer Zensur, die sich keine Mühe mehr gibt, ihr Walten zu verbergen, die anstatt ihre Mitwirkung zu einer nicht mehr anstößigen Umarbeitung zu leihen, rücksichtslos ausstreicht, wogegen sie Einspruch erhebt, wodurch dann das Übriggelassene zusammenhangslos wird (1900, S. 534).

Genau das hat sich bei unserer Patientin abgespielt, als sie in Zeichnung 5 die Augen mit schwarzen Balken übermalte und so gleichzeitig vom Rest des Körpers abtrennte. Als es ihr später gelang, dieses Geschehen verbal zu kommentieren, meinte sie, sie habe die Augen deshalb eingeschwärzt, weil sie ihre Jungfräulichkeit verloren hätten. Böse seien sie gewesen, und deshalb habe sie sie mittels einer Operation umwandeln müssen.

Verdichtung, Verschiebung und Symbolisierung vollzogen sich nicht mehr auf der mentalen, sondern – ganz konkret – auf der Körper-Ebene und beschworen eine völlige Organ-Konfusion herauf: Das weibliche Genitale, das um seine Jungfräulichkeit gekommen ist, wird mit den Augen verwechselt.

Zu einem späteren Zeitpunkt äußerte die Patientin, sie erlebe jeden eindringlichen Blick wie eine sexuelle Penetration. Deshalb war sie also dazu gekommen, die Augen als schmutzig und verwerflich zu empfinden und, als Antwort darauf, eine ins Sehorgan verschobene Kastration beziehungsweise Auslöschung vorzunehmen: Damit wurde das Verbot, zu schauen, zu sprechen, mit jemandem in Beziehung zu treten, radikal umgesetzt.

Klinisch betrachtet scheint mir hier der Umstand erwähnenswert, daß nach Einsetzen der therapeutischen Zeichenphase, während der – ähnlich wie bei einem Traum – Abgespaltenes wieder aktiviert worden war, die Patientin aufhörte, sich ihre Augen mit schwarzer Farbe zu verschmieren.

Stellenwert des Patiententraums innerhalb der Einzel- und der Gruppenpsychotherapie

Wenn sich der Patient mit seinem Therapeuten identifiziert, gelingt es ihm im Laufe der Zeit, den identitätsstiftenden Prozeß, der sich zu Beginn der Therapie in einem interpersonalen Raum vollzieht, zu verinnerlichen. Dank seiner Identifikationsbereitschaft mit dem Therapeuten kommt er allmählich der eigenen existentiellen Kontinuität auf die Spur. Durch das Auftauchen von Träumen ergeben sich wertvolle Aufschlüsse über den Verlauf dieser Entwicklung, doch muß sich der Therapeut mit Geduld wappnen: In den frühen Therapiephasen pflegen viele schizophrene Patienten keine Träume zu erzählen.

Gerade deshalb nimmt jede Traumschilderung im Kontext einer Schizophrenietherapie einen besonders hohen Stellenwert ein. Ich will an dieser Stelle den ersten von unserer Patientin berichteten Traum wiedergeben, der sich im fünften Therapiejahr einstellte: »Ich befinde mich in einem Konzert, ich spiele Violine, es sind viele Leute da, die mir zuhören.«

In diesem Traum lassen sich vier Vorstellungskerne eruieren: die Selbst-Vorstellung der Patientin, das Konzert, die Gegenwart von anderen, die Geige. Überwiegender Begleitaffekt waren ein Überraschungsgefühl und die Freude darüber, ein Instrument so gut zu beherrschen, was gar nicht der Realität entspricht.

Die kommunikative Sperre, die die Patientin in ihrem Wachleben zwischen sich und der Umwelt errichtet hatte, wird im Traum durch das Geigenspiel überwunden.

Auf der Übertragungsebene spielt sich in etwa folgendes ab: Zwischen Patientin und Therapeut hat sich, jenseits von Sprache, ein Kommunikationscode etabliert, der beiden zugänglich ist. Die Geige stellt sich erst in den Zeichnungen und später in mündlichen Mitteilungen als eine symbolische Darstellung ihres Körpers heraus – als der Körper, von dem ich vier Jahre früher auch geträumt hatte; die darauf ausgebreiteten Früchte waren wohl ein Hinweis dafür gewesen, daß er im Begriff war, zu reifen. Das virtuose Geigenspiel bringt zum Ausdruck, daß die Patientin die Fähigkeit erlangt, zu ihrem Körper und dessen Trieben eine Beziehung herzustellen, eine Fähigkeit, die sich in der Folge ausweiten wird und die Frau in die Lage versetzt, auch mit anderen Menschen zu kommunizieren. Die im Traum dargestellten potentiellen Entwicklungsmöglichkeiten haben indessen auch einen Sublimationsprozeß durchlaufen: Der Wunsch nach körperlicher Vereinigung mit dem Therapeuten hat sich einem desexualisierten Ziel zugewandt und ist in eine kreative Tätigkeit eingeflossen. Durch die Freisetzung sublimierter Energie, die sich in den Dienst einer innerpsychischen Entwicklung stellt, bei der bewußte und unbewußte Vorstellungen einander wieder zu durchwirken beginnen, wächst allmählich ein Schutzwall heran, der sich gegen das desintegrierende Spaltungsgeschehen des psychotischen Prozesses aufrichtet.

In der Einzeltherapie formuliert der Traum eine bildhafte Version des Beziehungskonflikts, der zwischen sich und dem eigenen Körper, ebenso wie zwischen sich und den Mitmenschen besteht. Neu ist, daß der Konflikt innerhalb der therapeutischen Beziehung erlebt und aufgearbeitet wird. Was früher als böse erfahren und ausgelöscht werden mußte, wird jetzt als Quelle der Lust akzeptiert, genauer: einer sublimierten Lust, die eine gestaltende Tätigkeit in Gang setzt, die sich vom Todestrieb abwendet und in den Dienst des Lebenstriebes stellt, wobei das Ich zunehmend an Kohärenz gewinnt.

Der Traum produziert ein neues Objekt-Beziehungs-Modell, das sich sowohl im Unbewußten wie auch im Übertragungsgeschehen niederschlägt, womit der Nährboden geschaffen ist für immer neue Objektbeziehungen.

Eindrücklich ist des weiteren die Tatsache, daß ein solcher Traum nicht nur beim Therapeuten, sondern in einer ganzen Gruppe von Patienten seine Wirkung zeitigen kann. Ich will das zu veranschaulichen suchen, indem ich eine kurze Sequenz aus einer nonverbalen Gruppentherapie wiedergebe, an der unsere Patientin und andere an Schizophrenie Erkrankte teilnahmen.

Ein Teilnehmer der Gruppe zeichnet eine Blume, daneben ein Elternpaar, und, im Innern der Blüte, ein Knäblein (s. Zeichnung 8). Die Gruppe inszeniert anschließend die Bilder, wobei unsere Patientin die Rolle des Kindes zu

Zeichnung 8

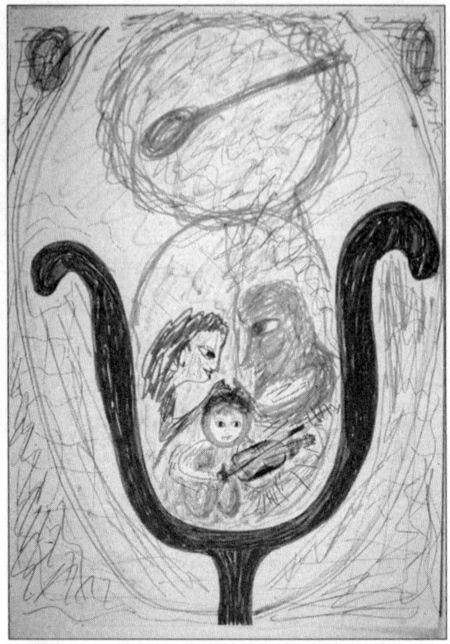

Zeichnung 9

übernehmen wünscht. Andere entscheiden sich für die Mutter- und die Vaterrolle, während der Rest der Gruppe die Blüte darstellt, die das Knäblein in sich birgt.

In der nächsten Sitzung zeichnet ein Gruppenteilnehmer, ohne den oben berichteten Traum unserer Patientin zu kennen, ein Knäblein, das sich in einer Blüte befindet und Geige spielt (s. Zeichnung 9).

Unsere Patientin ist davon zutiefst ergriffen und fertigt eine ganze Serie von Zeichnungen an, auf denen ein Mädchen dargestellt ist, das Geige spielt (s. Zeichnung 10 u. 11). Nun wird das Bild des geigespielenden Kindes inszeniert: Der in der Einzeltherapie zur Sprache gekommene Traum unserer Patientin wird zu einem Beziehungsmodell, dank dem eine Brücke zu den anderen Teilnehmern geschlagen werden kann. Die eigene Identität bleibt dabei nicht nur gewahrt, sondern erfährt darüber hinaus eine Bereicherung.

Aus alledem wird ersichtlich, wie die im Traum enthaltenen potentiellen Beziehungsmuster unbewußt auf Objektbeziehungen projiziert werden und den Projektionsempfänger ein Stück weit zu beeinflussen vermögen. In unserem Fall bringt ein Gruppenteilnehmer – völlig unbewußt – die Darstellung eines Traums seiner Mitpatientin zu Papier: die Blume mit dem Kind. Ich erinnere den Leser an die Zeichnung 1, wo eben diese junge Frau die Blume als Symbol einer beginnenden Kommunikation zwischen ihr und dem Therapeuten wählte und so den Ausbruch aus ihrer autistischen Nichtexistenz signalisierte.

Zeichnung 10

Zeichnung 11

Ich nehme an, daß es Träume und Traumgedanken geben muß, die aus einer Zone des Unbewußten stammen, die auf die Beziehungssphäre ausgerichtet ist und die, unbewußt, Objektbeziehungen in der Außenwelt beeinflußt. Diese Zone scheint einem symbiotisch angelegten Erfahrungsbereich anzugehören, der allen Menschen zugänglich ist. Es ist, als ob eine Anziehungskraft von ihm ausginge, die im Partner Ähnlichkeit beziehungsweise Kompatibilität zu erspüren vermag. Aufgrund der Beobachtungen über die Entwicklung im Kindesalter von Stern (1985) habe ich, gemeinsam mit Benedetti (1989, 1995), die Hypothese formuliert, daß diese symbiotischen Erfahrungsbereiche des Selbst in allen Menschen vorhanden sind und daß sie in einer Beziehung dann harmonieren können, wenn sie sich mit anderen Selbst-Anteilen zu integrieren vermögen, deren Charakteristikum Abgrenzung und Individuation ist.

In der Psychose sind die symbiotischen und die abgegrenzten Selbst-Anteile nicht integriert. Sobald in einer zwischenmenschlichen Beziehung symbiotische Anteile aktiviert werden, läuft der Kranke Gefahr, seiner Ich-Grenzen und damit seiner Identität verlustig zu gehen. Bei der Therapie der Psychosen vollzieht sich die Konfrontation von Symbiose und Abgrenzung im Therapeuten, während beim Kranken die zwei Sphären heillos zerstritten sind. Empathie, Identifikationsbereitschaft und Affektschwingungen aktivieren in beiden Partnern symbiotische Regungen. Der therapeutischen Anstrengung ist es anheimgestellt, mittels lebensgeschichtlicher und psychodynamischer Rekonstruktionen die abgegrenzten Selbst-Anteile zu beleben, wobei in diese differenzierenden Überlegungen selbstverständlich nicht nur die Existenz des Patienten, sondern auch jene des Therapeuten einzubeziehen ist.

Was im Patienten unvereinbar ist, Symbiose und Abgrenzung nämlich, vermag in einer ersten Therapiephase nur im Therapeuten zusammenzuwachsen. Erst im Verlauf von Jahren kann es allenfalls dazu kommen, daß die Integration der beiden Sphären auch für den Kranken zu einer innerpsychischen Erfahrung wird.

Sobald der Patient seine ersten Träume zu erzählen beginnt, bekommt man wertvolle Hinweise auf das Fortschreiten des von ihm verinnerlichten Prozesses. Träumt umgekehrt der Therapeut von seinem Patienten und identifiziert er sich somit mit dessen Welt und dessen Erleben, haben wir es mit einem intratherapeutischen Integrationsprozeß zu tun: Integration der Patient-Therapeut-Symbiose mit abgegrenzten Selbst-Anteilen des Therapeuten und solchen des Patienten.

Ich möchte mein Konzept mit einem weiteren Beispiel verdeutlichen. Ich träumte einmal von einem Patienten, der schon zwanzig Jahre lang unter chronischer Schizophrenie litt. Der junge Mann teilte sich fast ausschließlich über Zeichnungen mit, auf denen Meerlandschaften dargestellt waren: Schiffe, Häfen, Leuchttürme, im Hintergrund oft Berge, am Himmel – alternierend oder gleichzeitig – Sonne, Mond und Sterne. Wie gewohnt kopierte ich seine Zeichnungen, wobei ich da und dort ein Detail hinzufügte, das sich aus Verschiebungen oder Verdichtungen ergab. In einem der ersten Monate dieser Therapie hatte ich folgenden Traum: Ich befand mich mitten in der Zeichnung, die der Patient am Vortag angefertigt hatte, und stellte Überlegungen über seine Existenz an. Jeder abstrakte Gedanke, der mir zu seiner Lebensgeschichte aufstieg, jeder psychodynamische Einfall verknüpfte sich mit einem Element seiner Zeichnung: Dessen orale Fixierung klebte sich gewissermaßen an die Berge, die pathologische Symbiose mit der Mutter ans Meer, die ambivalente Beziehung zum Vater assoziierte ich mit dem Leuchtturm und so weiter. Dabei identifizierte ich mich offensichtlich so stark mit dem Patienten, daß ich das körperliche Spaltungserleben, an dem er seit Jahren litt, als physischen Schmerz wahrnahm.

Im Traumerleben war es zu einer Aktivierung meiner symbiotischen Selbst-Anteile gekommen, die mit denen des Patienten verschmolzen waren, wobei aber meine abgegrenzten Selbst-Anteile mit präsent waren. Ich hatte seine Welt betreten und fühlte mich sozusagen in seiner Haut, erlebte seine entfremdeten Körper; andererseits strengte ich mich aber offensichtlich an, seine persönliche Lebensgeschichte, die Psychodynamik seiner existentiellen Konflikte und die spurlos untergegangenen Ich-Grenzen in der gemeinsam durchlebten Zeichnung unterzubringen. Während der darauffolgenden Jahre hat sich unsere »Seereise« auf vielen Zeichnungen fortgesetzt. Unser Suchen trachtete danach, zwischen Zeichnungen und Vorstellungen eine Integration anzustreben. Dadurch gelang es dem Patienten, das Erleben körperlicher und psychischer Entfremdung zu überwinden. Eine völlige Heilung kam indessen nicht zustande.

Schlußfolgerungen

Ich möchte meinen Beitrag zum Abschluß bringen, indem ich die wichtigsten Punkte eines therapeutischen Vorgehens zusammenstelle, deren Hauptziel es ist, mit dem schizophren Erkrankten in Beziehung zu treten. Dabei stütze ich mich auf die Theorien meines Lehrers Gaetano Benedetti, der auf eine fünfzigjährige Erfahrung zurückblicken kann.

1. Hauptziel der Psychotherapie von Psychosen ist eine Aktivierung der Integration von im Patienten abgespaltenen Selbst-Aspekten, wobei sich dieser Prozeß zu Beginn im Therapeuten und erst hinterher im Kranken zu vollziehen vermag. Das Hauptaugenmerk ist dabei auf ein Zusammenführen von scheinbar unvereinbaren symbiotischen und abgegrenzten Selbst-Anteilen zu richten.
2. Unsere Therapiemethode fußt auf der Grundannahme, daß die Psychopathologie der Schizophrenie und Psychose in engem Zusammenhang steht mit einer Spaltung zwischen symbiotischen und abgegrenzten Selbst-Anteilen.
3. Der Traum des Therapeuten, in dem sein Patient oder ein Teil von dessen Welt auftaucht, gilt als Indikator für den Verlauf des Integrationsprozesses von Symbiose und Abgrenzung, der sich außerhalb des Patienten, das heißt im Therapeuten vollzieht.
4. Beginnt indessen der Patient Träume zu produzieren, bekommen wir wichtige Hinweise darauf, wie der Integrationsprozeß im Patienten verläuft.
5. In einer ersten und meist langen Phase sollten meines Erachtens die Träume des Patienten nicht mit der klassischen psychoanalytischen Deutungsmethode angegangen werden, die danach trachtet, manifeste auf latente Traumgedanken zurückzuführen und die dabei unter Einschaltung des Sekundärprozesses Verschiebungs- und Verdichtungsmechanismen zu demaskieren versucht.
6. Vielmehr besteht die psychotherapeutische Arbeit darin, wann immer möglich die Vorstellungen des Patienten durch Spiegelung zu bestärken und allenfalls durch den Einsatz von Verschiebungen und Verdichtungen mit anderen Assoziationen zu vernetzen. Dadurch wird der Symbolisie-

rungs- und Sekundärprozeß in Gang gesetzt. Bei Schizophrenen verstehen wir die Traummechanismen weniger als Zensurinstanz denn als kohärenzfördernde Stimulanzien einer innerpsychischen Kommunikation zwischen voneinander abgespaltenen Konfliktbereichen.

7. In der Psychotherapie von schizophrenen Patienten kann die klassische Traumdeutung erst dann zur Anwendung kommen, wenn der Kranke ein genügend stabiles Selbst wie auch eine flexible Ich-Kohärenz erlangt hat, die es ihm gestatten, mit dem Mitmenschen in Beziehung zu treten, ohne sich dabei aufzulösen. Das ist oft erst nach mehreren Jahren Therapie der Fall. Mir sind allerdings auch Kranke bekannt, bei denen, trotz langer Therapien, keine zufriedenstellende Stabilisierung der Ich-Kohärenz erreicht werden konnte. Deshalb wird auch künftig nach therapeutischen Methoden geforscht werden müssen, die die intra- und interpsychische Kommunikation zu stimulieren vermögen.

(Aus dem Italienischen von PAUL RYCHNER)

J. PHILIP ZINDEL

Träume und Hypnose

Einführung

Die unmittelbare Verwandtschaft von Traum und Hypnose – zwei geheimnisvollen Lebenserscheinungen, die seit jeher den Menschen in ihren Bann gezogen haben – erscheint schon über die Namengebung so augenfällig, daß sie kaum einer Diskussion wert scheint: Hier der Traum als allvertraute Erscheinung des *Schlafs* und da der *schlaf*ähnliche Zustand der Hypnose. Es macht also den Eindruck, als wäre die Brücke über den Schlaf von vornherein geschlagen.

Wäre dem wirklich so, dann wären wir berechtigt, uns sogleich den praktischen Fragen der therapeutischen Anwendung der Hypnose im Zusammenhang mit den Träumen zuzuwenden. Wir werden aber gleich sehen, daß hier ein erhebliches Hindernis im Weg steht, das wir als erstes zu diskutieren haben werden. Dies wird uns zunächst auf den Pfad einiger theoretischer Überlegungen, historischer Fakten und Begriffsklärungen führen. Danach werden wir uns vor allem Fragen von praktischer Relevanz zuwenden, insbesondere einer neuartigen hypnoanalytischen Traumtechnik, in der der Therapeut die Introjizierung seiner heilungsfördernden Funktion in der Hypnose aktiv intensivieren kann. Schließlich werden wir auch besprechen, inwiefern hypnotisch suggerierte Schlafträume – beim Patienten wie auch beim Therapeuten – im Zusammenhang einer Psychotherapie nutzbringend eingesetzt werden können.

Klarstellungen und Definitionen

Hypnose und Schlaf

Wollte man, im Vertrauen darauf, daß der Name »Hypnose« schließlich vom griechischen Wort für Schlaf stammt und somit eine Art Schlafzustand bezeichnen muß, in dem man demzufolge träumt, selbstverständlich den Traum und die Hypnose einander zuordnen, so verfiele man einem gravierenden Irrtum. Bei genauerer Betrachtung müssen wir erkennen, daß die Hypnose sich in keiner Weise als etwa den Schlafphänomenen zugehörig erweist. Sie gehört den Wachphänomenen zu. Der Name »Hypnose« wurde im letzten Jahrhundert von einem aus ziemlich freien Stücken erfundenen Wort, »neurhypnology« abgeleitet, das seinerseits von dem Ophthalmologen James Braid (1843) aus Manchester geprägt wurde. Dies geschah also zu einer Zeit, in der von eigentlicher Neurologie oder Schlafforschung noch keine Rede sein konnte. Braid stützte sich bei seiner Namengebung auf die lapidare Beobachtung, daß Personen, denen eindringliche Schlafsuggestionen gegeben worden waren, sich tatsächlich von außen gesehen zeigten wie schlafende Menschen, dabei aber gleichzeitig ungewöhnliche, scheinbar durch weitere Suggestionen aufgepfropfte Verhaltensweisen demonstrieren konnten. Um solche Phänomene zu konzeptualisieren – dies sei nur kurz in Erinnerung gerufen –, stand damals der Begriff »Unbewußtes« noch nicht zur Verfügung. Somit lag es nahe, diesen Zustand scheinbar verminderter Bewußtheit mit dem Schlaf, dem Zustand des geschwundenen Bewußtseins und des völligen Willensverlustes par excellence, in Verbindung zu bringen.

Vor Braid hatten nur wenige Vorläufer der Hypnose Schlafsuggestionen eingesetzt, um diesen besonderen Zustand herbeizurufen. So stützte beispielsweise der berühmte Franz Anton Mesmer (1814), der die Ära der wissenschaftlichen Hypnose eigentlich einläutete, seine Theorie der Hypnose nicht auf die Schlafmetapher. Er setzte dementsprechend auch keine Schlafsuggestionen ein. Er hielt sich, seinem Weltbild entsprechend, an ein physikalisch-esoterisches Erklärungsmodell: Er deutete die hypnotischen Phänomene als magnetisch-kosmische Erscheinungen und prägte den Ausdruck »animalischer Magnetismus«. Dementsprechend »magnetisierte« er seine Patienten. Da sich aber diese physikalische Metapher als wissenschaftlich unhaltbar erwies, die therapeutischen Erfolge seiner Methode nichtsdestoweniger unanfechtbar vorlagen, praktizierte man sie nach Mesmer weiter und sprach dann kurzerhand und etwas nebulös, in Anlehnung an den Namen des Meisters, von »Mesmerismus«, und man »mesmerisierte«.

In der Folge Mesmers sah der Marquis de Puységur (1809) in den Phänomenen des Mesmerismus den Ausdruck eines »magnetischen Schlafs« und erklärte die Phänomene als künstlichen »Somnambulismus«. Somit bezog er sich als einer der ersten auf die Schlafmetapher. In seinem geistigen Gefolge finden wir einige Jahre später den schon erwähnten Braid, der, fasziniert von den Vorführungen eines französischen Schauhypnotiseurs namens Lafontaine, selbst erfolgreich mit Schlafsuggestionen experimentierte und dann eben das Wort »neurhypnology« prägte. Daß aber die Schlafhypothese einer genaueren Untersuchung ebensowenig wie die magnetische standhalten konnte, bemerkte Braid selbst sehr bald, widerrief seine erste Bezeichnung und schloß sich einer suggestionsorientierten Theorie an. Wie die Geschichte aber zeigt, hat sich trotz allem der Name »Hypnose« durchgesetzt, wohl deshalb, weil die Idee einfach zu faszinierend war, einen künstlichen Schlaf hervorrufen zu können, in welchem man eine so undurchsichtige Macht über seinesgleichen – und somit auch über den mächtigen Schlaf selbst – erlangen konnte ... dies bis zur Verblendung in der Namengebung.

Alle physiologischen und psychologischen Kriterien aber, von den meßbaren, vegetativen Veränderungen und den enzephalographischen Forschungen (z. B. Evans 1972, Meszaros et al. 1987, Walter et al. 1993) bis zu den zahllosen experimentalpsychologischen Forschungen und den entsprechenden Theoriebildungen, von denen hier exemplarisch nur die von Hilgard (1974) genannt seien, belegen, daß die Hypnose den *Wachzuständen* zuzuordnen ist. Es fehlen der Hypnose auch alle entscheidenden Parameter des Schlafs wie beispielsweise die Herabsetzung der Reflexerregbarkeit (Hull 1933) und die REM-Phasen. Schließlich ist auch nicht zu vergessen, daß das subjektive Erleben der Hypnose das einer Wachheit ist, die wohl in der Art des Bewußtseins eine Veränderung erfahren hat und in der der Wille völlig erhalten bleibt, auch wenn er zur Seite getreten ist.

Um die Dinge für die Anhänger der Schlafhypothese noch etwas komplizierter zu gestalten, laufen die modernen Untersuchungen, vorab die sehr subtilen und scharfsinnigen psychologischen Beobachtungen Milton Ericksons (1980), wie auch seine gesamte hypnotherapeutische Praxis, darauf hinaus, daß es nicht einen bestimmten hypnotischen Zustand, sondern eine Vielfalt hypnotischer Zustände, »Trancen«, gibt, die allesamt physiologischerweise auch im normalen Alltag unter geeigneten Umständen spontan auftreten können. In der modernen Sicht der hypnotherapeutischen Praxis ist also die Hypnose eigentlich nichts anderes als eine Möglichkeit, solche natürlichen »Alltagstrancen« zu einem gegebenen Zeitpunkt mit einem bestimmten therapeutischen Zweck auszulösen.

Beziehungen zwischen hypnotischen Bildern und Traum

Hypnose ist also kein Schlafzustand. Welche sind nun die tatsächlichen Beziehungen zwischen dem Schlafphänomen Traum und dem Wachphänomen Hypnose, und welcher Natur sind sie? Ein kurzer Vergleich mit den verwandten Phänomenen wird zur Klarheit beitragen: Der hypnotische Traum, der Tagtraum, der Wachtraum, das Erinnerungsbild, die Phantasie, der Schlaftraum sind Formen der *Imagination*.

Zu Beginn dieses Abschnitts werden wir den hypnotischen Traum mit seinen Eigenheiten darstellen, unabhängig davon, ob sie ihm allein angehören oder in anderen Traumformen auch vorkommen. Danach werden wir im Vergleich die Verwandtschaften und Unterschiede feststellen können.

1. Der hypnotische Traum

Im hypnotischen Zustand kann bei fast allen Menschen eine besondere Art der Imaginationsfähigkpit zutage gefördert werden. Sie zeichnet sich durch eine intensive – wenn auch variable – Erlebnisnähe und emotionale Tiefe der Bilder aus. Dadurch bleiben letztere entsprechend oft sehr klar im Gedächtnis erhalten, oder sie fallen im Gegenteil verdächtig schnell der Verdrängung zum Opfer. Inhalt und Ablauf der Bilder sind weitgehend unvorhersagbar und zudem meist in einer Symbolsprache chiffriert. Die klassischen primärprozeßhaften Vorgänge der Verdrängung, der Verschiebung und der Verdichtung sind darin geläufige Phänomene. Die Bilder können sehr annehmlich und harmonisch, auch rätselhaft, manchmal aber bedrückend oder beängstigend wirken. Der nachträglich reflektierende Mensch fühlt sich von diesen Bildern zum Nachdenken aufgefordert: »Weshalb sehe gerade ich gerade jetzt gerade solche Dinge? Was haben sie zu bedeuten?« Hypnotische Bilder erscheinen uns also gleichzeitig als fremd und doch irgendwie vertraut, was auf den Ursprung im eigenen Unbewußten hinweist.

Hypnotische Bilder werden vornehmlich im visuellen Bereich wahrgenommen, doch können ebensogut alle anderen Sinneskanäle, der akustische, der kinästhetische, der olfaktorische oder der gustatorische, einzeln oder als Synästhesien, Bilder formen, indem beispielsweise in einer eisigkalten Atmosphäre, im Zusammenhang mit einem seltsamen Duft Stimmen einem unverständliche Worte zuraunen.

Trance-Logik

Im Ablauf der hypnotischen Bilder zeigt sich das eigentümliche Phänomen der »Trance-Logik« (Orne 1972). Es handelt sich um eine scheinbare Unlogik, die logische Inkongruenzen mit einer Art Nonchalance übergeht. Typischerweise entstehen solche Widersprüche zwischen Begebenheiten der äußeren Realität und dem inneren Erleben. Suggeriert man beispielsweise einer mit offenen Augen hypnotisierten Person, der Raum sei leer und sie soll sich in gerader Linie zur Türe begeben, in Wirklichkeit aber befindet sich ein Tisch auf dem Weg, so löst die Trance-Logik das Problem so, daß die hypnotisierte Person einen Bogen um den Tisch machen wird, davon aber keinerlei bewußte Wahrnehmung hat. Nach der Hypnose mit diesem Verhalten konfrontiert, wird sie dafür irgendwelche Rationalisierungen erfinden. Diese Trance-Logik kann aber auch innere Widersprüche oder Unmöglichkeiten – oder besser gesagt, was dem an der Außenwelt orientierten Denken als widersprüchlich oder unmöglich erscheint – elegant kurzschließen: »Ich gehe einfach durch die Mauer hindurch« oder »Ich bin gleichzeitig hier und woanders«. Die Trance-Logik beruht auf einer Art Blockierung des »normal«-logischen, zielgerichteten Denkens, öffnet aber als Ausgleich das Tor zu freieren, assoziativen Denkweisen.

In einem hypnotischen Traum erlebte ein junger Patient folgendes Trance-Logik-Phänomen: »Ich befinde mich in einer Berglandschaft. Auf der anderen Seite eines Bergsees führt ein Weg hinter Felsen ins Tal hinunter. Auf diesem Pfad tummeln sich ein paar Gemsen, die ich aber nicht sehen kann.« Die elementare Logik fragt sich hier: Wie kann er denn wissen, daß sich dort Gemsen befinden, wenn er sie gar nicht sehen kann?

Solche »unlogischen« Erlebnisse werden in Hypnose interessanterweise als völlig normal und kohärent erlebt. Dasselbe Phänomen finden wir natürlich im Schlaftraum – etwa in der »Doppelgesichtigkeit« des Traums (siehe Benedettis Beitrag in diesem Buch) –, im Wachzustand auch in manchen Ausdrucksweisen neurotischen Verhaltens, insbesondere aber auch in der Psychose.

Assoziiert – dissoziiert

In den hypnotischen Bildern, wie übrigens auch in den Schlafträumen, kann sich der Träumer selbst in zwei grundsätzlich verschiedenen Weisen erleben. Er kann die Szene so erleben, wie wenn er sich tatsächlich »darin«, in seinem eigenen Leib, befände – so wird am häufigsten der Schlaftraum erlebt – oder er kann sich selbst von außen sehen, wie sich selbst durch eine Kamera filmend, als eine Art Schauspieler, der für ihn dasteht. Im ersten Fall spricht man von »assoziiertem«, im zweiten von »dissoziiertem« Erleben. Man spricht von Dissoziation, weil sich ein handelndes Ich vom beobachtenden und erlebenden Ich abgespalten hat. Beide Varianten sind im Grunde nichts als überzeichnete Extreme einer polaren Situation. Immer sind wir als selbstreflektierende Wesen gleichzeitig assoziiert und dissoziiert. Schon nur das Aussprechen des Wortes »Ich« setzt ja voraus, daß es gleichzeitig ein Beobachtetes und ein Beobachtendes in mir gibt. Häufig wird diese Unterscheidung zwischen assoziiertem und dissoziiertem Erleben als Kriterium genommen, um zu beurteilen, ob es sich um eine »echte« oder nur um eine »unechte«, simulierte hypnotische Erfahrung handelt, wobei der assoziierte Zustand als der »echtere« betrachtet wird. Das ist nicht nur ziemlich willkürlich, sondern auch falsch. Erstens stellen andere hypnotische Phänomene wie beispielsweise Trance-Logik, subjektive Distanz zum normalen Wachzustand, Hypermnesie, Amnesie viel wichtigere Kriterien einer gelungenen Hypnose dar und können sich in dissoziiert erlebten hypnotischen Träumen sehr wohl manifestieren. Zweitens läßt sich argumentieren, daß ja eine der wesentlichen Funktionen des Träumens die physiologische Traumentspannung ist. Gerade diese Funktion wird aber sehr gefördert, wenn das schlafende Ich sich selbst auf der Grundlage des dissoziierten Zustands beobachtet. Im Grunde entspricht also, wenn überhaupt, eher der dissoziierte Zustand einem »echteren« Träumen. Dies heißt allerdings nicht, daß die Unterscheidung assoziiert-dissoziiert belanglos wäre: Wir werden später noch sehen, daß sie Wesentliches über den Stand der therapeutischen Entwicklung aussagen kann.

Definition

Diese Zusammenstellung von Beobachtungen über die hypnotischen Bilder erlaubt uns sicherlich, diese provisorisch schon als »Träume« zu betiteln, doch werden wir die definitive Begründung dieser Bezeichnung noch weiter unten erbringen. Wir wollen also Bilder, die in Hypnose auftreten und die die eben erwähnten Charakteristika des Unbewußten aufweisen, als »hypnotische Träume« definieren. Somit fallen unter diese Terminologie auch Imaginationen, wie sie im Katathymen Bilderleben (LEUNER 1981) und ähnlichen Verfahren entstehen.

2. Der Tagtraum

Den Gegenpol zu diesen Bildern des hypnotischen Traums, die tiefgreifende, kreative Potentiale bergen, bildet das »Tagträumen« mit seinem geistig stagnierenden, zirkulären Ablauf. Es ist besonders ROSAS (1975) Verdienst, den Tagtraum klar von den anderen Traumformen abgegrenzt zu haben. Der Tagtraum findet zwar auch im Wachzustand statt, aber er ruft nichts Neues hervor. In ihm schlendern wir zwischen mehr oder weniger banalen Bildern umher. Dem Tagtraum fehlt, im Unterschied zu allen anderen Formen des Träumens, jeglicher offenbarende Impuls. Er verhüllt mehr, als er aufdeckt. Er bietet nichts als eine kurzlebige Wunscherfüllung, in der man sich sieht, wie man sich sehen möchte, ohne daß der Selbstentfaltung gedient wäre.

»In dem regressiven Bedürfnis, sich unliebsamen aktuellen oder immer wiederkehrenden Tatsachen zu entziehen, die Realität zu leugnen und sie in frei phantasierter Weise zu korrigieren, was immer mit einer Aufwertung der eigenen Person geschieht, zieht sich der Tagträumer *auf* sich selbst zurück, nicht *in* sich selbst, weil dieses in sich gesuchte Ich ja an der Realitätsüberprüfung teilnehmen müßte« (Rosa 1975). Im Tagtraum beziehungsweise in den wachen Phantasien, fehlt zudem immer die emotionale und neurovegetative Mitbeteiligung, die in den anderen Traumformen durchaus sehr lebhaft ausfallen kann, wenn sie nicht zensiert wird. Im Tagtraum ist gar keine Zensur nötig, weil nur Gefälliges in Bilder gebracht wird.

3. Der Wachtraum

Rosa (1975) spricht im Zusammenhang mit der Oberstufe des Autogenen Trainings richtigerweise von einer »Wachtraumtechnik«. Die Bezeichnung »Wachtraum« trifft an sich durchaus auch auf den hypnotischen Traum zu, was einladen könnte, diesen einfacheren Begriff zu benutzen. Doch scheint es uns sinnvoller, die Bezeichnung »hypnotischer Traum« für das Träumen in der Zweierbeziehung beizubehalten und als »Wachtraum« die Traumaktivität zu bezeichnen, die im Alleingang geschieht. Vertreter des hypnotischen Traums sind beispielsweise das »Katathyme Bilderleben« (Leuner 1981) und der »rêve éveillé dirigé« von Desoille (1938), und als Repräsentanten des Wachtraums wären die Oberstufe des Autogenen Trainings (Schultz 1932, Rosa 1975) und der »rêve éveillé en psychanalyse« von Maurey (1995) zu nennen.

4. Das Erinnerungsbild

Die Erinnerung beziehungsweise das Erinnerungsbild unterscheidet sich insbesondere vom hypnotischen Traum und vom Schlaftraum dadurch, daß es an reale, meist von außen bedingte, lebensgeschichtliche Fakten gebunden und aus diesem Grund gewissermaßen »eingefroren« ist. Es ist nicht mehr beliebig, nach Lust und Phantasie veränderbar, ohne sein Wesen als Erinnerung zu verlieren. Erinnerungen sind zwar, wie die »False-memory«-Forschungen gezeigt haben (Orne 1979), nicht absolut unwandelbar und können »infiziert« oder gar erfunden werden, doch sind sie an innere Wirklichkeitskriterien gebunden, die sie als solche wiedererkennbar machen. Erinnerungen sind auch nicht beliebig kombinierbar. Sie können wohl in allen Formen des Träumens als Bausteine auftreten. Der Schlaftraum kann manchmal Erlebnisse, die das wache Ich verdrängt, wieder ins Bewußtsein bringen. Auch im Bewußten vorhandene Erinnerungen, vor allem Schockerlebnisse, können in unveränderter Form im Schlaftraum oder im hypnotischen Traum wieder aufleben. Doch unterscheidet sich das Erinnerungsbild vom kreativen Traumbild immer dadurch, daß es nicht verhüllt, nicht chiffriert, wie es der Traum mit Inhalten des Unbewußten tut. Es soll primär die Beziehung zur Außenwelt und zur Identität sichern und nicht Ausdruck von Prozessen der Innenwelt sein.

5. Die Phantasie

Der Begriff »Phantasie« wird in verschiedenen Sprachgebräuchen ganz unterschiedlich aufgefaßt. Für unseren Zusammenhang erscheint es uns am sinnvollsten, ihn ziemlich weit fassend als den psychologischen Grundmechanismus zu definieren, der eigenständig Bilder produziert und kombiniert, unabhängig von der Absicht oder Aussage, die ihnen zugrunde liegt, und unabhängig vom schöpferischen Wert ihres Inhalts. So ist es die Phantasie, die im Hintergrund des hypnotischen Traums wirkt und webt, genauso wie im Tagtraum und im Schlaftraum (außer in reinen Erinnerungsträumen), nicht aber im Erinnerungsbild.

6. Der Schlaftraum

Der Schlaftraum braucht eigentlich an dieser Stelle nicht ausführlich definiert zu werden, insofern als er jedem Menschen aus eigener Erfahrung bestens bekannt ist und er durch die Bedingung seines Auftretens, den Schlaf, ohnehin vom hypnotischen Traum genügend abgegrenzt ist. Wir wollen hier lediglich explizit vor Augen führen, daß alle Eigenschaften, die wir weiter oben über die hypnotischen Bilder aufgezählt haben, genauso, wenn auch in verschiedenem Ausmaß, auf die Bilder des Schlaftraums zutreffen: der »unbewußte« Charakter der Bilder, also das Fehlen bewußt willentlicher Steuerung des Inhalts, die verschlüsselte, in Symbolen chiffrierende Sprache, die Möglichkeit, angenehm oder auch sehr mißliebig bis beängstigend zu sein, die Tendenz, entweder besonders eindrücklich in Erinnerung zu bleiben oder rasch in Vergessenheit zu geraten, die primärprozeßhaften, einer scheinbaren Unlogik folgenden Abläufe, die uns bekannt sind als Verdrängungs-, Verdichtungs- und Verschiebungsphänomene. Wir erkennen in letzteren natürlich Aspekte der Trance-Logik, wobei im Unterschied zur eigentlichen Trance-Logik, also in der Hypnose, die Reduktion von Widersprüchen zwischen Außenwelt und Innenwelt im Schlaf wegfällt, weil die Außenwelt ja ausgeschaltet ist.

Sind hypnotische Bilder wirklich »Träume«?

Ist es nun aber berechtigt, die Produkte der hypnotischen Imagination und den Schlaftraum einander gleichzustellen und beides »Traum« zu nennen? Sollten wir den Ausdruck »Traum« nicht doch ausschließlich den Bildprodukten der REM-Phase des Schlafs vorbehalten?

Wollten wir uns auf letzteren Standpunkt stellen, so würden wir also den Umstand des Schlafs als unabdingbar zugehörigen Bestandteil der Definition des Traums postulieren. Wie Wolff (in: Wirz et al. 1995) es sogar formuliert, würden wir den Traum als Ergebnis eines rein körperlichen, rein materiellen Geschehens ansehen. Damit begäben wir uns implizit auf einen physiologistischen Boden. Wesentlich wäre dann am Traum ebensosehr die Tatsache, daß er im physiologischen Zustand des Schlafs auftritt, wie seine phänomenologische Erscheinung in Form von Bildern. Diese Verknüpfung dürfen wir zunächst einmal als eine mögliche, aber willkürliche Hypothese betrachten und sind somit legitimiert, die andere Hypothese zu untersuchen, ob der Schlaf nicht vielleicht nur eine von mehreren möglichen Rahmenbedingungen des Auftretens eines Traums darstellt. Dann wäre es sogar logisch falsch, diese Bedingung in die Definition des Wesens einzubeziehen.

Wir müssen also der logischen Sauberkeit zuliebe, um auszuschließen, daß der Schlaf nicht doch vielleicht die einzige Bedingung sein könnte, in der Träume auftreten, noch nachforschen, ob nicht irgendwelche Unterschiede in der Manifestation der Bilder bestehen, ob sie im Schlaf oder in der Hypnose – oder gar unter anderen Bedingungen wie dem LSD-Rausch – auftreten. Hierzu müssen wir das Restphänomen »Schlaftraum minus Schlafzustand« mit dem anderen Restphänomen »hypnotischer Traum minus Hypnose« miteinander vergleichen. Suchen wir nach Unterschieden zwischen den hypnotischen Bildern und dem »Schlaftraum minus Schlaf«, so finden wir eigentlich nur zwei Abweichungen, die letztlich nur quantitative sind.

1. Mitbeteiligung des Bewußten

Der erste Unterschied besteht in der Mitbeteiligung des Bewußten. Unter beiden Bedingungen wird der operative Wille des bewußten Zustands reduziert beziehungsweise ausgeschaltet. Im Schlaftraum findet dieser Ausschluß des Willens durch die Physiologie des Schlafs und somit vollständig statt, außer vielleicht in morgendlichen, ins Wachsein auslaufenden Träumen. In der Hypnose hingegen liegt ein freiwilliger Verzicht, ein Fallenlassen der Möglichkeit bewußter, absichtlicher Steuerung zugrunde. Verschiedene Wege führen an dieses Ziel: In der Oberstufe des Autogenen Trainings ist es der Übende selbst, der seinen Willen ganz allein, aus freiem Entscheid, allmählich abklingen läßt, eine Fähigkeit, die er sich durch Training erworben hat. In der hypnotischen Situation spielt weniger die Übung als verschiedene, an die reale, schützende Präsenz des Hypnotiseurs gebundene Faktoren, Elemente der Übertragung, wie auch die Suggestion eine entscheidende Rolle.

Eine wesentliche Konsequenz aus der Tatsache, daß in der Hypnose das Loslassen des Willens nicht physiologisch bedingt oder auch nicht pharmakologisch erzwungen ist – wie beispielsweise unter LSD oder in der Narkoanalyse –, zeigt sich darin, daß der unbewußte Charakter der hypnotischen Bilder gegenüber den Träumen oft etwas relativiert ist. Der Verzicht auf die Willkür ist in der Hypnose definitionsgemäß nur partiell und läßt somit eine gewisse »Verunreinigung« oder zumindest eine Dämpfung der Bilder durch bewußte Elemente zu. WATKINS (1992) sieht darin eine geringere Regression im hypnotischen Traum als im Schlaftraum. BARRETT (1979) formuliert es so, daß bei wenig hypnotisierbaren Personen Struktur und Inhalt der hypnotischen Träume denen des Tagtraums gleichen, eine wohl fragwürdige Sichtweise, wenn man bedenkt, daß die ohnehin umstrittene Hypnotisierbarkeit unter anderem an der Fähigkeit gemessen wird, hypnotische Träume zu produzieren. So gesehen dreht sich BARRETTS Schilderung logisch im Kreis.

Am konkreten Beispiel eines Nachttraums, den eine junge Frau im Anschluß an einen hypnotischen Traum erlebte, wollen wir aufzeigen, daß der Nachttraum eben wesentlich »tiefer« ging als der hypnotische, obwohl die Thematik, ja sogar die Symbolsprache dieselbe war. Hier die Wiedergabe im Wortlaut:

Hypnotischer Traum: »Zuerst sehe ich ein mittelgroßes Segelschiff aus Holz inmitten einer sonnigen Meereslandschaft. Das Schiff wiegt sanft auf dem fast stillen Meer hin und her. Dahinter erhebt sich eine hohe Felsklippe, links ist das Ufer mit Sandstrand zu sehen und rechts das offene, weite Meer. Plötzlich kommen hohe, große Wellen vom offenen Meer auf das Segelschiff zu. Jetzt bin ich selbst auch auf dem Schiff an Deck und spüre in mir die mächtige Kraft und Energie dieser Wellen. Es ist, als ob ich selbst mit dieser Kraft Berge versetzen könnte. Gleichzeitig bin ich erstaunt, daß das Schiff nicht ins Wanken kommt. Eine Stimme sagt in mir: ›Gehe vorwärts, mach etwas, ganz gleich, was es ist, es passiert dir nichts …‹ Doch ich bleibe auf dem Schiff stehen und lasse die Wellen in mir wirken, spüre noch einmal diese große Kraft und die Sicherheit in mir.«

Traum in der folgenden Nacht: »Ich sehe dieselbe Kulisse mit dem Segelschiff vor mir. Der Wellengang vom offenen Meer her ist genauso hoch. Ich bin an Deck und spüre wiederum diese große Kraft und Energie des Meeres in mir, dieses Vorwärtsziehen, dieses Mitreißen. Und plötzlich springe ich Kopf voran ins Meer und tauche tief hinab, bis ich den Meeresgrund unter mir sehe. Vor mir liegt eine wunderbare Korallenlandschaft, wie ich sie vom Tauchen her bereits kenne. Ich schwimme gemütlich durch die Landschaft, erfreue mich an der Vielfältigkeit der Korallen, sehe auch Muscheln und andere Pflanzen, bis ich zu einem Felsvorsprung komme. Plötzlich gesellt sich ein Delphin zu mir. Er begleitet mich auf meiner weiteren Reise, bis wir über den Felsvorsprung hinwegschwimmen. Von dort blicke ich lange und sehnsüchtig in das immer tiefer werdende, geheimnisvolle Blau hinunter und möchte noch lange dort verweilen. Dann wache ich leider wieder auf.«

Die Abfolge dieser zwei Träume zeigt anschaulich, wie das Traumbild in Hypnose an einem Punkt aufhört, von dem aus dann der Nachttraum weiterführt. Die Träumerin spürt in Hypnose eine grandiose Kraft, hört eine ermunternde Stimme, bleibt aber dabei irgendwie stehen. Im Nachttraum springt sie dann aber wörtlich »ins Wasser« und »in die Tiefe« und entdeckt dabei eine Welt, die ihr im hypnotischen Traum noch unzugänglich geblieben war. Die Barriere, welcher Natur sie auch immer war, wurde im Schlaf aufgehoben.

Es darf allerdings nicht unerwähnt bleiben, daß umgekehrt in einem hypnotischen Traum der Nachttraum wieder aufgegriffen und dank der therapeutischen Stützung weitergeführt werden kann, wo dieser wegen emotionaler Sperren durch das Aufwachen aufgegeben wurde. Dieser Fall findet natürlich kaum je spontan statt, sondern wird in der Regel absichtlich in der Hypnoanalyse herbeigeführt, wenn Patient und Therapeut beschlossen haben, den Nachttraum auf diese Weise zu bearbeiten. Weiter unten werden wir ausführlicher auf dieses Vorgehen eingehen.

Übrigens erkennen wir am soeben geschilderten Beispiel auch besonders eindrucksvoll, wie die Bilder eines hypnotischen Traums – das Schiff, die Kraft der Wellen, das Stehenbleiben – praktisch unverändert vom Nachttraum übernommen werden können, was wiederum ein gewichtiges Argument für die Identität der Quelle dieser Bilder und damit auch für die Wesensgleichheit der beiden Arten von Träumen darstellt.

2. Die Präsenz des Therapeuten in den Bildern

Der zweite Unterschied zwischen dem hypnotischen Traum und dem »Schlaftraum minus Schlaf« entsteht durch die Präsenz des Therapeuten – nicht nur neben dem Patienten, sondern auch in den Bildern selbst. Nun stellt sich die bedeutsame Frage, ob die Tatsache, daß der Therapeut seine eigenen Bilder in die des hypnotisch träumenden Patienten einbringen kann, die Bezeichnung »Traum« überhaupt noch zuläßt. Ist nicht eben das »Privatissime« des Traums eines seiner Wesensmerkmale? Vergleichen wir es mit der Situation des Denkens. Unser Denkvermögen ist wohl am konzentriertesten und reinsten in der stillen Einsamkeit des Philosophenstübchens. Im angeregten, disputierenden Dialog mit einem interessanten Mitmenschen denken wir aber auch. Es liegen hier sicher zwei verschiedene Aspekte des Denkens vor, aber niemand käme auf die Idee, das Denken im Dialog nicht als Denken anzuerkennen. Übertragen auf den Traum heißt dies, daß er wohl eine andere Form, die eines Dialogs annimmt, wenn der Therapeut seine Bilder einbringt, daß er aber auch so ein echter Traum bleibt.

Zudem ist ja ein Phänomen aus der psychoanalytischen Praxis bestens bekannt, daß nämlich der Analysand im Verlauf der Kur von der Person seines Therapeuten träumen kann und daß der Traum vielleicht seine Übertragung formuliert, ja sogar möglicherweise die Gegenübertragung des Analytikers aufdeckt. SACERDOTE (1982) vermutet auch, daß sich auf dem Boden einer positiven Übertragung ein Patient verpflichtet fühlen kann, täglich seinem Analytiker einen Traum zu liefern. Diese Beobachtungen weisen auch indirekt auf eine – wohl nicht bewußt intendierte – Einflußnahme des Analytikers auf den Traum hin. Ohne Analytiker hätte der Traum nicht diese Gestalt und nicht diesen Inhalt angenommen. Also sind wir berechtigt, auch hier den Sachverhalt so zu sehen, daß der Unterschied zwischen Schlaftraum und hypnotischem Traum in dieser Hinsicht nicht ein grundsätzlicher, sondern ein quantitativer ist.

Schlußfolgerung

Aufgrund all dieser Parallelen spricht ROUSTANG (1995) von der Hypnose als einem »paradoxen Wachzustand« (»veille paradoxale«), in Anlehnung an den Begriff des »paradoxen Schlafs«, der für die Phasen nächtlichen Träumens geläufig ist. Er sieht auch im stillen, nicht interaktiven hypnotischen Träumen dieselben psychologischen und physiologischen Funktionen wie die des paradoxen Schlafs, nämlich vornehmlich die Iteration des biologisch-psychischen »Programms« (»programmation itérative de l'individuation«, JOUVET 1992) zum Zweck der Integration neuer Inhalte. Unterstützend für ROUSTANGS Formulierung steht auch die bemerkenswerte Parallele der beiden »paradoxen Zustände« auf körperlicher Ebene: In beiden befinden wir uns in einer tiefen muskulären Atonie (im Schlaf vom Brückenbereich des Stammhirns aus gesteuert, in der Hypnose durch bewußtes Loslassen) und in beiden Fällen sind Bulbusbewegungen unter geschlossenen Augenlidern zu beobachten. Hier sei auch angemerkt, daß die Bezeichnung der Phasen des Schlaftraums als »paradox« schon impliziert, daß die Bedingungen des Auftretens von Schlafträumen nicht einfach »der Schlaf« ist, sondern daß erst eine ganz spezifische physiologische Konstellation innerhalb des Schlafs, die ihm eigentlich ganz unähnlich ist, den Traum ermöglicht.

SACERDOTE (1982) will nur dann von »hypnotischen Träumen« reden, wenn vorab formelle Schlafsuggestionen in Hypnose gegeben worden sind. Uns scheint eine solche Einschränkung der Definition insofern wenig sinnvoll, als kaum einzusehen ist, wie sich durch diese Suggestionen am hypnotischen Zustand, physiologisch oder psychologisch, wirklich etwas ändern sollte. Allenfalls kann der Schlaf als anschauliche Metapher dienen, um den Patienten einzuladen, Träume aufkommen zu lassen.

Diese Überlegungen sollten ausreichen, um die Annahme der Wesensgleichheit von Schlaftraum und hypnotischen Bildern zu rechtfertigen. Es ist durchaus sinnvoll, dem Schlaf beziehungsweise dem hypnotischen Zustand die Rolle von Rahmenbedingungen für das Auftreten von Träumen zuzuordnen und nicht die von konstituierenden Elementen. Wenn FREUD noch im Traum den Hüter des Schlafs sah, so gilt seit der Entdeckung der REM-Phasen auch das Gegenteil als erwiesen: Der Schlaf ist der Hüter des Traums. Weshalb also nicht auch die Hypnose?

Die Praxis des hypnotischen Traums: Der Patient in Hypnose

Ohne auf praktische Details der Hypnosetechnik eingehen zu können, werden wir nun die wesentlichen praktischen Aspekte der Arbeit mit hypnotischen Träumen beleuchten.

Die Hypnose und ihre Induktion

Aus unseren einführenden Überlegungen geht hervor, daß das wesentlichste gemeinsame Charakteristikum von Schlaf und Hypnose in bezug auf das Entstehen von Träumen das möglichst vollständige Loslassen der wachen Willensfunktionen ist. Dieses Loslassen ist an die Bedingung geknüpft, daß ein Gefühl der Sicherheit, des Geschütztseins besteht. Beim Schlaf schalten die physiologischen Umstände der Bewußtseinsaufhebung auch die Willensfunktionen aus, wobei der Schlaf selbst an die Voraussetzung des Geborgenheitsgefühls gebunden ist (JOUVET 1992). In der Hypnose ist die positive Nähebeziehung zu dem Therapeuten das tragende Element des Sicherheitsgefühls, und in der Selbsthypnose entscheidet das Maß an Fähigkeit, sich selber Geborgenheit zu geben, ob dieses Loslassen stattfinden kann. Auf der sicheren Grundlage dieser Geborgenheit kann nun die Hypnose durch einen freiwilligen Akt des Verzichts auf bewußte Steuerungsmöglichkeiten entstehen. Ein guter Hypnotiseur ist also derjenige, der es schafft, schnell ein stabiles Vertrauensverhältnis mit dem Hypnotisanden aufzubauen, wodurch dieser seine Willensfunktionen zugunsten einer selbstbeobachtenden, »frei schwebenden« Aufmerksamkeit der eigenen Innenwelt gegenüber ablegen kann (nicht abgeben, wie es oft fälschlicherweise formuliert wird), um sich somit dem Träumen zu öffnen.

In diese Phase, die wir Induktion nennen, mischt sich aber natürlich der ganze Komplex von Übertragung und Gegenübertragung ein. Der Therapeut darf in seiner Hypnoseinduktion diese Faktoren nicht unberücksichtigt lassen, will er nicht an eine Mauer von Widerständen stoßen und diese dann –

ebenso salopp wie unfair – als »Nichthypnotisierbarkeit« des Patienten auslegen. Die Übertragung spielt im Grunde nur während der Induktionsphase eine wesentliche Rolle (Kubie 1961, Roustang 1995), während im hypnotischen Zustand selber eine Form von symbiotischer Weltbezogenheit vorherrscht. Wir werden später, in der theoretischen Diskussion, die Rolle der Übertragung in der Hypnose und speziell im hypnotischen Traum genauer analysieren.

Die Rolle des Rituals, das man »Hypnoseinduktion« zu nennen pflegt, besteht also letztlich nur darin, diesen spezifischen Kontakt in geeigneter Weise aufzubauen. Somit wird auch klar, daß die eigentliche Induktion schon längst vor der offiziellen Induktionstechnik beginnt, genaugenommen schon bei der ersten Begrüßung.

Am häufigsten werden zu Beginn der Hypnoseinduktion Suggestionen der körperlichen Entspannung eingesetzt. Entspannung beinhaltet implizit sowohl Geborgenheit als Voraussetzung wie auch das psychophysiologische Loslassen und somit das Ablegen der Willensfunktion. Den Hintergrund dazu bildet, wie wir sahen, die als schützend erlebte und über die Stimme konkret wahrgenommene Präsenz des Therapeuten.

Die sogenannte Tiefe des hypnotischen Zustands spielt dabei keine Rolle. Dieser ohnehin sehr umstrittene Begriff bezieht sich auf ein rein subjektives und sehr veränderliches Gefühl des »Weggetretenseins«, entspricht aber keinem eindeutigen oder einheitlichen meßbaren physiologischen oder psychologischen Korrelat. Die experimentelle Hypnoseforschung arbeitet zwar mit einer scheinbar meßbaren Größe, die als »Tiefe« der Hypnose beziehungsweise als »Hypnotisierbarkeit« bezeichnet wird. Eine gründliche epistemologische Analyse entlarvt sie aber als Artefakt (Michaux 1982), das an die Struktur der entsprechenden Meßskalen (z. B. »Stanford Hypnotic Susceptibility Scales«, Weitzenhoffer und Hilgard 1959) gebunden ist.

Träume in der Hypnose hervorrufen

Nicht jede Hypnoseinduktion führt zwangsläufig in eine »träumende Hypnose«. Wir erwähnten eingangs, daß nach Erickson eine Hypnoseinduktion zu ganz verschiedenartigen Bewußtseinszuständen führen kann. So gibt es durchaus inhaltsleere Hypnosen, in denen der Hypnotisand zwar nicht schläft, sich aber wie »abgeschaltet« fühlt, was in der Regel danach zu einem Gefühl intensiver Erholung führt. Andere Hypnosen wiederum drücken sich in einer intensiven Körperwahrnehmung aus, ohne daß dabei Bilder im Sinne eines Träumens entstehen.

Zielt man darauf ab, hypnotische Traumbilder für die Zwecke einer Psychotherapie zu erhalten, und treten diese nicht spontan auf, so kann es oftmals nützlich sein, spezifische Suggestionen einzusetzen. Als Starthilfe kann man den Anfang einer Geschichte suggerieren: »Sie betreten jetzt einen Wald und begeben sich immer tiefer in ihn hinein.« Oder: »Sie tauchen in die Tiefe des Meeres und begegnen einem Tier.« Manche Autoren (z. B. WOLBERG 1945, SACERDOTE 1982) schlagen vor, der hypnotisierten Person ein »Einschlafen« in der Hypnose zu suggerieren und daß daraus ein Traum entstehen wird. Dieser »Schlaf« ist nicht als echter, sondern als symbolischer Schlaf gedacht, der als Metapher dem Patienten helfen soll, die geeignete Stimmung zu finden, um hypnotisch zu träumen. Zur Illustration ein konkretes Beispiel, wie man das Zulassen hypnotischer Träume erleichtern kann:

Einem älteren Patienten, der unter schweren, zwanghaften Ängsten litt, war es trotz verschiedener Versuche bisher nicht gelungen, einen hypnotischen Traum zu erleben. Ich schlug ihm eine verschachtelte Suggestion vor. Er solle sich mit geschlossenen Augen vorstellen, er befinde sich in seinem Schlafzimmer, er lege sich auf sein Bett nieder und schlafe ein. In diesem Schlaf könne er nun träumen, daß er in seinem Bett, neben seiner Frau (die ihm Geborgenheit bedeutet) liegt und schläft. In diesem Schlaf wiederum komme ihm nun ein Traum, in dem er sich in Gegenwart des Therapeuten erlebe. Dieser Kniff erlaubte ihm, einen eindrücklichen hypnotischen Traum mit dem suggerierten Inhalt zu produzieren.

Umgang mit den hypnotischen Traumbildern während der Hypnose

Grundsätzlich bietet sich dem Therapeuten eine breite Palette verschiedener Interventionsmöglichkeiten zur Wahl an, die er vor und während der Entstehung des hypnotischen Traums einsetzen kann. Diese reichen von der abstinentesten Variante, dem schweigenden Geschehenlassen, um den hypnotischen Traum nach Beendigung der Hypnose in gleicher Weise zu behandeln wie einen Schlaftraum, bis hin zu intensiv interaktiven Methoden wie die der aktiven Introjektion des Therapeuten, einer hypnoanalytischen Technik, die wir weiter unten ausführlich darstellen werden.

In der zurückhaltendsten, der klassischen Psychoanalyse am nächsten stehenden Umgangsweise mit dem hypnotischen Traum gewährt der Therapeut den Bildern völlig freien Lauf, um sie in ihrer ungestörten Spontaneität möglichst den Schlafträumen ähnlich zu belassen, während er dieses schweigende Geschehenlassen mit seinem empathischen Miterleben verbindet. Der Vorteil dieser ersten Variante besteht darin, daß das auftretende Bildmaterial für eine nachfolgende analytische Arbeit fast ebenso »rein« ist wie das von Schlafträumen, abgesehen davon, daß dem Traum eine hypnotische Induktion vorausging, ein Umstand, auf dessen Folgen wir später eingehen werden. Der nur vom Unbewußten gelenkte Duktus des Traums läßt Rückschlüsse auf latente Tendenzen zu, die sonst durch die Vorgabe einer Ausrichtung verdeckt würden. MAUREY (1995), ein Psychoanalytiker aus der Schule LACANS, praktiziert diese Methode als »rêve éveillé en psychanalyse« mit der Einschränkung, daß er kaum formelle Induktionen anwendet, sondern Selbsthypnose instruiert.

Etwas weniger abstinent und dennoch sehr wenig direktiv kann der Therapeut, unter der Voraussetzung, daß der Patient seinen Traum laufend berichtet, auch hie und da nach Einzelheiten nachfragen und mit offenen Fragen den Fluß der Bilder in Gang halten. Ob es nun in der jeweiligen Situation sinnvoller ist, ein langes Stocken der Bilder durch solches Fragen rasch aufzulösen, um zu weiteren Bildern zu kommen, oder ob es nützlicher sein wird, dies als Widerstand zu betrachten, den es zu hinterfragen gilt, das muß der Therapeut aufgrund seiner Einschätzung im Einzelfall entscheiden. Als Faustregel schlagen wir vor: Je näher der Patient einer Einsicht über diesen Widerstand gelangt ist – dies läßt sich aus der allgemeinen Lage der Therapie oder aus dem unmittelbar aktuellen Traumbild vermuten – desto eher wird man den Widerstand sich ausleben lassen, so daß der Patient aus eigener Energie zum »Aha«-Erlebnis kommen kann. Das verleiht der Erkenntnis eine weit größere emotionale Stärke. Schätzt hingegen der Therapeut die Chancen eines erlösenden Einblicks in den Widerstand als gering ein, so wird das Aufrechterhalten des Bilderflusses immerhin andere Fortschritte ermöglichen und voraussichtlich auf anderem Wege zum gleichen Ziel führen.

Als weitere Variante kann der Therapeut versuchen, den hypnotischen Traumbildern eine gewisse Ausrichtung zu geben. Will er dies von vornherein tun, so kann er ein für die Therapie relevantes Thema vorschlagen: »Sie werden jetzt einen Traum haben, der Ihnen etwas aussagt über Ihre unbewußte Beziehung zu Ihrem Vater, über Ihren aktuellen Widerstand in der Therapie, über den Konflikt, der Ihre Symptome ausgelöst hat … und so weiter«. Dieser ansatzweise direktivere Stil bietet nun den Vorzug, auf viel direktere Weise Zusammenhänge ans Tageslicht zu bringen. Der latente Trauminhalt wird nämlich in einem gewissen Sinn schon definitionsgemäß etwas mit dem vorgegebenen Thema, mit dem Vater, dem Widerstand und so weiter zu tun haben und somit etwas darüber aussagen. Dadurch wird die Suchrichtung nach klärenden Assoziationen in der nachfolgenden Traumbearbeitung fokussiert, was das Entstehen von Einsichten sehr erleichtern kann. Auf der Kehrseite aber engt sich natürlich bei dieser Vorgehensweise das Spektrum der Assoziationen ein. Der hypnotische Traum mit Themenvorgabe drängt sich also vor allem in fokalen Kurztherapien auf oder in Langzeittherapien, wenn es gilt, eine spezifische Blockade aufzulösen.

Will der Therapeut seine eigene therapeutische Kreativität in den hypnotischen Traum des Patienten einfließen lassen, kann er in vorsichtiger Weise eigene Ideen für den weiteren Verlauf des Traums vorschlagen. Dies können Handlungsanregungen sein wie: »Wollen Sie vielleicht versuchen, diese verschlossene Türe zu öffnen?« Oder er kann eigene spontane Bilder in den Traum des Patienten suggerieren, natürlich mit der nötigen

Vorsicht. »Könnte es sein, daß sich hinter dieser Türe eine Schatzkammer befindet?«

Ein Sonderfall liegt vor, wenn der Arzt für die Lenkung des Therapieverlaufs einen präziseren Aufschluß über die therapeutische Beziehung benötigt als das, was er auf üblichem Weg wahrnehmen kann. Er kann dann – wie in der weiter unten vorgestelltenMethode der aktiven Introjektion – seine eigene Präsenz in den hypnotischen Bildern darstellen lassen.

Was das Deuten anbelangt, so wird es kaum je sinnvoll sein, während des Traumgeschehens selbst irgendwelche Interpretationsarbeit zu leisten, da wir durch eine solche Hinwendung zum Rationalen den hypnotischen Zustand höchstens gefährden könnten.

Es ließen sich noch zahlreiche weitere Interventionsmöglichkeiten aufzählen, die sich von verschiedenen therapeutischen Schulen inspirieren. Als einzige Beispiele seien das Malen oder Musikhören in Hypnose und das »Hypnodrama« erwähnt, das sich vom Psychodrama ableitet. Es stehen also dem Therapeuten zahlreiche Wege offen, seine Kreativität während des hypnotischen Traumgeschehens einzubringen, sofern er überhaupt eingreifen will.

Kommunikationsmöglichkeiten während des hypnotischen Traums

In der Regel ist es von Vorteil, wenn der Therapeut während der Hypnose in einem gewissen Rahmen über den Verlauf des Traums orientiert ist, besonders natürlich bei Patienten mit einer schwereren Pathologie. Dies erlaubt ihm, gegebenenfalls beim Auftreten allzu starker Emotionen hilfreich einzugreifen.

Für manche Patienten ist es völlig problemlos, ja angenehm und beruhigend, in der Trance über das laufende Geschehen zu berichten. Das Sprechen fällt ihnen in Hypnose leicht und stört das Gefühl der Unwillkürlichkeit der Bilder nicht. Es kann sogar ein Gefühl der Sicherheit vermitteln, sich in ständig wahrgenommenem Kontakt mit dem Therapeuten zu wissen. In diesem Fall kann der Hypnotherapeut den ganzen Verlauf des Traums gewissermaßen als Zeuge mitverfolgen, und er wird bei der nachträglichen Aufarbeitung vielleicht vom Patienten ausgelassenes Material wieder aufgreifen können.

Anderen Personen wiederum fällt es schwer, ihre Eindrücke während der Hypnose formulieren zu müssen, weil sie dann das Empfinden bekommen, wieder »wach« zu werden. Über solche Situationen kann man sich in einfacher Weise mit der Vereinbarung einer Zeichensprache hinweghelfen: Ein Wink mit dem rechten Zeigefinger wird beispielsweise »Ja«, einer mit dem linken »Nein« bedeuten. So kann sich der Therapeut laufend mit entsprechenden Fragen über den Verlauf informieren.

Nachträglicher Umgang mit den hypnotischen Traumbildern

Genau wie der Nachttraum ist jeder hypnotische Traum an sich schon ein wirkungsvolles Geschehen. Die ihm inhärenten Ausdrucks- und Verarbeitungsfunktionen vermögen durchaus, ohne analytische Aufarbeitung eine therapeutische Entwicklung in Gang zu bringen oder zu halten. Es gibt jedoch zwei grundsätzliche Indikationen, einen hypnotischen Traum nachträglich zu bearbeiten: Entweder der Patient empfindet – aus welchen Gründen auch immer – das Bedürfnis dazu, oder das Bildmaterial ist offensichtlich emotional so stark belastet, daß eine gefährliche Destabilisierung daraus zu befürchten wäre.

Im ersten Fall bedeutet die Suche nach einem Verstehen des inneren Geschehens ein durchweg natürliches und legitimes, ja existentielles Bedürfnis eines Menschen, der sich entfalten möchte. Für den Patienten hingegen, der von überwältigenden Affekten bedroht ist, hilft schon das Deutenkönnen der hypnotischen Träume, das eigene Unbewußte einen Schritt besser »in den Griff« zu bekommen, oder ausgewogener ausgedrückt, um sich sicherer zu fühlen im Umgang mit ihm.

Konkret gestaltet sich der nachträgliche Umgang mit dem freien, spontanen hypnotischen Traum gleich wie mit dem Schlaftraum (Rosa 1975, Wallnöfer 1988). Wir werden den Patienten einladen, ihn mit freien Assoziationen »anzureichern«, wir werden ihn Zusammenhänge herstellen lassen, werden mit behutsamem Nachfragen und vorsichtigen »An-Deutungen« seine eigenen »Aha«-Erlebnisse begünstigen. Wir behalten im Auge, daß aufkommende Einsichten die Eigenschaften von »experiential insights« (Watkins 1992) und nicht von rein kognitiven Erkenntnissen aufweisen sollen.

Wurde der hypnotische Traum schon während seines Entstehens durch eingebrachte kreative Bilder oder sonstige Interventionen des Therapeuten bereichert, so erübrigt sich in der Regel eine weitere Aufarbeitung nach der Sitzung, es sei denn, man erkundigt sich nach allfälligen Erlebnissen, die während der Hypnose nicht geschildert werden konnten. Im positiven Fall kann also eine nachträgliche bewußte Aufarbeitung des hypnotischen Traums zu einer Erweiterung (»Amplifizierung« nach Jung) des Trauminhalts und zu einer Stabilisierung des progressiven Geschehens führen.

Der Patient kann aber im Gegenteil das Bedürfnis verspüren, seinen hypnotischen Traum als ein großartiges Kunstwerk, ohne jeglichen weiteren Kommentar, auf das Empfinden einwirken zu lassen. Dies muß natürlich unbedingt respektiert werden, denn oftmals wird dies sogar der richtige Weg sein, um zu vermeiden, daß die freigesetzte emotionale Energie an eine rationale Erklärung gebunden und dadurch, wenn nicht gelähmt, so zumindest gestutzt wird.

In seltenen Fällen wird der Therapeut von sich aus gegen den Wunsch des Patienten auf eine nachträgliche Arbeit am hypnotischen Traum drängen. Es handelt sich dann um Situationen, in denen besonders dramatische Bilder aufgetreten sind oder die möglicherweise Mißverständnisse aufkommen ließen, die einer Klärung bedürfen.

Das Deuten

Deutungen hypnotischer Träume sollen mit großer Umsicht gehandhabt werden. Während sie in der Bearbeitung der Schlafträume eine zentrale Rolle einnehmen, weil sie eine der wenigen Möglichkeiten des Therapeuten darstellen, bei der Enthüllung des Traums mitzuwirken, bietet das hypnotische Setting schon ein breites Angebot an interessanten therapeutischen Interventionen während des Traumgeschehens selbst. Der Schlaftraum steht in sich abgeschlossen und von Anfang an in seiner definitiven Form da. Dies bedingt, daß das Verstehen hier nur »post festum« stattfinden kann. Der Vorgang des Erkennens findet im hypnotischen Traum zu einem Teil schon während seiner Erstehung statt. Zudem sind die Inhalte hypnotischer Träume ohnehin bewußtseinsnäher als die Nachttraumbilder, so daß sich die Notwendigkeit des eher rationalen Deutens als Verständnisbrücke meist erübrigt.

Einen Traum und seine zugehörigen Assoziationen mit einer Deutung zu beantworten, stellt, zwischenmenschlich gesehen, einen distanzierteren Akt dar, als eigene Bilder in die hypnotischen Bilder eines Patienten einzubringen. Durch eine Deutung gibt sich der Analytiker viel objektiver als der Hypnotherapeut, der seine eigenen hypnotischen Bilder und somit sein eigenes Unbewußtes einbringt. Dieser Umstand erlaubt uns, die Indikation für die eine oder für die andere Intervention zu formulieren. Wir werden eine allfällige Deutung eher dann einsetzen, wenn wir den Patienten als fähig einschätzen, aus eigenen Ressourcen den Inhalt der Deutung auszuhalten und zu verwerten, und wenn er sehr nahe bei der Einsicht angelangt ist. Auf das beantwortende eigene Bild werden wir immer dann zurückgreifen, wenn die Notwendigkeit einer viel hautnäheren Begleitung gegeben ist. Ansonsten gelten für die Deutung hypnotischer Träume die bekannten allgemeinen Regeln wie für jede analytische Arbeit, mit dem Unterschied vielleicht, daß es meist nützlich oder gar nötig ist, Elemente aus dem Induktionsgeschehen und aus dem Erleben der Hypnose mit einzubeziehen, da hier ja auch schon Bedeutsames mit dem Unbewußten geschah.

Die Methode der aktiven Introjektion des Therapeuten in den hypnotischen Traum

Im folgenden wird eine hypnoanalytische Technik vorgestellt, in der sich der Hypnotherapeut aktiv und auf besondere Weise in die Bilderwelt des Patienten einbringt. Dieses Vorgehen ist besonders bei tief gestörten Patienten angezeigt, wenn es darum geht, die positive Introjektion von stabilisierenden Teilen des Therapeuten zu fördern. Dadurch begünstigen wir die Bildung eines »Übergangssubjekts« (BENEDETTI 1983), das eine strukturierende Arbeit am Ich des Patienten ermöglicht. Diese Methode entstand aus einer mehrjährigen Zusammenarbeit mit Professor BENEDETTI, in der wir versuchten, seine Ansätze der Psychotherapie von psychotischen Patienten mit Techniken der Hypnose zu vereinen. Ursprünglich wandten wir diese Methode nur bei psychotischen Patienten oder Borderline-Patienten an (ZINDEL 1992), stellten aber mit zunehmender Erfahrung fest, daß die Indikation durchaus weiter gestellt werden kann.

Diese Methode werde ich zunächst Schritt für Schritt vorstellen und dabei jeden dieser Schritte anhand einer Fallgeschichte illustrieren. Anschließend werde ich diese Arbeitsweise in ihren Grundsätzen ausführlicher erläutern und diskutieren.

Bei dem Fallbeispiel handelt es sich um eine 50jährige Patientin mit einer mittelschweren narzißtischen Neurose, die schon länger bei mir wegen Ängsten und Suchtproblematik in analytisch orientierter Psychotherapie stand. Wir hatten schon vereinzelte Hypnosesitzungen eingestreut, ohne dabei Wesentliches erreicht zu haben. Zum Zeitpunkt des geschilderten Therapieausschnitts wurde immer deutlicher, daß das Kernproblem in gewaltigen Schwierigkeiten beim Zulassen zwischenmenschlicher Nähe bestand.

Hypnoseinduktion

Vorgaben, wie die Einleitung der Hypnose speziell gehandhabt werden soll, gibt es nicht. Der allgemeinen Regel entsprechend, daß sie sich nach dem jeweiligen Patienten, dem jeweiligen Therapeuten und der gegebenen Situation zu richten hat, werden wir einzig darauf achten, daß sich der Patient in der therapeutischen Beziehung möglichst gut aufgehoben und gleichzeitig frei fühlen kann. Dies setzt eine Haltung des Therapeuten voraus, die wir als »abstinente Nähe« bezeichnen. Der Patient soll so zuversichtlich wie möglich, mit dem Gefühl gemeinsamer Kontrolle, in die Welt seiner Ängste und Konflikte eintauchen können.

Da die Patientin in unserem Fallbeispiel schon über Hypnoseerfahrung verfügte, beschränkte sich die Induktion darauf, sie einzuladen, einfach in Hypnose zu gehen, wann sie es wünschte. Plötzlich wandte sie sich in ihrem Drehsessel von mir ab und versank in ihre Traumwelt.

Natürlich läuft es nicht immer so mühelos ab. Dann können auch klassischere Induktionsmethoden, über Entspannung, Visualisierungen, über Verwirrungstechniken nach ERICKSON (1980), mit direkten oder indirekten Suggestionen Anwendung finden. Wichtig ist einzig, daß sich der Patient dabei soweit in ein gegenseitiges Nähegefühl mit dem Therapeuten einlassen kann, wie es ihm im Moment möglich ist.

Traum

Sobald sich die hypnotische Trance ausreichend stabil eingestellt hat, laden wir den Patienten ein, sich in ein in der Regel freies, ungesteuertes Träumen sinken zu lassen.

Bei unserer Patientin meldete sich sehr bald und spontan ein Traum, der halb Altersregression, halb symbolhafter Entwurf war: Sie erlebte sich als kleines Kind, wie sie in einem von innen beleuchteten Besenschrank eingesperrt war, sah außen eine bedrohliche Dunkelheit. Die Helligkeit innen wirkte aber nicht weniger erschreckend, weil links und rechts neben ihr Besen und vor allem Schürzen hingen, welche die Allgegenwart der verhaßten Mutter fortsetzten.

So wie dem Schlaftraum bei der Mannigfaltigkeit der Themen und Bilder im Grunde keine Grenzen gesetzt sind, so sind auch die Möglichkeiten der Inhalte hypnotischer Träume, die hier entstehen, überaus reich. Sie können Erinnerungsszenen aus beliebigen Lebensphasen beinhalten oder reine Phantasiegebilde sein, erfreuliche oder beängstigende, großartige oder unscheinbare, verständliche oder chiffrierte. Sie können ebensogut in assoziierter Form oder in dissoziierter Form erlebt werden.

Der symbolisierte Therapeut bringt sich ein

Zum nächsten Schritt gehen wir erst über, wenn im Traum emotional stark belastende, furchterregende, überwältigende Gefühle aufkommen, vor denen der Patient auch in der Hypnose, trotz der realen äußeren Präsenz des Therapeuten, zurückschrecken würde. Diesen Moment kann der Therapeut erfassen, entweder wenn der Patient dieses Gefühl verbal ausdrückt oder wenn sich feine mimische Zeichen der Willkürmotorik oder vegetativer Art – minimale Gesichtsverzerrungen, Veränderungen in Puls oder Atmung – dieser Emotion zeigen. Diese Zeichen bestätigen übrigens auch die hypnotische »Echtheit« des Erlebens.

Jetzt bringt sich der Therapeut selbst in das Bild des Patienten ein, indem er den Patienten bittet, von ihm ein spontanes symbolisches Bild in seinen Traum hinein zu entwerfen, das ihn in einer beliebigen Weise darstellen soll. Zwei Dinge sind hierbei wichtig: Erstens soll das Bild wirklich symbolischen Charakter haben, wie sich ja auch die aktuelle Welt des Patienten in diesem Moment im Symbolischen, im Traum, abspielt. Das Bild des Therapeuten soll also nicht einfach eine Art fotografisches Abbild seiner äußeren Realität sein. Zweitens muß der Therapeut insistieren, daß er wirklich in die Imagination einbezogen und nicht mit der Begründung, real sei er ja schon im Sprechzimmer gegenwärtig, aus dem Traum ferngehalten wird.

Der Therapeut führt von diesem Moment an im Erleben des Patienten eine Art doppelter Existenz, gleichzeitig im Raum der äußeren Realität wie auch, nach einer symbolisierenden Metamorphose, im Raum der hypnotischen Traumwelt. Diese Verdoppelung wird natürlich nur dank der Trance-Logik möglich, was wiederum voraussetzt, daß sich der Patient in Hypnose befindet.

In unserem Fallbeispiel verlief dieser Schritt folgendermaßen: Ich beobachtete bei der Patientin deutliche Zeichen panikartiger Angst, und so fragte ich sie: »Wo bin ich in Ihrem Bild?«, worauf sie mir zunächst antwortete, sie habe mich gänzlich aus ihrem Bild ausgeschlossen, dort existiere niemand. Ich doppelte nach: »Sie befinden sich in diesem Besenschrank und hören meine Stimme. Also bin ich doch irgendwie bei Ihnen. Wo bin ich? Und wer oder was bin ich?« Nach einer Denkpause war ihre Antwort: »Sie sind die Rückwand des Besenschrankes. Ich spüre Sie zehn Zentimeter hinter mir.«

Andere Patienten gestalteten mich in ihrem Traum als goldene Statuette, als feinen Lichtstrahl von einem fernen Stern, als väterliche Figur, die sie auf dem Rücken trug, oder einfach als stillen Zeugen einer traumatisierenden Kindheitsszene. In der Regel drückt das symbolische Bild eine positive Übertragung aus, und der Therapeut wird als Helfer wahrgenommen. Doch schließt dies nicht aus, daß manchmal das Bild des symbolisierten Therapeuten auch zum Träger negativer Gefühle werden kann, wie im Beispiel eines Patienten, der mich zu einem süffisanten Zuschauer einer Folterszene machte. Weiter unten werden wir auf die Bedeutung und auf den Umgang mit solch negativer Übertragung noch eingehen.

In Ausnahmefällen, vornehmlich bei psychotischen Patienten oder auch sonst in Situationen außergewöhnlicher emotionaler Ladung, kann der Therapeut aus seinem eigenen Unbewußten ein entsprechendes Symbol schöpfen und sich mit diesem selbst definierten Bild einbringen. Zwar hat dann nicht der Patient diese Darstellung selbst geschaffen, aber sein Unbewußtes lieferte doch dem Therapeuten über die Partizipation an dessen Unbewußten im wesentlichen die Bausteine dieses Bildes.

Eine andere Patientin lag in ihrem hypnotischen Traum mit weit aufgerissenem Bauch, die blutigen Gedärme an der freien Luft ausgebreitet, und litt unsägliche Qualen, die sie auch körperlich verspürte. Sie war so durch diese Schmerzen absorbiert, daß es ihr nicht gelang, ein symbolisches Bild meiner Präsenz zu schaffen. Ich beschloß, mich in Form eines nicht sonderlich ausgefallenen Bildes einzubringen: Ich erklärte ihr, daß ich Arzt sei, daß ich also gelernt hätte, einen Bauch zuzunähen. Sie erklärte sich einverstanden, mich das tun zu lassen, und so wurde ihr Bauch zugenäht. Im Laufe dieser symbolischen Operation fühlte sie sich zunehmend wiederhergestellt und erleichtert.

Identifikation des Therapeuten mit dem Bild

Der folgende Schritt ist entscheidend. Sobald der Patient eine solche symbolische Darstellung des Therapeuten gefunden und sie mitgeteilt hat, versucht der Therapeut, sich möglichst intensiv in dieses ihm zugedachte Bild hineinzuversetzen. Er sucht, soweit ihm möglich, sich mit dieser »Rolle« zu identifizieren, sie in sich selber wiederzufinden. Zu diesem Zweck wird es ihm von größtem Nutzen sein, wenn er sich mit autohypnotischen Techniken selbst in eine parallele, symmetrische Trance gleiten läßt. In seiner hypnotherapeutischen Arbeit mit psychotischen Patienten spricht VAS (1993) von einer »counter-trance« des Therapeuten. Es geht also darum, daß der Therapeut versucht, sich diese »Gegentrance«, die von der Form her eine Selbsthypnose ist, vom Inhalt her eine Mischung aus Identifikation und Gegenübertragung darstellt, möglichst ins Bewußtsein zu rücken.

Diese parallele Trance muß eine Art »Schwellenbewußtsein« sein in dem Sinne, daß zwar der eine Teil des Bewußtseins des Therapeuten auf seine Traumbilder gerichtet ist, gleichzeitig aber ein anderer Teil die rationale Kontrolle über sie sicherstellt, um abzuschätzen, ob überhaupt, wann, mit welcher therapeutischen Absicht und in welcher Form diese Bilder eingebracht werden sollen.

In unserem Fallbeispiel hatte ich mich also innerlich in eine Besenschrankrückwand einzufühlen: Flach, starr und zu einer weitgehenden therapeutischen Inaktivität gezwungen, aber immerhin Rückendeckung spendend.

Diese Identifizierung mit einem vom Patienten entworfenen Bild stellt den eigentlichen Angelpunkt dieser Methode dar. Sie gestattet dem Therapeuten nicht nur einen ungewöhnlichen und informativen Einblick in seine Übertragungsposition, sondern sie regt seine therapeutische Phantasie dergestalt an, daß sie Bilder und Einfälle hervorbringt, die der inneren Lage des Patienten besonders genau entsprechen und in genau derselben Sprache formuliert sind. Eine solch präzise Angleichung kann nur aus dieser identifizierten Position heraus zustande kommen. Manches Mal werden die therapeutischen Einfälle relativ bewußtseinsnah ausfallen, aber oftmals werden wertvolle Bilder als eigentliche »Gegenträume« des Therapeuten in seiner Hypnose aufkommen. Diese lassen sich leicht daran erkennen, daß ihr Inhalt den Therapeuten selber überrascht und sie ihm nicht wie üblich als Spiegelbild seiner eigenen Existenz erscheinen.

Heikler bieten sich die Dinge an, wenn die ausgedrückte Übertragung eindeutig negativ geprägt ist, wie im Beispiel des süffisanten Zuschauers der Folterszene. Selbst dann muß sich der Therapeut all seinen Widerständen zum Trotz bemühen, sich in diese widerliche Rolle einzufühlen – sei es auch nur, um diese aggressiven Anteile des Patienten besser wahrnehmen zu können – und gleichzeitig doch seine positiven Gefühle dem Patienten gegenüber weiterwirken zu lassen.

Aktionsweisen des introjizierten Therapeuten

Für den so mit dem Bild identifizierten Therapeuten bieten sich nun grundsätzlich drei Interventionsmöglichkeiten an, die in folgender Hierarchie eingesetzt werden können:

1. An erster Stelle steht, wie bei allen hypnotischen Träumen, das rein mitschwingende, schweigende Begleiten. In dieser Zurückhaltung greift der Therapeut der Kreativität des Patienten sicher nicht vor. Die Präsenz des Therapeuten dient lediglich dem Schutz und der Stimulierung der ureigenen Traumschöpfung des Patienten. Diese Haltung ist die hilfreichste Intervention, solange der Patient die Emotionen seiner Imagination selbst bewältigen kann und solange er sich nicht im Kreis der Widerstände dreht. Der Therapeut beschränkt sich darauf, seine eigenen Phantasien und Gefühle in der parallelen Trance minutiös zu beobachten und abzuwägen, äußert sich aber nicht.

So fühlte ich mich als Besenschrankrückwand über eine lange Strecke schützende Hilfe genug und ließ die Dinge geschehen, bis die Patientin den Besenschrank verließ.

2. Spürt der Therapeut, daß er seine Präsenz aktiver einbringen oder aufrechterhalten muß, um eine positive Entwicklung der Bilder zu gewährleisten, so kann er sich nach den Gefühlen, Absichten oder den Möglichkeiten seines Bildes erkundigen, beispielsweise: »Was empfindet die Wand angesichts Ihrer Angst?« Im normalen Wachzustand würde eine solche Frage natürlich als völliger Unfug mit Kopfschütteln quittiert. In der Hypnose jedoch, in der die Trance-Logik gilt, wirkt ein solches Fragen absolut sinnvoll und wird dementsprechend beantwortet.

Auf die oben erwähnte Frage antwortete mir die Patientin: »Die Wand bleibt da und zieht sich nicht zurück.« Dieser mit napoleonischer Prägnanz formulierte Satz drückte ein unmißverständliches, gegenseitiges Vertrauen aus.

3. Als dritte Möglichkeit, in besonders schwierigen Phasen, werden manchmal aktivere und direktere Interventionen notwendig, in denen der Therapeut in der Ichform Initiativen ergreift.

Später, als meine Patientin den Schrank verlassen hatte, sah sie sich einer im Finsteren versteckten, bedrohlichen, gesichtslosen Geistergestalt aus ihrer Kindheit gegenübergestellt. Sie erstarrte vor Angst. Inzwischen in eine Laterne verwandelt schlug ich ihr vor, mein Licht zu intensivieren. Als ich dies mit ihrem Einverständnis tat, fiel das Gespenst in sich zusammen, wurde zu einem Haufen Asche, und die Patientin konnte weitergehen.

Ich ziehe es vor, mit solchen Eigeninitiativen zurückhaltend zu sein und sie nur im wirklichen Bedarfsfall einzusetzen, denn der Übergang zwischen Stimulieren der Kreativität und ihr vorzugreifen ist fließend. Im Einzelfall kann nur das therapeutische Taktgefühl entscheiden.

4. Eine besondere Interventionsmöglichkeit drängt sich auf, wenn der Patient den Therapeuten als »fotografisches« Abbild in seinen Traum einbringt. Dann soll der Therapeut – wie weiter oben erwähnt – darauf bestehen, daß er symbolisiert werde. Ein Beispiel soll die Bedeutung dieser Intervention belegen.

Eine andere Patientin, von der wir noch weitere Therapiesequenzen kennenlernen werden, antwortete mit Regelmäßigkeit auf meine Frage, wer und wo ich in ihrem Bild sei, daß ich als undefinierte menschliche Gestalt, als Umriß irgendwo, meist zwischen den bedrohlichen Symbolen und ihr stehe. Es wurden zwar auch so gewisse Fortschritte möglich, doch stagnierte ein wichtiger Beziehungsaspekt: die Wahrnehmung des Therapeuten durch die Patientin. In einer solchen Sitzung erlebte sie sich auf einer klebrigen Felsklippe sitzend, über einem Meer aus einer schwarzen, zähflüssigen Masse. Als sie mich wieder als etwas hilflosen, menschlichen Umriß imaginierte, fragte ich sie, ob ich vielleicht in Form eines Symbols ihr nützlicher sein könnte. Nach einer kurzen Pause war ich ein Vogel geworden, der neben ihr saß. Dieser Vogel war schwarzweiß gemustert, doch wußte die Patientin interessanterweise, daß er eigentlich farbig war, daß er es aber hier nicht nach außen zeigen konnte. In der Folge konnten wir mittels dieses Vogelsymbols einen wichtigen Dialog darüber führen, was dieses Tier wohl neben ihr empfand, wie es ihr helfen konnte, und sie kam auf die Idee – erstmals – dem Vogel in die Augen zu schauen, um eine Nähe herzustellen.

Solange die Patientin – in unbewußter Weise als Abwehr von Nähe – den Therapeuten etwas salopp als machtlosen menschlichen Umriß in ihr Bild pflanzte, blieben seine Interventionsmöglichkeiten und auch seine Präsenz ziemlich verschwommen. Er konnte nicht viel mehr tun, als ihre Hilflosigkeit zu teilen. Wollte sie der Einladung, den Therapeuten zu symbolisieren, folgen, so mußte sie sich mit ihrer Wahrnehmung seiner Präsenz aktiv auseinandersetzen, um diese dann in ein Symbol, eine spürbare Realität umzusetzen. So erst wurde die therapeutische Beziehung formuliert und gleichzeitig strukturiert. Erst mit dem Vogel wurde ein lebendiger Dialog möglich, wenn auch zunächst nur zaghaft.

Im Verlauf einer solchen Therapie – oder genauer gesagt, im Verlauf einer Sequenz, in der wir mit dieser Methode arbeiten – wird es natürlich immer wieder vorkommen, daß wir je nach Szenenwechsel auch unsere Gestalt ändern werden.

Wie schon angedeutet, konnte die Patientin dank dem Schutz der Besenschrankwand mit der Zeit den Mut aufbringen, den Schrank zu verlassen, der in seiner statisch schützenden Funktion ausgedient hatte, und sich in die Welt hinauszuwagen. Doch damit war der Therapeut bei weitem noch nicht überflüssig geworden, sondern ich mußte nun fragen, wer oder was ich jetzt in dieser Welt sei. Und für die nächste therapeutische Etappe wurde ich eine Laterne, die ihr auf dem Weg leuchtete. Zuerst hielt sie mich in der Hand, später hängte sie mich sogar um ihren Hals, um sich durch einen finsteren Gang durchtasten zu können. Noch später wurde ich zu einem wohlwollenden Begleiter, der meinen Vornamen trug, was das Ende der Therapie einläutete.

Diese Wandlungen sind insofern sehr willkommen, als sie verläßliche Anhaltspunkte über den Verlauf der Therapie liefern. So können zwar im Leben des Patienten Rezidive und Krisen auftreten, die äußerlich ebenso schrecklich aussehen mögen wie am Anfang der Therapie. Anhand der Gestalt des symbolisierten Therapeuten und der Beziehung, die der Patient zu ihm ausdrückt, kann aber viel präziser eingeschätzt werden, wie gefährlich solche Episoden wirklich sind. In meiner bisherigen Erfahrung ist es übrigens noch nie vorgekommen, daß die Folge von Darstellungen des Therapeuten im hypnotischen Traum nicht eine Progression gezeigt hätte.

Der Abschluß der Sitzung

Der Abschluß der Sitzung erfordert wie die Induktion eine flexible Handhabung. Ein bewährtes Vorgehen besteht darin, wenige Minuten vor Ende der Sitzung den Patienten zu fragen, ob er noch das Bedürfnis verspüre, in dieser Hypnose etwas zu Ende zu führen, um sie mit einem guten Gefühl abschließen zu können. Es ist natürlich unerläßlich, gegebenenfalls darauf noch einzugehen, bevor man dann in gewohnter Weise die Hypnose beendet. Es kann je nach der Dramatik des letzten Bildes von Vorteil sein, eine Brücke zur nächsten Sitzung zu schlagen, indem man einen Ausblick auf einen möglichen weiteren Verlauf anbietet, oder auf Varianten hinzuweisen, wie in der folgenden Sitzung weitergearbeitet werden könnte. Weiter kann auch suggeriert werden, daß die hypnotischen Traumbilder in die Tiefe des Unbewußten zurücksinken, wo sie weiterwirken und sich in der nächsten Hypnosesitzung oder in einem Nachttraum wieder in anderer Gestalt darstellen können.

Zum Abschluß einer Sitzung wünschte sich die Patientin unseres Fallbeispiels spontan, vor der Rückkehr in den Wachzustand sich noch als Schmetterling im Raupenzustand fühlen zu dürfen, um gewissermaßen das schöne Erlebnis in dieser Hypnose sicher in die nächste Sitzung hinüberbringen zu können.

Bemerkungen zum allgemeinen Verlauf und theoretische Überlegungen

1. Anwendungsform

Die hier vorgestellte Methode der aktiven Introjektion des Therapeuten in den hypnotischen Traum ist natürlich nicht als Technik gedacht, die konsequent über die Dauer einer ganzen Therapie und als einziges therapeutisches Mittel eingesetzt werden soll. Sie wird entweder über manche Strecken der Therapie, vielleicht mehrmals hintereinander, in logischer Abfolge eingesetzt, um Blockierungen zu lösen. Sie kann aber auch nützlich sein, wenn sie nur sporadisch, bei Bedarf in einzelnen Sitzungen verwendet wird. Dabei kann der allgemeine therapeutische Hintergrund der sonstigen Arbeit ebensogut eine Gesprächspsychotherapie, beispielsweise analytischer Orientierung, wie eine eigentliche Hypnotherapie sein.

2. Voraussetzungen

Ohne eine gewisse Stabilität der therapeutischen Beziehung kann diese Methode natürlich nicht zum Einsatz kommen. Zumindest muß die Beziehung so weit gesichert sein, daß sie überhaupt eine hypnotische Induktion erlaubt. Bei psychotischen Patienten kann sich dies zu Anfang einer Therapie recht schwierig gestalten, doch bei entsprechender Behutsamkeit und Vorarbeit kann diese Methode schließlich eine wesentliche Vertiefung des Vertrauens gerade begünstigen.

Die zweite unabdingbare Voraussetzung für eine solche Arbeitsweise ist eigentlich eine Vorbedingung für die erste: Der Therapeut muß in sich die echte, innere Bereitschaft verspüren, sich mit seinem Patienten in das Abenteuer des Übergangssubjekts einzulassen, das heißt, im Leiden des Patienten mitzuschwingen und darin seine eigene therapeutische Phantasie wirken zu lassen. Ohne diese Verfügbarkeit würde die Methode zu einer ziemlich nutzlosen Übung verkümmern, da den Phantasien des Therapeuten die nötige Echtheit abgehen würde. Als Gegenleistung gewissermaßen erfährt aber der Therapeut eine ungeahnte Bereicherung seiner therapeutischen und menschlichen Erfahrung, indem ihm nicht nur die Dynamik des Leidens seines Patienten verständlicher und vor allem nachfühlbarer wird, sondern indem auch er selbst unbeachtete Seiten seiner Person beleuchten und entwickeln kann.

3. Vorgehen bei negativer Übertragung

Wie wir schon andeuteten, kann sich in seltenen Situationen der Therapeut mit einem durchweg negativen Symbolbild seiner selbst konfrontiert sehen. Wie man damit umgehen kann, soll am oben kurz gestreiften Fallbeispiel veranschaulicht werden.

Ein 65jähriger Patient mit einer schweren Angst-Zwangsneurose, bei dem ich diese Methode anwandte, entwickelte als erstes ein symbolisiertes Bild von mir, das mich zunächst beunruhigte. Er sah mich als smartgekleideten, völlig gefühlskalten und indifferenten Psychiater mit meinen realen Zügen. Dieser betrachtete lediglich mit kaltblütigem Blick, wie er, der Patient, auf einem Stuhl gefesselt, mit elektrischen Stößen gefoltert wurde. Der Psychiater nahm davon kaum Kenntnis und zeigte schon gar keine Hilfsbereitschaft. Diese Haltung entsprach in keiner Weise der Realität meiner Gefühle. Im Gegenteil, ich fühlte mich von seinen Nöten sehr berührt.

Wie sollen wir ein solches Bild verstehen? Zunächst schien es ja gar kein »richtig« symbolisiertes Bild zu sein, da ich ja äußerlich in meiner realen Gestalt erschien, wohl in der exquisiten Kleidung etwas karikiert. Dann war mein »Inhalt« völlig verdreht worden. In diesem Sinne war ich gar nicht symbolisiert worden. Es stellte sich die entscheidende Frage, ob der Patient irgendwelche negativen, mir unbewußten Gegenübertragungsgefühle wahrgenommen hatte und dabei war, diese zu introjizieren. Dies hätte natürlich eine sofortige Kursänderung zur Folge haben müssen. Ich konnte aber in einer sorgfältigen nochmaligen Prüfung meiner Gefühle nichts derart Indifferentes oder gar Ablehnendes aufspüren. Wenn mich also meine Selbstprüfung nicht täuschte, so mußte die Negativität des symbolisierten Therapeuten den eigenen aggressiven und ablehnenden Gefühlen des Patienten entspringen. Es mußte der »innere Therapeut« des Patienten sein, der von Autoaggressionen derart »infiziert« war. Indem ich nun trotzdem versuchte, mit diesem »infizierten« Therapeutenbild eins zu werden, indem ich mich bemühte, diese sadistischen Impulse, obwohl sie eigentlich nicht die meinen waren, in mir aufkommen zu lassen, konnte ich erstens dem Patienten in indirekter Weise mitteilen, daß ihm mein therapeutisches Interesse und meine Zuwendung weiterhin im vollen Umfang sicher waren, seinen aggressiven Unterstellungen zum Trotz. Zweitens erlaubte mir diese Identifikation mit seiner autoaggressiven Seite, die Gewalt seiner Selbstunterdrückung viel unmittelbarer zu spüren, was zum damaligen Zeitpunkt der Therapie offensichtlich als Voraussetzung für die weitere Arbeit viel wichtiger war als eine direkte, positive Introjektion. Der symbolisierte Therapeut wurde somit zu einer »Person«, um die sich gewissermaßen zwei Menschen bemühten, der eine seine Negativität in ihn ergießen lassend, in der Hoffnung, sie dort auflösen zu können, der andere seine positivierenden, aushaltenden Kräfte einbringend, um die Wandlung zu fördern. Dieses Symbolbild zwischen Patient und Therapeut wurde somit zum Schmelztiegel dieser Kräfte. Im Verlauf der Therapie war es zu Anfang vor allem der Therapeut, der in seiner eigenen Tiefe den Verschmelzungs- und Wandlungsprozeß der Gefühle des Patienten mit den therapeutischen Elementen ansatzweise vorwegnahm und somit in sich selbst modellhaft die »progressive Psychopathologie« (Benedetti 1983) vollzog. Das Progressive, das sich über den Therapeuten gewissermaßen in die Psychopathologie einzuschleichen begann, konnte danach allmählich über das Übergangssubjekt vom Patienten aufgenommen werden und dort weiterwirken. Dies zeigte sich in einem zunehmenden Vertrauen und in einem wachsenden Mut, sich in eine Nähe zum Therapeuten einzulassen. Die Beziehung, die vorher vor allem aus idealisierender Hoffnung und aus oralen Bedürfnissen bestanden hatte, erhielt allmählich realen Boden. Und parallel dazu gelang es ihm auch, seine inneren Spannungen immer besser auszuhalten.

4. Wirkungen

Typischerweise zeigt eine Folge von Sitzungen einen Verlauf, in dem sich die Traumbilder, insbesondere das Bild des Therapeuten, in Richtung einer immer größeren Differenziertheit und Realitätsnähe entwickeln, was als Ausdruck einer zunehmenden inneren Eigenständigkeit des Patienten gewertet werden darf. Im folgenden wird eine solche Entwicklung konkret anhand einer anderen Fallvignette, die bereits Erwähnung fand, dargestellt und diskutiert.

Die etwa 40jährige Patientin war schon seit etwa zwei Jahren in meiner psychotherapeutischen Behandlung und war durch äußere Umstände in eine schwerste Lebenskrise gestürzt. Sie wurde zunehmend suizidaler, lief immer wieder von zu Hause davon und konnte darüber nicht viel mehr sagen, als daß sie das Gefühl habe, sie hielte es nicht mehr aus. Wir beschlossen, von den zwei wöchentlichen Therapiestunden die eine für Hypnosesitzungen aufzuwenden, um zu versuchen, den schrecklichen Gefühlen, die sie quälten, auf die Spur zu kommen. Ich schildere hier eine Sequenz von vier Hypnosesitzungen, die im Abstand von jeweils einer Woche stattfanden.

In der ersten Sitzung erlebte sie schon während der Induktion ein höchst bedrohliches Gefühl: in völliger Bodenlosigkeit, auf brüchigem Eis ins Nichts hineinsausend. Ich ließ mich in dieses Bild einbringen und erschien als eine knapp konturierte Gestalt, die die Situation beobachtete. In meiner parallelen Trance empfand ich die Gefahr als sehr ernst und bot ihr an, ihr die Hand zu reichen. Sie stutzte und – charakteristisch für ihr Verhalten – nahm mein Angebot halb an und wies es halb zurück: »Ich weiß, wenn ich es annehme, tut es mir gut, aber ich kann sie nicht nehmen, denn ich habe allzu große Angst, im Stich gelassen zu werden.« Weil sie nun so davonglitt, packte ich sie aktiv bei der Hand (in der Imagination). Es fiel ihr sehr schwer, die helfende Hand wirklich in ihren Traum aufzunehmen, und ich mußte immer wieder darauf bestehen. Die unmittelbare Reaktion auf diese erste Hypnose war äußerst heftig. Nun sei ihr erst recht bewußt, wie schlimm sie dran sei. Aufgelöst verließ sie die Praxis. Zu Hause angekommen kündigte sie ihrem Mann an, sie gehe fort, um sich umzubringen, packte eine tödliche Dosis Medikamente ein, setzte sich in den Wagen und fuhr fort. Am Abend kam sie wieder zurück, etwas beruhigt, aber immer noch schwer mitgenommen. Nach einer Woche ging es ihr immer noch kaum besser.

Im hypnotischen Traum der zweiten Sitzung stand sie ganz allein auf einer leeren Bühne, als zerbröckelnde Gipsstatue, vor einem leeren Saal, mit einem grauenhaften Gefühl der Verlorenheit und nagender Selbstauflösung. Ich schlug ihr wieder vor, mich, den Therapeuten, in diesem Bild zu suchen. Sie fand mich, ganz im Hintergrund der Bühne, dort, wo die Kulissen wären, wiederum nur als menschlichen Umriß. Spontan äußerte sie aber jetzt dazu, meine Anwesenheit gebe ihr eine gewisse Sicherheit. Ich schlug ihr vor, irgendein wohlwollendes Publikum aus Freunden in den Saal zu bringen, was kaum gelang, so überwältigend war ihre Angst, durch deren Gegenwart zerstört zu werden, und so starr die Gewißheit, daß sie verlassen würde. Einerseits konnte ich also aus diesem Bild die Tiefe ihres Leidens wie auch ihre Schwierigkeit, meine Präsenz wahrzunehmen, ablesen, andererseits konnte ich sie nun getrost weiterbegleiten, weil ich wußte, daß in ihr ein Übergangssubjekt als Sicherheitsfaktor am Entstehen war.

In der folgenden hypnotischen Sitzung saß sie kauernd im luftleeren Raum. Eine monströse, roboterhafte, männliche Gestalt rollte, sie umkreisend, Ringe und Bänder aus Stahl um sie herum ab. Sie drohte, darin zu ersticken und einzugehen. Meine Hilfe als mitfühlender Außenstehender mußte sich praktisch auf den vergeblichen Versuch beschränken, mit diesem Roboter Kontakt aufzunehmen. Ich konnte nur hoffen, ihren Mut trotzdem aufrechtzuerhalten.

Die vierte Sitzung begann mit der Schilderung eines Verzweiflungsanfalls, in dem sie einige Tage zuvor mit den Fäusten auf sich selbst eingehauen hatte – was immerhin eine Progression darstellte im Vergleich zu früheren Episoden, in denen sie sich mit einem Skalpell die Haut an den Unterarmen zerschnitt. Der hypnotische Traum begann damit, daß sie in dissoziierter Weise, also wie von außen gesehen, eine schematische, menschliche Figur im Dunkeln ausmachte, die ohne jegliche Individualität nur aus Armen, Beinen, Rumpf und Kopf bestand und die vermutlich in einer Höhle gesteinigt wurde. Ich wurde von ihr im Hintergrund der Höhle, hinter das gesteinigte Opfer plaziert, wiederum nur als Umriß. Meine Frage, ob sie erkennen könne, wer denn diese Steine werfe, verneinte sie. Es sei allzu finster. So fuhr ich weiter: »Kann vielleicht ich es sehen?« Sie wußte es nicht. Ich schlug ihr deshalb vor, mich zu fragen. Sie tat es auch, und ich fragte sie nun – völlig im Sinn der Trance-Logik – »Was antworte ich Ihnen darauf?« (Dieser Kniff zielt darauf ab, die Figur des Therapeuten als Übergangssubjekt soweit wie möglich von der Patientin gestalten zu lassen.) »Sie antworten mir, daß Sie auch nichts sehen können.« »Tatsächlich sehe ich auch nichts«, war meine Antwort, »aber wenn Sie einverstanden sind, könnte ich eine Laterne oder eine Fackel holen, um die Höhle zu beleuchten. Ich kann jetzt zwar nichts erkennen, aber ich vermute, daß sich beispielsweise in einem bestimmten Abstand rund um den Gesteinigten eine Mauer befinden könnte, hinter der sich die Peiniger verstecken, Menschen oder Geister vielleicht, die sich durch das Licht verscheuchen oder erkennen lassen könnten.« Ich bot der Patientin in völlig offener Weise an, diese anonymen Kräfte zu gestalten. Sie entgegnete mir, sie habe allzu große Angst, diese Geister zu erzürnen. (Sie hatte also das Bild der Geister aufgenommen). Sie befürchtete, sie könnten auf sie losgehen, nicht nur auf den Gesteinigten. Ich versicherte ihr, ich würde mich dann helfend an ihre Seite stellen. Das Gespenst war jetzt da, gräßlich grinsend, und bewarf mich mit Steinen. Ich vermochte (in der Imagination der Patientin) das Monstrum zwar zurückzudrängen, aber nicht zu besiegen. Nun fragte ich sie, was uns fehlte, um siegen zu können. »Ein Zauberstab, oder noch besser ein Zauberwort«, vermutete sie, »aber niemand kennt es.« Mir fiel ein – aber das Ende der Sitzung war schon gekommen –, daß wir ein Orakel aufsuchen könnten, um es zu befragen. Wie wir es aber anstellen sollten, um den Gesteinigten nicht im Stich zu lassen, setzten wir uns als Hausaufgabe. Im kurzen Nachgespräch vertraute mir die Patientin an, daß solche Gespenster ihr ab und zu im langen, verwinkelten Gang bei ihr zu Hause erscheinen, wenn ihre Ängste besonders stark sind.

Wir können in dieser Bildersequenz zwei parallele Entwicklungen feststellen: die der Gestalt der Patientin selbst und die des Therapeutenbildes.

Im ersten hypnotischen Traum erlebte die Patientin sich selber in assoziierter Weise – also direkt und im wörtlichen Sinne »unmittelbar«, ohne jegliche innere, sich selbst dualisierende Distanzierung, ohne sich selbst betrachten zu können: Sie entglitt sich selbst in einem Zustand von Bodenlosigkeit, in einem fast bilderlosen Körpererlebnis von Auflösungsangst. Hier hat das Erlebnis der Innenwelt noch kaum einen Symbolisierungsvorgang erfahren. Diese Erlebnisweise stellt die regressivste Möglichkeit dar, und dementsprechend fühlte sich die Patientin in völliger Hilflosigkeit ausgeliefert und blieb auch vollständig auf sich selbst bezogen, ohne Hilfe annehmen zu können.

Mit dem zweiten Bild setzte ein Symbolisierungsprozeß und gleichzeitig eine Dissoziation ein: Die Patientin konnte einen Teil ihres Selbsterlebens in das Bild einer brüchigen Gipsstatue dissoziieren, dualisierte sich somit, um sich selbst betrachten zu können. In diesem Prozeß entstand das erste Symbol. Aber die Gipsstatue blieb noch etwas Totes, Unbeseeltes und in Auflösung Begriffenes. Wohl konnte die Patientin diese Statue jetzt von außen sehen, aber im Erleben und in den Emotionen blieb sie noch vollständig an die Statue gefesselt und dadurch mit dem Erstarrten, Leblosen in ihr identifiziert. Es war ihr also noch keine wirkliche affektive Distanzierung zu den Todesgefühlen gelungen.

Das dritte Bild zeigt noch ungefähr denselben geringen Dissoziationsgrad und damit auch, daß sie noch immer keinen größeren Abstand zu sich selber gewonnen hatte, doch ihre dissoziierte Selbstdarstellung war lebendig geworden: Wir haben vor uns einen Menschen, wohl in einer zusammengekauerten, gefesselten Lage, in einer jämmerlichen, ja lebensbedrohlichen Situation, aber immerhin lebendig. Das Tote hat sich auf den Roboter verlagert.

Das vierte Bild stellt wiederum eine lebensbedrohliche Situation dar, aber die Dissoziation ist viel weitgehender gelungen: Die Patientin sieht ihre bedrohten Anteile – noch völlig undifferenzierte, nicht individualisierte Teile – vor sich, wird aber selbst zunächst nicht bedroht. Sie hat nun die Macht gewonnen, ihre innere Situation in Bildern zu reflektieren. Nur das Licht – die Einsicht –, wenn es allzu schnell und zu grell käme, könnte sie wieder in den assoziierten Zustand zurückversetzen, falls sie nicht durch den Therapeuten geschützt würde.

Der Prozeß, den wir also aus diesen vier Selbstdarstellungen herauslesen können, besteht in einer *zunehmenden Symbolisierung* ihrer Affekte und im Gewinnen eines inneren, betrachtenden Abstands zu sich selbst. Dieser ganze Prozeß hat in vier Wochen stattgefunden.

Das Bild des Therapeuten hat sich in derselben Zeit vielleicht weniger dramatisch gewandelt, doch ist auch hier die Progression nicht zu übersehen. Im ersten Bild stehen die Ratlosigkeit der Patientin und ihr abgrundtiefes Mißtrauen gegenüber dem therapeutischen Angebot im Vordergrund. Dieses wird zunächst von den dunklen Mächten überrannt. Der Therapeut bleibt entsprechend in Konturen angedeutet, vermutlich zu seinem Schutz.

Im zweiten und dritten Bild hat er praktisch nur eine betrachtende und vor dem gänzlichen Alleinsein schützende Funktion. Die Gipsstatue ist viel zu zerbrechlich, als daß sie irgend jemand berühren dürfte. Also bleibt der Therapeut im Hintergrund, bei den Kulissen. Es gelingt ihm ja auch nicht, den Roboter mit seinen Kommunikationskünsten anzusprechen, da er ihn zuerst lebendig machen müßte. Also bleibt ihm vorerst nur die Rolle des machtlos mitleidenden Zuschauers übrig. Erst im vierten Bild wird eine echte Aktivität des Therapeuten akzeptiert. Hier entsteht nun eine spürbare therapeutische Allianz. Die Angst ist nicht mehr die vor dem Verlassenwerden, ist also nicht mehr eine Übertragungsangst, sondern die vor den eigenen Gespenstern geworden. Dank der Introjektion der guten Anteile des Therapeuten ließ sich also die negative Übertragungssituation in eine positive Allianz verwandeln, und die negativen Aspekte, die die Übertragung »infiziert« hatten, wurden in die Gespenster zurücksymbolisiert.

Dieser ganze Prozeß erstreckte sich über ganze vier Wochen. Die Frage bleibt sicherlich offen, ob wirklich in vier Wochen ein derartiger seelischer Gewaltmarsch möglich ist oder ob diese Entwicklung auf der Symbolebene diejenige auf der bewußten Ebene vorwegnahm und wir es somit eher mit der Erstellung einer inneren Landkarte zu tun haben, die in zeitlicher Konzentration einen in der Realität längeren Weg darstellt.

Ein hypnotischer Traum derselben Patientin, ein paar Monate später, mag die Entwicklung zu einem Übergangssubjekt veranschaulichen.

Die Patientin erlebte sich selbst vor einer großen, schwarzen, uneben kugelförmigen Masse, alles kompakt, hart, unnachgiebig. Wegen ihrer Unebenheiten konnte diese Kugel nicht ihrem Wesen entsprechend rollen, und sie war so hart, daß sie nicht atmen konnte. Ich, als Therapeut, stand links dahinter als undefinierter Mensch, was mich veranlaßte, sie zu fragen, ob ich nicht in einer anderen Erscheinungsform nützlicher sein könnte. Nach kurzem Zögern hatte sie mich zu einer Kugel aus Moos gemacht. Diese war filigran, von Waldluft durchatmet und konnte rollen. Und nun begann die Auseinandersetzung zwischen den beiden Kugeln. Als Mooskugel schlug ich ihr vor, eine Art Lebensstrahlung von mir aus auf die schwarze Kugel zu richten. Die Patientin hingegen sah eher die Notwendigkeit, mit Gewalt, mit Bohren oder Schlagen, Löcher in die harte Masse zu schlagen. Der nun folgende Dialog zwischen der Patientin und mir um eine Lösung zwischen Liebe und Härte verlief ungewohnt ruhig.

Augenfällig ist die Symmetrie der beiden Kugeln. In ihnen sind auch die beiden widerstreitenden Seiten der Patientin zu erkennen. Obwohl die Mooskugel eigentlich als eine symbolische Darstellung des Therapeuten kreiert wurde, ist besonders deutlich spürbar, wie intensiv sie auch die Patientin selbst darstellt. So sprach sie auch im hypnotischen Traum immer von der Mooskugel und nicht von mir. Das symbolisierte Therapeutenbild hat massiv an Lebendigkeit gewonnen, und die Patientin identifiziert sich ganz spontan zunehmend mit ihm.

Eine weitere Wirkung dieser Introjektionsmethode können wir darin finden, daß eine Gemeinsamkeit der Entwicklungsvorgänge in den beiden Unbewußten entsteht. Eine weitere Sequenz aus einer etwas späteren Phase dieser Fallgeschichte soll dies aufzeigen.

Der Patientin ging es etwas besser, und wie immer in besseren Phasen machte ihr das angst, und sie stellte den Sinn des Ganzen, unserer Arbeit, des Lebens überhaupt, in Frage. Wozu denn sollte es ihr besser gehen? Weshalb mußte denn gerade ihre Existenz mit so riesigen Schwierigkeiten belastet sein? Sie fühlte ja im Grunde genommen gar kein Leben in sich. Ich spürte in meiner Gegenübertragung das Gegenteil, daß sie nämlich in Wirklichkeit begann, das Leben in sich wahrzunehmen, und wagte folgenden Hinweis im Gespräch: Vielleicht bestand der Sinn ihres ganzen Leidens darin – aus welchen Gründen dies auch so sein mochte –, daß sie sich ein lebenswertes Leben in bewußter Arbeit aufbauen mußte. In der folgenden Stunde brach wieder ein Stück negativer Übertragung durch. Sie warf mir vor, ich hätte gesagt, der Sinn ihres Lebens bestehe aus den Schwierigkeiten, dabei fühle sie kein Leben in sich. Ich stellte richtig, was ich wirklich gesagt hatte, und wenige Minuten später berichtete sie einen Traum, den sie kurz vor der letzten Sitzung erlebt hatte. Sie war zum Geburtstagsfest einer schwer depressiven Kollegin eingeladen worden, ein fürchterlich düsterer, bedrückender Anlaß. Allerdings saß sie mit ihrem Mann abseits der Mehrheit der Gäste und sehnte sich nach einem richtigen Fest. In der Diskussion über diesen Traum konnten wir erkennen, wie eine Seite in ihr das Feiern und das Leben durchaus kennt und wünscht.

Meine Gegenübertragungsphantasie hatte also in ihrem Traum einen heimlichen Vorläufer gehabt. Unabhängig voneinander hatten wir, jeder auf seine Art, dieses kommende Leben gespürt.

5. Indikationen und Kontraindikationen

Diese Methode der aktiven Introjektion erhebt natürlich nicht den Anspruch, eine psychotherapeutische Panazee zu bieten. Wir werden immer zu überlegen haben, wann sie sinnvoll eingesetzt werden kann.

Die Indikation zur Anwendung dieser Arbeitsweise kann kaum nach nosologisch deskriptiven Kriterien, das heißt äußeren Symptomen wie Angst, Zwangssymptome, Depression, psychosomatische Störungen oder nach irgendwelcher Klassifikation gestellt werden. So gesehen kommen etwa alle Krankheitsbilder in Frage. Wir haben unsere Methode schon ebenso bei Schizophrenen wie bei Borderline-Patienten, bei Phobikern und Zwangsneurotikern, bei Anorektikerinnen und Bulimikerinnen, bei endogen Depressiven und anderen angewandt. Einer meiner Supervisanden hat auf diese Weise sogar schon erfolgreich mit geistig behinderten Menschen gearbeitet.

Für die Indikation maßgebend ist vielmehr die Art der Beziehung, die der Patient mit dem Therapeuten eingeht. Oder anders formuliert: Die Indikation hängt von der Qualität und der Dynamik der Regression im jeweiligen

Moment ab. Der Nutzen der Methode beruht ja auf der Hypothese, daß dem Patienten ein positives Introjekt fehlt, um bislang pathogen wirkende Spannungen aushalten oder als kreative Herausforderung wahrnehmen zu können. Wo immer die aktuelle therapeutische Lage darauf hinweist, daß diese Ressource fehlt oder zuwenig entwickelt wurde und daß diese Problematik jetzt bearbeitet werden kann, wird man an diese Methode denken können. Hinweise für eine solche Indikation sind strukturelle Mängel des Ich, wie wir sie bei schizophrenen oder Borderline-Patienten kennen, beispielsweise autistische oder halluzinatorische Phänomene, Spaltungserscheinungen, aber auch schwerere Dissoziationen im Sinne eines Multiplen-Persönlichkeits-Syndroms. Auch andere, schwere Angstsymptome, die mit einem strikten Vermeidungsverhalten einhergehen und somit auf eine tiefgreifende narzißtische Persönlichkeitsstörung schließen lassen, können den Anstoß geben, eine mangelhafte Introjektion helfender Kräfte anzunehmen.

Als kontraindiziert betrachten wir Situationen, in denen diese Introjektion nicht nötig ist, weil die aktuelle Psychopatpologie des Patienten keinen solchen Ressourcenmangel annehmen läßt. Nach dem Grundsatz, den wir das »Prinzip der minimalen Hilfe« nennen möchten, ist die beste Hilfe diejenige, die ausreicht, um die eigenen Ressourcen des Patienten zu mobilisieren, aber gleichzeitig nicht die Schwelle des Erniedrigenden berührt. Wo der Patient also keine solch innige und intensive Begleitung benötigt, um seine Bilder kreativ entwickeln zu können, wird es vorsichtiger sein, sich im Hintergrund als »stille« Präsenz in Bereitschaft zu halten. Wir haben schon beobachtet, daß bei manchen Probanden mit stabiler, gesunder Ich-Struktur das Einbringen des Therapeuten in das Traumbild mehr als Eindringen erlebt wurde und Widerstände auslöste. Dies entspricht einem allgemeinen Gesetz: Was in der Notsituation eine wertvolle Hilfe ist, kann im alltäglichen Kontext hemmend wirken oder zumindest als lästig empfunden werden.

6. Fazit

Die Grundidee, der Leitgedanke dieser Methode läßt sich sloganartig in der Formel »Sym-Sym-Sym« zusammenfassen. Das erste »Sym« steht für Symbiose, das zweite für Symmetrie und das dritte für Symbolisierung.

Symbiose bezeichnet die hypnotische Beziehung. Gemeint ist dabei natürlich nicht die pathologische Spätform von Symbiose, die gegenseitige Abhängigkeitsverstrickung, in der sich beispielsweise Ehepartner im sumpfigen Halbschatten süß-saurer Gemeinsamkeiten liebevoll bekriegen. Wir denken vielmehr an die positive, gegenseitig bereichernde, warme Symbiose, diejenige, die etwa zwischen Mutter und Kleinkind besteht, also eine Nähe, in der jeder Partner im anderen aufgeht, ohne dabei sich und seine Identität zu verlieren. In ihr öffnen sich die beiden Unbewußten füreinander, sich gegenseitig fördernd, einen Dialog und eine Dualisierung der tiefen, gegenseitigen Gefühle ermöglichend. Für früh gestörte Patienten ist gerade diese Symbiose die so bitter notwendige und doch wie der Leibhaftige gefürchtete Erfahrung, die ihrer Pathologie zugrunde liegt. Ob dieser Mangel auf eine versagende Umwelt in der Kleinkindheit gründet oder ob eine konstitutionelle Schwäche vorliegt – solche Menschen sehen sich in jeglicher sich intensivierenden Nähe existentiell bedroht, nicht gewachsen, ihre Individualität einer drohenden Fusion entgegenzustellen. Nähe wird für sie zum terrorisierenden Gespenst. Hier kann die positive symbiotische, hypnotische Beziehung ihre therapeutische Kraft entfalten, indem sie diese Befürchtung in vivo allmählich korrigieren kann.

Symmetrie bedeutet, daß hier die Hypnose nicht wie üblich in einer Einbahnrichtung vollzogen wird – der Therapeut »hypnotisiert« also nicht den Patienten wie die Schlange das Kaninchen –, sondern beide sinken zusammen in eine symmetrische Trance, jeder in die seine, und in diesem Sinne vom anderen abgegrenzt und doch gleichzeitig in einer tiefen Gemeinsamkeit verbunden, weil das entstehende Traumbild gemeinsam ist, in den wesentlichen Zügen, und doch in zwei sich ergänzenden Ausformungen dargestellt. Ähnliches wird als maltherapeutische Technik praktiziert, wenn Therapeut und Patient am selben Bild miteinander malen. In der Maltherapie steht das Papier objektivierend dazwischen, während in unserer Technik ein »seelisches Traumfeld« als Medium dient. In diese Symmetrie flicht sich als einzige Asymmetrie die Tatsache ein, daß die Gefühle des Therapeuten dem Patienten für seine Zwecke zur Verfügung gestellt werden und nicht umgekehrt.

Symbolisierung soll die Tatsache unterstreichen, daß die aktuelle, reale, als Hypnose eingebrachte Präsenz des Therapeuten schon während ihres Entstehens, »in statu nascendi«, und im »Hier und Jetzt« symbolisiert wird. Die Nähe, die in ihrer nicht gebändigten, nicht symbolisierten Form die schrecklichsten Zerstörungsängste zuläßt, wird laufend im Symbol gezähmt. Auch die Regungen aggressiver oder sexueller Art, die durch diese Intensität der Nähe im Patienten wach werden können, finden sogleich eine symbolische Formulierung, die dem Therapeuten einen raschen, adäquaten Umgang mit ihnen ermöglicht.

Genaugenommen findet die Formulierung nicht nur bildhaft-symbolisch, sondern gleichzeitig auch auf der verbalen Ebene statt, denn Patient und Therapeut kommunizieren ja während der Hypnose und der Symbolisierung verbal miteinander. Das therapeutische Angebot dieser Methode findet also gleichzeitig auf drei Ebenen statt: auf der realen durch die Hypnose selbst, auf der symbolischen durch die Schaffung des symbolisierten Therapeuten und auf der verbalen durch das Reden während der Hypnose.

Diskussion

Therapeutische Faktoren der Hypnose

1. Die Nähe

Die im Hinblick auf die Psychotherapie sicher bedeutungsvollste Seite der Hypnose ist der Beziehungsaspekt. Wohl ist der hypnotische Zustand mit seinen vielfältigen Erscheinungen der spektakulärere Teil der Hypnose, aber nicht unbedingt der therapeutisch relevantere. Mindestens so brisant ist das, was auf der interpersonellen Ebene in der Phase der Induktion geschieht.

Die Hypnoseinduktion ist im Grunde genommen eine rasante Fahrt in eine gegenseitige Nähe symbiotischer Art (Zindel 1994). Die landläufigen Widerstände, Bedenken und Ängste gegenüber der Hypnose – ebensogut von seiten der Patienten wie von seiten der Hypnoseskeptiker auf der Therapeutenseite – sind ganz typische Widerstände gegen eine allzuschnell hergestellte Nähe zu einer sonst nicht eigentlich nahestehenden Person. Ohne hier im einzelnen die ganze Argumentation dieser These aufrollen zu können, diene nur folgender Hinweis zum besseren Verständnis: Man stelle sich die klassische hypnotische Situation von außen vor: Ein Patient liegt in völlig losgelassener Haltung, mit geschlossenen Augen und läßt auf sich die mit sanfter Stimme ausgesprochenen Worte einer anderen Person wirken, ohne sie rational zu analysieren. Eine solche Zweisamkeit kommt sonst nur in vergleichbarer Form in Situationen größter Vertraulichkeit vor, beispielsweise unter Liebenden oder zwischen Mutter und Kind. Chertok (1978) spricht von einem »Wir-Gefühl«, ich bin aber der Auffassung, daß dieses Gefühl noch tiefer geht. Tatsächlich sind auch die Beschreibungen, wie Patienten ihre Therapeuten in Hypnose wahrnehmen, häufig direkte oder indirekte Darstellungen von Gefühlen großer Nähe. Um zu solcher Intimität zu gelangen, reicht es nicht, sich einfach hinzusetzen und zu beschließen, eine symbiotische Nähe zu pflegen. Es braucht zwangsläufig die nötigen »Formalitäten«, eine Art Eingangs- oder Begrüßungsritual – das, was wir *Induktion* nennen.

Therapeutisch an dieser positiven hypnotisch-symbiotischen Nähe, egal ob in ihr geträumt wird oder nicht, ist zunächst einmal, daß sie überhaupt zugelassen wird, daß der Patient dazu fähig wurde, wenn auch mit entsprechender Hilfe des Therapeuten, seine innersten Hemmnisse dagegen zu überwinden, wenn auch nur für kurze Zeit. Allein dies kann schon für manchen Patienten eine außerordentlich bedeutungsvolle Entdeckung darstellen. Eng mit diesem Erlebnis gekoppelt ist auch die Möglichkeit zu erfahren, daß eine so intensive Nähe ihn nicht seiner ureigensten Freiheit berauben muß, im Gegenteil. Nur in einer guten Symbiose kann es dem Menschen gelingen zu lernen, in dialektischen Situationen wirklich er selbst zu sein. Es braucht die Dualisierung, um sich strukturieren zu können und somit die Grundlage für die innere Freiheit zu legen. Für viele Patienten bringt daher die Hypnose das für sie völlig neue, elementare und einschneidende Erlebnis einer Symbiose, welche die innere Freiheit nicht nur akzeptiert, sondern sogar fördern will. Die entsprechende Haltung des Therapeuten in einer solchen Beziehung nennen wir deshalb »abstinente Nähe«. Schließlich ist diese hypnotische Nähe therapeutisch, indem sie als Rahmen die nötige Sicherheit bietet, um sich in Bereiche der Innenwelt hineinzuwagen, die sonst nur über Umwege – Traumdeutung, lebensgeschichtliche Rückschlüsse und so weiter – zugänglich sind und vor denen man sonst zurückschrecken würde. Dies betrifft namentlich Altersregressionen in präverbale Stadien der Entwicklung oder in traumatische Erlebnisse. Diese abstinente Nähe läßt die notwendige »psychische Nestwärme« entstehen.

Es bleibt noch zu betonen, daß diese Nähe ihrem Wesen nach eine absolut reale Beziehung darstellt und nicht nur als eine symbolische oder projizierte Bezugnahme im Sinne einer Übertragung ist. Somit hat sie nicht Gegenstand einer weiteren analysierenden Aufarbeitung zu werden. Im Gegenteil, sie stellt eigentlich das schon provisorisch erreichte Ziel dar. Schon KUBIE und MARGOLIN (1944) vertraten einen ganz ähnlichen Gesichtspunkt, ohne das Wort »Nähe« zu gebrauchen. SHOR (1962) spricht von »archaic involvment«, um diese Beziehungsqualität zu umschreiben.

2. Die Übertragung

Die Induktion der Hypnose dient dazu, wie wir sahen, die symbiotische Nähe der Hypnose herzustellen. In dieser Phase spielen natürlich Übertragungs- und Gegenübertragungsphänomene eine zentrale Rolle. Im Grunde ist es nämlich die Übertragung, vor allem die negative, die wir zu überwinden haben, um zur symbiotischen Nähe zu gelangen. Die Kunst des »Hypnotisierens« besteht also darin, die Übertragung gleichzeitig zu nutzen als auch kurzzuschließen, um die hypnotische Intimität zustande kommen zu lassen. Die Hypnotherapie – mit Ausnahme der Hypnoanalyse natürlich – kümmert sich als pragmatische Therapie kaum um die Analyse oder Analysierbarkeit der Übertragung. Sie sucht durch das aktive Zusammenspiel von Patient und Therapeut, eine provisorische – nicht analysierte – Überwindung der Übertragung zu erreichen, in der Absicht, einen direkten Blick auf das werfen zu können, was im Zustand der erreichten positiven Symbiose alles möglich wird. So spielt in der Hypnotherapie die Arbeit an positiven, realistischen

Zukunftsvisionen eine ganz wesentliche therapeutische Rolle. Die Arbeit mit der Einsicht mag dann später folgen im Rahmen der Stabilisierung der Fortschritte. Dieses Vorgehen hat nichts mit »Agieren« zu tun, weil es sich nicht um ein Aktivsein in derselben Richtung wie das neurotische Verhalten beziehungsweise die Übertragung handelt, sondern um eine Arbeit an dem, was ausgerechnet am wenigsten neurotisch ist: die echte, positive Nähe. Es läßt sich trotzdem noch die Frage aufwerfen, ob wir durch dieses unmittelbare Zusteuern auf eine positive Symbiose nicht voreilig gewisse Prozesse unterbinden, insbesondere das Aufkommen und Durcharbeiten einer negativen Übertragung. In der Psychoanalyse spielt ja letzteres eine zentrale Rolle im therapeutischen Prozeß. Die Funktion des Aufblühenlassens einer negativen Übertragung liegt ja darin, die ins Unbewußte verdrängten, negativen inneren Bilder in der konkreten Beziehung zum Therapeuten in Form von Projektionen lebendig erfahrbar zu machen, um sie im Lichte der realen Wohlgesinntheit des Therapeuten konstruktiv ablegen oder verwandeln zu können. Mit anderen Worten, in der Psychoanalyse übernimmt die Übertragung eigentlich die Funktion, die in der Hypnosetherapie die Hypnose selbst innehat: Beide aktivieren unbewußte Bilder, um sie bearbeitbar zu machen. Die Hypnose bietet aber einen nicht unwesentlichen Vorteil gegenüber der Übertragung: Sind die negativen Gefühle zwar lebendig und aktualisiert, aber nicht gegen den Therapeuten gerichtet, so ist es für den Patienten viel einfacher, die inneren Bilder von der Realität des Therapeuten zu unterscheiden. Und auch der Therapeut kann sich viel einfacher auf seine strukturierende Arbeit konzentrieren.

Ein Beispiel soll darstellen, wie komplex sich die Beziehungen zwischen Patient, Hypnose, realer Präsenz des Therapeuten und Übertragung gestalten können.

Ein 40jähriger Patient hatte mir zu Anfang der Sitzung eine aktuelle Problemsituation um das Thema autonome Entscheidungen und Abgrenzung geschildert, dessen Inhalt in den Einzelheiten hier nicht von Belang ist, und ich hatte ihm daraufhin vorgeschlagen, einen hypnotischen Traum dazu aufkommen zu lassen. Da er in Hypnose und Selbsthypnose schon sehr erfahren war, fragte ich ihn, wie intensiv er sich meine verbale Begleitung in der Hypnoseinduktion wünsche. Er fand, er könne es ganz alleine tun. So schlug ich ihm einfach vor, bewußt darauf zu achten, inwiefern sich meine Präsenz auf sein inneres Erleben auswirken werde. Er ließ sich in die Hypnose gleiten, wo er einen Traum durchlebte, den er mir nach dessen Beendigung schilderte: Er stand zunächst vor einem hohen Berg, den zu erklimmen ihm sehr anstrengend erschien. Im Wald zu dessen Füßen schlummerte versteckt ein kleines Bergseelein. Er wußte nun nicht, wollte er den Berg erklimmen und somit den Überblick gewinnen, oder wollte er durch den Wald den gemütlicheren Weg zum Seelein wandern, mit dem Risiko, sich zu verlaufen. Da richtete sich plötzlich und unwillkürlich seine Aufmerksamkeit in die Richtung, in der ich in der Realität saß, und er wurde ärgerlich. Er spürte gleichzeitig einen moralischen Druck meinerseits, sich entscheiden zu müssen – was aber in keiner Weise meinen wahren Gefühlen entsprach. In seinem Ärger legte er sich dort hin, wo er gerade stand, schob seinen Rucksack als Kissen unter den Kopf und entschied sich, den blauen Himmel und das Bergpanorama zu genießen.

Es kommt in der Hypnose sehr selten vor, daß sich eine Übertragung so unmittelbar, so unverblümt darstellt wie in diesem Bild. Dies dürfte darauf zurückzuführen sein, daß sich der Patient selbst dadurch frustriert hatte, daß er sich eine regelrechte Induktion versagt hatte und deswegen eine gewisse Aggressivität auf mich zukommen ließ. Zweitens hatte ich ihn auch aufgefordert, den Einfluß meiner Präsenz auf seine Bilder während der (stummen) Hypnose zu beobachten und provozierte somit auch eine solche Reaktion. Psychodynamisch können wir die Dinge so verstehen, daß er die Möglichkeit nutzte, seine blockierende Autoaggression durch eine Übertragung nach außen, auf mich, zu verlagern, sie gewissermaßen bei mir zu deponieren, um den Freiraum zu gewinnen, eine wirklich eigenständige Entscheidung zu fällen, nämlich ein Drittes zu tun, und zwar etwas, das ihm am nächsten lag.

Es kann ein hypnotischer Traum, in dem die emotionalen Energien nicht genügend beruhigt werden konnten, auch manchmal nachträglich Übertragungsreaktionen auslösen, die dann entsprechend gehandhabt werden müssen, wie folgendes Beispiel zeigen soll:

Eine Patientin, mit der ich mit der Methode der aktiven Introjektion arbeitete, erlebte in einem Bild, wie sie von einem gewaltigen Lavastrom bedroht wurde, während sie mich daneben in Sicherheit sah. Ich schlug ihr einen Platzwechsel vor, womit sie einverstanden war. In meiner parallelen Hypnose erlebte ich, wie diese Lava langsam auf mich einbrach, mich bis zum Hals einhüllte und erstarrte. Doch verbrannte sie mich erstaunlicherweise nicht. In dieser zusammenpressenden Gefangenschaft wurde zwar mein Körper überdeutlich spürbar, aber restlos aktionsunfähig. Mich überkam ein Anflug von panischer Angst beim Gedanken, derart eingekeilt vielleicht über längere Zeit gefangen bleiben zu müssen. Ich konnte mich seelisch nur mit dem Bewußtsein über Wasser halten, daß ich meinen Geist immer noch so disziplinieren konnte, daß ich den Kontakt mit der Patientin, meinem einzigen lebendigen Partner in dieser Situation, aufrechterhalten konnte, vorausgesetzt, sie verließ mich nicht. (Dieses Traumbild spiegelte in symbolischer Weise und mit einer Rollenumkehr sehr anschaulich die Situation der Patientin wider.) Einige Stunden nach dieser Sitzung rief mich die Patientin an, ziemlich außer sich, sie halte es nicht mehr aus: Ich hätte es mir in diesem Bild bequem gemacht in der schützenden Lava, und sie sei wieder einmal in der Welt allein gelassen worden. In Wirklichkeit hatte ich meine Situation alles andere als bequem empfunden. Als ungefragte Bestätigung, daß mein Bild nicht einfach ein »Gefälligkeitsbild« gewesen war, überfiel mich sogar am nächsten Morgen beim Frühstück ganz plötzlich dieselbe Angst wie in der Lava. Es brauchte am Telefon einige Anstrengung, um ihr den realen positiven Aspekt der Situation sichtbar zu machen: Ich hatte am eigenen Leib das schreckliche Gefühl ihrer Lebenslage erlebt, um sie besser verstehen zu können und nicht um ihr zu entfliehen.

Die negativen Kräfte des Unbewußten, die die Patientin zwar als abgrundtiefe Trauer empfand, die in Wirklichkeit aber auch eine ebenso abgrundtiefe Wut beinhalteten, hatten zwar in der Lava einen bildhaften Ausdruck gefunden und hatten sich meiner bemächtigen dürfen; doch das reichte trotzdem nicht aus, das Aufkommen einer negativen Übertragung im Wachzustand zu verhindern. Die Bearbeitung dieser Gefühle mußte also auf zwei Ebenen erkämpft werden, in weiteren hypnotischen Bildern und in beharrlichen und entschiedenen Richtigstellungen.

3. Die Plastizität

Ein ebenso bedeutungsvoller, diesmal aber rein intrapsychischer therapeutischer Fakt der Hypnose besteht in der gesteigerten Plastizität der Seele, die diesen Zustand charakterisiert (ZINDEL 1988). Die Regression, die durch die Induktion bewirkt wird – nach den Psychoanalytikern GILL und BRENMAN (1959) eine »Regression im Dienste des Ich« mit »Auflösung der Ich-Grenzen« –, führt zurück bis in ganz frühe symbiotische Stadien. Diese zeichnen sich durch die gewaltige Plastizität des Kleinkindes aus, die noch nicht durch die Verfestigungen der Ich-Bildung strukturiert wurde. Die vorübergehende Aufweichung psychischer Strukturen durch die Hypnose findet ihre somatische Entsprechung in der Tatsache, daß die Induktion meist über eine Muskelrelaxation eingeleitet wird. Es wird dabei ja auf körperlicher Ebene Angespanntes, Verhärtetes durch Loslassen aufgeweicht. Diese Parallelität darf nicht nur als symbolisch betrachtet werden. Sie ist ein unmittelbarer Ausdruck der im strengsten Sinne »psychosomatischen« Verschränkung. Die Hypnose gestattet aufgrund dieser Plastizität eine Rekombination und Umstrukturierung psychischer Inhalte und stellt somit die Grundlage jeglichen therapeutischen Prozesses dar. Die erwirkten Veränderungen haben eine Neigung, stabil zu bleiben.

4. Der Einbezug des Körpers, die Ganzheit

Der Körper wird in allen Psychotherapieformen zunehmend als unumgänglicher therapeutischer Drehpunkt anerkannt. Er ist schließlich der Ort der Verwirklichung aller Emotionen und der Garant des »Hier und Jetzt«. Ein Wesensmerkmal der Hypnose ist eben, daß sie im Erlebnis die Verbindung zwischen körperlicher Wahrnehmung und phantasmatischer Welt der inneren Bilder (»l'imaginaire« LACANS) wiederherstellt. Es ist dieses wiedererlebte Zusammenwirken von Körperbewußtsein und Imagination, das den Bildern die charakteristische intensive, wirklich erlebte Aktualität verleiht, die dem üblichen Wachzustand abhanden geht. In diesem betten sich die Bilder viel mehr ins abstrakte Denken ein und werden so vom Körper weitgehend abgetrennt. Durch den bewußten Einbezug der Körperlichkeit in die Bilderwelt gelangt man zudem automatisch in ein Erleben der eigenen Ganzheit, was als solches eigentlich schon ein zentrales, therapeutisches Ziel darstellt.

Therapeutische Faktoren des hypnotischen Traums

1. Das Spezifische an den hypnotischen Traumbildern

Was den hypnotischen Traum im wesentlichen vom Schlaftraum abhebt, ergibt sich aus den bereits erwähnten Eigenheiten der Hypnose. Aus ihnen erwachsen ihm spezifische therapeutische Vorteile.

Intrapsychisch betrachtet stellt der hypnotische Traum eine Art »Übergangsphänomen« zwischen dem Unbewußten und dem Bewußten dar. Die hypnotischen Traumbilder entstehen in einem Zwischenfeld zwischen dem bewußten Denken, das wir etwas salopp als »Monolog des Bewußtseins« bezeichnen möchten, und dem Schlaftraum, der entsprechend einen »Monolog des Unbewußten« darstellt. Das wache, willentliche Bewußtsein ist in der Hypnose in keiner Weise ausgeschaltet, es beschränkt sich allein auf passive Betrachtung des inneren Geschehens, ist aber bei Bedarf durchaus fähig einzugreifen. Das Bewußte und das Unbewußte treffen sich im hypnotischen Traum gewissermaßen auf derselben gemeinsamen Bühne, die uns auf diese Weise eine einmalige Plattform für einen direkten inneren Dialog zur Verfügung stellt. Als dritter Darsteller auf dieser Bühne kann zudem noch die Imagination des Therapeuten auftreten und mitspielen. In diesem Zwischenfeld können nun verschiedene therapeutische Prozesse stattfinden, wie die Reassoziation pathologischer Dissoziationen – der entscheidende Vorgang bei Multiplen Persönlichkeiten oder bei schweren posttraumatischen Streßsyndromen –, das Wiederfinden verdrängter schöpferischer Fähigkeiten, das Wahrnehmen von bisher inakzeptablen Gefühlsaspekten, die Introjektion therapeutischer Bilder und so weiter.

Die Unterschiede zwischen Schlaftraum und hypnotischem Traum auf der Ebene des Beziehungsaspekts weisen auch auf besondere Möglichkeiten des hypnotischen Traums hin. Der Träumer im Nachttraum ist vollständig auf sich selbst bezogen und allein mit seinen inneren Bildern. In der Hypnose kommt hingegen eine neue, ganz wesentliche Präsenz in den Rahmen des Traumgeschehens hinzu: der Therapeut. Die positive symbiotische Nähe zu ihm, in der die Traumentwicklung gewissermaßen badet, wird natürlich einen Einfluß auf Inhalt und Verlauf des Traums haben müssen. Es mag auf den ersten Blick erstaunlich wirken, daß in unserer therapeutischen Erfahrung diese Präsenz des Therapeuten eher selten in den Bildern thematisiert wird. In seiner realen Gestalt oder symbolisiert erscheint der Therapeut selten spontan dargestellt, und wenn, dann überhaupt eher am Ende einer Therapie. Dies mag daran liegen, daß erst mit dem Fortschreiten der Therapie, also mit abnehmender Regression, diese Präsenz bewußtseinsnäher wird.

Was die Erfahrung hingegen oft zeigt, ist ein anderer Umgang mit den Bildern, ein anderes Verhältnis von Bewußtheit und Unbewußtheit und ein stärker »kommunikativer« Charakter der Träume in der Hypnose als im Schlaf- oder im Wachtraum. Ein typisches Fallbeispiel mag dies erläutern:

Eine etwa 35jährige Patientin berichtete zu Anfang einer Therapiesitzung drei kurze Schlafträume und eine Oberstufenübung des Autogenen Trainings, die sie im Anschluß durchgeführt hatte. Im ersten Traum wurde sie von einem älteren Mann umarmt und genoß dies sehr tief. Der zweite Traum, in der folgenden Nacht, ließ einen viel jüngeren, großgewachsenen Mann sie ebenfalls innig ans Herz drücken. Im dritten Traum, wiederum in der darauffolgenden Nacht, hielt sie selbst ein neugeborenes Kind – sich selbst – in den Armen und fühlte sich von einer noch nie erlebten Glückseligkeit erfüllt. Um diese für sie wie eine Offenbarung wirkenden Gefühle festhalten zu können, suchte sie in einer Oberstufenübung nach weiterführenden Bildern. Dort stand sie in einem kahlen Operationssaal. Darin lag ihre Mutter auf dem Tisch, den Bauch vom Operationsschnitt noch offen, und eine grüngekleidete Gestalt trug ein gräßlich schreiendes, blau anlaufendes Baby hinaus. Dieses Oberstufenbild hinterließ bei der Patientin ein einigermaßen schockiertes Gefühl. Um diese unerwartete Wende besser zu verstehen, beschlossen wir, in einer Hypnose nach weiteren Bildern zu suchen. Ihr hypnotischer Traum brachte scheinbar nur eine Neukombination der bisherigen Bilder. Derselbe junge Mann hielt das Neugeborene in den Armen, die Patientin trat hinzu und empfand das Bedürfnis, beide zu umarmen. Plötzlich, während der beglückenden Umarmung, war das Neugeborene verschwunden, doch das schöne Gefühl blieb.

Die allgemeine Thematik der fünf Traumbilder war ganz offensichtlich dieselbe. Sie drehte sich um beglückende Intimität in verschiedenen Spielformen. In den Schlafträumen kam das »Rohmaterial« in elementarer Form, ohne aufdeckenden Zusammenhang, zum Vorschein: die lustvollen, halbwegs »verbotenen« Umarmungen, ebenso das unvermittelte, paradiesische Erlebnis mit der in den Armen geherzten Kleinen. Das Oberstufenbild brachte die in den Nachtträumen negierte depressive Grundstimmung wieder auf das Tapet, ignorierte aber seinerseits die euphorischen Gefühle. Erst im hypnotischen Traum konnte der Patientin der Zusammenhang verständlich werden, daß es dieses kindliche, unberührte Zärtlichkeitsempfinden war, was es wiederzuentdecken galt, um ihre weibliche Identität zu vervollständigen. Im hypnotischen Traum wurden die verschiedenen Bausteine zusammengefügt. Nicht das korrekte Alter eines Partners war entscheidend für die Erfüllung, sondern daß sie die – an sich berechtigten – Ressentiments ihrer Kindheit gegenüber aufgab, um ihre genuine Liebesfähigkeit wiederzuentdecken. Dies sprach das hypnotische Bild in ganz einfachen, genügend bewußtseinsnahen Bildern aus, so daß letztlich der Patientin vor allem dieses in Erinnerung blieb. Diese Sequenz von Träumen verschiedener Art charakterisiert die jeweiligen Traumformen in instruktiver Weise: Die Schlafträume thematisieren das Problem am frontalsten, mit der rohesten Gefühlsintensität, aber auch mit der größten Verschlüsselung. Demgegenüber bringt der Wachtraum der Oberstufe des Autogenen Trainings, als meist bewußtseinsnähere Traumform andere, oft entgegengesetzte Aspekte zur Sprache. Der hypnotische Traum ist der Synthesetraum par excellence. Er verbindet, weil er unter dem Schutz des Therapeuten am freisten ist – vorausgesetzt natürlich, der Therapeut bleibt in seiner Haltung abstinenter Nähe.

Ein weiterer psychotherapeutischer Trumpf des hypnotischen Traums liegt in einer Eigenheit der Trance-Logik. Wir haben dieses eigenartige Charakteristikum der Hypnose zwar schon als eine spezielle Form von Toleranz gegenüber Widersprüchen kennengelernt, aber wir haben es noch nicht von seinen therapeutischen Potentialen her beleuchtet. Die Hypnose steht mit je einem Fuß in zwei grundverschiedenen Realitäten mit sich ausschließenden Gesetzmäßigkeiten. Die äußere Realität des Wachseins mit ihrer »physikalischen« Logik steht im hypnotischen Zustand der inneren Realität des Traums mit ihrer »psycho-logischen« und assoziativen Logik gegenüber. Wohl verzichtet der Träumer in Hypnose weitgehend auf sein zielgerichtetes, willentliches Denken und überläßt das Feld möglichst dem spontanen, primärprozeßhaften Imaginieren, doch prallen zwangsläufig diese Welten immer wieder aufeinander. Nun erlaubt die Trance-Logik in diesem Dilemma die Brücke herzustellen und beide Formen von Logik unter einen Hut zu bekommen. Ohne Trance-Logik wäre es beispielsweise in der Methode der aktiven Introjektion unmöglich, daß der Therapeut gleichzeitig innen als Symbol wie außen als reale Person derselbe ist. Hierin finden wir eigentlich eine Form der »Doppelgesichtigkeit« des Traums wieder, die BENEDETTI in diesem Buch darstellt: Zwei sonst getrennt existierende Dinge werden in einem »Sowohl-als-auch-Bild« ausgedrückt. Es ist auch diese spezielle Logik, die es erlaubt, sich in einem Zustand der Regression auf präverbale Phasen trotzdem wie ein Erwachsener verbal mitzuteilen, ohne dabei den geringsten Widerspruch wahrzunehmen. Die Trance-Logik ist also dieser Zauberstab, der letztlich die geistigen »Quantensprünge« erlaubt, die Veränderungen und kreative Schöpfungen im therapeutischen Sinn ermöglichen. Sie verdient eigentlich die Bezeichnung »Über-Logik«.

2. Die Symbolisierung und die Dissoziation

In seiner primärsten Form ist das Selbsterleben reines Körpererleben, beziehungsweise Sinneserleben im Hier und Jetzt, und die Reaktionen auf die Umwelt sind weitgehend reflexhaft. Nur bedeutet diese »kinästhetische Existenzform« eine völlige Abhängigkeit von diesen Reizen und von der Außenwelt, ohne jede Möglichkeit, sie zu gestalten oder sich darin zu orientieren. Hier schreitet die Symbolisierung ein und ermöglicht einen ersten Schritt in die Freiheit, indem das Erlebnis in ein Bild verwandelt wird, das prospektiv ausgebaut und retrospektiv mit anderen Erfahrungen in Verbindung gebracht werden kann und somit überhaupt Gestaltungsmöglichkeiten bietet. Die Dissoziation stellt eine zweite und weitergehende Möglichkeit dar, die Welt zu gestalten. Sie isoliert bestimmte Affekte oder Anteile davon aus dem Gesamterleben und schafft damit die Möglichkeit einer inneren Distanzierung und einer ruhigen Selbstbetrachtung, insbesondere wenn die übermäßige Intensität dieser Affekte die Selbstreflexion unmöglich machen würde.

In unserem Fallbeispiel der Methode der aktiven Introjektion (s. S. 252 ff.) wurde uns auf beeindruckende Weise gezeigt, wie sich diese Schritte sehr zügig und fast lehrbuchmäßig folgen können: Aus der rein körperlichen Erlebnisstufe eines Affekts begann die Patientin in einem ersten Schritt, sich selbst zu symbolisieren, um bald darauf den destruktiv wirkenden Affekt zu dissoziieren und ihn so aus der Distanz bearbeiten zu können.

Symbolisierung und Dissoziation sind natürlich nicht Funktionen, die völlig separat ablaufen. Zum Teil gehen sie ineinander über. Sie sind auch nicht einzig dem hypnotischen Traum vorbehalten. Auch der Schlaftraum und andere wache Zugänge zum Unbewußten können diese wichtigen Phänomene zeigen. Im Hinblick auf therapeutische Symbolisierungen und Dissoziationen – mit folgender Reassoziation – ist die Hypnose insofern wertvoll, als sie diese Funktionen zu jeder Zeit und unter therapeutischer Begleitung ermöglicht.

3. Die »Zähmung« des Traums, der freie Zugang zur Innenwelt

Gewissermaßen auf Kommando träumen zu können, jederzeit mit dem eigenen Unbewußten einen konstruktiven Kontakt herstellen zu können, ist ein außerordentlicher Gewinn an persönlicher Freiheit. Wer einfach eine Vertiefung seiner Persönlichkeit sucht, kann dies in der vollkommensten Weise mit dem Wachtraum der Oberstufe des Autogenen Trainings erreichen. Ganz autonom kann er dabei in seine Innenwelt eintauchen und daran reifen. Der psychisch leidende Mensch, für den Leben und Schlaf zum Alptraum geworden sind, ist auf Hilfe und Begleitung angewiesen, um dieser inneren Bilderwelt in nutzbringender Weise begegnen zu können. Die Hypnose ist dazu eine »via regia«. Von eminent therapeutischem Wert ist also neben der progressiven Entwicklung des Inhalts der Bilder auch schon allein die Tatsache, daß durch die Erfahrung der Hypnose der Traum im Erleben des Patienten nicht länger der bedrohliche, nächtliche Feind bleiben kann, sondern zunehmend als innerer Partner Anerkennung und Wertschätzung findet. Die Hypnose zähmt den Traum. Diese aphoristisch formulierte Feststellung findet eine zusätzliche Bestätigung in der häufigen Beobachtung, daß Patienten, die mit der Hypnose oder dem Wachtraum vertraut werden, beginnen, sich an viel mehr Träume zu erinnern.

Spezielle therapeutische Faktoren bei der aktiven Introjektion

1. Die Introjektion

Im Unterschied zur Identifikation stellt die Introjektion einen viel elementareren Vorgang dar, der das Unbewußte viel eindringlicher mit einbezieht. Die Identifikation wird wesentlich durch bewußte Elemente mitbestimmt, so durch den Wunsch, gleich zu sein wie das idealisierte Vorbild, während in der Introjektion die Angleichung an das Modell mehr oder weniger ausschließlich unbewußt abläuft und deshalb dem bewußten Wunsch durchaus gegenläufig stattfinden kann. Auch die daraus resultierenden Haltungen und Handlungsweisen fallen nach einer Identifikation viel bewußter aus als nach einer Introjektion.

Die Introjektion ist nicht ein unweigerlich positiv verlaufender Prozeß. Negative Aspekte einer relevanten Bezugsperson können ebensogut introjiziert werden wie positive. Hier liegt auch die Gefahr der Methode der aktiven Introjektion bei unsachgemäßer Anwendung. Der Therapeut muß sehr wohl aufpassen, daß er wirklich nur hilfreiche Einflüsse einbringt. Dazu muß er sich vor allen Dingen seiner grundlegend positiven Gegenübertragung sicher sein und sie einer strengen Selbstkontrolle mittels seiner eigenen selbsthypnotischen inneren Bilder oder mittels seiner Nachtträume unterziehen. Eine weitere Hilfe dazu findet er, wenn er die Entwicklung des symbolisierten Bildes des Therapeuten im Patienten beobachtet, das ja die Übertragungssituation und auch den Stand der Introjektion widerspiegelt. Dort findet er einen immer aktualisierten Orientierungspunkt, an dem er auch ermessen kann, ob sich die Introjektion positiv gestaltet oder nicht. Es gilt hier natürlich auch zu unterscheiden zwischen der laufenden Introjektion und einer vorbestehenden negativen Übertragung. Letzteres wurde schon weiter oben anhand des Beispiels mit dem zynisch-indifferenten Psychiater besprochen.

Fühlt der Therapeut in seiner Tiefe irgendwelche grundlegend ablehnenden Gefühle, so ist die Gefahr doch sehr groß, daß diese vom Patienten introjiziert werden könnten, und er sollte von dieser Methode absehen. Handelt es sich hingegen nur um Anflüge einer Gereiztheit dem Patienten gegenüber, so können diese durchaus in einem positiven Sinne als Hinweise auf übersehene Aggressionen des Patienten verstanden werden.

Die Idee, den Therapeuten in Hypnose introjizieren zu lassen, ist nicht völlig neu. In einer posthum veröffentlichten Fallgeschichte Ericksons (1980), die in die Annalen der Hypnose unter dem Namen »February-man« eingegangen ist, wird einer Patientin, die an einer schweren Angstneurose leidet, eine Altersregression suggeriert. Erickson bringt sich darin ein als jährlich – im

Februar – wiederkommender, helfender »Onkel«, eine von ihm erfundene Vertrauensperson. Immer bringt er gerade das mit sich, was dem Mädchen im entsprechenden Alter gefehlt hatte, beispielsweise Zeit, ihr zuzuhören, Unterstützung und Liebe. Dieser imaginierte Helfer soll die therapeutischen Funktionen ERICKSONS zur Introjektion anbieten. Im Unterschied zu unserer Methode finden wir im February-man keine mitleidende Partizipation. Auch fehlt die Symbolisierung des Therapeuten durch den Patienten. Gemeinsam ist die Idee, durch Introjektion des realen Therapeuten die eigenen Ressourcen des Patienten zu mobilisieren.

2. Dualisierung

Die Dualisierung ist ein Grundvorgang therapeutischer Entwicklung, den BENEDETTI (1983) im Zusammenhang der Psychotherapie schizophrener Patienten hervorgehoben hat. Er besteht darin, daß die radikale Einsamkeit des Patienten in seinem Leiden durch die Partizipation des Therapeuten, insbesondere seines Unbewußten, durchbrochen wird. Durch die Erfahrung, daß seine Not irgendwie doch im vollständigen Sinn des Wortes »mit-teilbar« ist, ändert sich die Welterfahrung des Patienten. Dadurch, daß seine Innenwelt eine tiefe, mitmenschliche Anerkennung und Spiegelung gefunden hat, wird sie zu einer faßbareren Realität. Diese Dualisierung ist der eigentliche Gär- und Nährboden für die weitere therapeutische Entwicklung. In der Methode der aktiven Introjektion findet diese Dualisierung in einer besonders intensiven Weise statt. Dies beruht auf mehreren Faktoren: Schon im »Kampf« der Induktion kann der Therapeut nicht umhin, die Psychopathologie des Patienten hautnah zu spüren. Darauf nimmt der Therapeut ja in seiner »Gegenidentifikation« mit dem *symbolisierten* Therapeuten das Leiden des Patienten, zwar indirekt, aber doch in den Kern zielend, real in sich auf, läßt es in sich wirken und arbeitet dann auf dieser Basis mit dem Patienten zusammen. Der Therapeut bleibt nicht länger der außenstehende, wissende Fachmann, im wörtlichen Sinn der »Experte«, sondern er legt in der Therapie auch affektiv Hand an. Diese Dualisierung findet gewissermaßen im symbolisierten Therapeuten eine Personifizierung.

3. Das Übergangssubjekt

Die Funktion des symbolisierten Therapeuten im hypnotischen Traum liegt darin, ein gemeinsames psychisches Feld, einen Kristallisationspunkt für den therapeutischen Wandel, zu schaffen. Dies entspricht dem, was BENEDETTI (1983) in der Psychotherapie von schizophrenen Patienten als »Übergangssubjekt« bezeichnet hat. Darunter versteht er ein komplexes Gebilde von gegenseitigen Phantasien und Träumen, die sowohl dem Patienten wie auch dem Therapeuten gehören. Das Übergangssubjekt entsteht auf der Grundlage dessen, daß der Therapeut sein Unbewußtes an der psychotischen Welt des Patienten partizipieren läßt, psychotische Teile des Patienten in sich aufnimmt, um sie durch den gesunden psychischen Metabolismus seines eigenen Unbewußten zu Bildern zu verarbeiten, die er dann dem Patienten mitteilt. Diese Bilder stellen also ein gemeinsames Produkt beider dar und können somit eine Brücke über den Autismus bilden. Vom Übergangsobjekt von WINNICOTT – dies sei nur kurz zur Klarstellung eingefügt – unterscheidet sich das Übergangssubjekt dadurch, daß dessen Finalität in der Entstehung einer therapeutischen Symbiose liegt, während ersteres (BENEDETTIS) im Gegenteil der Auflösung einer Symbiose dient, nämlich zwischen Mutter und Kind.

Die durch Dualisierung entstandene, bildhafte Darstellung des Therapeuten im hypnotischen Traum ist aus einer Verschmelzung von Elementen des Patienten und des Therapeuten entstanden. Sie ist also als ein gemeinsames Produkt der therapeutischen Phantasien beider Protagonisten zu sehen. Der Patient ist wohl der eigentliche Schöpfer dieses Bildes, dessen Handlungsweise weitgehend er selbst bestimmt, aber gleichzeitig lebt das Bild auch von den therapeutischen Phantasien des Therapeuten, besonders zu Anfang der Therapie. Dieses Übergangssubjekt ernährt sich aus den Bildern beider Partner, ist aber gleichzeitig auch die Quelle, aus der sich deren Phantasien wiederum ernähren, um so in ständigem Kreis die Therapie in Gang zu halten. In diesem Übergangssubjekt lassen sich intensivste Wir-Erlebnisse erzeugen, gegenseitige Phantasien darstellen, ohne daß dabei der Patient im geringsten an Freiheit einbüßen müßte.

Der symbolisierte Therapeut als Übergangssubjekt stellt also einen Ort der Wandlung par excellence dar, in dem Übertragung und Gegenübertragung sich zu einer neuen Ebene der Realität ergänzen, einem Schmelztiegel, in dem die Realität des Therapeuten mit dem »inneren Therapeuten« des Patienten zu einem »übergeordneten« Therapeuten verschmilzt. Hier kann sich die Psychopathologie auch zu einer »progressiven Psychopathologie« (BENEDETTI 1983) wandeln, zu einer veränderten Pathologie, in der sich eindeutig progressive Elemente zeigen, ohne daß dabei die Pathologie aufgegeben würde. Dies wird insbesondere dadurch ermöglicht, daß der Therapeut »pathologische« Rollen akzeptiert, ja übernimmt, und darin seine eigene therapeutische Positivität von innen her wirken läßt.

Eine wesentliche Stärke dieser Methode liegt darin, daß der Therapeut, indem er das Traumgeschehen so nahe begleiten und jederzeit in das Übergangssubjekt seine positiven Anteile einbringen kann, eine Kontrolle darüber bekommt, daß der hypnotische Traum des Patienten in jedem Fall eine progressive Gestalt (Benedetti) annimmt. Es ist nämlich bei weitem nicht so, daß jeder Traum per se ein »Heiltraum« sein muß. Es gibt bekanntlich repetitive Schlafträume mit destruktiven Inhalten, die manchmal über sehr lange Zeiten anhalten und denen es offensichtlich nicht gelingt, progressiv zu werden.

4. Die Freiheit, den Therapeuten darzustellen

In allen Fällen, in denen auch nur in einzelnen Sitzungen mit der Methode der aktiven Introjektion gearbeitet wurde, konnten wir beobachten, wie daraus beim Patienten mehr Mut, mehr Selbstvertrauen und eine größere Offenheit in der Beziehung zum Therapeuten erwachsen waren. Diese innere Stärkung beruht sicher einerseits auf Faktoren, die der Therapeut eingebracht hat, wie seine engagierte Bereitschaft, auf das Leiden des Patienten auch affektiv einzugehen. Andererseits bietet diese Methode dem Patienten auch eine ziemlich ungewöhnliche Freiheit, nämlich die, ein spontanes Bild seines Therapeuten in dessen Gegenwart offiziell entwerfen zu dürfen und ihn auf diese Weise in einem gewissen Sinn »in der Hand« zu haben. Dieser Entwurf geschieht »auf eigenes Risiko« des Patienten. Das eingegangene Risiko kann verschiedene Formen annehmen: Der Patient könnte theoretisch durch die zwangsläufige Verzerrung des Konterfei seinen Therapeuten verletzen, und dieser könnte sich wieder zurückziehen. Oder wenn das Bild ausgesprochen aggressionsgeladen ist, riskiert er, die Therapie zu lähmen. Schließlich könnte sich der Therapeut überfordert fühlen und dadurch in seiner Kreativität blockiert werden, wodurch die Therapie auch in ein Patt geraten würde. Rein theoretisch sind solche Szenarien denkbar, doch in der Realität dürfte dieser Fall kaum eintreten. Erstens wird diese Methode ja schwerlich in die Hände von ganz unerfahrenen Therapeuten gelangen, die ihren Narzißmus unbesehen in Therapien ausagieren würden, und zweitens regt die Methode selbst, über die parallele Trance, die Kreativität des Therapeuten intensiv an. Als Gegenleistung wirkt die Erlaubnis, den Therapeuten zu gestalten, stark abbauend auf allfällige Übertragungsängste. Jemand, den wir auch selbst gestalten dürfen, kann uns nicht mehr wirklich angst machen.

Mit der Gestaltung des symbolhaften Therapeutenbildes übernimmt der Patient nicht nur eine gewisse Macht über seinen realen Psychotherapeuten, er eignet sich vor allem auch allmählich seinen eigenen inneren Therapeuten an und macht sich ihn dienstbar. In dem Maße, wie die Therapie fortschreitet, verschiebt sich also die Bemächtigung vom realen zum inneren Therapeuten.

Diese Freiheit, den eigenen Therapeuten zu modellieren, ist gerade bei Patienten mit Störungen der symbiotischen Phase von großer therapeutischer

Bedeutung. Symbiose im guten Sinn heißt ja, im gegenseitigen Einverständnis einen Einfluß aufeinander zuzulassen, im Vertrauen darauf, daß er gut sein wird, genauso wie das kleine Kind sich von der Stimme der Mutter trösten und ermuntern läßt und im Gegenzug weiß, daß sein Lächeln sie entzücken wird. Oftmals erleben solche Patienten diese Einwilligung in eine gegenseitig zugelassene Aktivität zum ersten Mal, und deshalb muß natürlich entsprechend sorgfältig und verantwortungsbewußt damit umgegangen werden.

All diese therapeutischen Faktoren erheben selbstverständlich nicht den Anspruch, ausschließlich der Methode der aktiven Introjektion vorbehalten zu sein, aber in dieser Art von hypnotherapeutischer Arbeit finden sie sich in sehr konzentrierter Weise vereint.

Einfluß auf den Schlaftraum durch die Hypnose

Es wurde schon ausgeführt, weshalb hypnotischer Traum und Schlaftraum im Grunde als wesensgleich zu betrachten sind, aber unter verschiedenen Umständen auftreten. Die Bilder stammen aus derselben Quelle, dem Unbewußten. Wir demonstrierten auch anhand eines konkreten Fallbeispiels, in dem die Bilder eines hypnotischen Traums vom Nachttraum wieder aufgriffen wurden, daß sich die Bilder der beiden Traumarten gegenseitig beeinflussen können. Daraus lassen sich verschiedene therapeutische Möglichkeiten ableiten, mit Hypnose die Schlafträume zu beeinflussen.

Suggestion von Träumen

Eine erste Möglichkeit besteht darin, ganz einfach in der Hypnose das Auftreten eines Schlaftraums in der nächsten Nacht zu suggerieren. Wolberg (1945) und Watkins (1968), zwei Klassiker der Hypnoanalyse, zählen verschiedene Vorgehensweisen auf, um im Rahmen ihrer sowohl hypnotischen wie auch analytischen Arbeit Schlafträume zu »produzieren«, mit dem Zweck, die Analyse zu beschleunigen. Sie suggerieren im Sinne einer Altersprogression, daß das Unbewußte in einer der darauffolgenden Nächte einen Traum schenken wird, und sie geben genauso wie im hypnotischen Traum eventuell sogar ein Thema mit wie beispielsweise die Ursache des Widerstands, die Natur der aktuellen Übertragung, das auslösende Element des neurotischen Konflikts. Auf diese Weise wird suggestiv eine Erwartungshaltung für die Nacht geschaffen, die tatsächlich den Inhalt des Traumes prägen kann. Hierzu ein etwas ungewöhnliches Beispiel aus einem Ausbildungsseminar:

Als Abschluß des ersten Tages eines zweitägigen Ausbildungsseminars in Paris über die hypnotische Arbeit mit psychotischen Patienten führte ich übungshalber eine Gruppenhypnose durch, in der ich einen Schlaftraum zum Thema unseres Seminars suggerierte. Ein teilnehmender Allgemeinarzt berichtete am nächsten Morgen folgenden Schlaftraum: Er kämpfte allein in einer leeren spanischen Arena mit einem Stier. Der Kampf blieb lange unblutig, bis der Stier ihn mit den Hörnern schließlich doch niederstach und er verletzt auf dem Sand liegenblieb. Nach einer Weile fuhr eine Ambulanz herbei, er aber hatte sich wieder aufgerichtet, war geheilt und versöhnte sich mit dem Stier. Nach dem Bericht dieses Traums erkannte der Arzt im Stier die rohe Kraft der Psychose, die ihn beängstigte, weil sie stärker zu sein schien als er, von der er sich verletzen ließ, die aber letztlich nicht unbesiegbar war. Der Sieg bestand in der Partizipation und in der der Beziehung. Dieses Traumbild zeigt eine außerordentlich beeindruckende symbolische Darstellung der psychotherapeutischen Arbeit mit psychotischen Patienten. (Pikantes »Nachspiel« zu dieser Geschichte: Ein Psychiater, der an beiden Kurstagen unmittelbar neben ihm saß – sie kannten sich vorher nicht –, berichtete darauf, wie er sich auf dem Hinflug nach Paris in Selbsthypnose versetzt habe, um inspirativ eine Metapher für die Arbeit mit seinen psychotischen Patienten zu finden. Er war aber leer ausgegangen und hatte sich dann die weitere Flugzeit damit vertan, in einem Magazin zu blättern. Sein Blick war zufällig bei einer Werbung für Tourismus in Spanien hängengeblieben. Abgebildet war ein schwungvoller Torero im Kampf mit einem feurigen Stier. Fasziniert von diesem Bild hatte er es ausgeschnitten, weil er darin eine gewisse Analogie zum Kampf mit der Psychose erkannte, doch hatte er diese Metapher letztlich unbefriedigend gefunden. Der Traum seines Nachbarn – dem er von seinem Fund übrigens nichts erzählt hatte – brachte die ergänzende, zweite Hälfte der Metapher. Solche paranormalen Phänome weisen übrigens auf die Existenz eines kollektiven Unbewußten hin, das in Menschen, die sich irgendwie nahestehen und die an einer bestimmten wichtigen Situation teilnehmen, gemeinsame Bilder hervorruft. Vielleicht spielte die gemeinsame Hypnose des Vorabends die Rolle, den Beteiligten den Zugang zu diesem gemeinsamen kollektiven Bild zu schaffen.)

Wiederfinden eines Schlaftraums

Ein lästiges Phänomen in jeder Psychotherapie stellen die vergessenen Nachtträume dar, die, von der Hektik des Alltags weggefegt, für die Analysestunde einfach nicht mehr zur Verfügung stehen wollen. Bestimmt nicht immer ist der sinnvollste und fruchtbarste Umgang mit diesem Vergessen, dahinter einen ernsten psychischen Widerstand zu wittern und diesen dementsprechend einer tiefer schürfenden Analyse unterwerfen zu wollen. Sicher kann sich hinter diesem Entschwinden ein echter Widerstand gegen die Analyse verbergen, aber es können auch viel banalere Gründe dafür verantwortlich sein. Soll ein relativ frischer Traum wiedergefunden werden, kann häufig eine simple auto- oder heterohypnotische Technik Abhilfe bieten, die darin besteht, in der Hypnose eine Altersregression vom laufenden Tag zu machen, bis zum Zeitpunkt des Erwachens – das bedeutet, weil wir uns ja im Rückwärtsgang befinden, daß wir dann gewissermaßen wieder in das Einschlafen gleiten. Oft leuchtet dann der Traum wieder auf, vielleicht zuerst nur in Ansätzen, um sich dann allmählich auf assoziativem Weg zu vervollständigen.

Weiterführung eines Nachttraums in Hypnose

Entsprechend dem bereits geschilderten Beispiel eines Nachttraums, der spontan einen hypnotischen Traum wiederaufnahm und ihn weiterführte, können nun auch umgekehrt hypnotische Träume dazu verwendet werden, um Nachtträume weiterzuführen. Insbesondere kann dies bei wiederkehrenden Träumen wertvoll sein.

Eine besonders interessante Variante, die ich gern einsetze, besteht darin, den Traum in Hypnose zunächst in der Originalfassung wieder erleben zu lassen. Wir können dazu dem Patienten einfach suggerieren, den Traum wieder durchzugehen, möglichst mit allen zugehörigen Gefühlen, oder wir tragen ihm seinen Traumbericht wieder vor, während er in Hypnose ist. In einem zweiten Schritt suggerieren wir ihm, daß sich ein bestimmtes Element des Traums in besonderer Weise spontan hervorheben wird. Es kann in den Vordergrund treten oder sich in irgendeiner Weise zu verändern beginnen und somit Hinweise auf seinen Sinn oder auf seinen Ursprung geben.

Ein etwa 60jähriger Arzt berichtete von wiederkehrenden Flugträumen, die ihn seit Jahren beschäftigten. Der Flug ging dabei endlos auf und ab, ohne zu einem Ziel zu führen. Es waren besonders die Aufstiegsphasen, die ihn faszinierten, und so konzentrierte er seine wachen Assoziationen darauf. In Hypnose ließ er wieder einen solchen Traum durchlaufen und überließ es seinem Unbewußten, einen besonders wichtigen, vielleicht übersehenen Aspekt in den Vordergrund zu bringen. Er fühlte immer deutlicher, wie ihn etwas nach unten, näher zum Boden zog. Leicht widerwillig gehorchte er dieser Kraft und flog in niedriger Höhe über eine weite, ziemlich kahle, tundraartige Landschaft. Plötzlich entdeckte er irgendwo auf dem Boden ein farbiges Taschentuch (also ein neues, dem ursprünglichen Traum fremdes Element). Dieses führte ihn, vermutlich vom Winde dorthin geweht, zu einer Hütte, in der er seine verstorbenen Eltern fand. Diese für ihn ebenso unerwartete wie erschütternde Begegnung brachte die Klärung der mysteriösen Träume. Unerwartet war dieser Ausgang, zumal in keinem der Träume irgendetwas auf den Zusammenhang mit seinen Eltern hingewiesen hätte. Was immer die tiefenpsychologischen Gründe dafür sein mochten, der Schlüssel war im hypnotischen Folgetraum gefunden worden … fast wie im Märchen.

In diesem Vorgehen bringen wir den hypnotischen Traum zunächst in Resonanz mit dem Schlaftraum, gleichen ihn so weit an, daß sein Inhalt genügend ähnlich mit dem des Nachttraums geworden ist. Wir nützen dann die Vorteile der Hypnose, den Schutz der therapeutischen Präsenz, die gemeinsame Dialogplattform von Bewußtem und Unbewußtem, um die Verschlüsselung der Traumsprache so weit zu lockern, daß eine Einsicht erfolgen kann. Besonders auffällig ist in unserem Fallbeispiel die Tatsache, daß es dem Schlaftraum offenbar nie gelang, das eigentliche Anliegen, die Begegnung mit den verstorbenen Eltern, so zu formulieren, daß die innere Auseinandersetzung im Wachzustand damit hätte stattfinden können. Die Verschiebung des Interesses auf die Aufstiegsphasen des Flugs spielte im gleichen Sinn wie der Traum mit, nämlich dem Problem auszuweichen. Erst im hypnotischen Traum, in dem der Therapeut außer der besagten Suggestion der unbewußten Suche nach dem Eigentlichen mit keinem Wort eingriff, gelang die Lösung.

Im Unterschied zur klassischen, analytischen Sichtweise, in der der Patient einen Widerstand durch Einsicht überwinden muß, um das Verdrängte erreichen zu können, öffnet hier die Hypnose einen viel direkteren Zugang zu den verdrängten Bildern. Der Widerstand wird zwar nicht verarbeitet, aber auch nicht einfach überrumpelt. Er wird vielmehr zeitweilig besänftigt. FREUD gab ja die Hypnose als therapeutisches Verfahren weitgehend aus dem Grund auf, weil er beobachtet hatte, daß sich die Widerstände des Patienten nach der Sitzung meist wiederherstellten. Dies galt wohl für die damalige, auf dem autoritären Auftreten des Arztes aufgebaute Hypnose, die nicht in psychodynamischen Prozessen dachte, sondern voreilige »Heilungs«-Resultate erwartete. Die moderne Hypnose aber, die sehr respektvoll mit dem Patienten und seinem Unbewußten umgeht – also auch mit den Widerständen –, schafft eine andere psychodynamische Situation: Der Patient fühlt sich symbiotisch gestärkt und kann daher mehr wagen als sonst. Dies erlaubt ihm, sich mit dem sonst Verdrängten zu konfrontieren und so zu befreienden Einsichten zu gelangen – Einsichten nicht über seinen Widerstand, sondern über den Inhalt des Verdrängten. In unserem Fallbeispiel konnte der Patient im hypnotischen Bild erkennen, daß jetzt eine innere Auseinandersetzung mit den Eltern möglich und die Zeit dazu reif war. Es konnte nunmehr ein Prozeß in Gang kommen, ein eigentlicher »Versöhnungs«-Prozeß.

Die Praxis des hypnotischen Traums: Der Therapeut ist in (Selbst-)Hypnose

Die Hypnose ist im Gegensatz zur Narkose und zu den meisten medizinischen Verfahren nicht ausschließlich ein Einbahnverfahren, das einseitig nur vom Arzt am Patienten verrichtet wird. Hypnose kann zwar in manchen Situationen ähnlich wie eine Injektion appliziert werden, aber im Rahmen der Psychotherapie folgt sie den Gesetzen der Empathie, der Übertragung und Gegenübertragung und bezieht somit die Person des Therapeuten zwangsläufig mit ein. In irgendeiner Form erlebt der Therapeut die Therapie eines Patienten immer auch »am eigenen Leib«. Die Hypnose bietet aber dem Psychotherapeuten noch zusätzlich eine besondere Möglichkeit, sich und seine therapeutische Wahrnehmung einzubringen, nämlich in der Form der Selbsthypnose. Dieser nicht allgemein übliche, aber wertvolle Ansatz, die Möglichkeiten der Hypnose zu nutzen, kann wiederum die zwei grundsätzlichen Wege einschlagen, den des (selbst-)hypnotischen Traums oder den eines hypnotisch induzierten Nachttraums.

Der (selbst-)hypnotische Traum des Therapeuten

Eine erste Form des selbsthypnotischen Traums des Therapeuten haben wir schon in der Methode der aktiven Introjektion kennengelernt. Dort ließ sich der Therapeut gleichzeitig mit dem Patienten in die Hypnose sinken. (Wir reden hier von Hypnose und nicht von Wachtraum, weil der Therapeut ja nicht alleine ist und die Gegenwart des Patienten und seine Schilderungen in der Gestaltung des hypnotischen Erlebens des Therapeuten eine wesentliche Rolle spielen). Der hypnotische Traum diente hier dazu, seine eigene tiefe therapeutische Phantasie in Resonanz mit der des Patienten zu bringen.

In einer anderen Variante der Selbsthypnose – die wir korrekterweise eigentlich als Wachtraum des Therapeuten bezeichnen müßten – setzt dieser außerhalb der Therapiesitzungen seine selbsthypnotischen Fähigkeiten für eine einzigartige Form kreativer Selbstsupervision ein. Er stimmt sich dabei nach der Induktion auf seinen Patienten ein und läßt sich von einer spontanen Imagination überraschen. Der Patient wird ihm da entweder in seiner realen Gestalt, vielleicht in irgendeinem aussagekräftigen Rahmen erscheinen oder in symbolisierter Weise, als Tier, als ein anderer Mensch, als Gegenstand. Dieses Bild ist gewissermaßen das symmetrische Gegenstück zum symbolisierten Therapeuten in der Methode der aktiven Introjektion. Alleine schon aus diesem ersten Bild lassen sich erste wertvolle supervisorische Hinweise herauslesen, insbesondere wenn man sich fragt: »Weshalb sehe ich denn meinen Patienten gerade so? Aus diesem Blickwinkel? Aus dieser Distanz? In diesem Licht? An diesem Ort und nicht woanders?« Natürlich kann sich von da aus ein spontaner Traum weiterentwickeln, dem man freien Lauf läßt mit dem Bemühen, möglichst nur in einer beobachtenden, registrierenden Haltung zu bleiben. Diese Traumbilder geben dann dem Therapeuten eine symbolisierte Darstellung dessen wieder, was sein Unbewußtes ihm über den Patienten noch nicht mitgeteilt hat. Selbstverständlich soll aber dieser Traum noch nachträglich vom bewußten, therapeutisch geschulten Ich sekundär überprüft und in einen Behandlungsplan verwandelt werden. Eine zusätzliche Bereicherung können solche »Selbstsupervisionen« natürlich erfahren, wenn sie zudem Gegenstand einer klassischen Supervision werden können.

In Form von Heterohypnosen haben wir dieses Vorgehen sinngemäß auch schon in Supervisionen mit Ausbildungskandidaten angewandt, mit dem sehr häufigen Resultat, daß erstaunliche neue Aspekte der Empathie des Therapeuten zum Vorschein kamen und den weiteren Therapieverlauf befruchten konnten.

Der hypnotisch induzierte Schlaftraum des Therapeuten

Neben dieser ersten Möglichkeit, die Hypnose des Therapeuten im hypnotischen Traum einzusetzen, soll jetzt an einem eindrucksvollen Beispiel dargestellt werden, wie eine Selbsthypnose des Therapeuten fast zufällig einen nächtlichen Traum erzeugen konnte, der im Grunde als gemeinsamer Traum des Therapeuten und des Patienten gedeutet werden muß.

Der damals 63jährige paranoid-schizophrene Patient war schon seit zwei Jahren in meiner Psychotherapie. Diese hatte ursprünglich mit Autogenem Training begonnen, weil dies das Einstiegsangebot des Patienten gewesen war. Mit der Zeit aber hatte sie eher eine analytische Orientierung angenommen. Ein erster Fortschritt bestand darin, daß die neuroleptische Medikation hatte abgesetzt werden können, im übrigen aber blieb die paranoische Symptomatik hartnäckig bestehen: Der Patient war seit Jahren von Telepathen und Telekineten verfolgt, die ihn rund um die Uhr beschimpften, durch seine Augen schauten und ihm befahlen, ihnen seine Ersparnisse auf einem bestimmten Bahnhof nachts abzuliefern. Er wehrte sich dagegen mit verschiedensten, skurrilen Mitteln, wie einem Pfannenreiniger aus Kupferwolle, den er sich unter den Hut klemmte und der als eine Art Faradayscher Käfig die parapsychologischen Einflüsse abschirmen sollte, oder mit Farbpapierstücken, die er sich an verschiedenen Körperstellen anklebte, um die im Kampf eingesetzten »Farbenergien« aufzufangen und unschädlich zu machen. Die Hartnäckigkeit der Fixierung auf diese Telepathen, die geringe Differenzierung des halluzinatorischen Systems, die sehr mäßige Intelligenz des Patienten sowie seine radikale soziale Isolierung bedingten über weite Strecken eine Stagnation der Therapie.

Ich schlug dem Patienten vor, mit ihm eine telepathische Kontaktaufnahme zu erproben. Etwas skeptisch willigte er ein, mit mir einen Termin zu vereinbaren, an dem wir uns telepathisch »treffen« sollten. Ich versetzte mich also am festgelegten Zeitpunkt in Selbsthypnose und versuchte – da ich in Sachen Telepathie ziemlich unberührt bin – so gut wie möglich, einen gedanklichen Kontakt mit ihm herzustellen. Über eine halbe Stunde lang verharrte ich in diesem Versuch, es gelang mir aber zu meinem Erstaunen nicht einmal, meinen Patienten zu visualisieren. Enttäuscht gab ich auf.

In der folgenden Nacht hatte ich einen völlig unerwarteten, für mich auch gänzlich ungewohnten Traum: Ich befand mich in einem alpinen Kurort und erfuhr, daß in den nächsten Minuten eine Atomexplosion stattfinden sollte, mit dem offiziellen Zweck, die Gegend gründlich zu reinigen. Ich war ob diesem grenzenlosen Wahnsinn entgeistert, war mir aber meiner Ohnmacht bewußt und verkroch mich schleunigst in das Chalet, das ich bewohnte, hinter ein Sofa. Die Katastrophe fand tatsächlich statt: die Explosion, ein Blitz, hell wie tausend Sonnen, restlos alles vernichtend. Nun befand ich mich des Nachts in einem weitläufigen, sehr düsteren Areal, auf dem zahlreiche verlassene Baracken und Hangars nebeneinanderstanden, und ging dort mit langsamen Schritten, schweigend, neben mir mein Patient. Er trug einen alten Koffer und einige Plastiksäcke, sein ganzes Hab und Gut. Wir fanden einen leeren Hangar, in dem wir seine wenigen Habseligkeiten unterbrachten. Als wir uns darin etwas umsahen, stellten wir verwundert fest, daß er mit esoterischen Zeichen geschmückt war. Er mußte also einstmals irgendeiner Bruderschaft als Tempel gedient haben. Ich sagte zu meinem Patienten: »Wir werden zusammen hierbleiben, bis der Krieg vorbei ist.« Darauf setzten wir uns jeder in eine Ecke und meditierten.

Beim Erwachen hatte ich die Gewißheit, daß dieser Traum die Antwort auf meine Selbsthypnose war und daß dies nicht »mein« Traum war, sondern daß ich ihn für meinen Patienten geträumt hatte. Weil er ja eigentlich ihm gehörte, erzählte ich ihn gleich zu Beginn der nächsten Sitzung, und es war absolut faszinierend, seinen Gesichtsausdruck zu beobachten: Er, den ich mit finsterem und abwesendem Blick, eigentlich nur mit sich selber redend kannte, sah mir mit klaren Augen ins Gesicht, hörte mit großer Aufmerksamkeit auf jedes meiner Worte, und als ich geschlossen hatte, kommentierte er meinen Bericht: »Genau, so ist es.« Durch meinen Traum war ich in seiner Welt »kompetent« geworden. Die Brücke war geschlagen, und von da an war jeder Gruß und jeder Abschied von einem freundlichen Lächeln begleitet. Im weiteren Verlauf der Therapie konnte ich immer wieder auf das Bild des Tempels zurückgreifen, wenn ich das Gefühl hatte, der Patient drohe aus der therapeutischen Beziehung herauszudriften. In der Folge hatte ich noch mehrere, zum Teil echt telepathische Träume, die mir sogar einmal auf die Spur eines gefährlichen organischen Leidens bei ihm verhalfen. Die Symptomatik bezüglich der verfolgenden, schimpfenden Telepathen hat sich zwar bis heute, fünf Jahre nach diesem ersten Traum, praktisch nicht verändert. Doch lebt er immer noch selbständig in einer Einzimmerwohnung und beschäftigt sich neuerdings mit Neuroanatomie – welche er kaum im echten Sinne versteht, die ihm aber nicht nur weitere Möglichkeiten bietet, sich mir mitzuteilen, sondern ihm auch ein realistischeres und lebendigeres Bild seines Körpers vermittelt.

Dieses Beispiel illustriert, wie eine Selbsthypnose des Therapeuten ein ihm bislang verschlossenes Tor zum Unbewußten des Patienten zu öffnen vermochte, indem es einen Nachttraum in Resonanz mit der psychotischen Welt des Patienten brachte. Dessen Sprache war, wie es kaum ein hypnotischer Traum so perfekt hätte sein können, die primärprozeßhafte Sprache der Psychose und so dem Patienten unmittelbar verständlich. Die bis dahin unmögliche Brücke über den Autismus des Patienten war jetzt geschlagen. Auch wenn mit der Selbsthypnose in diesem Fall eigentlich nicht beabsichtigt war, einen Nachttraum zu suggerieren, so war es doch sie, die die Öffnung bewirkte.

Weiter zeigt dieses Beispiel auch wieder, wie nahe hypnotische Träume und Schlafträume Seite an Seite stehen und wie leicht sie sich gegenseitig in Resonanz bringen können.

Besonders interessant ist aber auch zu erkennen, wie einheitlich die Erfahrungen mit therapeutischen Träumen und ihre Bedeutung für psychotische Patienten bei verschiedenen Therapeuten mit unterschiedlichen Ansätzen ausfallen. Die Berichte von Prof. Benedetti und von Dr. Peciccia in diesem Buch weisen in genau dieselbe Richtung wie dieses Fallbeispiel, mit dem Unterschied, daß sie beide keine selbsthypnotischen Verfahren mit einbeziehen.

Abschließende Bemerkungen

Die Hypnose veranlaßt uns, die gängige, selbstverständliche Vorstellung vom Traum als einem Privileg des Schlafs zu revidieren. In der Hypnose entstehen imaginative Erlebnisse, die sich nicht einfach als etwas vom Traum Andersartiges oder gar Minderwertiges abschieben lassen. Wir müssen das Phänomen Traum allgemeiner fassen und als einen imaginativen Prozeß definieren, der sich nicht an einen bestimmten physiologischen Zustand binden läßt, sondern in erster Linie an die doppelte Bedingung einer möglichst weitgehenden Reduktion des bewußten Willens und der Möglichkeit der Bewußtwerdung geknüpft ist. Es gibt nicht beliebig viele Zustände, die beide Aspekte dieser Bedingung beinhalten. Der Tiefschlaf erfüllt wohl die Voraussetzung der Willenlosigkeit, nicht aber die der Bewußtwerdung. Im normalen Wachsein ist umgekehrt die Bewußtheit zwar gegeben, aber es dominieren die Willensfunktionen. Nur der REM-Schlaf und die Hypnose – wobei auch der Wachtraum und verschiedene Meditationsformen in letztere mit einzubeziehen sind – erfüllen beides.

Auch wenn wir erkennen, daß Schlaftraum und hypnotischer Traum wesensgleich sind, bleibt doch die Frage offen, was dann der Unterschied in ihren physiologischen Grundlagen zu bedeuten hat. Im Traum erschafft sich der Mensch Selbstobjekte und erlebt dadurch in einem gewissen Sinn eine Regression in die symbiotische Phase des Kleinkindesalters, in der die Unterscheidung zwischen Innenwelt, dem Selbst, und Außenwelt, den Objekten, noch nicht existiert oder sehr verschwommen ist. Die Welt besteht dann noch aus Selbstobjekten und Übergangsobjekten, die Innen- und Außenwelt noch nicht deutlich voneinander abzuheben vermögen. Im normalen Wachzustand des Erwachsenen hingegen lebt der Mensch vornehmlich in involvierenden Beziehungen mit der Außenwelt und ihren Objekten, und dann spielen die Selbstobjekte keine aktive Rolle mehr, außer in manchen Neurosen und in der Schizophrenie, wo Gegenstände oder Personen der Außenwelt als Verlängerungen des Selbst behandelt werden. Im Traum findet nun auf zwei Ebenen eine »Traumdissoziation« statt: Einerseits entsteht eine Art Doppelexistenz in der Dualität »körperliche Ruhe – Traumagieren«. Andererseits »verdoppelt« sich der Mensch auch in ein träumendes Ich und in seine Selbstobjekte, denen er jetzt gegenübersteht, sich selbst im Spiegel seiner eigenen Welt betrachtet, ohne, wie im wachen Alltag, ganz damit verwickelt zu sein. Das Wiederfinden dieser geschützten Beziehung zu den Selbstobjekten, ohne Gefährdung durch eine störende Außenwelt, ermöglicht eine Regression auf die ursprüngliche Symbiose und schafft die Bedingungen für die Erholung und auch das innere »Überholen« des Alltagserlebnisses. Die Ruhe stellt somit gleichzeitig die Vorbedingung wie auch das Ziel der Traumdissoziation dar, ein paradoxes Gegensatzpaar im Sinne von BENEDETTIS Beitrag in diesem Buch. Der REM-Schlaf bietet offensichtlich eine solche natürliche, physiologische Bedingung für die Entstehung der Selbstobjekte und für diese Regression.

Wie steht es aber mit der Hypnose? Wir können die Hypothese aufstellen, daß einerseits die durch die Induktion erreichte körperliche Ruhe, wie auch die symbiotische Intimität, die während der hypnotischen Induktion mit dem Therapeuten hergestellt werden, ausreichende Bedingungen schaffen, um den sonst für die Produktion der Selbstobjekte notwendigen REM-Schlaf überflüssig zu machen. Die schützende und unterstützende Anwesenheit des Therapeuten, insbesondere in Form des introjizierten, symbolisierten Therapeuten und das daraus resultierende Übergangssubjekt ermöglichen somit einen »echten« Traum. In der Selbsthypnose und im Wachtraum müssen wir annehmen, daß die introjizierten, positiven Eltern-Imagines diese Rolle übernehmen. Der paradoxe Schlaf weist den Vorzug auf, die bewußten Willensfunktionen vollständig auszuschalten, was aber teilweise auf Kosten der klaren Bewußtwerdung geht. Entsprechend sind die Trauminhalte roher, penetranter, polemischer, plakativer, verschwommener, geheimnisvoller, verschlüsselter, kurz: bewußtseinsferner und primärprozeßhafter als die hypnotischen Träume. Insofern beinhalten sie aber eine große Stärke der Aussagekraft, die dann in der analytischen Aufarbeitung im Bewußtsein entfaltet werden kann. Sie sind auch in ihrem Inhalt definitiv festgelegt, stehen monolithisch und unwiderruflich da. Wir dürfen sie höchstens nachträglich hinterfragen; sie lassen sich nicht in die Karten gucken. Wir könnten ihnen, sehr vereinfachend, die Rolle von »Aufgabenstellern« für die therapeutische Arbeit zuschreiben. Natürlich erfüllen sie auch ganz wesentliche Verarbeitungsfunktionen. Aber offensichtlich vermögen sie diese Aufgabe nicht zwangsläufig und immer genügend zu erfüllen. Man vergegenwärtige sich nur die repetitiven Träume, Wiederholungen mißlungener Lösungsversuche, und die Tatsache, daß psychisch schwerkranke Menschen oftmals viele Träume erinnern, ohne daß es ihnen dadurch gelänge, ein gesundes Gleichgewicht wiederherzustellen oder aufrechtzuerhalten. Schließlich liegt ein gewichtiger Vorteil des Nachttraums darin, daß er in Regel zu Ende geträumt werden kann. Dies bedeutet, daß dem momentanen Anliegen des Unbewußten, etwas auszudrücken, vollständig stattgegeben wird. Die Aussage kann in ihrer Ganzheit wiedergegeben werden. Der hypnotische Traum hingegen unterliegt meist den Einschränkungen des irdischen Alltags, was häufig zur Folge hat, daß das zeitlich festgelegte Ende der Sitzung zu einem vorzeitigen Abbruch des hypnotischen Traums zwingt und die Arbeit in der nächsten Sitzung fortgeführt werden muß. Oft fordert das vom Patienten einige Geduld.

Die Stärke der Hypnose liegt zunächst darin, daß sie viel flexiblere Bedingungen für das Träumen schafft als der Schlaf. Die hypnotischen Bilder stehen nicht als Fertigprodukte plötzlich da, sondern entstehen vor dem Auge des bewußt beteiligten Träumers und können von ihm mitgestaltet werden. Auch der Psychotherapeut kann sich an dieser Aufbauarbeit beteiligen. Das therapeutische Feld, in dem sich die hypnotischen Träume bewegen, wird so zu einem Dreieck, dessen Ecken das Unbewußte des Patienten, sein Bewußtes und der Therapeut bilden. Dieser besteht natürlich auch aus einem Bewußten und einem Unbewußten, doch aus der unmittelbar wahrgenommenen Sicht des Patienten ist er doch eins, also nur als eine Ecke des Dreiecks vertreten.

Im wahrsten Sinne eröffnet sich also hier eine neue Dimension: Aus der eindimensionalen Bipolarität »bewußt – unbewußt« des Schlaftraums ist eine tripolare, zweidimensionale und deshalb noch fruchtbarere Situation entstanden. In dieser Ebene lassen sich Brücken in verschiedenste Richtungen schlagen. Zwischen Bewußtem und Unbewußtem läßt die hypnotische Imagination eine gemeinsame Bilderbühne entstehen, auf der beide miteinander, im direkten Dialog wahrnehmbar, auftreten. In der therapeutischen Beziehung wird es möglich, in Form einer Wir-Bildung des Unbewußten eine ganz besondere Kommunikation mit dem Psychotherapeuten aufzubauen, sie sogar sichtbar, hörbar, fühlbar zu machen.

Auch die »Dosierung« der Emotionen im Traum läßt sich dank der Flexibilität der Hypnose bewußt steuern, eine Möglichkeit, die dem Schlaftraum abgeht. Träume mit beängstigenden Inhalten brauchen nicht mehr wie Alpträume fluchtartig verlassen zu werden. In der Hypnose läßt sich die Intensität der Angst durch die Dualisierung mit dem Therapeuten so weit auffangen, daß es dem Patienten nun gelingen kann, ihr ins Angesicht zu blicken und dadurch an ihr zu arbeiten.

Dadurch, daß die Dimensionen der Einsicht in die Träume durch die Hypnose erweitert werden, erhalten wir auch einen viel direkteren Einblick in die Dynamik der Traumbildung. Solche Aufschlüsse sind nicht nur von theoretischem Interesse, sondern lassen auch Weiterentwicklungen therapeutischer Möglichkeiten ahnen, die es noch tiefer zu erforschen gilt.

Schließlich habe ich in dieser Arbeit versucht darzustellen, wie sich die Flexibilität der Hypnose auch in der Vielfalt psychotherapeutischer Anwendungs- und Interventionsmöglichkeiten niederschlägt. Um vornehmlich einen Einblick in die praktische Arbeit vermitteln zu können, habe ich mich oft in den theoretischen Ausführungen auf praxisrelevante Aspekte beschränkt, wodurch andere, ebenfalls wesentliche Aspekte der Beziehungen zwischen Traum und Hypnose zu kurz gekommen oder nicht einmal gestreift wurden. Auch auf Vergleiche hypnotischer und klassischer psychoanalytischer Traumarbeit wurde kaum eingegangen, was aber nicht den Eindruck erwecken soll, daß diese in ihrem Wirkungsbereich in Frage gestellt würde: Ohne die psychoanalytischen Traumforschungen wäre die gesamte, hier vorgestellte hypnotische Traumarbeit undenkbar gewesen. Gerade die Beiträge der Autoren dieses Buchs zeigen in anschaulicher Weise, daß faszinierende Fortschritte auch im Bereich der Forschung und der Praxis der analytischen Traumarbeit stattgefunden haben. Ganz besonders beeindruckend ist die Konvergenz unserer Resultate trotz der Verschiedenheit der Forschungsansätze, was einmal mehr demonstriert, wie fruchtbar für Theorie und Praxis eine integrative Betrachtungsweise der Dinge ist, eine Haltung, die aus der Verbindung von Verschiedenheit und gegenseitiger Offenheit lebt.

Literatur

Aserinsky, E./Kleitmann, N. (1953): Regularly Occuring Periody of Eye Mobility and Concomitant Phenomena during Sleep. Science. 118, S. 273–274

Asper, K./Nell, R./Hark, H. (1990): Kindträume – Mutterträume – Vaterträume. München 1994

Asper, K. (1988): Von der Kindheit zum Kind in uns. Lebenshilfe aus dem Unbewußten. München 1995

Assmann, A. (1997): Traum-Hieroglyphen von der Renaissance bis zur Romantik. In: Benedetti, G./Hornung, E. (Hg.): Die Wahrheit der Träume, Eranos N. F. 6, München, S. 119–144

Balint, M. (1960): The Regressed Patient and his Analyst. Psychiatry 23, S. 231–243

Barret, D. (1979): The hypnotic dream: its relation to nocturnal dreams and waking phantasies. J. Abnorm. Psychol. 88, S. 584–591

Battegay, R. (1965): Der Mensch in der Gruppe. 2. überarb. Aufl. 1972

Bauer, W.: (1997): Dunkler Raum unter den Dächern. Dimensionen einer gegenwartsfernen Welt im Reich der Mitte. In: Benedetti, G./Hornung, E. (Hg.): Die Wahrheit der Träume, Eranos N. F. 6, München, S. 187–225

Béguin, A. (1972): Traumwelt und Romantik. Versuch über die romantische Seele in Deutschland und in der Dichtung Frankreichs. Bern / München 1972

Benedetti, G. (1983): Todeslandschaften der Seele. Psychopathologie, Psychodynamik und Psychotherapie der Schizophrenien. Göttingen

Benedetti, G. (1983): Psychotherapie. Stuttgart

Benedetti, G. (1991): Paziente e terapeuta nell' esperienza psicotica. Torino

Benedetti, G. (1992): Psychotherapie als existentielle Herausforderung. Göttingen

Benedetti, G. (1994): Der Traum und seine Funktionen. In: P. Petersen & P. Nijs (Hg.): Neue Wege der Psychotherapie und Psychosomatik. Leuven, S. 119–134

Benedetti, G. (1994): Mein Weg zur Psychoanalyse und Psychiatrie. In: Ludger Heermanns (Hg.): Psychoanalyse in Selbstdarstellungen II. Tübingen, S. 11–72

BENEDETTI, G./HORNUNG. E. (Hg. 1997): Die Wahrheit der Träume. Eranos N. F. Bd. 6. München
BENEDETTI, G./PECICCIA, M. (1991): L'art en psychiatrie et le processus psychothérapeutique. Psychthérapies 4, S. 193–206
BENEDETTI, G./PECICCIA, M. (1994): Psychodynamic Reflections on the Delusion of Persecution. Nord. J. Psychiatry 48, S. 391–396
BLEULER, E. (1911): Dementia Praecox oder Gruppe der Schizophrenien. In: Handbuch der Psychiatrie, hg. von B. ASCHAFFENBURG. Leipzig/Wien
BODEI, R. (1997): Variationen des Ichs. Personen und Landschaften der Träume. In: BENEDETTI, G./HORNUNG, E. (Hg.): Die Wahrheit der Träume, Eranos N. F. 6, München, S. 227–247
BOSS, M. (1953): Der Traum und seine Auslegung. Bern
BOSS, M. (1957): Psychoanalyse und Daseinsanalytik. Bern
BOSS, M. (1987): Das Träumen und das Geträumte in daseinsanalytischer Sicht. In: R. BATTEGAY/A. TRENKEL (Hg.): Der Traum aus der Sicht verschiedener psychotherapeutischer Schulen. Bern, 2. erw. Aufl., S. 60–77
BRAID, J. (1843): Neurohypnology, or the rationale of nervous sleep considered in relation with the animal magnetism. London
BUBER, M. (1994): Der Weg des Menschen. Stuttgart 11. Aufl.
BUCK, P. S. (1984): die schönsten Geschichten der Bibel. München/Wien
CHERTOK, L. (1978): Hypnose. Theorie, Praxis und Technik eines psychotherapeutischen Verfahrens. München
DESOILLE, R. (1938): Exploration de l'affectivité subconsciente par la méthode du rêve éveillé. Paris
DEVEREUX, G. (1957): Penelope's Character. In: Psychoanalytic Quaterley 26, S. 378–386. Außerdem in: Dreams in Greek Tragedy. Oxford 1976
EDELMAN, G. M. (1987): Neural Darwinism: The Theory of Neuronal Group Selection. New York
ERICKSON, M. H. (1980): The Collected Papers of Milton H. Erickson on Hypnosis. E. L. ROSSI (Hg.). New York
EVANS, F. J. (1972): Hypnosis and Sleep: Techniques for exploring cognitive activity during sleep. In: E. FROMM / R. E. SHOR (Hg.), Hypnosis: Research developments and perspectives. Chicago
FAIRBAIRN, W. R. D. (1962): Psychoanalytic Studies of the Personality. London
FEDERN, P. O. (1952): Ego Psychology and the Psychosis. New York / London
FIERZ, H. K. (1987): Die Bedeutung des Traumes in der Analytischen Psychologie (C. G. Jung). In: R. BATTEGAY/A. TRENKEL (Hg.): Der Traum aus der Sicht verschiedener psychotherapeutischer Schulen. Bern, 2. erw. Aufl., S. 31–39

FREUD, S. (1900): Die Traumdeutung. GW. II. London 1942

FREUD, S. (1915): Metapsychologische Ergänzung zur Traumlehre. GW. X. London 1942

GADPAILLE, W. S. (1967): The Analyst as an Auxiliary Ego in the Treatment of Action-inhibited Patients. In: MASSERMANN, S. H. (Hg.): Science and Psychoanalysis 11, New York, S. 161–181

GEBSATTEL, V. E. Freiherr von (1964): Prolegomena einer medizinischen Anthropologie. Berlin

GILL, M. M./BRENMAN, M. (1959): Hypnosis and related states: Psychoanalytic studies in regression. New York

GIULIANI, L. (1995): Trauer und Trost. Antikensammlung, Staatliche Museen in Berlin, Preußischer Kulturbesitz

GOLDWIN, M. (1995): Der Traum. München

HARK, H. (1987): Träume vom Tod. Traumarbeit und seelische Wandlung. Stuttgart

HEBB, D. O. (1966): A Textbook of Psychology. Philadelphia. Deutsch: Einführung in die moderne Psychologie. Weinheim/Berlin 1967. 2. Aufl.

HEIDEGGER, M. (1927): Sein und Zeit. Halle

HILGARD, E. R. (1974): Toward neodissociation theory: Multiple cognitive controls in human functioning. Perspectives in Biology and Medicine 17, S. 301–316

HOBSON, A. (1990): The Dreaming Brain. London

HOBSON, A. J. und MCCARLEY, R. entwickelten ihre Theorie von der »Aktivation-Synthesis« im Jahre 1977. Eine ausführliche Zusammenfassung der ursprünglichen Theorie sowie deren Abwandlungen findet sich in: WINSON, J.: Il Significato dei Sogni. Le Scienze 1991, n. 269, S. 59–62, Scientific American Inc.

HORNEY, K. (1951): Neue Wege in der Psychoanalyse. Stuttgart

HUCH, R. (1955): Briefe an die Freunde. Tübingen

HULL, C. L. (1933): Hypnosis and Suggestibility: An experimental approach. New York

JASPERS, K. (1955): Wesen und Kritik der Psychotherapie. München

JOUVET, M. und JOUVET, D. (1963): A Study of the Neurophysiological Mechanism of Dreaming. In: The Physiological Basis of Mental Activity, a cura di R. HERNANDEZ-PÉON, Electroenceph. clin. Neurophysiol., Suppl. 24

JOUVET, M. (1992): Le sommeil et le rêve. Paris. Deutsch: Die Nachtseite des Bewußtseins. Reinbek bei Hamburg 1994

JUNG, C. G. (1921): Psychologische Typen. Zürich

JUNG, C. G. (1928): Allgemeine Gesichtspunkte zur Psychologie des Traumes. In: Über die Energetik der Seele. Zürich

JUNG, C. G. (1942): Über die Psychologie des Unbewußten. Zürich

Kerényi, K. (1994): Die Mythologie der Griechen. Bd. II: Die Heroen-Geschichten. München, 14. Aufl.

Klein, M. (1950): New Directions in Psychoanalysis. New York

Kleitmann, N. siehe Aserinsky

Kohut, H. (1971): The Analysis of Self. New York. Deutsch: Narzißmus. Eine Theorie der psychoanalytischen Behandlung narzißtischer Persönlichkeitsstörungen. Frankfurt a. M.

Kossak, H.-Chr. (1989): Hypnose, ein Lehrbuch. München

Kranz, W. (Hg.; 1951/52): Fragmente der Vorsokratiker. 3 Bde.

Kubie, L./Margolin, S. (1944): The process of hypnotism and the nature of the hypnotic state. Am. J. of Psychiatry 100, S. 619

Latacz, J. (1984): Funktionen des Traumes in der antiken Literatur. In: Wagner-Simon, Th./Benedetti, G. (Hg.): Traum und Träumen. Traumanalysen in Wissenschaft, Religion und Kunst. Göttingen, S. 10–31

Leuner, H. (1981): Katathymes Bilderleben. Grundstufe. Stuttgart

Louis, V. (1987): Die Deutung von Träumen und frühen Kindheitserinnerungen in der Sicht der Individualpsychologie Alfred Adlers. In: R. Battegay/A. Trenkel (Hg.): Der Traum aus der Sicht verschiedener psychotherapeutischer Schulen, Bern, 2. erw. Aufl. S. 18–30

Maeder, A. (1914): Über das Traumproblem. Leipzig

Mahler, M. (1952): On Child Psychosis and Schizophrenia. Autistic and Symbiotic Psychosis. In: Psychoanalytic Study of the Child 7, S. 286–305

Maurey, G. (1995): Le rêve éveillé en psychanalyse. De l'imaginaire à l'inconscient. Paris

Mesmer, F. A. (1814): Mesmerismus. Oder System der Wechselwirkungen, Theorie und Anwendung des tierischen Magnetismus als die allgemeine Heilkunde zur Erhaltung des Menschen. In: K. C. Wolfart (Hg.), Berlin

Meszaros, I./Crawford, H. (1987): Hypnotic susceptibility and cerebral hemisphere preponderence: First International Symposium on Suggestion and Suggestibility, Gießen

Michaux, D. (1982): Aspects expérimentaux et cliniques de l'hypnose. Paris: Paris VII, Thèse pour le doctorat de 3e cycle

Nietzsche, F. (1878): Menschliches, Allzumenschliches. In: Werke in 3 Bänden, hg. von Karl Schlechta, München 1954, Bd. 1, S. 435–1008

Orne, M. T. (1972): On the simulating subject as a quasi-control group in hypnosis research: What, Why and how? In: E. Fromm/R. E. Shor (Hg.): Hypnosis: Research developments and perspectives. Chicago/Illinois, S. 39–443

Orne, M. T. (1979): The use and misuse of hypnosis in court. Int. J. of Clin. Exp. Hypnosis 27 (4), S. 311–341

Peciccia, M./Benedetti, G. (1989): Das progressive therapeutische Spiegelbild. Eine neue Methode in der Psychotherapie der Psychosen. In: Neurologie und Psychiatrie 3, S. 296–304

PECICCIA, M./BENEDETTI, G. (1992): Progressive Mirror Drawing as a Factor Fostering the Psychotherapy of Psychiotics with Disturbances in Verbal Communication. In: P. BORRI, R. QUIARTESAN, P. MORETTI (Hg.): USA-Europe Conference on Facilitating Climate for the Therapeutic Relation in Mental Health Services. Peruga

PECICCIA, M./BENEDETTI, G. (1995): The Splitting between Separate and Symbiotic States of the Self in the Psychodynamic of Schizophrenia. Int. Forum Psychoanal. 4, S. 1–16

PECICCIA, M./BENEDETTI, G. (1996): The Splitting between Separate and Symbiotic States of the Self in the Psychodynamic of Schizophrenia. Int. Forum Psychoanal. 5, S. 23–38

PLATON (1974): Phaidon. In: PLATON, Sämtliche Werke, übertragen von R. RUFENER. Zürich

POESCHKE, J. (1985): Die Kirche S. Francesco in Assisi. München (Darin zitiert auf S. 69 der Traum Innozens III. nach der Vita II des Thomas von Celano, auf S. 87 das Gebet in S. Damiano und auf S. 88 der Traum Innozens III, nach der Legenda Maior dargestellt in der Oberkirche)

PORTMANN, A.(1951): Biologische Fragmente zu einer Lehre vom Menschen. Basel, 2. erw. Aufl.

PUYSÉGUR, A. M. J. (1809): Mémoires pour servir à l'histoire et à l'établissement du magnétisme animal. 2e éd., Paris

ROSA, K. R. (1975): Das ist die Oberstufe des Autogenen Trainings. München

ROSEGGER, P. K. (1882): Waldheimat. Erinnerungen aus der Jugendzeit. II. Band: Lehrjahre. Wien/Pest/Leipzig (S. 303–305 der im Text oben zitierte Traum)

ROSEN, J. N. (1953): Direct Analysis. New York

ROUSTANG, F. (1995): Qu'est-ce que l'hypnose? Paris

SACERDOTE, P. (1982): Hypnotically induced dreams: theory and practice. In: J. K. ZEIG (Hg.), Ericksonian approaches to hypnosis and psychotherapy. New York

SACKS, O. (1995): Die Nachtmahr als Lehrerin. In: Die Zeit 22/9/1995

SAVIOTTI, M. (1983): Der therapeutische Umgang mit depressiven Patienten. In: BENEDETTI, G. (1983): Psychotherapie. Stuttgart S. 215–261

SCHIMMEL, A. (1997): »Ein Traum war, was wir sahen«. Träume im Islam. In: BENEDETTI, G./HORNUNG, E. (Hg.): Die Wahrheit der Träume, Eranos N. F. 6, München, S. 39–83

SCHUBERT, G. H. (1968): Die Symbolik des Traumes. Faksimile-Druck der Ausgabe von 1814. Mit einem Nachwort von G. Sauder. Heidelberg (Deutsche Neudrucke, Goethezeit)

SCHULTZ, I. H. (1932): Das Autogene Training. Stuttgart

SEARLES, H. F. (1965): Collected Papers on Schizophrenia and Related Subjects. London
SHOR, R. E. (1962): Three dimensions of hypnotic depth. Int. J. Clin. Exp. Hypnosis 10, S. 23–28
SIIRALA, M. (1961): Die Schizophrenie des Einzelnen und der Allgemeinheit. Göttingen
SNYDER, F./HOBSON, J./GOLDFRANK, F. (1963): Science 142, S. 1313, 1314
SNYDER, F. (1965): The Organismic State Associated with Dreaming. In: Psychoanalysis and Current Biological Thought, a cura di M. GREENFIELD e W. LEWIS. Madison/Wisc.
SPITZ, R. A. (1956): Die Entstehung der ersten Objektbeziehungen. Stuttgart
STERN, D. N. (1985): The Interpersonal World of the Infant. New York. Deutsch: Lebenserfahrung eines Säuglings. Stuttgart 1992
STREICH, H. (1987): Musikalische Träume. In: R. BATTEGAY/A. TRENKEL (Hg.): Der Traum aus der Sicht verschiedener psychotherapeutischer Schulen, Bern, 2. erw. Aufl., S. 94–107
SULLIVAN, H. (1953): The Interpersonal Theory of Psychiatry. New York
THOMAS, J. (1997): Der Traum. Wege der Erkenntnis im klassischen Altertum. In: BENEDETTI, G./HORNUNG, E. (Hg.): Die Wahrheit der Träume, Eranos N. F. 6, München, S. 145–185
TRENKEL, A. (1987): Der Traum in der psychotherapeutischen Praxis. In: R. BATTEGAY/A. TRENKEL (Hg.): Der Traum aus der Sicht verschiedener psychotherapeutischer Schulen,Bern, 2. erw. Aufl., S. 118–131
VAS, J. (1993): Hypnose bei Psychosen. München
WALLNÖFER, H. (1986): Seele ohne Angst, Autogenes Training, Hypnose – Wege zur Entspannung. Rüschlikon
WALTER, H. et al. (1993): Von der Lateralisationstheorie zur Frontalisationstheorie der Hypnose. Hypnose und Kognition, 10/2, S. 6–15
WATKINS, J. G. (1992): Hypnoanalytic Techniques. The Practice of Clinical Hypnosis Vol. II. New York
WEITZENHOFFER, A. M./HILGARD, E. R. (1959): Stanford Hypnotic Susceptibility Scale, Forms A and B. Palo Alto/Cal.
WINNICOTT, D. W. (1958): Collected Papers. London
WINNICOTT, D. W (1952): Transitional Objects and Transitional Phaenomena. A Study of the First Not-Me-Possession. International Journal of Psycho-Analysis 34, S. 89–97
WINSON, J. (1986): Brain and Psyche: The Biology of the Unconscious. Garden City/New York 1985. Deutsch: Auf dem Boden der Träume. Die Biologie des Unbewußten. Weinheim/Basel
WIRTZ, U. (1990): Seelenmord. Inzest und Therapie. Zürich. 3. Aufl.
WIRZ, F./WOLFF, K. (1995): Träume verstehen, Impulse fürs Leben. Baden
WOLBERG, L. R. (1945): Hypnoanalysis. New York

ZANE zitiert in: BOSS, M. (1953): Der Traum und seine Auslegung
ZINDEL, J. PH. (1988): Hypnose und tiefenpsychologische Arbeit. Prax. Psychother. Psychosom. 33, S. 183–192
ZINDEL, J. PH. (1992): Hypnosis in the Psychotherapy of Schizophrenic and Borderline Patients. In: W. BONGARTZ (Hg.): Hypnosis: 175 Years after Mesmer. Konstanz
ZINDEL, J. PH. (1994): Die Hypnose als Werkzeug therapeutischer Nähe. Experimentelle und Klinische Hypnose 10/1, S. 23–33

Gaetano Benedetti

Der Geisteskranke als Mitmensch

Mit einem Beitrag von Lilia D´Alfonso

In diesem Buch berichtet Gaetano Benedetti über seine Erfahrungen mit geisteskranken, insbesondere mit schizophrenen Patienten. Es ist der Bericht eines Arztes, der sich in individuellen Gesprächen um Kommunikation mit dem Geisteskranken bemüht und zu verstehen sucht, was gemeinhin als unverständlich gilt.

„Ein wichtiges Buch, weil es in manchem zeigt, wie der Therapeut seinen Gesprächspartner – statt ihm seine Erfahrungen wegzunehmen – in seinen Verstörungen und Schrecksekunden begleiten kann.“
Frankfurter Allgemeine Zeitung

Therese Wagner-Simon / Gaetano Benedetti (Hg.)

Sich selbst erkennen

Modelle der Introspektion

„... läßt eine psychotherapeutische Erfahrungswelt deutlich werden, deren menschliche und gedankliche Fülle und deren Perspektivenreichtum aus dem Dialog mit den Wissenschaften, der Kunst und der Philosophie ebenso angeregt werden wie aus einer einfühlenden Humanität.“
Neue Zürcher Zeitung

Gaetano Benedetti / Louis Wiesmann (Hg.)

Ein Inuk sein

Interdisziplinäre Vorlesungen zum Problem der Identität

Das Buch ist eine bisher noch nirgends in dieser Breite vorhandene Sammlung von interdisziplinären Beiträgen zum Identitätsproblem, die den oft leidvollen Prozeß der Identitätsfindung im Laufe eines Menschenlebens und in sozialen Gruppen beschreiben und die zerstörerischen Kräfte, die dabei auch wirksam werden können, bewußt werden lassen. Letzten Endes geht es in fast allen Beiträgen um die Identität des Menschen, der sich in Situationen des Verlustes bewährt und Grenzerfahrungen aushalten kann.

Glenn T. Koppel
Wochenendlektüre: Träumen und Traumdeutung

Schon immer haben die Menschen in ihren Traumbildern mehr vermutet als nur die Purzelbäume eines ermüdeten Gehirns. Blick in die Zukunft, böse Vorzeichen, göttliche Offenbarungen – im Traum erscheint etwas, dessen wir im Wachen nicht habhaft werden können.

Koppel hat kurz zusammengefaßt, was die Wissenschaft seit hundert Jahren herausgefunden hat über das Heilsame, das Notwendige und das immer noch Verstörende des Traums. Er macht deutlich, welche Rätsel der nüchterne Blick lösen kann und wo er nicht weiter reicht als die ahnenden Traumdeutungen der Antike. Und er zeigt, wie wir unseren Träumen auf die Sprünge kommen und mit ihnen spielen können.

Dieter Wyss
Traumbewußtsein?

Dieter Wyss untersucht einige ungeklärte, zum Teil bisher wenig beachtete Erscheinungen des Traums. Dazu gehören die Frage nach dem Verhältnis der logischen Kategorien zum Traumgeschehen, vor allem aber die Phänomene der Wahrnehmung und der Bewegung im Traum. Obwohl wir schlafen, nehmen wir Gestalten, Farben, Landschaften wahr. Und während wir im Bett liegen, laufen, schwimmen, fliegen wir im Traum. In der Erörterung dieser Sachverhalte und in kritischer Auseinandersetzung mit der Vorstellung des Unbewußten entwickelt Dieter Wyss das Konzept eines spezifischen Traumbewußtseins, für das der biologisch bedingte Verlust des Zeitbewußtseins kennzeichnend ist. Der Träumer befindet sich in einem Zustand gegenwärtiger Dauer, in dem er seine Bildwelten entstehen und vergehen läßt. Das Konzept eines Traumbewußtseins führt auf weitreichende Fragen, seine Bedeutung für Neurosenlehre und Psychopathologie kommt abschließend zur Sprache.

Christoph Schenk
Bewußtsein und Schlaf
Ein Brevier zur Entspannung

Schlaf und Entspannung sind in der modernen Leistungsgesellschaft zu vernachlässigten Gütern geworden. Dabei sind Leistungsfähigkeit, Gesundheit und Wohlbefinden nur durch die regenerierende Kraft des Schlafs zu erhalten.
Christoph Schenk zeigt, was während des Schlafs in uns vorgeht und was uns immer wieder am Schlaf hindert. Er führt heran an einfache, erprobte Übungen, mit denen gesunder Schlaf oder, tagsüber, erfrischende Kurzentspannung gefunden werden kann.
Auf alle Fragen, die er als Arzt und Psychotherapeut zu diesen Themen von seinen Patienten kennt, geht er hier ein. Nicht nur was wir über unsere Bewußtseinszustände und den Schlaf *wissen* müssen, bietet dieses Buch, sondern auch was wir *spüren* können von der Anspannung in uns und der Fähigkeit zur Entspannung.

Brigitte Boothe / Res Wepfer / Agnes von Wyl (Hg.)
Über das Wünschen
Ein seelisches und poetisches Phänomen wird erkundet

Das Wünschen im Alltag, in den Träumen, Wünsche zu Gedenktagen und als Kern religiöser Feste, der Wunsch im literarischen Text und in den Traummaschinen der Medienwelt werden in diesem Buch in ihrer psychischen Dimension ausgelotet und erörtert.
Die Herausgeber haben eine Sammlung jüngster Erkenntnisse zusammengestellt, die Aufschluß geben zu einigen tiefreichenden Fragen: Fängt mit dem Wünschen das Seelenleben an? Schaffen Wünsche Wahngebilde? Ist das Wünschen ein kreatives Vermögen oder eine Krankheit der Vernunft?

Luc Ciompi

Die emotionalen Grundlagen des Denkens

Entwurf einer fraktalen Affektlogik

Luc Ciompi fügt in diesem Buch zusammen, was sich in überkommenen Bildern vom Menschen der Zusammenschau widersetzt hat. Aus Angst vor dem Chaos haben wir menschliches Denken in der materiellen Welt uns immer nur beherrschend oder als höchst abhängig vorzustellen vermocht. Ciompi vollzieht den Schritt in ein neues Zeitalter: Wenn wir das Chaos akzeptieren als elementare Gegebenheit unseres Fühlens, Denkens und Handelns, können wir deren Logik erfassen, eine Logik höherer Ordnung. Es ist eine kreative Erkenntnis: Selbstschöpferisch und lustvoll ist der Mensch in seinem Fühlen und Denken, und gleichfalls voller Lust und Kreativität ist es, ihn darin zu begreifen.

Gerald Hüther

Biologie der Angst

Wie aus Streß Gefühle werden

Nichts fürchten wir so sehr wie unsere ureigenen Ängste. Und doch sind es gerade unsere Ängste in all ihren Schattierungen, die unsere geistige und emotionale Entwicklung in Bewegung bringen. Angst und immer wieder nur Angst bewirkt im Menschen einen Streß-Reaktions-Prozeß, der die Voraussetzungen schafft für die Lebensgestaltung auf geistiger, emotionaler und körperlicher Ebene.
Gerald Hüther führt die neuesten Erkenntnisse über die biologische Funktion der Streßreaktionen im Gehirn zu überraschenden Einsichten über die Herausbildung emotionaler Grundmuster wie Vertrauen, Glaube, Liebe, Abhängigkeit, Haß und Aggression. Die neuronalen Verschaltungsmuster, die der Mensch in der frühkindlichen Entwicklung erlernt und in seinem Hirn gleichsam gebahnt hat, schaffen sein Verlangen, geliebt und anerkannt zu werden, und befähigen ihn erst dazu, etwas anderes als sich selbst lieben zu können.
Das Buch gibt jedem, Fachleuten wie Laien, einen neuen Horizont im Verständnis menschlicher Entwicklung. Hochkompliziertes wird sinnfällig, Vages wird konkret und Naturwissenschaft versöhnt sich mit unseren alten Vorstellungen von der Seele.